プロトコル

脱中心化以後のコントロールは
いかに作動するのか

Protocol
How Control Exists after Decentralization

アレクサンダー・R・ギャロウェイ……著
Alexander R. Galloway

北野圭介……訳
Keisuke Kitano

人文書院

序言　プロトコルは、その実行のただなかでこそ存在する

ユージン・サッカー

一九八二年の映画『トロン』に、次のようなシーンがある。日中はコンピュータプログラマー、夜はハッカーとなるケヴィン・フリンが、コンピュータによるデジタル世界にのみ込まれてしまう。彼はそこで、それぞれに人格やアイデンティティを備えているソフトウェアプログラムと出会う。それらのプログラムはソフトウェアのすべてと、ネットワークのあらゆる部分を自身に吸収する、ある種の専制的なオペレーティングシステムである「MCP」、すなわち「マスターコントロールプログラム」の人質にされている。それと敵対するトロンという名のプログラムは、MCPに対する革命を先導するセキュリティ・アプリケーションであるのだが、「ユーザーたち」の世界にかんして不可思議にみえることについて、フリンに次のように尋ねている。

フリン：俺は、君たちが「ユーザー」と呼んでるものだよ。
トロン：あなたがユーザーなら、あなたのしてきたすべてのことは、あらかじめ設定されたプランに応じたものであったということ？
フリン：（笑）そう考えたいならね……君たちはそれがどんなものかわかっているし、自分たちがや

ることになっていることをやり続けているわけでしょう。たとえどんなに狂っているように見えても。

トロン：そう、それがプログラムによるやり方だけど……

フリン：がっかりさせることになるけど、ほとんどの場合、ユーザーもおんなじ具合なんだ。

『トロン』は一九八〇年代初めにディズニースタジオによって制作されたものだ。それは、ディズニー・スタジオがこれから消費者となっていく新たな世代に向けて、自社を生まれ変わらせる試みのひとつとして作られたものである。わけても『トロン』は、一九八〇年代初頭の文化のなかで特定のタイプのひとつを示す指標であった。その時期にはテレビゲーム産業のブームがあり、それに伴って生まれたおなじく広範な中産階級によるギーク文化などもあって、「パーソナルな」コンピュータが辺りを埋めつくすようになっていた。その文化は、コンピュータにかかわる巨大企業と、登場しつつあったハッカーによるサブカルチャーとの対立として理解されるものでもあったし、両者はともにレーガノミクスと日本の電子産業ブームのただなかで産み出されたものであった。今日にあっては、この時期に登場したガジェットのリストが、廃れてしまった技術を収蔵する文化博物館に入り込むことになっている。たとえば、数々のアーケードゲームやアタリの家庭用ゲーム機、カシオのシンセサイザー、コモドールの家庭用コンピュータ、フロッピーディスク、レーザーディスク、ウォークマン、そしてもちろんネオンライトに輝く一九八〇年代のニューウェーヴ音楽である。まさにこの一九八〇年代という時期から、ウィリアム・ギブスンは『ニューロマンサー』の世界をこしらえたのだ。現在、いましがた挙げたものすべてが、はやくも「エレクトロクラッシュ」という文化的なノスタルジーのうちに返り咲こうとさえしているだろう。

ともあれ、『トロン』がターゲットにした、合衆国の中産階級に属する若者文化は、流行のひとつである以上に、テクノロジーにかかわる重要な変容、わたしたちが今日なお理解しようと努めている変容の数々が生じた時代のただ中で存在したものであった。パーソナルコンピュータの発展が、コンピュータネットワークとともに、社会的、政治的、経済的な生活が経験されるその仕方に対して深淵かつ多層的な衝撃を与えたことは間違いない。ポスト産業時代の社会や情報社会、ネットワーク社会、規律＝訓練型社会、管理＝制御型社会、そして情報化やスケールフリーのネットワーク、スモールワールドやスマートモブ〔メールなどによる短時間の集団行動〕、こうした事柄についての近年の議論はすべて、社会の変化がテクノロジーの発展（調査やデザイン、利用や流通、マーケティングや自然化、消費など）とどれほど切り離せないものであるのかについて理解しようとするさまざまな方途なのである――社会の変化がテクノロジーに規定されるわけではないにもかかわらず。この最後の点が重要なのだ。どういった具合に社会的なものと政治的なものとがテクノロジーの外側にあるものではないのかということについて、理解と自覚を育もうとするのであれば、テクノロジーにかかわるものが、ある意味では社会や政治にかかわるものとどのような具合で同型のものだと言えるのかについて理解しておくことは大事なことである。

本書――『プロトコル』――は、こうしたことをおこなうためにありうる筋道のひとつを示そうとするものである。権力と管理＝制御、そして脱中心化にかんする議論をとおして、『プロトコル』は終始、テクノロジーにかんする物質的な理解を論じていくだろう。「物質的」というのはこの言葉のあらゆる意味で、すなわちオントロジー／存在論にかかわるカテゴリーであると同時に、政治的かつ経済的なカテゴリーとして理解することができるものでもある。このタイプの唯物論的なメディア研究は、「それはどのようにして動作するのか」という問いが、いかにして「誰のために動作するのか」という問いでもあるのかということを示している。要するに、技術についての仕様は、オントロジー／存在論にかかわると同時に、政治にもかかわる問題となるのである。ギャロウェイが本書で述べるように、「わたしが試みるのは、テクストを読み込むのと同じように、コンピュータコードという終わりのない流れを読み込むことであり、管理＝制御に関わる構造を解読することである」。だが、これが文学批評でないことは明らかだろう。それは――テクストや視覚的なもの、そのほかのものについての――記号論でもない。というのも、コンピュータコードはいつでも実動（enacted）させることができるからである。コードとは一連の手続きや活動、実践なのであって、それらは特定の文脈において特定の目的を果たすために特定のやり方でデザインされている。コードとはすなわち、プラクシスのことなのだ（Code＝praxis）。

『プロトコル』はわたしたちに一通の招待状、ひとつの挑戦状を差し出している。管理＝制御を旨とする社会において、「その社会がどのように作動するのか」、そして「誰に向けて作動しているのか」ということを理解しない限りは、そこに渦巻く権力の諸関係について十分に理解したことにはならないだろう。『プロトコル』が示唆するのは、何らかの与えられたテクノロジーについての技法的な理解とともに、その理論的な理解が、価値のあることであるばかりか必要でさえあるということである。コードを「読むこと」はそれゆえ、説明をするという以上に、プログラミングや開発、デバッグをするということなのだ。この意味において、本書『プロトコル』は管理＝制御の社会についての説明であるよりも、その社会にかんする実験を目指している。実際、「コードによる実験」という副題を本書につけてもよかったのかもしれない。

こういうふうに考えることは、わたしたちを次のような注釈へと導く。すなわち、『プロトコル』が暗に論じているのは、情報ネットワーク、コンピュータソフトウェア、そして産業の標準化に対する実験的なかかわりにかんする重要な三つの論点であるという注釈だ。第一の論点は、『プロトコル』がいかにしてネットワークなるものの資格について論じるのかということにかかわる。第二の論点は、『プロトコル』がどのように技術的な仕様を政治的なものとして理解しているのかということにかかわる。そして最後の論点は、ありうべき未来の道筋を見据えており、その道筋とは情報‐技術（info-tech）と生命‐技術（bio-tech）との邂逅、そして情報‐政治学（info-politics）と生‐政治学（bio-politics）との邂逅のうちに探索されるべきものである。

ネットワークは実在するが、抽象でもある

第一の点（情報ネットワークについて）は、ネットワークはメタファーではないということだ。ギャロウェイが述べるように、「プロトコルが、みずから何らかの解釈を実行してみせることはない。つまり、それらは多様な包み紙のうちに情報を包含しているのであり、その一方でそのなかに含まれた情報の内容には比較的、無関係のままでいるのだ」。それゆえ、「プロトコル」という概念が意図しているのは、ネットワークのうちのメタファーではない性質を明示することである。別の言い方をすれば、プロトコルという概念は、ネットワークにかかわる一般的な用語を用いて、一般的な仕方でネットワークにかかわる議論をすすめたいというこだわりをさし示すものでもある。ネットワークは「相互接続（interconnection）」という考えを示すための言葉ではない。ネットワークとは物質的なテクノロジーなのであり、可変的な実践や活動、運動が位置している諸々の場（sites）のことである。このことはおそらくとても強く主張されている。そう、諸々のメタファーは言語を物質化し、実体化（corpolize）しているのであって、ある意味ではメタファーが言語そのものと共鳴しているとさえいえる。だが、ネットワークにかんする諸々の議論は――とくに文化理論の場合――、あまりにも多くの場合に「宙に浮いた理論」へと横滑りしてしまっているし、畢竟、リンクやウェブ、そしてグローバル化した接続性についての一般的

な議論によって、物質的な基層や基盤構造についての具体的な考察が欠けたものになっている。だが、「プロトコルは回路なのであって、文ではないのだ」。さらにいえば、コードがかならずしも言語ではないし、まちがっても記号ではない。『プロトコル』が定義する意味では、ひとつのコードはプロセスにもとづいたものである。ひとつのコードは文字列が構文解析されるものであり、コンパイルされるものであり、手続きに関わるものないしはオブジェクト指向のものであり、そしてオントロジー標準によって定義されるものなのだ〔訳注――以下同様――ontology standards とは、情報科学やバイオインフォマティクスにおいて、存在するものの体系的な分類や記述を集めたもの〕。コードとは、機械のうちでひと連なりになった歯車が起動したものである。それはまた、テープレコーダー内部を循環する一時保存のためのパンチカードのスタックである。さらには光の点滅であり、トランジッタやシリコン上のビットであり、そしてDNAの断片のあいだで大量に生じる結合に関わる相互作用なのである。

ネットワークはメタファーではない（または、単なるメタファーではない）と本書が示唆するとき、そこでの二分法は、物質と非物質のあいだではなく、ふたつのタイプの「抽象」のあいだのことであるといってもいい。一方にあるのは、ネットワークという概念の抽象的な利用方法であり、これは概して離散的な実体のあいだの何らかの関係性を意味している。この利用方法に従うなら、ネットワーク上にはほとんどなんでも認めることができるだろう（それゆえ、特定のネットワーク科学や複雑性のアプローチへと、圧倒されるほど広大な領域で応用されている）。しかし、「抽象」にはもうひとつの意味もあり、それは具体の対義語ではない。ある抽象的なものが実在するとき、それはポテンシャルなものである（アンリ・ベルクソンは「潜勢的（ヴァーチャル）」という語を、潜在力（ポテンシャル）としての持続が内在的に広がっていくことを意味するために利用している）。このことは、ネットワークのことをひとつの用語として抽象的に利用するということでもなければ、技法上の用語を抽象化するということ（技術用語のメタファー化）でもない。そうではなくて、抽象的であるが実在的であるということこそがネットワークというものであり、それはつねに実動させられまたつねにみずからを実動させてもいるのである。ひとは、次のような問いを投げかけることができる。あるネットワークはそれが利用されていないとしても、ネットワークであるのだろうか。インターネットがネットワークであるのは、その光ファイバーケーブルやその使用法、データ転送、そうした使用のための諸規格、さらにはネットワークのテクノロジーそのものの発展を満たす諸概念のおかげであるのだろうか。おそらくはそれらのすべてが答えなのだ。複数の局所的なエージェンシーやいくつかの利害関心が賭け金となって、インターネットのような情報ネットワークは、つねに何かしらのことをしようとしている。この意味において、諸々のネットワークは絶えずそれらの論理を物質化している(その論理とは、それが組織的かつ政治的な論理であるのとおなじぐらい、形式的な論理である)。抽象的であるが現実的なものとしてのネットワークは、非物質的な実体としての「情報」にかかわるかもしれないが、その情報はどれだけ局所化されていようとも、現実的な効果や変容に向けてつねに作動しているのである。

それゆえ、ひとつの重要な仕方で、ネットワークはメタファーではないのだ。ネットワークというメタファーは誤った方向に導くし、諸々の制限を与えるものにもなる。それが提供するのは、諸々の関係性(リンク化、ハイブリッド性、境界、異質性など)を議論するための一般的なモデルでしかない。ひとつの文化的なメタファーとしては、ネットワークが提起するのは相互関係性(interrelationality)という一般的な問題だけである。サイバースペースや「情報のスーパーハイウェイ」にかかわる言説は、その典型となる事例である。諸々の立ち位置は、自由主義的なもの(情報はフリーであるべきだ)か官僚的なもの(情報へのアクセス制限)のどちらかへと煮詰まってしまう。それゆえ、ネットワークというメタファーをもってしては、これもおなじく不明瞭なものであるが、サイバースペースやインターネットと呼ばれるもののうえに不可思議なかたちで存在しているところの、「情報」と呼ばれる不明瞭な物を理解することしかできない。ユーザーの相互作用を学んでも輪をかけて混乱するだけであり、個別のエージェンシーという言語をもたらすか、ホルヘ・ルイス・ボルヘスを引用すれば、その中心がどこにもなく、周辺部分がいたるところにあるような空間への説明責任が生じることになるのがオチである。

ネットワークというものをメタファーとしてではなく、物質化されていると同時に他を物質化するメディアとして理解することは、管理＝制御社会における権力の諸関係についての私たちの理解を多様化し、複雑化するための重要な一歩である。メタファーとしてのネットワークという捉え方では、人間－ユーザーなる行為体という考え方（これには、指令に従ってダウンロードをおこなうコンピュータや、マウスのクリックで何にでも自由にアクセスすることのできる情報ネットワークなどがセットとなっている）に応じた仕方で何ほどかのことを行うひとつのツールを人は手にするということにしかならない。クリック－ダウンロードは、ひとつの原因－効果の関係となっている。一見便利に見えるメタファーをなしし、ネットワークというものがどのように機能しているのか（「それは何か」ではなく、「それが何をしているのか」）について実情に目を向けてみると、いくつかの特筆すべき感得が立ち現れる。これが『プロトコル』がしようとしていることである。本書は、ある特定のタイプのネットワーク――インターネットを下支えしている情報ネットワーク――が、どのように機能しているかを問うている。それが示すのは、ネットワークというものが、「そこにある」とされる誰にとっても無料となる情報にかかわるものにいかなる具合でなっているのかということばかりでなく、企業体によって所有されているデータバンクからなる一種のディストピアとなっているのかという話でもない。配送のための柔軟であるが頑強でもある下部構造をつうじて、情報を定義し管理し、そして調整し分配するための技法上の手続きからなるひとつの集合体、それこそがネットワークなのだ。さらに言えば、この下部構造と一連の手続きは、高度な技術を用いたコミュニケーションに関わるいくつかの具体的な能力を発展させるという、合衆国政府とその軍事的関心から生まれ出たものであった（アーパ ARPA からダーパ DARPA、そしてドットコムへ）。さらに分け入った細部においても、インターネットというものは単純な「依頼すれば望むものを受け取ることができる」といったツールではない。『プロトコル』が根気よく説明しているような、ふたつのレヴェルの論理によってインターネットは構成されているのである。一方では、ＴＣＰ／ＩＰ（伝達制御プロトコル／インターネットプロトコル）は、インターネットが一台のコンピュータから他のコンピュータへと水平上に情報を分配することを可能にする。他方で、ＤＮＳ（ドメインネームシステム）が、インターネット上のアドレスと名前を運営する統制にかかわる諸機関の一群を介して、その水平上の論理を垂直上に層状化するのである。インターネットにおけるこれらふたつのダイナミクスを理解することは、権力が管理＝制御型社会で機能する仕方に本質的なものである両義性を理解するということを意味する。『プロトコル』が述べるように、「ネットにかかわる根本原理は管理＝制御なのであって、自由ではない――管理＝制御はそもそものはじまりからそこに存在していたのである」。「プロトコル」を把握することは、ＴＣＰ／ＩＰとＤＮＳの技法と政治にかかわるダイナミクスを同時に把握するということである。

ネットワークのメタファーとして利用することに『プロトコル』は抗っているのだが、そのうちのよく知られているものを取り上げてみよう。そのひとつは、ネットワークは接続性と同義語である（そして、接続性はつねに良いものである）というものである。リンクやネット、ウェブ、そして一般的なレヴェルでの関係性といった語句表現もまた、ネットワークをこのような意味で利用することに由来している。ネットワーク科学に関する通俗科学的な書物や、『ワイアード』のような雑誌の派手なレトリックは、一種の量的な政治信条を採用している。すなわち、情報がフリーであることを望むのなら、接続性が増すほどに自由も増すはずである、というわけだ。

だが、「プロトコル」という概念は、接続性に関わるのとおなじぐらい、切断性にも関わる。切断の瞬間は、プロトコルがその政治的な性格を実に強力に示すときでもある。切断性は数多くの仕方でおきるのだが、それは、インターネットサービスプロバイダ業者が課した時間制限のせいで個人的なダイアルアップが切断されるといったものから、政治的な活動に関係する広範囲のネットワークに対する運営上の取り扱い（または監視）にまで及ぶ。本書第三部は、ハッキングとコンピュータウィルス、そしてその両者のサイバーフェミニズムによる戦術的な奪取についての分析であるが、そこでは接続性がそうであるのと同様に、切断性がいかにしてプロトコルの機能（不全）のための道具となるのかについての一連の事例が提供されている。

接続性という語句表現とは別に、『プロトコル』が抗う、ネットワークのメタファーとしての利用には、ほかにも集合性（そして、集合性とはつねに包摂的である）というものがある。それは例えばこういう場合だ。組み込み、統合化（インテグレーション）、そして「他者」を包摂しようとする絶え間ない尽力といった言語が、あらゆる「差異」のためにニッチ市場を提供するヴァーチャルコミュニティーやオンラインソーシャルサービスにかんする議論において用いられることになっているのである。

しかし、情報のプロトコルはつねに積み重ねられていて、層状化され、ときには露骨なまでに階層秩序化されている。DNSシステムや、そしてネットワーク状の「ノード」に関わる運営上の取り扱いに対する『プロトコル』による分析が、この場合の事例となる。諸規格を創出ということもまた、それらの規格のうちにおいて正当化されたり（正当化を外されたり）する実践に関わる範囲を予め定めるということなのだ。名前空間（Name. Space）〔本来、姓と名の関係のように、プログラミング上での名前の衝突を避けるための仕組みを指す〕の試みが示唆的な事例となるのは、規範と抵抗の双方がそうした規格化の手続きにハードコード化されているさまをそれが指し示しているからである（ハードコードとは、ソフトウェア開発の段階で前もって特定の環境における処理をプログラム化しておくこと）。この場合にも、RFCのような単なる技術的な細部が突如として、管理＝制御がネットワークの物質性のうちでかたちづくられていくやり方を競合させる地盤となっていくのである。

問題として扱われる接続性や集合性といった、馴染み深いメタファーに、三つ目を加えることができる。それは参加である。ネットワークは参加型のもので、（本性上）民主的でさえあるといった具合にだ。参加型のものとしてのネットワークという考えは、そうしたネットワーク上の個人と集合体といった行為体の取り扱い上の地位にかんする多くの混乱へとつながるものであった。ウェブというものが消費文化の第一の中核になりつつあることを踏まえれば、このことはいっそう予見的である。ウェブは商品生産、情報サービス、コミュニケーション実践すべてに関わるのであり消費行動に関わる習慣までをも変えつつあるのだから。

ネットワーク上への参加がこのように自然なものとなることが、とりわけ問題含みである。IRC（インターネットリレーチャット）やオンラインゲーム、ブログ、電子登録（e-registration）、ウェブカメラ、そしてオンライン選挙が、ウェブに本質的な参加型の性質を何度も何度もくりかえし活用している。だが、参加なるものの実際をみてとるためには、次のような事例に目を向けるだけでもいいだろう。無料であることが意図されていない情報も存在するという事例や、参加というものが自然化されていない事例、さらにいえば安全なサーバや電子監視、略奪区域（predatory locales）、そして新たな類のゲート化された共同体などに参加がコード化されているといった事例である。合衆国政府によって特定されたイスラム教徒の個人や集団情報に対する情報監視は、それがもっとも明白となった事例であるに過ぎない。しかしながら、抵抗というものも組み込まれているのである。「ソフトウェアアート」やオープンソース活動、そしてネットワーク政治（エレクトロニックディスターバンスシアターのようなもの）といった事例は、それらすべてが「プロトコルに抵抗する」諸実践のためのポテンシャルとなる事例を与えているのである。

最近の事例のひとつをとりあげることによって、ネットワークというメタファーの曖昧な利用（接続性、集合性、参加）がいかに個別の文脈で問題となりうるのかを示すことができるかもしれない。その事例はザ・シングという組織をめぐるものである。それはニューヨークに基盤を置いた非営利インターネットサービスプロバイダであり、アートや政治はもちろんのこと、文化や政治にかかわる幅広い争点のための開かれた議論の場に対して役立つように作られたヴァーチャルコミュニティである。二〇〇二年一二月四日、ザ・シングの接続はそのネットワークのプロバイダーであるヴェリオによって遮断されたのだが、それはザ・シングがヴェリオとのサービス契約に違反したからという理由によるものであった。その契約は少し後になって打ち切られたのだが、ザ・シングとそのメンバー、参加者、そして二〇〇のプロジェクトが棚上げにされてしまったのである。ヴェリオによれば、切断の原因と解されていたのは、イエスメンとして知られるアート活動家集団であった。ユニオンカーバイド／ダウ社の化学工場での事故が〔インドの都市〕ボパールの数千人規模の市民に病気や死をもたらしたという〔原文では数千人となっているが実際には数万人に及ぶ〕ボパール化学工場事故から一八年を記念して、イエスメンは事故に対して何ら責任を取らないダウ社からのプレスリリースをでっちあげて流通させていたのである。偽りのプレスリリースは、そうした事故への意識を高め続けるだけでなく、グローバリズムにかんする言説や情報ネットワークの企業による管理といった、現在進行中の言説にかかわる争点を提起することにもなっていた。ダウ社は、偽りのプレスリリースに気づくと、ＤＭＣＡ（デジタルミレニアム著作権法）にもとづく通告をヴェリオに対して申し立てた。ヴェリオは一時的に、そして後には永続的に、イエスメンのウェブサイトのホストであるインターネットサービスプロバイダとして、ザ・シングに与えていた参加資格のプラグを抜いたのである。

これは検閲の一例となるのだろうか。プロトコルの誤作動なのか、それともあまりにもうまく機能しすぎてしまったのか。この切断にかかわる政治の帰趨は、ボパールの共同体そのものに作用を及ぼすのであろうか。情報の内容にかんする諸政策（DMCA）は実際のところ、こうした調整を推し進めているのであろうか。これらの複雑な問題がこの出来事から生じていたのであり、その当の出来事はというと、本書『プロトコル』によって示されたインターネットの二重の性質によって可能となった類のものなのだ。つまり、その水平性（共同体のネットワーク、すなわちTCP／IP）とその垂直性（その層状化、すなわちDNS）からなる二重の性質である。

プロトコルなのか、政治経済なのか

ネットワークをとりまく言説において接続性や集合性そして参加性といった語句表現が、ネットワークにかかわる物質的な諸実践を見えにくくしているとするならば、『プロトコル』はネットワークを理解するために「ダイアグラム、テクノロジー、そしてマネジメントの様式」というくつかの原理をもってアプローチしようとするものである。手始めにこういってみよう。「ネットワーク」にかかわってその具体的なコンテクストや技法的な実体化から切り離されて、一般的に話されてしまうようなやり方は、「プロトコル」についての議論によって取り替えることができる。すべてのネットワークがそもそもひとつのネットワークであるのは、それがプロトコルによって構成されているからである。ネットワークが先に記述したような語句表現のどれかを示しているとするのならば、それはそうした諸々の属性が出現することを可能にする下部構造があるからだ。ネットワークではない。プロトコルなのだ。

このことを踏まえると、『プロトコル』を政治経済についての書物として読むことができるだろう。本書が論じているのは、ネットワークについての一般化した理解から個別具体的な理解への方法論的な移行であり、後者の個別具体的な場面においては、TCP／IPとDNSのようなプロトコルの論理にもとづくシステムが、「政治のテクノロジー」とフーコーが名付けたものとして作動している。生権力と生政治について書かれたフーコーによる後期の著作が、この点において重要なものとなる。というのも、フーコーはテクノロジーをひとつの経験的な「物」へと決して還元しなかった一方で、それでも彼による諸制度の分析はいつも、諸々の身体と諸々の物のあいだの多様な相関関係を強調していたからである。『プロトコル』はそれと似た方法論上の展望を採用するのであり、技術上の規格（OSI［開放型システム間相互接続］参照モデルのようなもの）やネットワーク技術（HTTP）、制度の歴史（IEEE）、そして重要なことに、「戦術的メディア」にかんする諸々の事例を考察するのである。

なによりも、プロトコルにかんする政治経済はマネジメント、調整、そして管理＝制御にかんするものである。技術としても政治としても、「管理＝制御型社会」はサイバネティクスの研究から登場したのと同様に、情報システムの「統治性（governmentality）」に向けた軍事‐産業の要請から登場している。この歴史的な背景は、プロトコルの生命におけるさまざまな時期区分や変転を用意する舞台を設定している。そうした変化の中心には、政治的かつ技術的な適用をめぐる問題があり、その問題は中心化した管理＝制御と脱中心化した統制とのあいだに位置付けられるものである。

ひとつの政治経済として、プロトコルは生命力をもつシステム間の相互関係性を調整し、統制し、運営管理している。この意味において「生命力をもつシステム」とはただ単に、生きている生物学的なシステムというのでもないし、一九世紀的な「生気論（ヴァイタリズム）」でもなければ、「アニミズム」ではなおさらない。生命力をもつシステムとは、プロトコルの論理に則った管理＝制御という観点から理解される必要がある。身体は技術と同一化するまではなくとも、それとの関係にあるということはひとつの真理なのかもしれないのだが、プロトコルの論理に則った管理＝制御は異なる考えを切り出している。『プロトコル』は、ジル・ドゥルーズから借用した用語「ダイアグラム」をつうじてネットワークのことを考察しているだろう。『プロトコル』はまず、ネットワークというものを一連なりになった結節点と縁、点と線からなるひとつの集合として考察する。その点とは、コンピュータ（サーバやクライアント、またはその両方）、人間のユーザー、共同体、LAN（ローカルエリアネットワーク）や企業、さらには国であるかもしれない。そして線の方は、それらの点によって実行化されたなんらかの実践や行動、出来事であるだろう（ダウンロードする、電子メールを送る、接続する、暗号化する、購買する、ログインする、ポートスキャンするなど）。この基本的な「ダイアグラム」をもってして、ひとは数多くのことをおこなうことができる。宛先への経路のひとつ以上をもちいて、全体として接続された分散型のネットワークを作り出し、それらの点――そのすべての点――をつなげることができる。接続されている点のどれかを取り外すこともできるし、それらを削除することもできる（つまり、経路や宛先を削除してしまうことさえできるのである）。そのネットワークに接続されている点にフィルターをかけることもできる。将来の点を追加するために戸口＝ポータルを作ることもできる。点と点のあいだでどれかお望みの線を指定することもできる（というのも、すべての線が等価であるというわけではない。分岐し逃走線となる線もあれば、収斂し合体する線もある）。要するに、ダイアグラムとしてのネットワークは、組織化や統制、マネジメントのためのあらゆる類の可能性を提供するのである。

だが、このことはもちろん、ダイアグラムとしてのネットワークの責務を担っている行為体に依拠している。『プロトコル』が明らかにするように、明確に境界線が定められているような、中心化されたネットワークにかかわる管理＝制御が明白となっている事例はほとんどない。フーコーをパラフレーズしていえば、そうした事例は、権力の諸関係の末端部分だけに生じるものである。『プロトコル』が問いかける、中心となる政治的な問いは、その権力がどこにいってしまったのかということである。ポスト産業化、ポストモダン、ポスト民主主義的な社会に私たちがまさに住んでいるとするならば、今日の諸状況において政治的な行為体というものをひとはどのように説明するというのだろうか。今日の諸状況というのは、行為体というものが権力のネットワークに捉えられてしまっているように見えたり、もしくは複数化された行為体にわたって分散化されているように見えたりする、そのような諸状況のことだ。

『プロトコル』は、TCP/IPとDNSの技術的仕様を綿密かつ注意深く検討することによって、権力の諸関係が情報技術の柔軟性と諸制限とに共鳴するような仕方で変容させられつつあるということを示唆している。インターネットは単純に「開放」でも「閉鎖」でもなく、なによりもひとつの調整されている形式である。まさしくパケット交換という概念が、いくつものレヴェルでこのことの実例となっている。そのレヴェルは、ダウンロードのあいだのルーティングにかんする効率性の諸規格から、それぞれ個別のデータグラム〔パケットのなかでも宛先への経路にかんする情報を含んだもの〕が人々の電子メールアカウントやハードドライブへと配信されるためにタグ付けされるその仕方にいたるまでを指す。情報とは流れ(フロー)をなすものであるが、それは高度に統制された仕方によってなされている。この二重の属性（統制された流れ(フロー)）が、『プロトコル』がインターネットを政治的な技術として分析する際に中心となっているものなのである。

同型性の生政治（isomorphica polotics）

最後の注釈として、「プロトコル」という概念が生政治にかんする生産、つまりは管理＝制御型社会での経験にとってその可能性となるものの生産に関連付けられるということは記しておくに値するだろう。『プロトコル』が二重に唯物論的であるのは、まさにこの意味においてのことである——すなわち、情報科学（インフォマティックス）に書き込まれたネットワーク化された身体という意味において、そして経験の諸条件を生産する、この生命情報科学（バイオインフォマティックス）のネットワークという意味において。

　プロトコルにかかわる生政治の次元は、今後取り組むべき課題として開かれている、本書の各部のうちのひとつである。生物学と生命科学がますますコンピュータやネットワーク化したテクノロジーに統合されていくにつれて、身体とテクノロジーのあいだに引かれた馴染みのある境界線、すなわち生物体と機械のあいだに引かれた馴染みのある境界線は、一群となった諸変容を被り始めている。従来、国民や人種の観点から定義されてきた「人口」はいまや情報科学的な仕方でも定義される（集団遺伝子学 population genomics について増大しつつある関心領域を見よ）。個々の主体は市民主体であるばかりでなく、遺伝子科学からいや増す影響を受けた医学のための医療上の主体でもある。遺伝子治療や出生医療、そして遺伝子診断における進行中の研究や医療裁判は、何らかの方法でデータベースにとって受け入れやすい存在とされる生物医学的な主体という考えをくりかえし表明している。個人的ないし集合的な身体をこのように生命情報科学として封入することにくわえて、諸々の身体のあいだでの取引操作や経済関係もまた多大な影響を受けつつある。幹細胞に対する研究は、分子状の身体という新しい時代の幕開けとなっている。そのような身体は、ひとつの保有体（新しいタイプの組織バンク）として自己発生するのみならず、生物体となりうるものの組織にかかわるエコノミー（実験室で育った組織や器官）を創り出しもするのである。

　こうしたバイオテクノロジーはしばしば、科学というよりもサイエンスフィクションのようにみえるし、実際に健康管理のシステムは、こうして登場しつつある研究を日常の医療実践に十全に組み込むには程遠い段階だ。さらにいえば、このことはビットやデータの伝送からなる「乾いた」世界とは程遠いようにも思われる。とするなら、プロトコルと生政治とのあいだには、どのような関係があるといえるのだろうか。

ひとつの応答の仕方は、プロトコルが生政治と同型のものであるというものだ。おなじことを別の言い方ですれば、「情報」がしばしば生命体形式と同型のものとみなされるということでもある。ここには、生きているコンピュータ（人工生命）と生命のプログラミング（遺伝子工学）とのあいだの、不安を掻き立てる弁証法がある。プロトコルという観点からみると、自然／文化、身体／テクノロジーといった二分法は問題にならない。文字通り、そうなのだ。それよりも問題となるのは、物質＝エネルギー論的な基層を横断して動作するプロトコルの能力なのである。これは、それ自体において「悪い」ことではないし、本書『プロトコル』が示唆するように、その問題は道徳性にかんするものではなく、むしろ倫理にかかわるものである。利害＝関心が賭け金となっているのだ。プロトコルという観点からみると、そこには生物体もテクノロジーもない。統制的なかたち、運営管理されるかたち、規範的なかたちをしばしばとる、諸々の「生命体形式」のあいだにありうべき相互作用があるだけなのだ。これこそが生政治と呼ぶことができるものである。プロトコルという文脈では、いくつかの技法上の概念によって、情報技術と生物技術とを連結することができるのである。

レイヤー化は、インターネットプロトコルでの情報伝送の統制にかんして中心となる概念である。レイヤー化によって、データというものはあなたのコンピュータ上の正しいアプリケーションへとたどり着く道筋を見つけることができるのであり、その結果として、MP3のダウンロードがワードのドキュメントと間違えられることもなければ、ウィルスがブラウザのプラグインと間違えられることもない。あなたのコンピュータへとやってきたデータグラムは、下層のレヴェル（パケットのエンコード化）から上層のレヴェル（アプリケーションによる利用）へと移動する。さらに『プロトコル』が示唆するのは、生物学的なものと政治的なもののあいだにもレイヤー化が存在するということである。ふたつのタンパク質のあいだの信号経路は、遺伝子の疾病素質の経路へとレイヤー化され、それが遺伝子データベースにレイヤー化されると、さらには疾病発生の統計学的かつ人口学的記録へとレイヤー化される。それがまた、生物兵器（biowarfare）の探知技術のための研究資金へとレイヤー化され、さらに大衆科学のジャーナリズムやサイエンスフィクション映画にまでレイヤー化される。これらのレイヤー化のうちにはメタファーにとどまらないものもあれば、ほとんどもっぱら技法上のものもあるということに注意しよう。ときにそのレイヤー化は堆積していくものであるが、一方通行的にレイヤー化を受け取るものもあれば、レイヤー化を外へと送り出すだけのものもあるだろう。別のときにはそういったレイヤー化が移行し、みずからをアレンジし直すのであり、その場合、自然が文化に必ずしも先行するわけでもなければ、文化が自然に対して必ずしも先行するわけでもない。

　移植可能性（ポータビリティ）は、ソフトウェア開発において中心的な特徴となる。ＭａｃであるのかＰＣであるのか、ネットスケープなのかＩＥなのか。専有にかかわる異なる企画をまたがってソフトウェアやファイルを動作可能にする能力は、ソフトウェア開発において重視される側面である。ある意味では、ポータビリティについて多少なりとも、そして荒削りであれ考えることがなければ、レイヤー化は生じえないのである。移植可能性（ポータビリティ）はつねに、何かしらのものを移植可能にしようとする意志にかかわるものではない。少なくない場合に、戦略的に移植不可能にすることが、ソフトウェア企業にとっての関心となっている。もし生物学的な身体が遺伝子コードであるとすれば、そしてもし遺伝子がある種のコンピュータであるとすれば、次のようなことが帰結する。すなわち、移植可能性（ポータビリティ）にかんする利害関心にとって主要な領域は、親の生物学的な身体とコンピュータデータベースやプロフィールといった情報体（information body）とのあいだで揺れ動くものとなろう。クローンないし遺伝子治療にかんする数々の議論が現在もなお進行しているにもかかわらず、それらはバイオテクノロジー産業と製薬産業に対する財政上の持続可能性を保証する診療上の手段であると示唆するひともいる。その成功の鍵となるのは、ふたつのタイプの遺伝子コードのあいだの移植可能性（ポータビリティ）であるのだ。すなわち、生体上のコードとシリコン上のコードである。

「オントロジー標準」というコンピュータ用語は、承諾済みの諸々のコード変換を指す奇妙な名称であるが、いくつかのサークルではまさにそのことを意味するために周期的にもちいられている。ＸＭＬ（拡張マークアップ言語）のようなより柔軟なマークアップ言語は、研究者たち（生物学者であれ工学者であれ）が、自分たちの研究領域に即するように仕立てたコード図式を提案することを可能にした。分子生物学や生物化学でのＸＭＬにもとづいた試みの成果は、ひとつの関心領域となってきた。だが、規格コードが正確にどのようになるべきかということについての同意を形成していくことは、もうひとつの問題である。ＧＥＭＬ（遺伝子発現マークアップ言語）のためのタグの階層は、〈chromosome（染色体）〉や〈phenotype（表現型）〉、または〈gene（遺伝子）〉といった名前で進められるべきであるのか。広範囲にわたる既得権益が存在しているのであり（商業、イデオロギー、制度、方法論、ディシプリンに関わるもの）、それにくわえて規格にかかわる単なる決定が、哲学的な意味での「存在するものとは何か（オントロジー）」にかんするひとつの言説となっていくのだ。レイヤー化が移植可能性（ポータビリティ）に依存することになっているとするならば、移植可能性（ポータビリティ）が今度は、存在するものとは何か（オントロジー）に関わる標準＝規格の現存によって可能になるのである。

情報と生物学的なネットワークのあいだにありうる関係にかんして、『プロトコル』が切り開く場がいくつかある。生政治という概念がしばしば、そのもっとも一般的なレヴェルで利用されている一方で、

『プロトコル』がわたしたちに促すのは、バイオテクノロジーとバイオインフォマティクス（生命情報科学）の時代に生政治をあらためて特定するということである。それゆえ、将来において取り組まれる（エンゲイジメント）べき課題となるのは、情報技術と生物技術が交差するような区域である。「ウェットな」生物学的な身体は、「乾いた」コンピュータコードに単に乗り越えられてしまったわけでもなければ、ウェットな身体がヴァーチャルな身体の行方を定めていくわけでもない。あらゆる類のバイオテクノロジーが、このことをわたしたちに実例として示している——試験管での組織工学や、民族にかんする遺伝子プログラム、遺伝子検索のソフトウェア、いまだ規制対象となっていない遺伝子組換え食品、移植可能なＤＮＡ診断キット、さらには分散型のタンパク質計算処理（プロテオーム解析など、タンパク質の構造や機能研究）。生政治の文脈でのプロトコルの論理にもとづく管理＝制御は単に手段ではないのだ。むしろ、新たな形式のマネジメントや統制、そして管理＝制御を展開するためのメディウムなのである。

一般的なレヴェルで『プロトコル』は一連の諸概念を、ドゥルーズの言葉を使うなら、道具箱を与えてくれる。これらの概念＝ツールは、道具やハンマーのようなものではなく、情報とコンピュータ技術からなる政治‐技術のダイナミクス、とりわけあらゆるタイプのネットワークに関連するそれらのダイナミクスについて問い直すためのソフトマシーンなのである。『プロトコル』はこの意味において技術的な説明書として読むことができるし、それはわたしたちの現行の「政治的なテクノロジー」とともに作業し、それに介入し、それについて自覚を組み上げていくのを手助けしてくれるものである。本書はわたしたちに解釈ではなく、実験することを要請する、そういった類いの著作なのである。

目次

第三部　プロトコルの未来

プロトコル——脱中心化以後のコントロールはいかに作動するのか

はじめに

ひとは次のように訝しがるかもしれない。科学にかかわる背景ではなく、文化や文学にかかわる背景を持つ者がなぜ、コンピュータ上のプロトコルについての著作を書いているのか。過去数年間にわたって、わたしはまさしくこうした企みの可能性について思い悩んできたのであり、自分自身不思議な想いに駆られてきた。プロトコルのように、社会と技術にかかわる入り組んだ主題となると、ディシプリンのあいだを飛び越えることはひとつの必然でもある。マイケル・ハートとカティ・ウィークスが、彼らの著書『ジェイムソン・リーダー』の序文に記しているように、「わたしたちは、社会生産にかかわる他の分野や他の領域を掘り下げていかなくてはならない。それも自分たちの主たる仕事に対する趣味や補足としてではなく、その仕事の本体をなす一部としてのことである[1]」。わたしは彼らの忠告をとても重く受けとめている。

それゆえ本書は、コンピュータ科学の教育を受けていない者によって著された、コンピュータ科学に関する一冊の書物である。システム・アドミニストレーターやコンピュータ・プログラマとしての経験をいくらかもってはいるものの、わたしはひとりのアマチュアにすぎないことを自ら認めている。わたしが正規の教育を受けたのは、批判理論の分野——カルチュラル・スタディーズや映画理論、精神分析、フェミニズム、さらにはマルクス主義や記号論、構造主義、そしてポスト構造主義――である。ひとはひとりの理論家であると同時に、科学について語るのに多くの時間を費やすことができるという確信をわたしにもたらした最初の人物は、おそらくジル・ドゥルーズであった。このことは、領域横断的な仕事が抱え持つ難問であり続けている。すなわち、他の学問分野について仕事をしながら、それでいて、その分野の学者にはならないという難問である。それゆえ、ひとつの分野に対して他の分野の専門家がもたらす実りある研究の一例として、わたしは本書を送り出すのである。

アンドレ・バザンにとっての映画がそうであったように、またはロラン・バルトにとってのファッションがそうであったように、コンピュータというものは、深いところではテクストから成り立っているメディウムであるとわたしは考えている。その理由は明白である。すなわち、コンピュータは、コードと呼ばれる技術的な言語にもとづいているからである。根底で作動している、このコードというものが、コンピュータと批判理論とのあいだにテクストにもとづく結びつきを与えてくれるのである。

メディア批評家のフリードリヒ・キットラーは、かつて次のように記していた。現代の文化を理解しようとするためには、少なくとも自然言語のひとつと、少なくともコンピュータ言語のひとつを理解しなくてはならない。わたしのとる立場は、現代の文学研究において著しく看過されてしまっている点は、コンピュータ言語を自然言語に匹敵するものとみなすことができないでいることだというものである――これは、ハッキングを扱う本書第五章において論じることになる事柄でもある。

そのように看過されてしまったのには、歴史的かつ社会学的な重要な理由があるということを認めよう。たとえば、英語やラテン語のような自然言語は、コンピュータ言語よりもはるかに古いものである。だが、わたしが示そうとするのは、文学批評や言語学さらには詩の領域でさえからも、コンピュータにかかわる言説が取り除かれていることについて、論理的な説明がほとんど存在しないということである。

諸々のコンピュータ言語は、自然言語を規定する数多くの質的特性をあらわにしている。自然言語のように、コンピュータ言語はそれ自体の洗練された統語論や文法を備えている。自然言語のように、それらは個別具体的なコミュニティや文化のうちに存在しており、共有された意味や価値をつうじてひとつのコミュニティに統一性を与えているのである。

これらすべてのことが理由となって、文学や批判理論や映画からニューメディアへと飛び出した自分自身の展開が、実に自然な一歩であると私はみなすようになっている。文学の専門家や哲学者、科学者、さらには技術を嫌悪するような人々が、おなじように考えるようになってくれることを望んでいる。

謝辞

本書の直接の土台はわたしの博士論文である。フレドリック・ジェイムソン、マイケル・ハート、ジェーン・ゲインズ、そしてローレンス・グロスバーグは、わたしの博士論文審査会に座席し、そのやり方に従って計り知れない指示を与えてくれた。わたしに影響を与えた教師にはほかに、ニール・ラザルス、エレン・ルーニー、フィリップ・ローゼン、マイケル・シルバーマン、そしてエリザベス・ウィードがいる。アンヌ・スティーヴンとジム・ウィクターマンは、若い頃からわたしの好奇心を刺激してくれた。

ほかにも以下のおおくの人々から影響を受け、助けられてきた。スティーヴ・シスラー、リカルド・ドミンゲス、アン・エルグッド、ケン・ゴールドバーグ、ブランデン・ホックウェイ、ジョン・イポリット、ナタリー・ジェレミジェンコ、トーマス・レヴィン、シアート・ローフィン、レフ・マノヴィッチ、ミルトン・ミューラー、ジョナ・ペレッティ、そしてマッケンジー・ワーク。友人であり共同研究者であるユージン・サッカーは、序論を書くことを親切に引き受けてくれた。レイチェル・グリーネは、一九九八年にわたしと幾つかの共著に取り組んだが、そこから切り抜いたものがいくらか形を変えつつ、第七章のいくつかの部分に再登場している。以下の人々は、わたしからのインタビューを受け入れてくれた。ベルナード・アボバ、フレッド・ベイカー、ボブ・ブレイダ、ヴィントン・セルフ、スティーヴ・クロッカー、ステイシー・レイストナー（ANSI）、トニー・ラツコウスキー、ステファン・ヴェルハルストだ。クリステン・デルグロッソは、本書のいくつかの部分のために、計り知れない研究補助をしてくれた。さらにＭＩＴ出版のドゥグ・セリーとシリーズの編者であるジョエル・スレイトンにも、その支援と助力に感謝を捧げたい。

わたしは、家族からの愛情とサポートにも感謝したい。とりわけ、長年にわたってより興味深い文化領域をわたしに教えてくれたいつも最初の人物であった、兄弟であるムンロー・ギャロウェイに。

技術的なトレーニングにあたっては、リゾーム（Rhizome）〔デジタル上の文化実践に関わるあるグループの名称。本文参照〕に属する人々と、なかでもわたしのパートナーであるマーク・トライブイには謝意を表しておきたい。リゾームに籍を置いた六年間、エキサイティングで創造的な環境においてリレーショナル・データベースや、ウェブ上のアプリケーション、リナックスのシステム運営——そして、むろんのこと、ニューメディアのアート実践——に携わることができたことはかけがえのない喜びの日々であった。

一九九七年にデジタル・スタディーズという企画展をわたしと一緒に組織したマーク・アメリカにも感謝する。その展覧会に私が寄せた短いエッセイ「デジタル・スタディーズとは何か」は、本書全体にわたる着想が芽生えるところとなったものである。また、アーサー・クローカーとマリルイーズ・クローカーの二人は、CTHEORY でもっとも早い段階での原稿を出版し、本書のプロジェクトのキックオフのきっかけを与えてくれた。

最後に、とはいえ、力を込めて記しておきたいのは、仮想空間および現実空間のさまざまな領域に存在する次のようなコミュニティや組織にわたしは負うところが大きい。Rhizome、Nettime、7-11/American Express、CTHEORY、Ars Electronica、Next 5 Minutes（Sociery for Old and New Media）、Eyebeam、ZKM、V2、そのほかたくさんのコミュニティや組織に、である。彼女ら彼らなしには、本書で述べられたようなことを考えつくことがけしてなかったであろう。

注

（1） Michael Hardt and Kathi Weeks, eds., *The Jameson Reader* (Oxford: Blackwell, 2000), p. 2.

第一部　脱中心化以後、コントロールはどのように作動しているのか

序章

あらゆる社会はその（諸々の）ダイアグラムをもっている。
――ジル・ドゥルーズ『フーコー』

この著作は、ダイアグラム、テクノロジー、マネジメント様式についてのものである。ここでいうダイアグラムとは分散型ネットワーク（distributed network）、つまりはクモの巣や網細工に似た中心なき構造形式のことである。そのテクノロジーとはデジタルコンピュータ、すなわち、あらゆる他の機械の働きを実行しうる抽象機械のことである（それが論理の面で記述されうるのであれば）。そのマネジメント様式とはプロトコル、つまりはコンピュータに生じた機構原理のことである。これらの三つが一体となって、新世紀が始まるころに重要なものとなった、管理＝制御の新たな装置（appratus）を規定しているのである。

目下の歴史的瞬間について理論的に考察し、それらの歴史的軌跡を説明するための時期区分を提供することに、近年多くの学術上の仕事がなされてきている。私がなかんずく刺激をうけたものは、ジル・ドゥルーズの「追伸　管理＝制御社会について」という五頁ほどの論考である。その論考は、経年的なかたちで、近代と呼ばれてきた時代の次の時期区分を明確化することから始まる。その近代の後の時期区分は、もはや君主＝主権（sovereign）による中心的な管理にも、監獄や工場における脱中心的な管理にもとづいてはいない。本書の目的は、この第三の歴史の波がもつ固有性を、そこで生じたコンピュータ技術の管理＝制御に焦点をあわせることによって具体化して論じることである。

脱中心化以後にあって制御はいかに作動するのか。先行する時代では、管理というものは説明するのにいくぶん容易いところがあった。ミシェル・フーコーが古典主義時代における君主＝主権型社会と呼ぶもの、つまり、中心化された権力と君主＝主権の専断によって特徴づけられる社会では、管理が指導者の言葉や行いから伸長したものとして存在し、暴力およびその他の強制的な諸要因に支えられていた。時代がくだって、近代における規律＝訓練型社会が定着するようになると、指令と管理は暴力からより官僚主義的な形式へと置き換えられたのである。

ドゥルーズはこの時期区分を現在にまで広げることで、規律＝訓練型社会の後に到来する管理＝制御型社会を提示していた。まったく新しいテクノロジーが、管理＝制御型社会の出現と同時に作用しているると、ドゥルーズは考えていたのである。彼によると、「古い君主＝主権型社会はてこや滑車、時計といった単純な機械とともに作動した。しかしながら、近年の規律＝訓練型社会は、熱力学的な機械[1]を装備していた。（中略）そして管理＝制御型社会は第三世代の機械、つまり情報技術やコンピュータとともに作動する[2]」。マルクスの経済理論がちょうど、工場の生産機械のありようをめぐる厳密な分析に根付いていたのと同様に、ドゥルーズは現代の社会政治の論理を説明するために、コンピュータを来るべき生産力として予告しているのである。

クリティカル・アート・アンサンブル〔CAE：一九八七年の結成以降、バイオテクノロジーやアクティビズムについて探求しているアーティスト集団〕によれば、規律＝訓練型社会から管理＝制御型社会への変換は次のようなかたちで進んでいる。

コンピュータ化された情報マネジメントが登場する以前には、制度的な指令と管理の中心を容易にみつけだすことができた。事実、権力が座する建造物が人目を惹くような外観を誇ってきたのは、諸々の体制がみずからのヘゲモニーを維持するためにそれを利用していたからである。（中略）たとえ権力にかかわる記念碑的な建物が依然として目に見えるかたちで現前し、安定して建っているとしても、権力を維持する行為体（エイジェンシー）はもはや、可視的でもなければ安定して存在してもいない。権力なるものがこうした記念碑的な建物のなかに永続的に宿ることはもはやなく、いまや指令や制御といったものが、望むがままに転々とその所在を変えていくのである。[3]

最も広範囲におよぶ「コンピュータ化された情報マネジメント」システムが今日にあっては存在しており、それはインターネットのことである。インターネットは大域的に分散化したコンピュータのネットワークである。その発生源となったのは、一九五〇年代と一九六〇年代のアメリカの学術と軍事にかかわる文化である。[4] 一九五〇年代後半、ソヴィエトのスプートニクの打ち上げをはじめとする、冷戦構造と結びついたその他の恐怖に反応するかたちで、[5] ランド研究所のポール・バランはコンピュータのネットワークの創出を決定した。そのネットワークは、中心化された指令と管理から独立しているために、中心化されたハブのようなものを標的にする核攻撃に対抗することができるだろうと想定されたのである。一九六四年八月、彼はみずからの研究の概要を説明する一一巻組みの覚書をランド研究所から公刊した。[6]

　バランのネットワークはパケット＝スイッチングと呼ばれるテクノロジー[7]にもとづいていた。それによって、メッセージそれ自体を小さな断片（フラグメント）に分割することができる。そして各断片あるいはパケットは、みずからの道筋をみつけだし、目的地にたどりつくことができるのだ。ひとたびそこにたどり着くと、パケットはふたたび集結して、元のメッセージを創り出すのである。一九六九年に、アメリカ国防総省の高等研究計画局（ＡＲＰＡ）はアーパネットを開始した。それはバランのパケット＝スイッチングテクノロジーをもちいた最初のネットワークである。アーパネットを活用することで、学術分野ではリソースの共有とファイルの転送が可能になった。その初期には、アーパネット（後にダーパネットDARPAnetに改称された）はほんの数百台のコンピュータあるいは「ホスト」が参加したのにすぎなかったので、外の世界に気づかれずに存在したのである。

　このネットワークのための識別符号を与える作業はすべて、カリフォルニアのメンロパークにあるスタンフォード研究所に設置されていた、たった一台の機械によって維持されていた。一九八四年までに、そのネットワークはかなり広がっていった。（一九八三年には）ポール・モカペトリスが、識別符号を与える作業の新たなプランを考案しているが、これは脱中心化されたもので、ドメインネームシステム（ＤＮＳ）と呼ばれるようになる。

　その頃には、コンピュータマシン自体も変化していた。一九七〇年代後半と一九八〇年代初頭までにパーソナルコンピュータが市場に出回るようになり、家庭やオフィスに現れるようになった。一九七七年に、カリフォルニア大学バークレー校の研究者たちは、そののち極めて大きな影響力をもつことになる「ＢＳＤ（Berkeley Software Distribution）」を公表している。これはＵＮＩＸオペレーティング・システムにもとづいたものであり、その他の諸機関においても実質上、無償で利用可能なものであった。ＢＳＤのおかげで、ＵＮＩＸは一九八〇年代にもっとも重要なコンピュータのオペレーティング・システムとなっていった。

　一九八〇年代初頭には、ＴＣＰ／ＩＰ（通信制御プロトコル／インターネットプロトコル）として知られる一揃いのプロトコルも開発され、大半のＵＮＩＸのサーバに組み込まれた。ＴＣＰ／ＩＰは安価で、遍在的な接続を可能にした。一九八八年に国防総省は、中心となるインターネットの「基幹回線」の管理権を全米科学財団へと移管し、一九九五年に今度は商業的な遠隔通信を扱う民間企業にその管理権を移譲した。この年には、二四〇〇万人のインターネットユーザーがいた。今日、インターネットは世界中の数十億人を接続する大域的な分散型ネットワークとなっている。

ネットワーク化されたコンピュータを利用するとき、その核にあるのが**プロトコル**の概念である。コンピュータのプロトコルとは、個々の標準的な技術の要点を述べた、ひとまとまりの勧告と規則である。インターネットの大半を統御（govern）するプロトコルは、ＲＦＣ（Request For Comments 直訳すれば「ご意見をお寄せください」の意）ドキュメントと呼ばれるもののなかに含まれている[8]。これらの技術に関わるメモランダムは、「インターネットに関する第一資料集」[9]と呼ばれており、そこでは今日のインターネットでもちいられている大多数の基準とプロトコルが詳しく述べられている。

ＲＦＣドキュメントはインターネット技術タスクフォース（ＩＥＴＦ）によって発行されている。それらは自由に入手可能であり、共通の仕様に見合うハードウェアやソフトウェアを組み立てようとする技術者たちにおもに利用されている。そのＩＥＴＦと連携しているインターネット協会は利他的なテクノクラートの組織であり、「世界中のすべての人々の利益のためにインターネットに関わる開発と進化と利用を確実に開かれたものにしたい」と望んでいる[10]。ほかのプロトコルは異なる組織団体によって開発され、維持管理されている。たとえば、ワールド・ワイド・ウェブ（インターネット内のネットワーク）にもちいられるプロトコルの多くは、ワールド・ワイド・ウェブ・コンソーシアム（Ｗ３Ｃ）によって統御されている。この国際的なコンソーシアムは、ハイパーテキストマークアップ言語（ＨＴＭＬ）やカスケーディングスタイルシート（ＣＳＳ）といった共通のプロトコルの開発のために、一九九四年一〇月に設立された。それ以外にも数多くのプロトコルが、様々な専門家の集団や組織によって多様な目的のためにつくられてきている。それらの詳細については第四章で扱われることとなろう。

じつは「プロトコル」という言葉は、それほど新しいものではない。この言葉は、コンピュータの世界でもちいられるよりも先に、ひとつの慣習体系のうちで正しいもしくは適切とされる振る舞いの類型を指し示していた。それは社交界におけるエチケットに関わる領域についてのみならず、外交や国際関係の場面でもひとつの重要な概念だったのである。語源的にいえば、この言葉は資料の冒頭に付けられた遊び紙を指していたのだが、よく知られている用法であるが、外交協定や盟約書の綱領をまとめた導入部分の書類を意味するようになっていったのである。

しかしながら、デジタル型のコンピュータの到来とともに、この用語はやや異なる意味を帯びるようになった。いまやプロトコルとは、特定の技術の履行を統御する諸基準を具体的には指している。かつて外交交渉の場面で用いられていたプロトコルのように、コンピュータプロトコルは、行為をめぐって同意されている一定の基準を実行にうつすために必要な要点を設定しようとするものである。かつて外交交渉の場面で用いられていたプロトコルのように、コンピュータプロトコルは、協議過程に参加している関係者のあいだで精査され、ついで大多数の参加者（外交関係の場合には市民、コンピュータの場合にはユーザー）によって現実世界のなかで実体化されることになる。だが、外交交渉がおこなったのは社会的ないしは政治的な諸実践を統御することであったのに代わって、コンピュータプロトコルはいかにして特定のテクノロジーが合意され、採択され、履行されるようになり、最終的には世界中の人々によって利用されるのかを統御している。かつて思慮と分別の問題であったものが、今では論理と物理の問題になっているのである。

コンピュータプロトコルという概念を理解しやすくするために、高速道路システムと類比して考えてみよう。A地点からB地点へと運転するひとりの人物にとってみれば、複数の道路から多くの異なる組み合わせが可能である。しかしながら、走行中、赤信号で止まること、白線の間にいること、理にかなったかたちでまっすぐ進行することなどが強いられる。これらの慣習的な規則は、異なる事態がいかようにも発生しうるシステムのなかで、ひとまとまりの選択可能な行動のパターンを統御するものであり、コンピュータ科学者たちがプロトコルと呼ぶものである。それゆえ、プロトコルとは、偶発的な環境のうちで自発的な調整（regulation）を達成するためのひとつの技術なのである。

　これらの調整はつねに、コード化のレヴェルにおいて作動している――それらは転送のために情報のパケットをコード化するかもしれないし、ドキュメントをコード化して有効な構文解析をするかもしれず、またはローカル装置が外部にある別の装置とのあいだで実効的に交信するために通信をコード化するのかもしれない。プロトコルは高度に形式的なものである。つまり、プロトコルは技術的に規定されたひとつの包み紙のようなもののなかに情報を封入するのであり、にもかかわらず、そのなかに含まれた情報の内容とは相対的に無関係のままなのだ。全体としてみるなら、プロトコルとは分散型の運営実務（マネジメント）上のシステムであり、それによって異なる事態がいかようにも発生しうる物質的な場のうちに存在することを制御可能にしているのである。

　現代の批評家はインターネットを予測不可能なデータの集塊――リゾーム的であり、かつ中心的な組織を欠いているもの――として多くの場合、記述している。この態度が表明するのは、新しいコミュニケーションのためのテクノロジーが、これまでの中心化した指令と秩序づけられた管理を消去していくことにもとづくものである以上、結果として今日の世界は、そうしたかたちの管理が全般的に消滅するのを目撃している、という主張である。

　このような表明は実情とは遠くかけ離れているだろう。プロトコルとは脱中心化以後の技術にかかわる管理、すなわち制御が作動する仕方であると、わたしは本書で論じる。タイトルにある「以後」は、脱中心化が現実のものとなってしまった歴史上の瞬間を指し示していると同時に、――さらに重要なことであるが――脱中心化以後の歴史上の段階を指し示してもいる。すなわち、その段階とは脱中心化が終焉を迎え、完了したものとなり、分散というかたちのダイアグラムがそれにとって代わって、社会をマネジメントする至上の様式になったということである。

　私が示したいと企んでいるところでは、先の思い違い（インターネットは高度に制御されているよりもむしろ、カオス的なものであるというもの）が生じるのは、プロトコルが二つの向かい合う機械の不一致にもとづいているからである。一方の機械は、制御の地点を自律した端末へと徹底的に分散化するのであり、もうひとつの機械は、厳密に規定された複数の秩序形式へと制御の働きを集中化するのである。これらふたつの機械のあいだの緊張関係が――ある弁証法的な緊張関係――、プロトコルの論理にのっとった制御にとって、ある種の歓迎すべき土壌を創りだしているのである。

　第一の機械、すなわち、管理＝制御が不可能なネットワークという一般的なイメージをインターネットに与えるテクノロジーは、ＴＣＰ／ＩＰとして知られる一群のプロトコルに端的に示されている。ＴＣＰとＩＰとは、ネットワーク上で一台のコンピュータから他のコンピュータへと現にデータ通信をおこなうにあたって、それを先導するプロトコルのことである。ＴＣＰとＩＰは、複数のコンピュータのあいだの接続を確立するために一緒になって動作し、これらの接続をつうじてデータパケットが実効的に移動するのである。ＴＣＰ／ＩＰの設計方式があるからこそ、ネットワーク上のいかなるコンピュータであれ他のコンピュータに話しかけることができるのであり、その結果として、秩序づけられていない、つまりはPeer to Peerの関係性が生まれるのである。

　ある技術マニュアルは、それを次のように記している。「ＩＰは、無秩序でいて高度に分散型のモデルをもちいているので、大域的に広がったインターネット上であらゆるデバイスがあらゆる他のデバイスと同等の存在となる」[11]。(技術のマニュアル本が「無秩序」という用語を言祝いでつかっているのは、今日の新しい世界にまつわる奇妙さの徴候のひとつにほかならない!)

第二の機械とは、厳密に規定された複数の秩序形式へと制御の働きを集中化するテクノロジーのことであり、それはDNSに端的に示されている。DNSとは、脱中心化された巨大なデータベースであり、ネットワークの名前にネットワークのアドレスを割り当てる。このようなマッピングは、ネットワーク上のほとんどすべてのやりとり(transaction)のために必要となる。たとえば、インターネット上でwww.rhizome.orgに訪れるためには、あなたのコンピュータはまず、www.rhizome.orgという、それ自体は地理的に曖昧とした名前を物理的なネットワーク上の個別のアドレスへと翻訳しなくてはならない。これらの個別のアドレスがIPアドレスと呼ばれるものであり、206.252.131.211といった、ひとつらなりの四つの数字として記載される。

あらゆるDNSの情報は、秩序づけられた逆ツリー構造のなかで制御されている。それゆえ、ほとんどすべてのウェブ上のトラフィックは皮肉にも、秩序づけられた構造(DNS)にしたがうことではじめて、無秩序であり根源的には水平なものであるインターネットの構造へとアクセスすることができるようになる。後述するように、この矛盾した論理は、プロトコルという装置のいたるところに広がっているのである。

ドメイン名をIPアドレスへと変換するプロセスは、名前解決(resolution)と呼ばれている。逆ツリー構造の頂点には、いわゆる「ルート」サーバがわずかばかりあり、最終局面での制御を掌握しつつ、秩序形式の階層が下るにつれて分岐点ごとに制御の働きを分け与えている。世界中には一二を超えるルートサーバがあり、日本やコーロッパのような土地やアメリカのいくつかの場所などに位置している。制御の分岐点を辿るためにはアドレスを逆向きにして、つまりはトップレヴェルにあるドメインから、この場合には「org」というドメイン名から解析しなくてはならない。まず、ルートサーバがユーザーからリクエストを受けとると、「org」のドメインを管轄している他の機械へとそのユーザーを誘導する。それが今度は、「rhizome」というサブセクションを管轄している他の機械へとそのユーザーを誘導する。さらには、「www」として知られる特定の機械にIPアドレスで応じることになるのだ。

分岐構造の末端に位置するコンピュータだけが、直接に隣接しているコンピュータを認めることができ、それゆえ、DNSの情報を管轄する唯一の機械なのである。言い換えるなら、（名前）解決は次のようにして起こる。ツリー上の新しい分岐は、系列をなしているセグメントごとに生じる。そのことによって、ユーザーはDNSソースを管轄している機械をみつけだし、そしてそのドメイン名からIPアドレスを導き出すようになる。IPアドレスがひとたびわかると、ネットワークのやりとりは定められたかたちで進めることができる。

DNSのシステムが逆さまのツリー状に構造化されているため、ツリー上のそれぞれの分岐は、それより下位にあるすべてのものを完全に制御することができる。一例をあげよう、一九九九年の冬にスイスのアート集団であるイートーイ（Etoy）に対してある訴訟がおこされた。その訴訟の根拠には疑問の余地があるためのちになって取り下げられたのだが、にもかかわらず、裁判所は係争中に、etoy.comに対するDNSの支持構造をとりのぞくだけで、アーティストのウェブサイトを「停止する」ことができたのである（さらに、アーティストたちは係争がおわるまで、ネットワークプラグそのものを抜いておくことが課せられた）。

類似した事件がザ・シング（The Thing）という組織にも起こった。これはニューヨークに拠点をおき、イートーイの宣伝広報のいくつかを支援していたインターネットサービスのプロバイダである。この事件の資料のいくつかに連邦捜査局（FBI）から政治的な疑いがかけられると、このプロバイダ会社のすぐ上位にあった電信電話会社は、そのサーバ全体をインターネットからつまはじきにしたのである。ザ・シングは、この階層秩序をもつシステムの制御に従うほかなかったのだ。

ワールド・ワイド・ウェブの考案者であるティム・バーナーズ＝リーは、DNSのことを「ひとつの中心化されたアキレスの踵であり、それによってすべての機能を停止し、あるいは制御することもできる」と記した(12)。

もし仮説として、いくつかの監督官庁が中国をインターネットから追放することを望んだとすれば（例えば、戦闘行為が発生したときなど）、それら官庁は、逆ツリーの最上位のルートサーバのなかにある情報を修正するだけで、いとも簡単にそうすることができるだろう。二四時間以内に、中国はインターネットから消え去ってしまうかもしれないのだ。

DNSに反旗を翻し、ネーム.スペース（name.space）を設立したポール・ギャリンは、次のように記している。「消去キーをひと押しすれば、いくつかの国家をまるごとネットから抹消することができる。中心化されている「.（ドット）」（ルートファイル）によって、容易くそうすることができるのだ……「.（ドット）」を制御する、それはアクセスを制御することである」(13)。ルートサーバなるものは最上位に設けられているため、下位にあるそれぞれの分岐系列上の存在（しかし、必ずしもその内容ではない）を最終的に制御するようになる。ルートサーバの基盤となる支持構造がなければ、DNSネットワークのより下位にある分岐系列はすべて使用することができなくなる。こうした現実に眼をやれば、私たちがインターネットに対してもつ、制御不可能な巨大な網の目としてのイメージは粉々に打ち砕かれるはずである。

ネットワークでつながれた関係はどんなものであれ、多重入れ子状のプロトコルをもつことになるだろう。マーシャル・マクルーハンの洞察を流用すれば、すべての新たなプロトコルの内容はいつももうひとつのプロトコルである。ワールド・ワイド・ウェブ上の典型的なやりとり（トランザクション）のひとつをとりあげてみよう。テキストとグラフィック（それら自体、プロトコルの論理のなかで生まれたものである）を含んだあるウェブページは、HTMLプロトコルのなかでマークアップ〔文章の構造や外観を指定すること〕されている。ハイパーテキスト・トランスファー・プロトコル（HTTP）として知られるそのプロトコルは、このHTMLオブジェクトを封入し、インターネットホストがそれを提供できるようにする。しかしながら、クライアントとホストの双方はTCPプロトコルに従わなければならず、それによってHTTPオブジェクトが無事に到達することを確実なものにしている。最後に、TCPそれ自体がインターネットプロトコルのなかに入れ子状のかたちで組み込まれており、このプロトコルは実際にパケットデータをある機械からもうひとつの機械へと移動させることを担当している。究極のところ、バンドル全体（ここまでのプロトコルのそれぞれに封入されたプライマリ・データ・オブジェクト）は唯一の「特権化されたプロトコル、つまりは物理媒体そのもの（光ファイバーケーブル、電話線、電波など）にかかわるプロトコルの規則に応じて転送される。マニュエル・カステルをはじめとする第三機械時代について影響力をもつ論者たちが、世界規模の経済活動のなかに柔軟性をもったネットワークとフローをみいだしているが、これらはたんなる隠喩ではない。ネットワークとフローは事実として、ネットワーク上のプロトコルの技術仕様にそのまま組み込まれているのである。設計の水準からみれば、インターネットのプロトコルのようなプロトコルは中心化されるはずがないのだ。

プロトコルが発生する地平は、分散型ネットワークである。ドゥルーズに寄り添うかたちでわたしが考えるに、分散型ネットワークとは、私たちの現状の社会形成にとって重要なダイアグラムのひとつなのである。ダイアグラムを「社会領野の全域と共通の広がりをもつ地図であり、地図作成法である」とドゥルーズは定義する。[14] 分散型ネットワークはそのような地図のひとつである。というのもそれは、新たな世紀の社会領野へと深く広がっているからである（私はこの点を第一章においてより詳細に検討する）。

分散型ネットワークはその内部構造の組み合わせにおいて、中心化されたまたは脱中心化された他の諸ネットワークとは異なっている。中心化されたネットワークは、中心となる単一の力点（ホスト）から形成され、その中心点には複数の接続点が放射状につながっている。その中心点には、すべての接続点が衛星のようにつながっており、接続点自体は中心のホストにつながっているだけである。その一方で、脱中心化されたネットワークは、多数の中心となるホストをもつ。中心となるホストは、一連の衛星となる接続点をそれぞれ備えている。衛星となる接続点は、ひとつないしはそれ以上のホストとつながることもあるかもしれないが、他の接続点とそうはならない。中心化されたネットワークと脱中心化されたネットワークの両方のなかで、情報通信は一般的に単一の方向で伝達されることになっている。すなわち、中心となる幹から放射状に広がった樹葉への方向である。

分散型ネットワークはまったく異なった事態となる。分散型ネットワークは、ドゥルーズが語る管理＝制御社会のなかで発生する。分散型ネットワークでの各地点は、中心となるハブでも衛星となる接続点でもない――すなわち、幹も葉もないのである。そのネットワークは「高度な処理能力をもつ末端にある自己‐決定論的なシステム」以外の何も含んでいない。「末端にあるシステムそれぞれは、自ら選択するあらゆるホストと通信することができるのである[15]」。リゾームのように、分散型ネットワークの接続点それぞれは、秩序形式の中間段階に訴える必要もなく、その他の接続点との直接的な情報通信を確立することもある。だが、情報通信を開始するためには、ふたつの接続点が同じ言語で話さなければならないのである。こうした理由から、プロトコルは重要であるのだ。共有されたプロトコルは、ネットワークという地平を画定するところのものである――だれがだれと接続しているのかを。

建築家のブランデン・ホックウェイが記すように、「分散型システムが動作するには、相互に接続するための同質の規格が必要となる[16]」。互換性のあるプロトコルは、ネットワークを分節することになるのに対し、互換性のないプロトコルでは、ネットワークの分節化が不可能な状態となる。たとえば、ふたつのコンピュータがDNS上でアドレス指定のプロトコルを実行している場合、ネットワークのアドレスについて互いに実効的に通信をおこなうことができる。DNSのプロトコルを共有することで、ふたつのコンピュータをネットワーク上で接続することができるのだ。しかしながら、それらのコンピュータは、NISプロトコルあるいはWINSプロトコルにもとづくなど、異なる設定の装置とは通信できないだろう。[17] 共有されるプロトコルがなければ、ネットワークなど存在しないのである。

　ここでプロトコルにかかわる重要な特質のひとつを引き出しておくために、ミシェル・フーコーに目を転じてみたい。すなわち、諸身体という「特権化された」物理的メディアにおいてプロトコルが特別な仕方で存在しているありようを彼の議論から引き出したいのである。プロトコルはデジタル世界に限定されるだけではない。ドゥルーズが「追伸　管理＝制御社会について」のなかで示すように、プロトコルの論理による制御は次のふたつのものに作用する。すなわち、社会空間内で諸身体が機能する仕方と、分割されサンプル化されコード化される人工生命の諸形式へとこれらの身体を創出することに作用する。[18]「人工生命」は私が第三章で使用する用語であり、社会政治的な劇場のなかでのプロトコルを記述するためのものである。人工生命とは、他の生の諸形式によって能動的に生み出された生の諸形式のことをもっぱら意味する――フーコーが「自己の自己に対する働きかけ」と呼ぶものである。

　私はのちに〔本書のなかで〕、フーコーが指摘した生命の諸形式との関係性はプロトコルの論理にもとづくものである、と示唆するだろう。このことは彼の後期の仕事のなかで、とくに生政治と生権力というふたつの概念のなかで極めて明確に表されている。フーコーは生政治のことを「健康や公衆衛生、出生率や寿命、人種など、人口として構成される、生きた人間の集団についての諸現象が、統治の実践に対して提示する諸問題を合理化しようとする、一八世紀以来に企てられたもののこと」と定義している。[19]

それゆえ、計量生物学や統計分析のような諸技術——ベルティヨンの身元確認システムから一九三五年の社会保障法へ、また児童擁護基金による出産率の一覧表化へ——は、生政治の分野へと完全に入っていくのである。

さらに、彼は記す。生政治は「「人口」を、生存するそして共存する存在の集合として扱う傾向にある。それらの存在は、生物学的ないし病理学的なさまざまな特徴を提示するのであり、結果として、一定の知識と技術の管轄下におかれることになる[20]」。生政治はそのとき、人口にかんする統計学的な知識につながる。それは類的知（speicies-knowledge）である（この表現は、もし「類的存在（speicies-being）」というマルクスのユートピア的概念へのさりげない言及とみなすのであれば、それほど不穏には聞こえないであろう）。

そうだとしても、フーコーは生政治を定義するなかで「技術」と「知」を等しく強調する。しかし、とりわけどのような技術が、フーコーの生政治のシナリオに相当するというのであろうか。ここで私が論じるのは、そうした技術が分散型のマネジメント形式であるということである。そのような形式が、現代のコンピュータ・ネットワークを特徴づけ、またその形式のなかにプロトコルの制御が存在するのだ。

フーコーが『性の歴史1 知への意志』で対比させているのは、生に対して君主がもつ古くからの権力（生の欠如あるいは現前に対する形而上学的な関心によって特徴づけられている権力）と、生が創出されあるいは破壊されるところの新しい様態である。「生を奪うあるいは生かせておく古い権利は、生を育むあるいは死の地点まで送るがままにする権力にとって代わられたと言ってもよい[21]」。彼は続ける。「死についての古くからの権力は、君主の権力を象徴してきたが、身体を行政管理すること、また生を算定し経営管理することへときめ細やかに塗り替えられることになったのである[22]」。生権力をめぐるフーコー

ハワード・ホークスの『赤い河』のなかに登場する食肉牛の暴れまわる群れは、分散型のためのダイアグラムのひとつとなろう。何万頭もの牛は、映画には大きすぎる数であり、ひとつのショットにおいてはけっして映し出すことができないものだ。代わりに、それらは、大勢で動くときには各パートに分かれて登場するのだ。映画の終わり近く、牛たちが大通りへと溢れでるときは、大海の白波のように頭をぶつけ合う。これこそが、ドゥルーズとガタリが、平滑空間と呼んでいるものである。

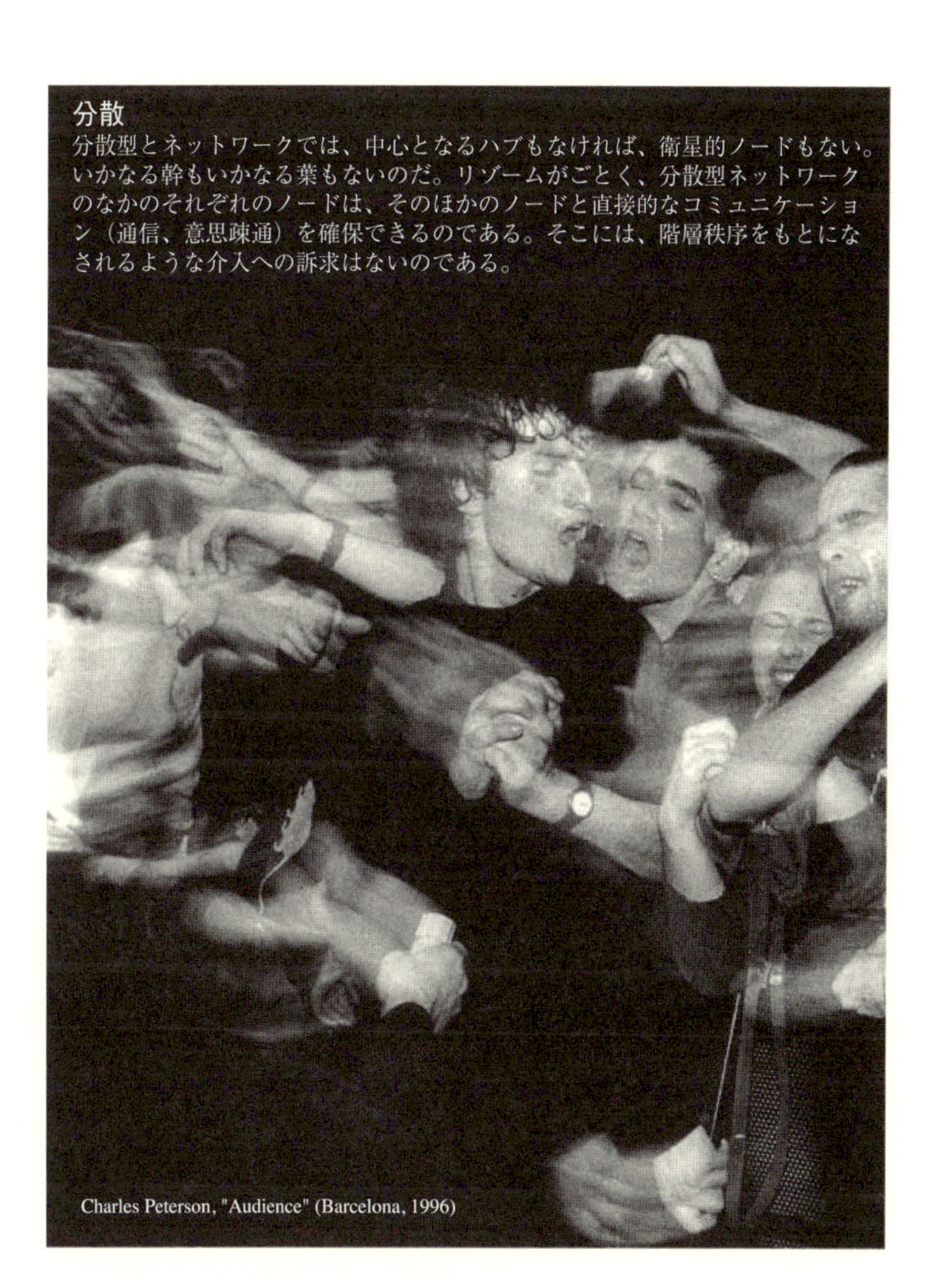

分散
分散型とネットワークでは、中心となるハブもなければ、衛星的ノードもない。いかなる幹もいかなる葉もないのだ。リゾームがごとく、分散型ネットワークのなかのそれぞれのノードは、そのほかのノードと直接的なコミュニケーション（通信、意思疎通）を確保できるのである。そこには、階層秩序をもとになされるような介入への訴求はないのである。

Charles Peterson, "Audience" (Barcelona, 1996)

のとりあつかいは、全面的にプロトコルの論理にもとづいている。規律＝訓練型社会にとってのパノプティコンに対応するのが、管理＝制御型社会にとってのプロトコルである。

プロトコルは、それが秩序形式を排除しようとする点において、パノプティコンよりも民主的であるかもしれない。だが一方で、プロトコルの構造はいまだに堅固なかたちで、指令と管理＝制御を軸としている。だからこそ、プロトコルはその論理に対抗する力を生み出してきたのである。ドゥルーズはこのことに気づいていた。つまり、フーコーの生権力の場所自体が、抵抗の場所でもあることにドゥルーズは気づいていたのである。

読者がその重要性を見落とすことのないように、ドゥルーズは著書『フーコー』の重要な箇所で、みずからが理解したことをたて続けに三度も繰り返している。1「権力が……生命をその目標とし照準をさだめるとき、権力への抵抗はすでに生命を盾にとり、生命を権力へと向き合わせる……」、2「権力が生命にその照準をさだめるとき、生命は権力に抵抗するようになる……」、3「権力が生‐権力になるとき、抵抗は生命にかかわる権力となり、それとはすなわち、種別性、環境、特定のダイアグラムがもつ経路、それらのうちに留め置くことのできない生の権力である」[23]。生命の抵抗（life resistance）は、プロトコルの論理にもとづきマネジメントをおこなう分散型の形式に取り組むための方法のひとつになるのであろうか。

本書の第三部「プロトコルの未来」は、そうだと答える。テクノロジーが新しいかたちでネットワーク化し、公衆はこれまでにないほど不平が言えないままに、グローバルな資本が作動させる管理＝制御の構造群に自らを適応せざるをえないようになりつつある。その一方で、これらプロトコルの論理にもとづくフローを押しまげることによって、そうでなければ逸らせることで、社会生命が疎外されずにいるというユートピア的な形式を目指す一連の社会的実践が新しく登場しつつある。

では、プロトコルのなにが間違っているのであろうか？　フーコーの言いまわしを流用するとしたら、プロトコルは悪ではなく、プロトコルは危険なものだ、ということになる。それゆえ、プロトコルを拒もうとするのであれば、それは、セオドア・カジンスキー（ユナボマー）がおこなったような仕方で、今日のテクノロジーをまるごとはねつけることではないだろう〔一九七八―九五年にかけて犯行声明「産業社会とその未来」を掲げて、アメリカの大学や空港に郵便爆弾を送った犯人とその通称名〕。そうではなく、プロトコルの論理にもとづくこれらのテクノロジーを、ハンス・マグヌス・エンツェンスベルガーが「解放的メディア使用」と呼んだものに向かわせ、分散型構造の力を高めるように方向付けることである。つまりは受動的なユーザーよりも能動的な社会アクターによって創りだされるメディアへと方向付けることなのである[24]。

何年か前に、ドゥルーズはアントニオ・ネグリに対して次のように述べていた。

たしかに管理＝制御社会が現実に組織されるようになる以前から、非行と抵抗の形式があらわれていることもあります〔両者は明確に区別されるものです〕。たとえば、ハッキングやコンピュータウィルスといったものは、ストライキや一九世紀には「サボタージュ」と呼ばれていたものにとって代わることになるでしょう……あなたがお尋ねになったのは、管理＝制御社会や情報通信社会が、抵抗についての諸々の形式を引き起こしてコミュニズムにふたたび好機をもたらすのかどうか、ということでした……鍵となるのは、管理＝制御から逃走するために、非＝情報通信や回路の遮断機といった空洞を創りだすことにあるのかもしれません[25]。

ここで鍵となるのは、逃走や遮断機、非情報通信よりもむしろ、ドゥルーズが先見の明をもって、抵抗となる活動を、プロトコルの論理にもとづく領野のうちに定位しているという点である。生権力が種別性のレヴェルにある知であるのとおなじ方法で、プロトコルとはある種の類的知なのであって、生の形式をコード化するのである。新しいダイアグラム、新しいテクノロジー、新しいマネジメント様式のそれぞれが、旧来のものから改良を重ねたものなのであって、いまなお高度の形式へと成長する胚種をみずからのうちに含み持っている。わたしが示すことになるのは、管理＝制御にまつわる多様な装置を愛するようにならなくてはいけないということではなく、むしろ数々の欠点はあるものの、プロトコルの論理にもとづく管理＝制御はそれでもなお、社会を管理＝制御する他の様態に対するひとつの改良の方向なのだということである。まさしくプロトコルをつうじて、人はみずからの努力を導かざるをえないのであって、それに抗うのではないということを、わたしは本書において明らかにしたいのである。

　ヘアート・ロヴィンクはかつて、「蒸気理論はもうたくさんだ」と書き記していた。蒸気理論では、コンピュータそのものがなおざりにされやすい。コンピュータはよりなじみ深い事柄によって、つまりは情報社会によってしばしば覆い隠されてしまうのだ。わたしの著作は情報社会についてのものではなく、そのような社会のうちに生息している実際の機械についてのものである。

　それゆえ、アルビン・トフラーやピーター・ドラッカー、ダニエル・ベルの仕事、その他にも社会的な観点から第三段階にある資本主義の展開を論じる仕事には、直接的なかたちでとりくむことなく、わたしの研究は進むことになるだろう。

　膨大な数の著作が人工知能について捧げられ、そして人間と機械のうちにある意識（またはその欠如）をめぐる思弁がなされてきたが、その大部分も本書は避けてとおる。レイ・カーツワイルのような著者は、死ぬことを知らない人間＝機械というハイブリッドが支配するユートピア的な超未来（superfuture）を予見している。ハンス・モラヴェックもよく似た未来のひとつを描き出している。とはいえ、それは、コンピュータ化した子孫たちのあわれみで、「引退した」といわれる人間がかろうじて残っているにすぎない未来である。

マーヴィン・ミンスキーやダニエル・デネット、ジョン・サール、ヒューバート・ドレイファスなど、人工知能という主題に挑んできた者たちはほかにもいる。しかし、ここでは彼らが論じられることはない。これらひとかたまりの仕事がひろくは認識論や認知科学にかかわるものであるのに対して、本書が着想を得ているのは批判的なメディア理論であり、両者のあいだにわたしは決定的な線引きをしている。心の問題や認識論的な問いに彼らが興味を抱いているのにたいして、わたしの関心は主として、身体の問題やコンピュータ技術がもつ物質的な層をめぐる問いにある。

テクノロジーの新しい時代に向けた人々の反応も、本書ではほとんど回避している。たとえば、そのひとつがニコラス・ネグロポンテによる著書『ビーイング・デジタル――ビットの時代』であり、そこでは新しいテクノロジーの驚くべき新しさについて熱をあげた記述がなされている。とはいえ、それももはや時代遅れとなり、有効ではなくなっているように思われる。

本書の大部分は第四章をのぞいて、法律やインターネットの統御、国家が発動する君主＝主権性、商業がもつ力、そういった個別の問題についてのものではない。ミルトン・ミューラーによる『ルーリング・ザ・ルート　インターネットの統治とサイバースペースの馴化（*Ruling the Root: Internet Governance and the Taming of Cyberspace*）』をはじめとして、これらの問題についてはすでにいくつかの著作が見事な仕事をおこなっているだろう。

最終的には、わたしがこれらの著者に多くを負っていることは次第に明らかとなるものの、情報化や人工知能、またはヴァーチャルなものについての社会的ないしは文化‐歴史的な特徴を検証することがここでの目的ではない。それよりもアンドレ・バザンが映画作品を研究し、ロラン・バルトがストリップショーを研究したようにして、わたしはコンピュータを研究したいのである。つまりは、物質的なテクノロジーに目を向け、それらのテクノロジーが機能し、または機能不全におちいる個別具体的な形式を分析したいのだ。

このような目的にむかって、本書が焦点をあわせるのは分散型のコンピュータ・ネットワークであり、それらのうちに現れる、プロトコルの論理にもとづく管理＝制御のシステムである。フリードリヒ・キットラーによる画期的な著作『言説のネットワーク　一八〇〇／一九〇〇』（原題の直訳は『書き込みのシステム』）のようなテクストを私は足がかりとしたいのであり、そこには意味と意義によって駆動されていた言説から、パターンとコードにもとづく現在の場へのパラダイムシフトが記述されている。キットラーが一八〇〇年と一九〇〇年を象徴的に名指すことで区分けしたふたつの時代は、フーコーとドゥルーズが社会に与えた時期区分と構造的に（たんに時系列的にというよりも）対応している。近代における規律＝訓練型社会から管理＝制御型社会への移行は、すでに示したように、本書にとってなにより も重要な歴史上の転換なのである。

ノーバート・ウィーナーもまた重要な人物のひとりである。管理＝制御が物理的な物体＝身体のうちでいかにして作用するのかという問題について、彼の著作は重要な基盤を築くものであった。建築家のブランデン・ホックウェイが書いた、挑発的ではあるが歯痒いほどに短い著作『パンデモニウム　戦後世界における局所的略奪の隆盛（*Pandemonium: The Rise of Predatory Locales in the Postwar World*）』は、サイバネティクス的な身体がどのようにして二一世紀の生命に浸透しているのかという問題に目を向けている。コンピュータとメディア研究の領域から登場したその他の重要な理論家たちにもわたしは影響を受けているが、そこにはヴァネヴァー・ブッシュやハンス・マグヌス・エンツェンスベルガー、マーシャル・マクルーハン、ルイス・マンフォード、そしてアラン・チューリングが含まれる。

ロヴィングによるメディア理論についての新しい学派も着想源となっており、これはネットクリティシズムとして知られている。この集団は批評家たちと実践者たちとを国境を越えて緩やかに結びつけ、インターネットとともに成長してきた。そこにはハキム・ベイやクリティカル・アート・アンサンブルの先駆的な仕事も含まれるし、またティモシー・ドラックレイやマリナ・グリジニッチ、レフ・マノヴィッチ、サディー・プラントをはじめとする多くの者たちが次々と提出する素材も含まれている〔ハキム・ベイはピーター・ランボーン・ウィルソンの筆名、マリナ・グリジニッチはスロヴェニアの美術理論家〕。こうした知的な仕事が生まれたのはおおくの場合、CTHEORY やネットタイム、リゾームといったオンライン上のプラットフォーム（online venues）によるものであり、アルス・エレクトロニカが毎年開催しているフェスティバルや、触覚メディアにかんする Next 5 minutes のシリーズといったカンファレンスにおいてのことであった。

本書は映画理論やヴィデオ論から多大な影響を受けてはいるものの、先立つメディアフォーマットにかんする議論はここにはほとんど含まれていない[26]。メディウムとしてのデジタルコンピュータがもつ固有性にもとづくかたちでわたしは勢いづけられたのであり、それがほかの視覚メディアと類似しているからではない。わたしの見立てによると、映画やヴィデオのように、プロトコルの論理にはもとづいておらずまた分散型でもないメディアを、この新しい文脈にあてはめようとしてもほとんど意味はない――ウェブページのアウラやデジタルテクストの本質といったものについて語ることが無意味であるのとおなじように。とはいえ、モダニスト絵画からコンセプチュアルアートにいたるまでの前衛芸術の制作にかかわる歴史は、今日制作されている作品に向き合うわたしのパースペクティヴに重要な影響を与えている。

専門家でない読者たちは、新しいテクノロジーをあつかうあらゆる文献を情報化という一般的な見出しでとりまとめているのかもしれない。その一方で、本書においてわたしはそれとは異なる道筋をとろうとしている。この別の道筋において認められるのは、メディアの物質的な層であり、それを変更したり創出したりする歴史的なプロセスである。それとはすなわち、マヌエル・デランダが「制度の生態系」と呼ぶものについての航行図を作成することなのである。彼はそのなかで戦争の歴史について記しているのだが、その観点からデジタル情報処理を参照することも難しくはないだろう。

わたしが繰り返し提唱したいのは、経済史のさらに現実的なモデルである。これは、制度にかかわる込み入った諸々の生態系を広くおおっている複雑性をめぐるモデルであり、そこには市場や反-市場、軍事制度や官僚制度が含まれている。ミシェル・フーコーを信じるとするなら、学校や病院、監獄といったものもまた例外ではない。真摯に哲学的なかたちで複雑な過去と対峙することによってはじめて、わたしたちはそれを理解することができるだろうし、諸々の教訓を引き出すことができる。そうした教訓をもちいるならば、わたしたちは現在に介入し、未来について思案することができるのかもしれないのである。[27]

この論をふまえた意味での、近代の情報処理にかかわる複雑な「制度の生態系」に、本書は焦点をあわせているのである。

マルクスは商品の内的構造に降りていくことによって、広い意味での生産についてのコンテクストのうちにおける商品の物質的な作用を解明しようとした。それと同様に、わたしは分散型のネットワークやプログラミング言語、コンピュータプロトコル、そのほかのデジタル技術へと降りていかなければならない。というのも、それらは二一世紀における生産なるものを、生にかかわる一塊の非物質的なフローと瞬間的なやりとりへと変容させているものだからである。

実のところ、わたしの試みはコンピュータのコードという終わりのない流れを、人がテクストをあつかうときにまさにそうするように読むことであり（前者はいまだ自然言語として認識されるにいたっていないのだが）、さらにいえば、映画や小説に対してそうするように、そのコードがもつ管理＝制御の構造を解読することなのである。

時期区分

しばらくのあいだ立ち止まり、本書の残りの大部分にわたって自明視されているものを少し述べておくことにしよう。そこで参照されているのは、時期区分にかかわる理論から引き出される次のような公理である。つまり、歴史をある広範な段階に分割することができるだろうということ、そして二〇世紀の最後が、わたしがポストモダンないしはデジタルの時代として言及する（いくつかの異なる名前で呼ばれることもある）ある段階の一部分になっているという公理である。

批判理論にたずさわる研究者たちにとってみれば何ら不思議はないのだが、専門用語と時系列が異なるかもしれないとはいえ、歴史をひろく三つに区分けした段階、すなわち、古典期、近代期、ポストモダン期からなる段階に一連の思想家たちはおおよそ賛同している。[28] こうした一般的な合意をここで手短に描き出しておきたい。それはすべてを包むような構造をフェティッシュ化するためではなく、代わりに次のことを観察するためである。すなわち、「時期区分とはなによりも最初にもちいられるひとつの技法であり、それによって道筋を拓き、わたしたちは歴史に、そして歴史上の差異に接近することができるようになる[29]」ということだ。時期区分にかんする理論を比較していくようなアプローチをとることは、おそらくはわたしにとって幾分、水が合わないことになる（多くの思想家たちを時系列的なかたちで、さらにいえば、構造的なかたちで並べることができるのだから）。とはいえ、わたし自身の観察を続けるまえに、その理論的な源泉となる多くの人たちが全般的に合意している論点を明らかにしておくべきだろう――つまり、プロトコルとは歴史的には脱中心化の後に生じるマネジメントのシステムである、という論点を。

フーコーは――みずからの著作において、そしてドゥルーズがそれを解釈したように――、おそらくはもっとも明解な時期区分を提示していた。フーコーがとりわけ関心を示していたのは、一八世紀の君主＝主権型ないしは「古典」期と彼が呼んだものから、規律＝訓練型ないしは「近代」期と呼んだものへの歴史の移行であり、後者はフランス革命から二〇世紀初期にまで及ぶ。

『監獄の誕生』の説得力ある序文でフーコーが観測するには、この歴史の転換が生じたのは一七五〇年から一八三〇年のあいだのことであり、それは少なくとも、刑罰を社会的なものに変えた監獄のシステムやその他のシステムにおいてのことであった。一八世紀のあいだに、身体にかかわる刑罰がよりいっそう支配的なものになった一方で、フーコーが記すには、「一九世紀の初頭には、身体刑の大掛かりな見世物が姿を消した……刑罰を節度あるものにする時代が始まったのである」[30]。刑罰がよりいっそう「節度のある」ものになったのと同時に、それはまた個々人の生活や習慣にますます染みわたり、内在するものになった。善良な市民にはいまやみずからを罰すること、そしてみずからの身体を前もって規律＝訓練することが求められるようになっており、刑罰を与える権力がなんらかの外側の力からではなく、つきつめていえば、自身の内側から生起するようになったのである。

君主＝主権型社会から規律＝訓練型社会へと向かう、この歴史の移行はフーコーの著作群に、なかでも『狂気の歴史』や『知への意志』に繰り返し登場している。こうした転換は、中心化したダイアグラム（ひとりの監督官）から脱中心化したダイアグラム（数多くの監督官）への移行と同様のものであるという、アナロジーを見いだすものもいるかもしれない。

ドゥルーズは対談集『記号と事件』でのいくつかのインタビューや付随的なテクストと並んで、著作『フーコー』のなかで、フーコーが最初に提示した歴史の議論をさらに深めている。そこでドゥルーズが寄与したことは次のことである。つまり、フーコーの時期区分のうち後期のものを具体化すること、そして君主＝主権型から規律＝訓練型への第一の移行とおなじく、規律＝訓練型から管理＝制御型への第二の移行をフーコーが明確に把握していたと示唆することである。ドゥルーズがフーコーについて書いたものは、フーコーが用意していたことよりも自身のものを読者に実際は伝えているのかもしれないが、それでもやはり、とくに管理＝制御型社会とコンピュータとの結びつき（たとえ、フーコーがほとんど言及していなかった言葉だとしても）を打ち立てることで多くの寄与をしている。

ふたつの異なったテクストのなかで、ドゥルーズは社会の様々な段階と、それらが本来備えている機械の諸技術とのあいだにある関係を極めて明確に規定している。第一のテクストは、一九九〇年に行われたアントニオ・ネグリとのインタビューに由来している。そこで彼が記すには、「それぞれの種類の社会は特定の種類の機械と対応させることができます。単純ないし力学的機械は君主＝主権型社会に、エネルギー論的機械は規律＝訓練型社会に対応します。そしてサイバネティクス機械やコンピュータは制御＝管理型社会に対応するのです[31]」。二、三ヶ月後に「追伸　管理＝制御社会について」のなかで、ドゥルーズはほぼ同じことを語る。「どんな社会でも、なんらかの種類の機械との対応を容易に定めることができる。（中略）古い君主＝主権型社会はてこや滑車、時計といった単純な機械とともに作動した。しかし近年の規律＝訓練型社会は、エネルギー論的な機械を装備していた。（中略）そして管理＝制御型社会は第三世代の機械、つまり情報技術やコンピュータとともに動作している[32]」。それゆえに、ドゥルーズの議論のなかで、コンピュータは歴史的にみれば管理＝制御型社会とともに生起しているのである。

『言説のネットワーク　一八〇〇／一九〇〇』のなかでのキットラーの議論は、おおまかにはこの時期区分に対応する。フーコーの系譜学を想起させながら、キットラーがそこで論じるのは過去二〇〇年にわたる知の歴史である。キットラーはふたつの転換の年――一八〇〇年と一九〇〇年――に目を向けると、どのようにして知の状態が理解と意味にもとづく（一八〇〇年における）「意義の王国」から、イメージやアルゴリズムにもとづく（一九〇〇年における）「パターンの王国」へと変化したのかを示している。

彼が規定する言説のネットワークとは、「あるひとつの文化が関連性のあるデータを選別し、また保存し、処理することを可能にする技術と制度のネットワーク」である。[33] フーコーにとっての規律＝訓練型ネットワークが変化するように言説のネットワークは変化するわけだが、その変容にこそキットラーは関心を抱いていたのである。彼は以下のように記す。

一九〇〇年の言説のネットワークにおいては、ランダム発生器が言説を産み出している。精神物理学はそのようなノイズのいくつかの源を構築した。新しい技術メディアはそれらのアウトプットを格納したのである。（中略）ランダム性と組み合わせ論に全面的に基づいた規則をもつ、シニフィアンの格納庫を打ち立てることから、一九〇〇年の言説のネットワークは始まった。（中略）一八〇〇年の言説のネットワークは、言説のネットワークではないというゲームを遊んでいたのであり、そのかわりに大文字の人間の内省や声であるふりをしたのである。だが一九〇〇年に、あるタイプの書記は次のような権力を備える。その権力は、伝統的な書記システムにしたがうのではなく、むしろ書記にかかわる技術一般を根本的に変容させるのである。[34]
キットラーが論じる一八〇〇年の意義の王国は、おおまかにはフーコーの主権＝君主型社会に対応する。その王国と社会はともに深さ、つまり本質的な意味を引き出すために身体あるいは対象の核心部分にむかって探索を進めることに関心がある。一八〇〇年とはシニフィアンの年なのである。
同様に、キットラーが論じる一九〇〇年のパターンの王国は、おおまかにはフーコーの規律＝訓練型社会に対応する。その王国と社会はともに、身体と情報がもつパターン化された情感（アフェクション）に関心を示している。キットラーが「カオスと間隔の論理」と呼ぶもののなかでは、機械の処理がタイプライターやフォノグラフといったパターンを形成する装置に具現化され、前景化するようになった。[35]一九〇〇年とはアルゴリズムの年なのである。くりかえせば、こうした転換は、中心化（単一の意味）から脱中心化（意味の複製）への転換であるといった、アナロジーを見いだすものもいるかもしれない。
社会や政治にかかわる領域のなかで、おおくの思想家たちもまた、これと同じ時期区分をもって航行図を作成してきた。エルネスト・マンデルはコンドラチェフの波という概念を用いて、おおよそ一九四五年から始まる後期資本主義の時代と彼が呼ぶものを検証している。フレドリック・ジェイムソンは次のように記す。「私が知るかぎり、後期資本主義という用語の一般的な使用は、フランクフルト学派に端を発している。その用語は、アドルノやホルクハイマーの議論のいたるところにあり、また同義語とともに（たとえば、「管理社会（administered society）」）多様な仕方でもちいられている」[36]。ジェイムソンの主張によれば、その概念はつまるところマンデルが定義するものに行きつく。「資本主義には根本的な三つの時機があって、その各々が先立つ段階に折り重なる弁証法的な拡張を指し示している。これらは市場資本主義の段階、つぎに独占あるいは帝国主義の段階、そして私たちがいま生きている段階である。この最後のものはあやまって脱工業化と呼ばれているが、多国籍資本の段階と呼ばれるほうがふさわしいかもしれない」。またはマンデルの述語をもちいるならば、後期資本主義である。[37]

二〇世紀後半の生活について語る他の社会批評家のように、ジェイムソンの視線は、分岐点としての一九七三年の経済危機にむけられている。それはポスト近代に関連するいくつかの新しい流れを「何らかの仕方で結晶化する」時機なのである。[38] マンデルの研究こそが私自身の「ポストモダニズム」についての思考を可能にしたのだ、とジェイムソンは認めている。[39]

社会学者マニュエル・カステルもまた、脱中心化から分散型でいて柔軟な新しい経済へのこうした転換を三巻組の著作『情報時代　経済、社会、文化（*The Information Age: Economy, Society and Culture*）』のなかで論証していた。「ネットワーク社会」という用語で（ドゥルーズの「管理＝制御型社会」あるいはジェイムソンの「後期資本主義」ではなく）、カステルは多方面にわたる統計的な数値記録をもちいて次のことを示している。すなわち、今日の社会や政治にかかわる空間が、頑強な国民経済や中核となる工業部門ではなく、「相互作用するネットワーク」や「柔軟な資本蓄積」によって支配されている、ということを、である。

本書が依拠するものと同じ時期区分の航海図を作成しながら、カステルが示しているのはたとえば、法人企業の構造が過去数一〇年のあいだにいかにして変化してきたかということである。つまり、脱中心化した「垂直型」のコーポラティズムからより分散化した「水平型」の網状組織への変化である。「法人はみずから、その組織化モデルを変化させ、経済や技術の急速な変化によって導かれる予測不可能性という諸条件に適応しようとしてきた。その移行はおもに、垂直型の官僚主義から水平型の法人への移行として特徴づけられることができる」。[40] こうした転換は、ドゥルーズとガタリがツリーとリゾームのあいだにみる構造的な差異に共鳴している。[41] ツリーは垂直型の官僚主義に、リゾームは水平型の網状組織（meshwaorks）に対応するのである。

マイケル・ハートとアントニオ・ネグリは、彼らの著書『〈帝国〉』のなかで現代の経済についてはおおよそ同型の分析をするのだが、政治にかんする彼らの分析はより込み入ったものとなる。先述したフーコーやドゥルーズの議論との関連性を意識しつつ、ハートとネグリは管理＝制御型社会を彼らが「帝国」と呼ぶ新たな世界秩序と接続する。

彼らはまず、規律＝訓練型社会という帝国以前の諸力を明確にする。「規律＝訓練型社会では、社会の指令は拡散した諸機構（dispositifs）あるいは装置をつうじて組み立てられる。それら機構ないし装置が慣例や習慣、生産にかかわる実践を産出し、また調整するのである」[42]。彼らは続いて、管理＝制御型社会を次のように定義する。その社会では「指令の仕組みはこれまで以上に「民主的」となり、あるいはまた社会の領野にこれまで以上に内在化している。つまりは市民の脳や身体のすみずみにまで分散したかたちで配されるのである」[43]。

ハートとネグリは『〈帝国〉』のなかで、ニューメディアにとりわけ注意を向ける。彼らが記すに、インターネットでは「不確定かつ潜在的には無制限な数の相互に接続された点が、制御の中心点をまったくもたないままに通信しあっている」[44]。彼らの見解に従えば、この「脱中心化された」アーキテクチャは「ネットワークの制御をきわめて困難にしているもの」なのである[45]。

インターネットにかんするこうした論立てに、本書は多くの紙面を割いて反論をしている（たとえば、私が主張するのは、インターネットは分散化されていて脱中心化されてはいないということ、そして、管理＝制御の中心となる（central）点があったとしてもわずかばかりしかなく、それにもかかわらず、インターネットは事実として高度に制御されているということである）。だが一方で、このことが彼らの議論のなかで致命的な誤りにはなっていないであろう。注意深い読者なら気づいているだろうが、ここでハートとネグリが実際に意味しているものは、近代の制御であって帝国の制御ではない。というのも、ほかのところで彼らが帝国について語るものは、ここではニューメディアにあてはまるはずである。分散型のアーキテクチャとはまさしく、プロトコル／帝国の論理にもとづくネットワークの制御をきわめて容易にしているものなのである。事実、インターネットの様々なプロトコルが命令を下しているのは、制御がそのような分散型のアーキテクチャから導き出されるしかないということである。

ハートとネグリはこの立場を確認するために、ほかのところで次のように記している。「管理＝制御型社会への移行は、規律＝訓練［すなわち、管理＝制御］の終焉を決して意味してはいない。実際のところ、規律＝訓練を内在的に行使することは……管理＝制御型社会にもよりいっそう全般的に拡がっているのである[46]」。

コンピュータのプロトコルはそれゆえ、帝国の論理についてハートとネグリが分析したものとロックステップの関係にある〔複数のCPUを並列してその結果を比較し、エラーを検出する方法〕。それはとりわけ、帝国による指令の第三の様態、つまりは指令にかかわるマネジメントの経済＝配分のことである[47]。こういった指令にかかわるプロトコルは「偶発性、流動性、柔軟性が帝国を帝国たらしめている権力である」ということをもとより折り込んでいる[48]。プロトコルの論理にもとづく管理＝制御は、帝国の動向を映し出している。実際、帝国とは社会にかかわる理論であり、プロトコルとは技法にかかわる理論である、とさえいえるかもしれない。それゆえ、ハートとネグリが「移行の徴候」（『〈帝国〉』第二部四章）においておこなった分析は的確なものである。コンピュータのプロトコルを分析することによって、このことは立証されている。というのも、その分析によって左翼陣営のかつての武器――差異の称揚、本質主義への攻撃など――が、帝国の新たなツールとして配備しなおされることがわかるのだ。「この新しい敵は、古くからの武器に抵抗するばかりか、実際にはそれらの武器を糧にして成長するのであり、

時期区分のマップ

時期	機械	日付	ダイアグラム	マネジメント
君主＝主権型社会	単純ないしは力学的機械	一七五七年三月二日（フーコー）	中心化	階層
規律＝訓練型社会	熱力学＝エネルギー論的機械	一八四四年五月二四日（電信）；一九四二年（マンハッタンプロジェクト）	脱中心化	官僚
管理＝制御型社会	サイバネティクス機械、コンピュータ	一九五三年二月二八日（ワトソン＆クリック）；一九八三年一月一日（TCP/IP）	分散	プロトコル

それらを最大限に活用しつつ、対立しているであろう者と一緒になっている。差異よ万歳！　本質主義的な二項対立は滅びよ！　というわけだ」[49]。分散型のネットワークはまさしく、支配的なプロトコルとしてのその実効性をＩＰに与えるものである。また他の事例を出すとすれば、ＨＴＭＬは深みをもたずプラットフォームに依存しない性質をもち、まさにそのことによって、プロトコルの論理にもとづく標準としての力を備えているのである。帝国と同様に、プロトコルが中心化や階層化、本質化をあえて実行しようものなら、それは失敗におわってしまうだろう。

これら数多くの理論的介入にくわえて——フーコー、ドゥルーズ、キットラー、マンデル、カステル、ジェイムソン、ハートとネグリ——、数多くの日付がわたしの時期区分をおおまかに立証している。すなわち、一九五三年におけるＤＮＡの発見、一九七〇年代の西側諸国の経済危機、これは一九七一年八月一七日にリチャード・ニクソン大統領が金とドルの兌換を停止したことに概括される（それゆえ、ブレトン・ウッズ協定が象徴的なかたちで消滅した）。また、一九七二年七月一五日午後三時三二分に近代建築は終焉したとするチャールズ・ジェンクスの主張、一九八三年一月一日に（国防省により〕アーパネットがそのプロトコルをTCP／IPに切り替えたこと、一九八九年におけるベルリンの壁の崩壊、一九九〇年一月一五日のAT&Tの長距離電話交換器の機能停止、そして一九九一年一月一七日の湾岸戦争の開戦[50]。これらの日付は、時期区分にかかわる先に言及した理論のおくとあわせて、表1－1に示した図にまとめられる。

　これらの日付が完全に正確な方法で並んでいないことは問題ではない。時期区分にかかわる理論立てはせいぜいのところ緩い間尺でなされるものであるし、歴史が変わるときにはゆっくりと、重なり合って多層的なかたちになるということを考慮しなくてはならない。ある歴史的な時機がほかの時機へと延長するかもしれず、ふたつの時機が数十年かそれ以上にわたって折よく共存しているかもしれない。たとえば、過去数百年のほとんどのあいだ、アメリカやほかのところでは、先述した社会にかんする三つの段階がすべて同時に存在していたのである。ウィリアム・ギブスンの言葉をいいかえるなら、未来はすでにここにある、だがそれは社会のあらゆるところに均一には分散していないのだ。時期区分の理論はせいぜい分析にかかわるマインドゲームなのであって、とはいえ、それは構造的な分析を活気づけ、社会や政治にかかわる生活の根本が地殻変動のように移行することを説明するためのものである。本書はこのゲームへと暗に参与しようとするものであり、第三の「管理＝制御」の段階について、個別にいえば、分散型のネットワークのダイアグラム、コンピュータのテクノロジー、プロトコルのマネジメントの様式について詳述しながらマッピングするものである。

注

（1）「熱力学的機械」とは蒸気と内燃機関のエンジン、そして原子力を第一に参照している。〔ドゥルーズによる仏語

原文を厳密に参照すると、「エネルギー論的機械」となる〕

（2） Gilles Deleuze, "Postscript on Control Societies," in *Negotiations*, trans. Martin Joughin (New York: Columbia University Press, 1990), p. 180; an alternate translation is available as "Postscript on the Societies of Control" in *October: The Second Decade, 1986-1996*, ed. Rosalind Krauss et al. (Cambridge: MIT Press, 1997).〔ジル・ドゥルーズ「追伸　管理社会について」、『記号と事件　1972-1990年の対話』、宮林寛訳、河出文庫、二〇〇七年、三六二頁〕

（3） Critical Art Ensemble, *Electronic Civil Disobedience and Other Unpopular Ideas*, New York: Autonomedia, 1996, pp. 7-8, 9.

（4） ケイティ・ハフナーとマシュー・リヨンは彼らの著作 Where Wizards Stay Up Late: The Origin of Internet (New York: Touchstone, 1996) のなかでこのことに異議を唱えている。その代わりに彼らはインターネットは国防総省の戦略的関心というよりはむしろ二〜三人の研究者の利他的な関心事に由来したと論じている。だが彼らは言葉を濁してもいる。一方で「そのプロジェクトは最も平和的な意図で具体化した——研究者たちがコンピュータのリソースを共有できるように、国を横断して科学ラボでの諸々のコンピュータを結びつけるため（中略）アーパネットとそれを継承するものであるインターネットは、戦争を支援するあるいは生き延びることと何も関連がない——決してない（p. 10）」と記すのだ。しかし他方で、彼らは、「プロトコルの出現に最も貢献した人物であるポール・バランは、核攻撃下でのコミュニケーション・システムの生存に関心をもっていた」と認めてもいる（p. 54）。

（5） ソヴィエトのテクノロジーの前進に対するアメリカの懸念はスプートニクの打ち上げ以後現実味を帯びた。ジョン・ダニングは一九五七年の『ニューヨーク・タイムズ・マガジン』に以下のように記した。「スプートニクの打ち上げは私たちに次のことを教えた。つまり、専制政治はいまや巨大な襲撃をかけるロケットで武装しており、一メガトンあるいはそれ以上の水爆弾頭をアメリカのあらゆる地点に運んでいくことができる誘導システムで武装している」。Cf. John Dunning, "If We Are ro Catch Up in Science," *New York Times Magazine*, November 10, 1957, p. 19.

（6） バランは私たちにこれらの覚書が「最初は一九六〇年から大体六二年にかけて飛行機のなかで書かれた」と述べている。Cf. Paul Baran, *Electrical Engineer*, an oral history conducted in 1999 by David Hochfelder, IEEE History Center, Rutgers University New Brunswick, NJ, USA.

（7）これは、イギリスの科学者ドナルド・デービスによって代わりに生み出された造語である。バランの仕事を知らずして、彼もまた情報の小さな諸パケットを分散型ネットワーク中に伝送するシステムを考案した。両科学者はともにその発見の功績が認められている。しかしながら、バランは新たに出現した、バランの考え方を用いた最初のネットワークであるアーパネットワークのすぐそばにいたために、デービスの歴史的影響は小さくなってしまっている。

（8）この表現は、今日ＲＦＣ１として知られる、一九六九年四月七日にスティーヴ・クロッカーによって送信された「ホスト・ソフトウェア」というタイトルのメモランダムに由来している。

（9）Pete Loshin, *Big Book of FYI RFCs* (San Francisco: Morgan Kaufmann, 2000), p. xiv.

（10）"Internet Society Mission Statement," 以下のオンラインで入手可能。http://www.isoc.org/isoc/mission/

（11）Eric Hall, *Internet Core Protocols: The Definitive Guide* (Sebastopol, CA: O'Reilley, 2000), p. 407.

（12）Tim Berners-Lee, *Weaving the Web* (New York: HarperCollins, 1999), pp. 126〔ティム・バーナーズ＝リー『Webの創成　World Wide Webはいかにして生まれどこに向かうのか』、高橋徹訳、毎日コミュニケーションズ、二〇〇一年、一五九頁〕

（13）Paul Garrin, "DNS: Long Winded and Short Sighted," *Nettime*, October 19, 1998.

（14）Deleuze, *Foucault*, p. 34.〔ジル・ドゥルーズ『フーコー』、宇野邦一訳、河出文庫、二〇〇七年、六八頁〕

（15）Hall, *Internet Core Protocols*, p. 6.

（16）Branden Hookway, *Pandemonium: The Rise of Predatory Locales in the Postwar World* (New York: Princeton Architectural Press, 1999), p. 77.

（17）ＷＩＮＳまたはウィンドウズインターネットネームサービスは、マイクロソフト社が分散型ネットワークのために開発したアドレス指定の技術である。またＮＩＳまたはネットワーク情報サービスは、サンマイクロシステム社が開発した類似の技術である。

（18）ドゥルーズの造語は「個別化 individuate」という言葉に由来する。分割可能であることはそれゆえ、その対立項となるだろう。すなわち、個別化されるアイデンティティから情報の分散型ネットワークへ分解されるように。

（19）Michel Foucault, *Ethics: Subjectivity and Truth*, ed. Paul Rabinow (New York: New Press, 1977), p. 73.〔ミシェル・

フーコー「生体政治の誕生」石田英敬訳、『ミシェル・フーコー思考集成Ⅷ　政治／友愛』所収、蓮實重彦、渡辺守章監修、小林康夫、石田英敬、松浦寿輝編、筑摩書房、二〇〇一年、一三四頁〕

(20) Foucault, *Ethics*, p. 71. 〔ミシェル・フーコー「治安・領土・人口」小林康夫訳、『ミシェル・フーコー思考集Ⅶ　知／身体』所収、蓮實重彦、渡辺守章監修、小林康夫、石田英敬、松浦寿輝編、筑摩書房、二〇〇〇年、三六八―三六九頁〕

(21) Michel Foucault, *The History of Sexuality, Volume 1*, trans. Robert Hurley (New York: Vin-tage, 1978), p. 138. 〔ミシェル・フーコー『性の歴史1　知への意志』、渡辺守章訳、新潮社、一九八六年、一七五頁〕

(22) Foucault, *The History of Sexuality, Volume 1*, pp. 138-140, emphasis mine. 〔同前、一七七頁〕

(23) Deleuze, *Foucault*, p. 92. 〔ドゥルーズ『フーコー』、一四四―一四五頁〕

(24) ナタリー・ジェレミジエンコが、「参画の構造」という言い方で考えているのは次のようなことである。特定のかたちでテクノロジーを履行することが、いかにしてユーザーの能動的なかかわりと理解を促すのか、その一方で、別のかたちでテクノロジーを履行することがいかにして理解に混乱を引き起こし、ユーザーの取り組みを制御するようになるか、という問題である。〔なお、H・M・エンツェンスベルガーの著作の該当箇所は、『メディア論のための積木箱』、中野孝次、大久保健治訳、河出書房新社、一九七五年、一一七頁〕

(25) Gilles Deleuze, "Control and Becoming," in *Negotiations*, trans. Martin Joughin (New York: Columbia University Press, 1990), p. 175. 〔ジル・ドゥルーズ「管理と生成変化」『記号と事件　1972-1990年の対話』、宮林寛訳、河出文庫、二〇〇七年、三五二頁〕

(26) 映画実践とニューメディアとの混合について書かれた最近のアンソロジーとしては、以下を参照のこと。Martin Rieser and Andrea Zapp (eds.), *New Screen Media: Cinema/Art/Narrative*, London: BFI, 2002.

(27) Manuel De Landa, "Economics, Computers and the War Machine," in *Ars Electronica: Facing the Future*, Timothy Druckrey (ed.), Cambridge: MIT Press, 1999, p. 325. 〔マニュエル・デランダ「経済、コンピューター、戦争機械」、篠原雅武訳、『現代思想』二〇一四年一一月号、一六四頁〕

(28) この三分法は、おもに政治社会の領域を参照したものである。文化にかかわる領域では、それとは異なる三分法がより重要なものとなる、すなわち、リアリズム、モダニズム、ポストモダニズムの三つである。とりわけ、フレデリック・ジェイムソンの長大な論文を参照のこと。"The Existence of Italy," in *Signatures of the Visible* (New York: Routledge, 1992)

（29） この引用は、マイケル・ハートとカティ・ウィークスによるフレデリック・ジェイムソンの解釈からのものである。*The Jameson Reader* (Oxford: Blackwell, 2000), p. 13, 強調は原典による。

（30） Michel Foucault, *Discipline and Punish*, trans. Alan Sheridan (New York: Vintage, 1995), p. 14.

（31） Deleuze, *Negotiations*, p. 175. 〔ドゥルーズ「管理と生成変化」、三五一頁〕

（32） Deleuze, *Negotiations*, p. 180. 〔ドゥルーズ「追伸　管理社会について」、三六二頁〕

（33） Friedrich Kittler, *Discourse Networks, 1800/1900*, trans. Michael Metteer and Chris Cullens, Stanford: Stanford University Press, 1990, p. 369.

（34） Kittler, *Discourse Networks, 1800/1900*, pp. 206, 210, 211-212.

（35） Kittler, *Discourse Networks, 1800/1900*, p. 192.

（36） Fredric Jameson, *Postmodernism, or, The Cultural Logic of Late Capitalism* (Durham: Duke University Press, 1991), p. xviii

（37） Ibid., p. 35.

（38） Ibid., p. xx.

（39） Ibid., p. 400.

（40） Manuel Castells, *The Information Age: Economy, Society and Culture: Volume 1 The Rise of the Network Society* (Oxford: Blackwell, 1996), p. 164. 原典の強調部は除去している。

（41） Gilles Deleuze and Félix Guattari, *A Thousand Plateaus*, trans. Brian Massumi (Mineapolis: University of Minnesota Press, 1987), Chapter 1. 〔ジル・ドゥルーズ、フェリックス・ガタリ『千のプラトー（上中下）』宇野邦一ほか訳、河出文庫、二〇一〇年、第一章〕

（42） Michael Hardt and Antonio Negri, *Empire* (Cambridge: Harvard University Press, 2000), p. 23. 〔アントニオ・ネグ

リ、マイケル・ハート『〈帝国〉グローバル化の世界秩序とマルチチュードの可能性』、水嶋一憲、酒井隆史、浜邦彦、吉田俊実訳、以文社、二〇〇三年、四〇頁〕これらの「機構」は、フーコーが陳述した監獄あるいは病院という装置＝組織（apparatuses）をほのめかしている。またはさらに明確に言うと、それはフーコーの師であるルイ・アルチュセールが陳述した「国家のイデオロギー装置」と「国家の抑圧装置」である。アルチュセールの研究をつうじて「装置という用語は、一九六〇年代後期そして一九七〇年代の映画研究とその他の批評理論において、よく知られたものとなった。

（43）Hardt and Negri, *Empire*, p. 23.〔同前、四一頁〕強調は引用者による。

（44）Hardt and Negri, *Empire*, p. 299.〔同前、三八四頁〕

（45）Hardt and Negri, *Empire*, p. 299.〔同前、三八五頁〕

（46）Hardt and Negri, *Empire*, p. 330.〔同前、四一八―四一九頁〕

（47）Hardt and Negri, *Empire*, p. 199.〔同前、二五九頁〕

（48）Hardt and Negri, *Empire*, p. 200.〔同前、二六一頁〕

（49）Hardt and Negri, *Empire*, p. 138.〔同前、一八五頁〕

（50）ジェンクスについては彼の著書 *The Language of Post-Modern Architecture* (New York: Rizzoli, 1991)〔『ポストモダニズムの建築言語』、竹山実訳、エー・アンド・ユー、一九七八年〕を、AT&Tについてはブルース・スターリング *The Hacker Crackdown* (New York: Bantam, 1993)〔『ハッカーを追え!』、今岡清訳、アスキー、二〇〇一年〕、そしてミシェル・スラタラ（Michelle Slatalla）とジョシュア・クイトナー（Joshua Quittner）による *Masters of Deception* (New York: harper Collins, 1995) を参照のこと。

第一章　物理的メディア

RFCの言語（口調）は温かく、友好的だった。
――ケイティ・ハフナー、マシュー・リオン『インターネットの起源』

多くの論者がインターネットの起源について議論してきているが、核攻撃に抵抗するためにインターネットなるものがさまざまな方面での努力において作り上げられてきたということはたしかなことである。大文字のネット（the Net）と呼ばれるものは、一九五〇年代後半とそれ以降、指令と管理を中心化した軍事システムの脆弱性に対する解決策として設計されたのだ。というのも、そこでの議論がいうには、中心となる指令局がなければ、そのときには中心となる標的も存在しえないし、全体にわたる被害も縮減されるからである。

核攻撃のことを、知られうるかぎりでもっとも高度なエネルギーをもち、権勢を誇り、中心化された軍事力であると考えることができるなら――つまりは近代という時代の原型である――、〔大文字の〕ネットはそれゆえ、この強烈な物質的脅威への解決策であると同時に、それを反転させたものだということになる。なぜなら、それはまさしく中心化されておらず、権勢を誇るようなものでもなければ、敵対的なものでもないからである。

プ・ロ・ト・コ・ルという用語は今日、軍事的な文脈においてもっともよく知られており、たとえば、与えられた一連の指令のもとで正しい行動をとる方法、といったようなものである。インターネットにかんしていえば、プロトコルが意味するところは少しばかり異なる。実際、インターネットが核攻撃への抵抗になるだろうとする理由は、まさにインターネット内部のプロトコルが、官僚主義や厳格な秩序形式、そして中心化といったものの敵となるからである。本章で示すように、ネットワークに関わるプロトコルの物質的な層は、高度に柔軟でいて、分散化されており、秩序形式に抵抗するのである。

インターネットを支えるパケット交換の技術が提供した核攻撃への「解決策」は、冷戦のあいだに軍事プロトコルが共通しておこなっていたものとはまったく異なっている。たとえば、一九五八年にカナダ王立空軍とアメリカ空軍は、北アメリカ航空宇宙防衛司令部（ＮＯＲＡＤ）の協定を締結した。ＮＯＲＡＤは北米を網羅するレーダー監視システムであり、カナダとアメリカ合衆国へのミサイルや他の攻撃について早期に警告を発する。「司令部は両国にとって、大気圏の潜在的な脅威すべてを監視し、両政府にとっての脅威について警告と評価を提供し、北米空域を脅かす飛行機や巡航ミサイルのすべてに防衛手段をもって応じる[1]」。ＮＯＲＡＤのシステムは、中心化された秩序形式をもつネットワークである。そこには各地域の指令部門が含まれており、そのすべてが最終的にはコロラド州コロラドスプリングスのシャイアンマウンテンにあるUSSPACECOMの指令センターによって管理されている〔一九八五年になると、アメリカ宇宙軍と呼ばれる〕。それは網の目ではなく、壁のようにして機能するのである。核攻撃に直面すると、ＮＯＲＡＤは軍事力に対して軍事力で応じる。ひとたび大陸の防衛区域の外側から侵入があれば、ＮＯＲＡＤの司令部は指令と制御にかんする厳密に規定されたシステムをつうじて、防衛のための空軍戦力を緊急発進させることができる。その指令と管理は、単一の発信源（USSPACECOM）から外側に向けて、つまりは抵抗のための攻撃を援助する末端施設へと送られる。

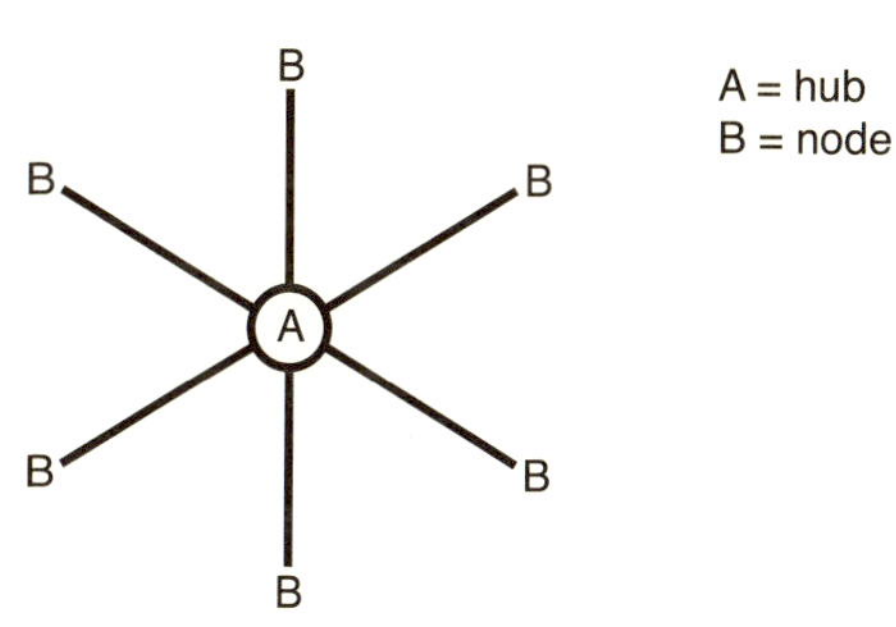

図1-1　中心化されたネットワーク

それぞれのレーダー基地がある個々の地点が、指令を結びつける経路として枢要なものとなる。冷戦のあいだ、NORADは北米の核防衛のための要諦となった。それは核の脅威に対する「解決策」のひとつなのである。

インターネットのシステムはまったく異なる。それは正反対の組織設計に従っているのだ。インターネットは指揮上の方向性や堅牢性ではなく、柔軟性や順応性にもとづいている。通常の軍隊のプロトコルが、秩序形式や優先順位をつけるためのものである一方、新しく登場したインターネットのネットワークプロトコルは、分散化のために機能するのである。

この章でわたしが綿密に記述したいのは、分散化とは何を意味しているのか、そして分散型のネットワークという、この新しい領野(terrain)[2]においてプロトコルがどのように機能するのか、ということである。プロトコルがその本質において水平でも垂直でもなく、ひとつのアルゴリズムであって、つまりは構造のようなものがまぎれ込まないようにしつらえられた仕組みであり、その形式が外見上はいくらでも異なるダイアグラムやかたちになるだろうということを示してみたいのである。

ネットワークにかかわるもっとも単純なダイアグラムは、中心化されたネットワークである(図1-1参照)。中心化されたネットワークは秩序形式にもとづいている。それらは権限をもつ単一のハブとともに作動する。放射状に位置するそれぞれの接続点ないしは秩序形式から分岐した部分は、中心となるハブに従属している。あらゆる活動が中心から周辺へと移動する。周辺にある接続点はいずれも、ほかの接続点とつながってはいない。中心化されたネットワークでは、中心から延びる分岐が複数になるかもしれない。とはいえ、秩序形式のそれぞれのレヴェルでは、トップからボトムへと権力が効力を及ぼすのである。

たとえば、アメリカ合衆国の司法システムはひとつの中心化したネットワークである。裁判のシステムには多数のレヴェルがあるものの、それぞれがみずからの司法権限をもち、各裁判所による決定のそれぞれを（上訴手続きをつうじて）秩序形式の高次のレヴェルへとつねに上げることができる。しかしながら、究極的には最高裁判所が、法律にかかわるあらゆる事案に最終的な決定権をもつのである。

フーコーが『監獄の誕生』で記述したパノプティコンもまた、中心化したネットワークである。ジェレミー・ベンサムの記述からフーコーがあらためてその狙いを明らかにしたパノプティコンでは、数多くの個室が放射状となっている中心にひとりの看守が位置している。それぞれの個室には囚人が収監されている。看守と囚人のあいだのこの特別な関係性は、「中心と周辺をつなげる」。そのなかで「権力は連続した階層秩序の形象に従うかたちで、見境なしに行使されるのであり[3]」、そのような形象が中心のハブを占有しているのである。

脱中心化したネットワークは、中心化したネットワークを複数化したものである（図1-2参照）。脱中心化したネットワークでは、ハブがひとつではなく数多くあり、それぞれに従属する接続点が配列されている。いくつかのハブが存在していて、それぞれが固有の領域をもつ一方、単一の頂点がほかのすべてを管理することはない。

今日の世界には数多くの脱中心化したネットワークがある——実際のところ、脱中心化したネットワ

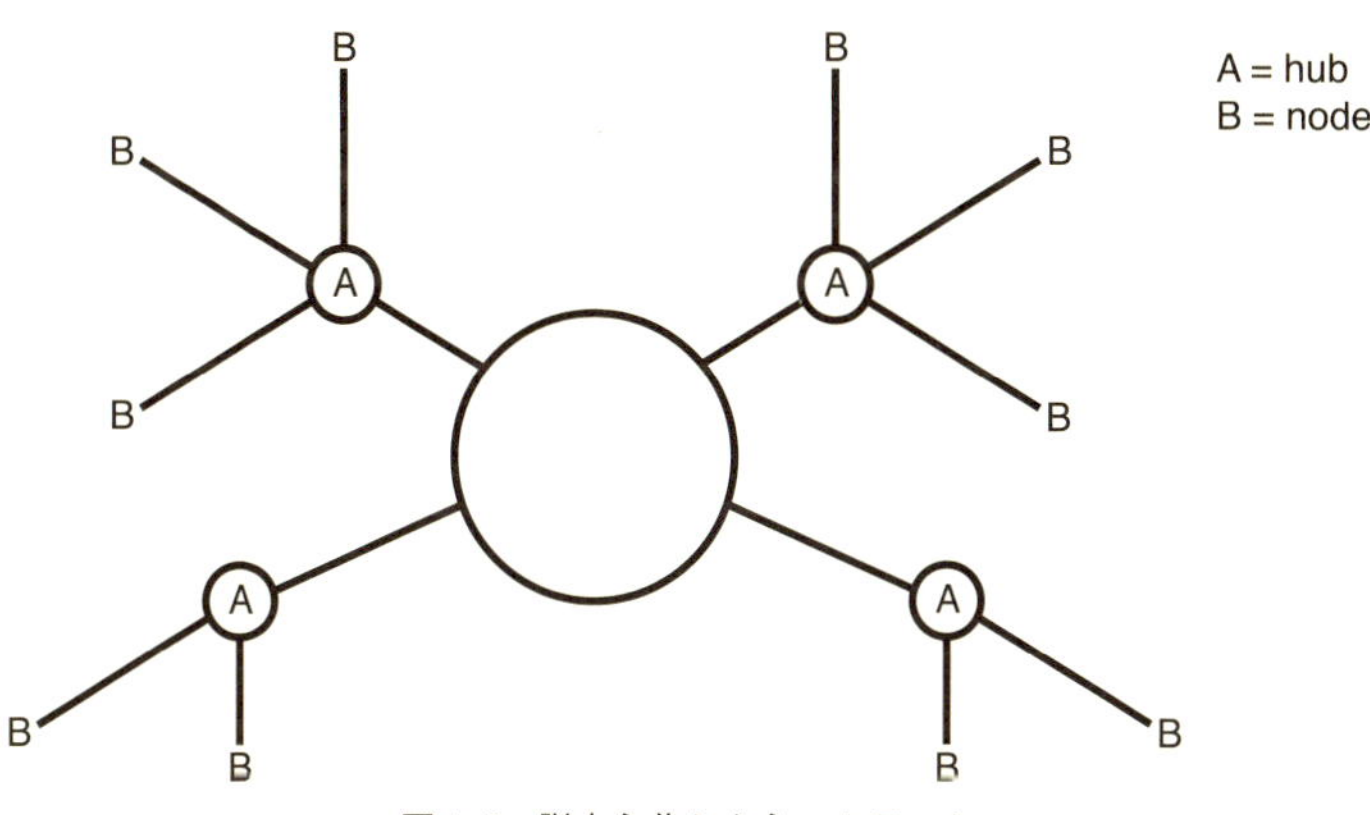

図 1-2　脱中心化したネットワーク

ークは、近代という時代にもっとも一般的なダイアグラムなのである。

その一例が航空システムである。人がそのなかで移動するためには、いつも特定の中心化したハブとなる都市を通過しなくてはならない——一般的には、アメリカ合衆国の中西部か中部のエリアにある。期せずしてあるハブからほかのハブへと移動する場合に、直行便のサービスが可能となることもある（もしくは、特別なルートのための割増価格を払うかである）。

航空システムにとって、乗客のニーズと航空会社のニーズとのあいだに一定程度の譲歩はあるものの、脱中心化したネットワークは複数性に対する解決策なのである。国のなかには空港があまりにも多くあるため、ありとあらゆる都市間で直行便のサービスをすることはできない。とはいえ、乗客の全員が中西部にある単一のハブを通過することは効率的ではないだろう（たとえば、ノースカロライナからメイン〔最東北部〕へのフライトを考えてみればよい）。

ネットワークにかかわる第三のダイアグラムは、本書でわたしの関心をもっともひくものであり、分散型のネットワークと呼ばれる。[4] 分散型ネットワークの登場は、社会生活における大規模な移行の一部である。この移行には、中心化した官僚主義や垂直型の階層秩序を脱して、諸々の自律した社会的アクターからなる広範なネットワークへと向かう動きが含まれる。

ブランデン・ホックウェイが記すように、「その移行は情報技術のスペクトラムを横断するようなかたちで生じる。それはちょうど、知的処理を大域的に適用するモデルが、それらの普遍性と摩擦のない拡散をともなって、その局所的な適用のモデルへと移行したのとおなじことである。そうした局所的な適用の場面では、知的処理はサイト＝スペシフィックでいて流動的なものになる」[5]。コンピュータ科学者たちがこの歴史上の移行を引き合いにだすのは、彼らが線形的なプログラミングから**オブジェクト指向型**のプログラミングへの変化について記述するときのことであり、後者ではコード記述がさほど中心化されておらず、よりモジュール的な方法となる。分散型へと向かうこの移行は、社会学者のマニュエル・カステル、アメリカのドゥルージアンであるハキム・ベイ、さらには一九七〇年代のイタリアで起きた「アウトノミア」の政治運動にかかわる多様なテクストのうちに記録されてもいる。ニック・ダイヤー＝ウィザフォードのように、この移行について手厳しい批評家でさえも、そういったことが生じているということはたしかに認めている。この移行は、世界各地で起きているポストモダン化という、より広範なプロセスの一部にほかならない。

では、この分散型ネットワークとは、どのような性質を備えているのだろうか？　分散型ネットワークはなにより、中心となるハブも放射状の接続点も備えていない。その代わり、分散型ネットワークのなかの構成要素が、それぞれに自律したエージェントなのである。

分散型ネットワークの完璧な事例となるのは、ドゥルーズとガタリが『千のプラトー』で記述したリゾームである。ドゥルーズとガタリは、中心化したネットワークにもさらには脱中心化したネットワークにさえも全体主義が内在するとみなした上、そうした全体主義に応対する企てのなかで、代わるものとしてリゾームを、すなわち植物学に由来する水平状の網の目を記述している。リゾームは線状でも秩序形式でもないかたちで、数多くの自律した接続点を数珠つなぎにする。リゾームはいかようにも発生し、他と連結しうるものであり、つまりは「リゾームのどのような点も他のいずれかの点と接続されうる」[6]。それらは複数であり、非対称なものでもある。「リゾームは任意の点で破壊され、遮断されることもあるだろうが、新旧あれこれの線にしたがって、ふたたび活性化することになるだろう」[7]。さらにいえば、リゾームは深みをもつモデルや、派生するための手順を完全に無視している。ドゥルーズとガタリが記すように、リゾームとは「発生軸や深層構造といった考えとはおよそ無縁のものである」[8]。木や根、まさに「樹木状の文化はすべて」[9]リゾームによって拒絶されるのである。リゾームに独自の特徴――そして、それにともなう分散型のネットワーク――を要約しつつ、ドゥルーズとガタリは次のように記している。

・樹木やその根とは異なり、リゾームはどのような点も他の点と結びつける……。
・リゾームは一にも多にも還元されることはない……それは諸々の単位ではなく次元によって、むしろ動きの方向によって構成される。
・はじまりもなければ終わりもなく、そこから成長し、噴出するような、中間地帯（middle, *milieu*）をつねに有している。
・ある構造が一連の点や位置、点のあいだの二項対立の関係や位置のあいだの一対一の関係によって規定されるのとは異なり、リゾームはもっぱら線でできている。
・木とは異なり、リゾームは再生の対象ではない。
・リゾームは系譜に抗うものである。短期間の記憶であり、あるいは記憶に抗うものだ。

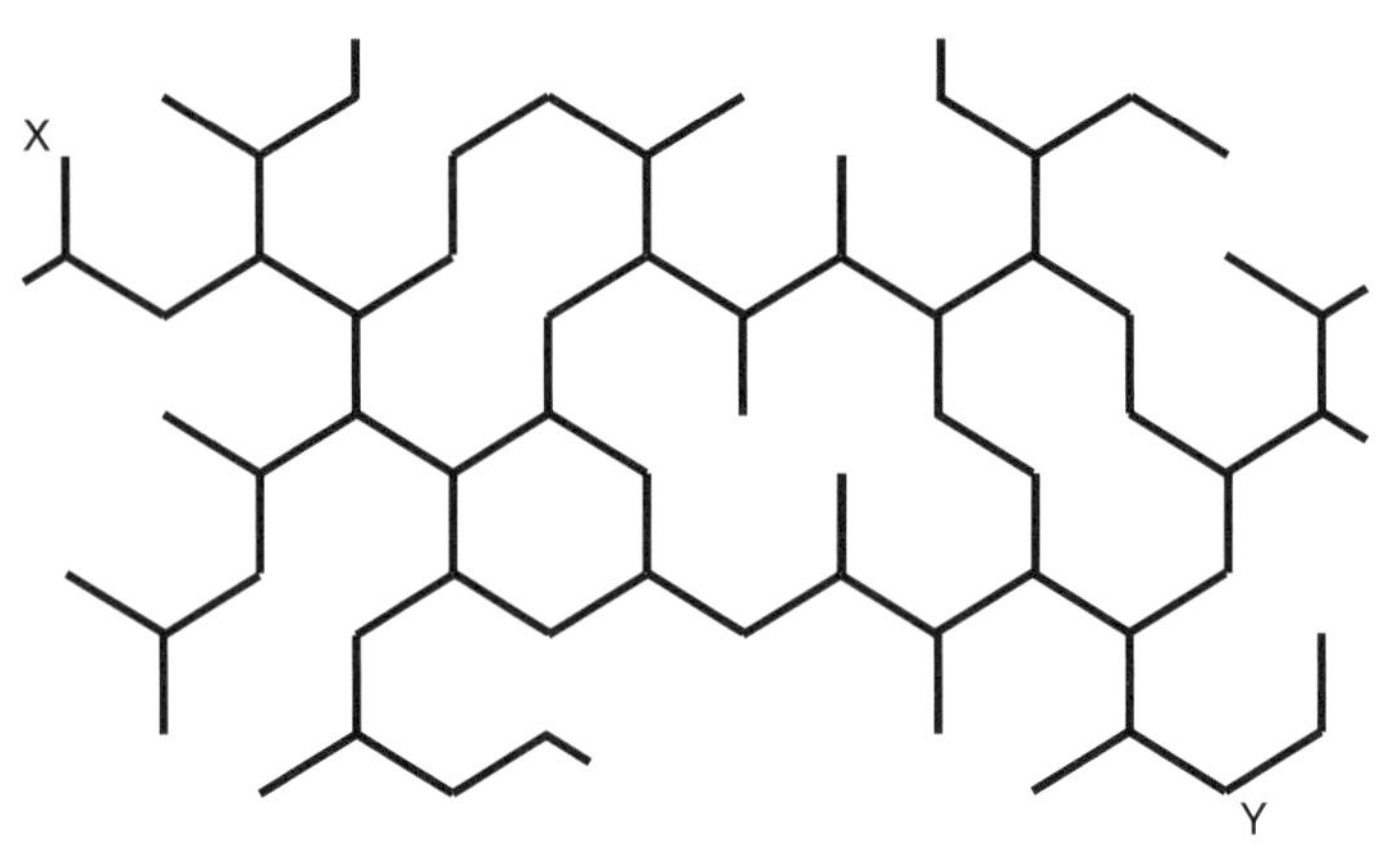

図1-3　分散型ネットワーク

・リゾームは変奏や拡張、征服や把捉、分派によって動作する。

・リゾームは中心的ではなく、秩序形式をもたず、意味作用もないシステムであり、〈将軍〉もなければ、記憶を組織するものも中心的な自動装置ももたない[10]。

ダイアグラム化するとすれば、図1－3のようなものになるだろう。分散型のネットワークでは、それぞれの接続点が他の接続点とつながることは十分にありうる（そのようになる必然性はないのだが）。だが、接続点と接続点とのつながりのあいだで、中継点となるハブが必要とされることはまったくない――まったくないというのは、電話回線の場合に当てはまるような中心となる交換局さえもないからである。いくつかの経路の組合せのうちのひとつを介して、Xという点がYという点と直接結びつくのである。

ドゥルーズとガタリの表現をもちいるなら、分散型ネットワークはつねに中間である場に留まっている。それが意味するのは、けっして完成することもなければ、それ自体で完結することもないということだ。分散型ネットワークのいくつかの線は、ダイアグラムから閉じることなく外に向かって続いていく。分散型ネットワーク上の部分セグメントはどれでもあっても、その親となるネットワークとあわせて小さくなることもあれば大きくもなる。分散はリズムをもって伝搬するのだが、再生することはない。

実際に存在している分散型ネットワークのひとつが、ドワイト・D・アイゼンハワー州間国防高速網、より知られている名前で言えば、州間高速道路である。高速道路のシステムは当初、第二次世界大戦の後すぐに議会によって承認されたのだが、公式に開始されたのは一九五六年七月二九日になってからのことであった。つまり、アイゼンハワー大統領が法律に署名したときのことである（インターネットの先駆者であるポール・バランが、ランド・コーポレーションで分散型のパケット交換をもちいたコンピュータ技術の実験を開始したのとまったくおなじ時期である）[11]。高速システムが分散型ネットワークであるのは、それがなんら中心化したハブをもつことなく、高速道路の多様な組合せをつうじて都市と都市を直接、接続しているからである。

たとえば、ロサンゼルスからデンヴァーへと移動するとすれば、州間高速道路五号線をサンフランシスコに向けて北上し、八〇号線に乗って北東に曲がる、またはラスベガスへと向かう一五号線を出発する、さらには四〇号線でアルバカーキへと向かうかもしれない。そのルートはさまざまなものであるが、前もって決められてはいない。ルートのひとつが遮断されていれば、他のものになるだろう。それが分散型ネットワークの利点なのである。

いうまでもなく、インターネットとは、一般の人々が関わっている、いま現在作動しているもうひとつの分散型ネットワークである。インターネットとアメリカの州間高速道路システムは、ほとんどおなじ時期に発展したのであり（一九五〇年代後半から一九七〇年代後半）、それはおおよそおなじ理由による（つまり、戦争がおきた場合に、可動性とコミュニケーションを促すことだ）。時が経過して、両者はともに

中心化と脱中心化

中心化したネットワークは単一の中心にある出力点（ホスト）から構成され、そこに放射状の接続点が付随している。中心点は衛星となる接続点のすべてとつながっており、それらの接続点自体は中心のホストのみとつながっている。その一方で、脱中心化したネットワークは、中心となるホストを複数備えており、それぞれにひとまとまりの衛星となる接続点がある。衛星となる接続点は、ひとつないしはそれ以上のホストと接続するかもしれないが、ほかの接続点とはつながっていない。中心化または脱中心化したネットワークの双方のうちで、情報通信は全体として単一方向に移動する。つまりは中心となる幹から放射状に広がった樹葉へと向かうのである。

AT&Tのグローバルオペレーションセンター（建築：HOK；写真：ピーター・ペイジュ）

一般市民にとって極めて有用なツールへと成熟したのである。

従来の軍事にかかわる文脈では、プロトコルにとってなによりも負荷となっていたことが――指示系統に耳を貸さない自律したエージェント――、いまや市民にかかわる文脈では、なによりも主要な構成要素となっている。プロトコルにとってのダイアグラムは、中心化したネットワークから脱中心化したものへと、そして今では分散型ネットワークへと移行してきた。分散型ネットワークは指示系統をもたず、自律したエージェントだけが存在し、システムについて事前に承認された「科学的な」ルールに従うかたちで動作するのである。

インターネットのために、これらの科学的なルールは書き留められている。プロトコルと呼ばれるそれらは、RFCsないしは「リクエスト・フォー・コマンド」として知られるドキュメントから入手可能である。それぞれのRFCが、個別のプロトコルの青写真としての役割を果たしている。それはソフトウェア・デザイナーになる人や、ほかにも計算機科学者たちに、プロトコルのそれぞれを現実世界のうちで正しく実装するにはどうすべきかを教えている。しかしながら、RFCは単なる技術的な記録作業とは大きく異なり、批評理論家にとってみれば、言説のひとつの宝庫となっている。

「インターネットホストへの要求（Requirements for Internet Host）」に関わるRFCは、全体の導入となる記録であり、インターネットのことを一連のネットワークが相互に接続したものとして、すなわち、・・・・・・・ネットワークのネットワークとして定義している。それらは、ゲートウェイと呼ばれる、無数のインターフェイスとなるコンピュータをつうじて互いに接続されている。「インターネットの情報通信システムは、相互に接続したパケットのネットワークから成り、それがインターネットプロトコルをもちいるホストコンピュータのあいだでなされる情報通信を支えている……ネットワークは「ゲートウェイ」と呼ばれるパケット交換のコンピュータをもちいて相互に接続している」[12]。これら数多くの異なるネット

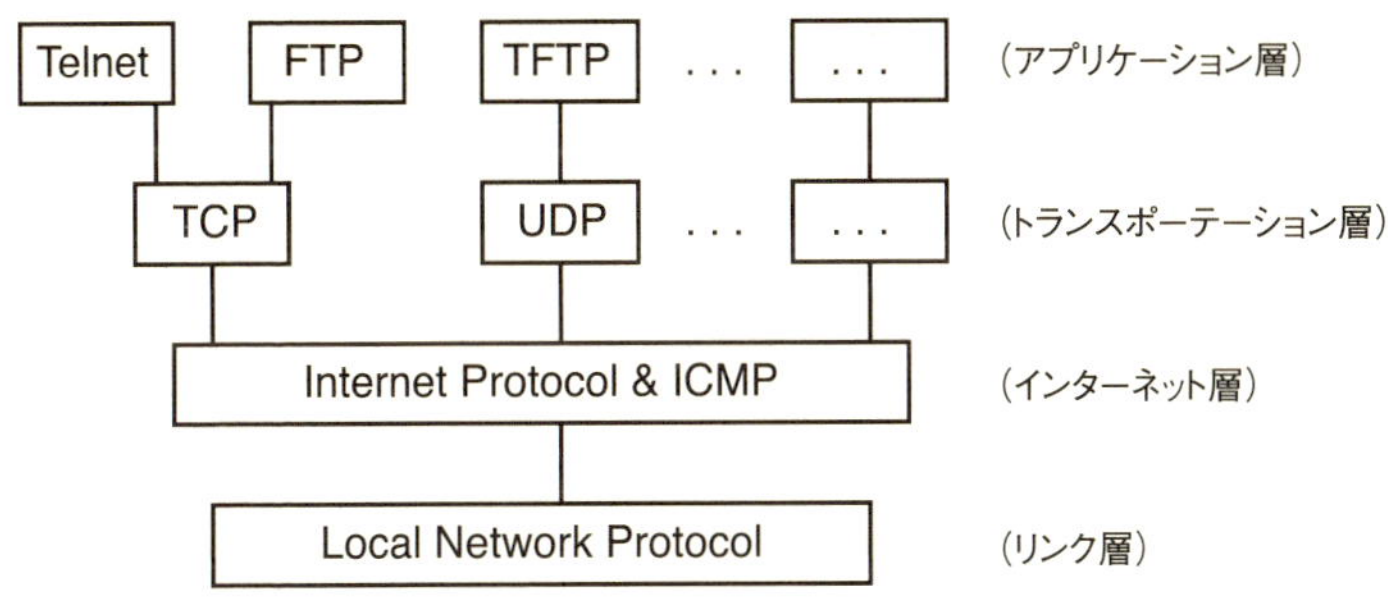

図1-4　プロトコルに関わる各層

ワークを束ねるのが、ホストという単一のコンピュータであり、これによってネットワーク上で情報の送受信をおこなうことができる。このRFCに従うなら、「ホストコンピュータないしは単に「ホスト」は詰まるところ、情報通信サービスの消費者である。ホストはユーザー（たち）に代わって、アプリケーションのプログラムを全体として実行するのであり、この機能を支えているネットワークと／またはインターネットの情報通信サービスを利用する……インターネットのホストは、そのサイズや速度、機能が多岐にわたる。そのサイズは、小さなマイクロプロセッサからワークステーション、さらには大型汎用コンピュータやスーパーコンピュータにまで及ぶのだ」[13]。また、通信制御プロトコル（Transmission Control Protocol）にかんするＲＦＣは、ホストのことを「あるネットワークに備え付けられたコンピュータ[14]」と端的に定義している。ホストが情報の受信者である場合にはクライアントと呼ばれ、それが情報の送信者であればサーバと呼ばれる。

　インターネットを介して情報通信をおこなうために、ホストは異なるひとまとまりのプロトコルを実装しなくてはならない。プロトコルとは、ネットワーク上のあらゆるコンピュータが話している共通言語のことである。これらの構成要素となるプロトコルは、レイヤーのようにして作動する（図1－4参照）。全体として考えるなら、レイヤーによって情報通信が生じるのである。

「インターネットホストへの要求」に関わるRFCは、インターネットのひとまとまりのプロトコルにある四つのレイヤーを次のように定義している。（1）アプリケーション層（例、テルネット、ウェブ）、（2）トランスポーテーション層（例、TCP）、（3）インターネット層（例、IP）、そして（4）リンク（ないしはメディアアクセス）層（例、イーサーネット）の四つである。

これらのレイヤーは入れ子状になっている。つまりはアプリケーション層がトランスポーテーション層のうちに封入され、それがインターネット層に封入されるといったかたちで続いているのだ。

このダイアグラム（図1-4）は、「レイヤー（層）」と書かれたキャプションを取り除けば、RFCの項目番号791のうちに登場している。四つのレイヤーはさらにおおきな七つのレイヤーモデルの一部であり、後者は国際標準化機構（ISO）によって策定されたOSI参照モデル（オープンシステム相互接続Open Systems Interconnection）と呼ばれる。ウェブの発明者であるティム・バーナーズ＝リーは、これとは少しばかり異なる四つのレイヤーモデルをもちいており、それは「伝達（トランスミッション）メディウム、コンピュータハードウェア、ソフトウェア、コンテンツ」からなる。ローレンス・レッシグが参照したように、ヨチャイ・ベンクラーはそれに代わって物理層とコード層、コンテンツ層からなる三つのレイヤーをもちいている。レフ・マノヴィッチがもちいるのは、さらに単純な二つのレイヤーモデルであり、それは「文化」のレイヤーと「コンピュータ」のレイヤーとなる。前者は「百科事典と短編小説、物語とプロット、構図と視点、ミメーシスとカタルシス、喜劇と悲劇」によって、後者はコンピュータ言語、変数、関数、パケット、その他のコード要素によって成立する[15]。

標準的な電話での通話をアナロジーとして考えてみよう。電話がかかっているあいだには、いくつかのプロトコルが作動している。そのうちには技術的なものもあれば、社会的なものもある。たとえば、ダイアルトーンを聞くという動作と、望んだ番号にかけるという動作とは、通話そのものとは異なる

「レイヤー」にあると考えることができるのだ。

さらにいえば、電話での通話を開始、終了するための通り一遍の言明は――「もしもし」「はい、……ですが」「あ、あとでかけ直します」「わかりました」「では」――、それ自体が普段の会話のレイヤーの一部ではなく、ただ単に通話の開始と終了を成立させるために必要なものである。

インターネットもまた、おなじ方法で動作している。アプリケーションのレイヤーは、電話での通話にかかわるレイヤーのようなものである。それは取り扱われている個別のテクノロジーの内実に対する責務をもち、ある人の電子メールをチェックしたり、ウェブページにアクセスしたりすることにあたる。アプリケーション層は意味論上のレイヤーであり、つまりはネットワークのやりとりのうちでデータ内容の保存についての責務を担っている。アプリケーション層はネットワークの接続を設定する、またはこれらの接続のあいだでデータを実際に送信するといった、大きな問題にはまったく関与していない。それはただ、その「会話」が正確に動作することを望んでいるのだ。

トランスポート層は、アプリケーション層から階層構造をもう一段上がったところにある。それは情報の内容になんら関与していない（ある人の電子メールやウェブページなど）。その代わりにトランスポート層が担っている責務は、ネットワーク間を移動するデータがその届け先に正確に届くことを確実なものにすることである。これは社会的なレイヤー、すなわち転送されるデータの内容や意味と、そのデータを転送するという動作そのものとの中間に位置しているということである。データがもし移動中に失われると、失われたデータを再送信するのがトランスポート層の責務なのである。

それゆえ、わたしたちが想定した電話の場合、通話中に雑音が聞こえるとひとは「もしもし……、聞こえますか？」といったコメントを差し挟むだろう。このコメントは会話にかかわるレイヤーの一部ではない（あなたの会話が偶然にも、「聞こえますか」についてのものではないかぎり）。それはむしろ、通話が電話線をつうじて正確に伝わっているのか、それを確認することを意図して介在しているコメントである。開始と終了のためのコメントも、トランスポート層の一部である。それらが確認するのは、発信が設定されたのか、会話レイヤーのための用意ができているのか、それとは逆に会話が終了したのか、発信が終了することになるのか、といったことである。

第三のレイヤーは、インターネット層である。このレイヤーは、アプリケーション層とトランスポート層の双方よりもさらに大きなものである。インターネット層は、ひとつの事柄に関与している。すなわち、ある場所から他の場所へとデータを実際に移動することである。インターネット層は、データの内容（アプリケーション層の責務）には無縁であるし、データの一部が移動中に失われたかどうか（トランスポート層の責務）についても同様である。

第四のレイヤーであるリンク層〔物理レヴェルにあたる〕は、わたしの研究にとってそれほど重要ではない。それはハードウェアに個別のレイヤーのことであり、究極的にはあらゆるデータ転送を封入しなくてはならない。リンク〔物理レヴェルにある〕が極めて多様なものになるのは、ハードウェアやそのほかの物理メディアが大きく異なるからである。たとえば、電話での会話は通常の電話線でも、光ファイバーケーブルとおなじく容易に距離を越えてなされうる。しかしながら、それぞれの場合に当該する技術は根本的に異なる。これらの技術に個別のプロトコルが、リンク（ないしはメディア＝アクセス）層にかかわっているのである。

異なるプロトコルのレイヤーが異なる責務を担っていることで、インターネットは実効的に動作することができる。たとえば、トランスポート層とインターネット層のあいだで、作業は分担されている。それによって、エラー訂正（error correction）〔データの冗長性を利用して伝送・読取りなどのデータの誤りの検出や訂正をおこなうこと〕は、トランスポート層が単独で引き受ける責務となり、経路指定（routing）（データの「経路を決める」、またはその最終的な届け先に送信するためのプロセス）は、インターネット層が単独で担う責務となる。こうした作業の分担が、分散型ネットワークの存在の条件をつくり出しているのである。

それゆえ、もしシカゴにあるルータがダウンしている場合、その一方で、あるメッセージがニューヨークからシアトルへのルートを進んでいるとすれば、失われたデータを代わりにルイビル（もしくはトロントやカンザスシティ、ランシング、無数にあるほかの接続点）経由で再送信することができる。代替となる接続点の大小も問題ではなく、それが異なるサブネットワーク上や他の国にあったり、異なるオペレーティング・システムをもちいたりしていても構わない。

RFCsは、こうした柔軟性のことを極めて明解に言明している。

インターネットのデザインは、多様な特徴をもつネットワークに寛容であるということをその基本的な目的としている——たとえば、帯域幅や遅延、パケット損失、パケットの再組み立て、そして最大限のパケットサイズなど。もうひとつの目的は、個々のネットワークやゲートウェイ、そしてホストの停止に対して頑丈なものであるということだ。そのためにはどのようなものであれ、利用可能な帯域幅をもちいる。その目標は最終的に、「開放型システム間相互接続」を十分なものにすることである。あるインターネットのホストはほかのインターネットのホストと、多様なインターネットの経路をつうじて、頑丈かつ実効的なかたちで相互に動作することができなくてはならない。[16]

ネットワーク上のホストが——コンピュータにとってのリンガフランカのような——ひとまとまりのインターネットプロトコル全体に従うかぎり、トランスポート層とインターネット層が提携して動作し、あらゆる事柄に配慮するようになるだろう。

インターネットに関わるプロトコルの最終的な目標は全体性にある。インターネットの長所は、頑丈性や偶発性、相互運用性、柔軟性、異質発生性、汎神性である。そのソースや送信者、届け先がどのようなものであれ、すべてを受け入れることなのだ。

TCPは、トランスポート層のなかでもっとも一般的なプロトコルである。それはIPと極めて密接なかたちで動作し、IPを介して送られたデータが正確に到着したことを確実なものにする。TCPは送信者と受信者のあいだに「ヴァーチャルな回路」をつくり出すのであり、その想像上の回路をもちいて情報の流れを統御する。IPはそれが移送するデータの最終的な内的整合性には関知しないのだが（IPについては後述する）、TCPはメッセージが壊れずに到着したのかを一貫してチェックしている。RFCが述べるように、「TCPを利用するのは、信頼性のあるコネクション指向型移送サービス、たとえばメール（SMTP）やファイル転送（FTP）、そしてヴァーチャルな末端サービス（Telnet）を必要とするアプリケーションである(17)」。

TCPの責務は、接続が確立されたふたつのコンピュータのあいだでの「ハンドシェイク（握手）」を可能にすることである。

TCPは送信者と受信者のあいだに、想像上の回路を創り出す。それは「動作状態を保存する」。つまり、ある瞬間からある瞬間の会話の状態を記憶するということである（そうしたことをIPがみずからおこなうことはなく、またUDP（User Datagram Protocol）と呼ばれるような、ほかの一般的なトランスポートのプロトコルもそうすることはない）。このことについて、RFCはTCPを記述するなかで「コネクション指向型で、末端から末端への信頼性のあるプロトコル(18)」として言及している。その例としては、進行中の「プロセス間通信」や二台のコンピュータの「論理回路」の創出といったものがある。この回

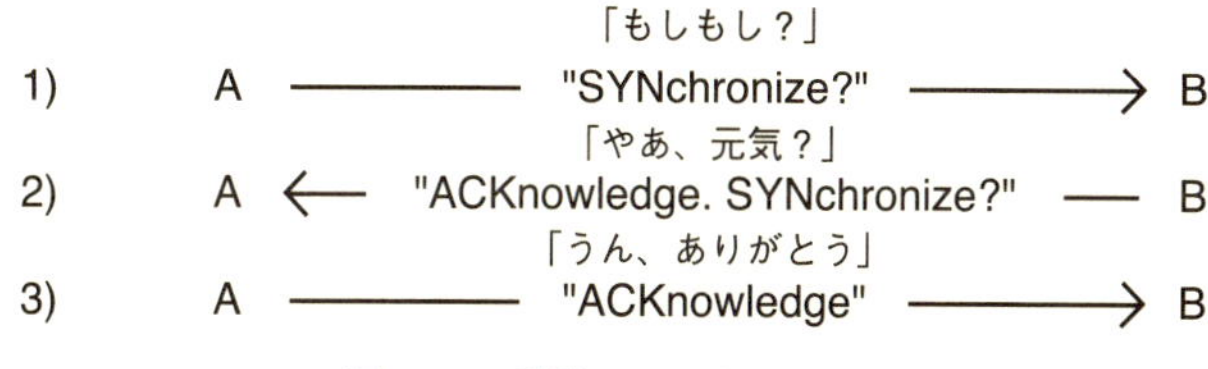

図 1-5　三段階のハンドシェイク

路は実のところ、現実世界には存在していないのだが、送信者と受信者を接続するために一時的に創り出されるのであり、それはちょうど、通常の電話での通話中に発信者と受信者のあいだで回路が一時的に創出されるのとおなじようなものである（電話のシステムの場合、回路が分散型の接続ではなく、実際の交換器によって創り出されている点を除いて）。

ＴＣＰの回路は、ハンドシェイクとして知られる、三段階のプロセスを通じて創り出される。まずは送信者が、「ＳＹＮ」（同期 synchronize）と呼ばれるメッセージを送信する。次に受信者が、「ＡＣＫ」（承認 acknowledge）と呼ばれるメッセージで応答する。最後にもともとの送信者が、みずからのＡＣＫを送信することによって受信者のＳＹＮを承認する。（図１－５）この三つのハンドシェイク――（１）「もしもし！」（２）「やぁ、元気？」（３）「うん、ありがとう」――が完了すると接続が打ち立てられ、通常の情報通信が始まるだろう。

ＴＣＰのなによりの価値は、その質的な頑丈さである。ＴＣＰによって、ウェブ上の情報通信は極めて信頼できるものとなるのだ。情報は移送中にも監視下に置かれており、失われたり壊れたりすると、再送信がおこなわれる。

ひとつのシステムとして考えると、この頑丈さが保たれているのは次のような一般原理に拠っているためである。すなわち、「自分がおこなうことにおいては保守的に、他者から受け取ることにはリベラルに」[19]（「ポステルの法則」として、慣用的には次のように訳される。「送信するものに関しては厳密に、受信するものに関しては寛容に」）。これが意味するのは、ＴＣＰのホストはほかの見知らぬ装置からの情報をできるかぎり数多く、リベラルに受けとるべきであるということだ。だが、情報のいずれかが壊れているとしたら、「保守的な」ホストはその情報を削除して、新しいコピーを再送信するように要請することになる。ＲＦＣが記しているように、ＴＣＰの目標は「情報通信の信頼性がないときには頑丈であること、混線状態にあるときには利用しやすくなること[20]」なのである。

　ＴＣＰのパートナーとなるプロトコルがＩＰである。ＴＣＰとＩＰは一緒になって、ひとまとまりのプロトコルを創り出すために動作するのであり、これは単にＴＣＰ／ＩＰと呼ばれている。ＩＰが担っているのはひとつの責務である。すなわち、「データグラム」と呼ばれる、小さなデータのパケットをある場所からほかの場所へと移動させることである。ＲＦＣの仕様書がＩＰについて記すには、「インターネットのプロトコルは、データグラムと呼ばれるデータの塊をソースから届け先へ伝達することをおこなう[21]」。

　しかしながら、ＩＰはＴＣＰのように、「端末間のデータの信頼性やフロー制御、順位付け、さらにはホスト間のほかのプロトコルに一般的に認められるような、サービスを増強するメカニズムを何ら備えてはいない[22]」。これが意味するのは、ＩＰがそのデータグラムを単に密封し、茫漠とした領野のうちに放つということである。ＩＰは決してＳＹＮやＡＣＫを待ち受けてはいないし、データグラムが受信されたことについてなんら証明を受けとることもない（というのも、これらのことはすべて、トランスポート層のＴＣＰの責務であるからだ）。結局のところ、そのデータグラムがそれらの場所に辿り着くだろうということ、そうはならないとしてもトランスポート層がすべてのエラー訂正をおこない、失われたデータグラムを再送信するようにリクエストを送るだろう、ということをＩＰは理解しているのである。

　ＩＰは車の動力源となるエンジンのようなものである――エンジンは車を動かすのだが、いつどこでハンドルを切り、また停止や加速をするのかといったことを知る力能（faculty）をもたない（これらのことは、運転手の責務である）。エンジンは青信号と赤信号の差異を理解することができない。そのプロトコルの論理にもとづく範囲外の事柄に対処することには関与しないのだ。

それゆえ、ＩＰは技術的にはふたつの事柄、つまりはルーティングと断片化（フラグメンテーション）についての責務を担っている。ルーティングとは、ネットワーク間をデータが移動するうえでその経路を選ぶためのプロセスである。ネットワークがいかようにも発生し、絶えず変化しているものである以上、Ａ地点とＢ地点とのあいだのルートは決して固定されておらず、物質がそのあいだを横断しようとするたびに考え直さなくてはならない。

この種の柔軟なルーティングにかかわるシステムは、「ホッピング」のプロセスをつうじておこなわれる。それによってデータは、シークエンス上にあるコンピュータからコンピュータへと渡されていく。〔コンピュータ間の移送を指す〕ホップが数珠つなぎになると、その数珠状になったどのコンピュータも、望まれた届け先がどこにあるのかを正確にはわかっていない。しかし、それらのコンピュータは、届け先が示しているおおまかな方向については知っている。それらのデータグラムは、届け先に向けた「おおまかな方向」のうちにあるコンピュータへと渡されていく。ルート上にあるコンピュータがそれぞれキャッシュを保存しており、そこにはおおまかな方向のうちで、どれが近隣のコンピュータにあたるのかについての情報が含まれている。ネットワーク上の接続点のそれぞれが、どこに最終的な届け先があるのかを知っているわけではないのだが、どの方向またはどの「ネクストホップ」が、その届け先により近いものになるのかということだけはわかっている。ネクストホップに欠陥があることが判明すれば、それらを仲介するゲートウェイが、ソースとなるコンピュータに警告を発し、そのコンピュータがネクストホップについてのキャッシュを更新するのである。

それゆえ、ニューヨークから出発してシアトルへと向かう途中のメッセージにとってみれば、シカゴがネクストホップになるのだが、シカゴがダウンしているときにはルイビルが、ニューヨークからシアトルへと向かうためのネクストホップになる。その後、シカゴが復旧し、あらためてルーティングのための最良の選択肢になれば、ニューヨークはそれに従ってキャッシュを更新するのである。

　ネクストホップの戦略とはつまりこういうことだ。インターネット上のどの一つの接続点も届け先がどこにあるのかをまったくわかっておらず、たんにそれが「むこう側（over there）」であるということだけを知っている。それぞれの接続点には、それとつながっている接続点すべての正確な位置が判明していて、「むこう側」に近いものであればどんな機械にもメッセージは渡されるだろう。正しい方向のうちで十分な数のホップを経ると、届け先となる機械は、もはや「むこう側」という大雑把なかたちで指定されるものではなくなる。けれども、今しがたデータを運搬しているルータにとってみれば、その届け先となる機械も実際にはネクストホップであり、そのデータは届け先に配達されることになるだろう。こうした方法で、メッセージはそれが到着するまでに届け先のすぐ近隣を飛び回っているのであり、それによって実際に届け先の正確な位置が判明すると、最終的な配信が可能になるのである。

　それぞれのデータグラムには「生存時間」と呼ばれる数字が与えられている。この数字は、データグラムが削除されるまでにおこなうことのできるホップの最大数を指し示している。それぞれのホップごとに、生存時間はひとつずつ減少していく。生存時間がゼロになると、ルーティングをおこなうコンピュータはそのデータグラムを削除しなくてはならない。このことによって、データグラムが無限にネットワーク上を飛び回ることはなくなり、過剰な混線状態が生じることもない。

　インターネットのプロトコルが担う第二の責務は断片化である。メッセージがネットワーク上で送信されるとき、それらのメッセージが巨大なものとなることは避けられず、その結果、無傷のまま送ることはできない。それゆえ、それぞれのメッセージは送信前に、いくつかの小さなパケットへと断片化ないしは分解される。小さなパケットはそれぞれ、ネットワーク上を個別に送信される。最後にパケットが集められ、再び組み立てられることで、オリジナルメッセージが再現されるのである。このプロセスが断片化と呼ばれている。

物理的なネットワークは、それぞれが個別化したかたちで収容可能な最大限のパケットサイズの閾値をもっている。それゆえ、あらゆるネットワークで作動する断片化の手順は、単一のものではありえない。あるものは巨大な高速道路のようにして巨大なパケットを収用するだろうし、その一方でほかのものは裏路地のようにして小さなパケットだけを収容することになるだろう。

だが、あるメッセージが大きなパケットサイズで行程を始め、小さなパケットサイズにだけ対応している外部ネットワークにたまたま出くわしたとしても、それが道半ばで行き詰まってしまうようなことはない。そのルート上では、再断片化が必要となるだろう。つまり、あるメッセージが大きなパケットに断片化されて出発したとして（たとえば、光ファイバーのケーブルをたどっていくもの）、ルート上のどこかで中ぐらいのサイズのパイプに遭遇したのであれば（たとえば、電話線）、みずからを道半ばで再断片化する必要があるということだ。ＩＰはこの偶発性に対処することができる。断片化によってメッセージは柔軟なものとなり、広範囲のネットワーク上でパケットサイズの異なる閾値に合わせることができるのである。

パケットが断片化を経由して創り出されるたびに、なんらかの予防措置をとることでそれが届け先でも正確に再度組み立てることができるようにしておかなくてはならない。この目的のために、それぞれのパケットにはヘッダが付属している。そのヘッダに含まれるのは、ソースのアドレスや届け先のアドレスといった、いくつかの極めて重要な情報である。数学的なアルゴリズムないしは「チェックサム」〔適当な単位ごとにデータの和をとって誤り訂正をする検査方法〕が計算処理され、ヘッダに応じて修正されるようにもなる。ヘッダ内の情報がなんらかのかたちで壊れていると届け先のコンピュータが測定したのであれば（たとえば、チェックサムが正確な相関関係を示していないなど）、パケットを削除し、新しいものを再送するようにリクエストする必要が生じるのである。

ここでいったん立ち止まり、一連なりになったＴＣＰ／ＩＰにかんするプロトコルの論理についての明確な特徴を要約しておこう。

・ＴＣＰ／ＩＰはPeer to Peerの情報通信を円滑なものにする。それはつまり、インターネットのホストは、仲介しているハブがその情報通信を緩衝（バッファ）することなく、そのほかのホストと直接、通信することができるということだ。

・ＴＣＰ／ＩＰは分散型のテクノロジーである。それはつまり、その構造が網の目やリゾームに似ているということである。

・ＴＣＰ／ＩＰはひとつの普遍言語であり、二台のコンピュータがそれを話すことで、両者のあいだでインターネットを作動することができるようになる。

・一揃いのＴＣＰ／ＩＰは頑丈かつ柔軟なものであり、硬直して融通の利かないものではない。

・一揃いのＴＣＰ／ＩＰは多くの異なる場所にあるコンピュータへと、広範かつ理論的には無限の多様性をもつかたちで開かれている。

・ＴＣＰ／ＩＰのプロトコルや、それと同様にほかのプロトコルは、自律したエージェント（コンピュータ）がおこなった活動のひとつの結果である。

これらの特徴からひとつだけとりだしても、これまでの数多くの社会的かつ技術的な組織の様態から、プロトコルを充分に区別することができる。それらの特徴が一緒になって、分散型の管理＝制御についての新しく洗練されたシステムを作り上げているのである。

ＴＣＰやＩＰがそうであるように、プロトコルのすべてがPeer to Peerの情報通信のプロセスにかかわっているわけではない。ＤＮＳ、すなわちドメイン・ネーム・システムは、きわめて単純ではあるが、ＴＣＰやＩＰとは異なり、命令を下すプロトコルである。ＤＮＳはインターネットのアドレスを名前から数字へと翻訳する責務を担っているのである。

おおくのコンピュータユーザーが、インターネットのアドレスを書き記す「ドットコム」の様式に慣れ親しんでいるのに対して（たとえば、www.superbad.com や www.rhizome.org）、コンピュータ自身はそれに代わって数字を使ったモニカ〔アクセス識別子の呼称〕をもちいており、これがＩＰアドレスと呼ばれている。ＩＰアドレスは、ドットによって区切られた四組の数字である（たとえば、206.252.131.211）。そうした数字を覚え、利用することが人間にとっては極めて困難であるのだが、その一方でコンピュータにとってみれば、それはとても容易なことである。ＤＮＳを専門とする批評家のテッド・バイフィールドが記すように、「目下のところの基本的な問題は、ＤＮＳの「人間化された」名前をいかにしてＩＰアドレスのシステムの根底にある「機械」数字へと割り当てるのか」ということである。[23] コンピュータは数字をより容易に理解するのであり、人間は言葉を理解する。それゆえ、ワールドワイドウェブ上でのありとあらゆるやりとりをするまえに、人が手書きで打ち込んだウェブアドレスはまずもってＩＰアドレスへと翻訳される必要があり、その後にコンピュータはその仕事を実行することができるのだ。

www.rhizome.org ⇕ 206.252.131.211

この翻訳は「名前解決（ネーム・レゾリューション）」と呼ばれており、それがＤＮＳの存在する理由である。ＤＮＳが開発されていなかったら、インターネットアドレスは長い電話番号や郵便番号のようなものになっていただろう。それに代わるかたちで、アドレスは長い言葉のようになっている。

一九八四年におけるＤＮＳの導入に先立ち、ネームサーバと呼ばれる一台のコンピュータが、名前から数字への変換のすべてをおこなっていた。それらの変換は、ひとつのテキストファイルのうちに含まれていたのである。あらゆる名前のための欄がひとつあり、もうひとつの欄はすべて数字のためのものである——参照表のようなものだ。この記録はHOSTS.TXTと呼ばれ、カリフォルニアのメンローパークにあるスタンフォード研究所のネットワーク情報センター（SRI-NIC）に残されている。[24] インターネット上のほかのコンピュータはこの記録を定期的に照会し、その情報をダウンロードするのであり、結果としてそれらの局所参照表がもっとも最新のデータを運んでいたのであろう。このファイルのなかで参照される名前付けのシステム全体は、ネームスペースと呼ばれていた。

この初期のシステムは、その中心にSRI-NICがあることから、わけても中心化したネットワークであった。しかしながら、インターネットがより大きくなるにつれて、この単一かつ中心的な接続点は、ネットワークの性質と相容れないものとなった。「ファイルを分配する際にネットワークの交通量やプロセッサの負荷が入り組んだものになるといった点で、SRI-NICの通行量は耐え難いものになった……拡張するネットワーク上でファイルの一貫性を保持することが、ますます困難になっていたのだ。新しいHOSTS.TXTが、拡大したアーパネットの最果てに到達するまでに、ネットワーク上ではホストがアドレスを変更したり、ユーザーが到達しようと望む新しいホストが現れたりするようになっていたのである[25]」。

この問題を解決するために、コンピュータ科学者のポール・モカペトリスは新しいシステムを設計し

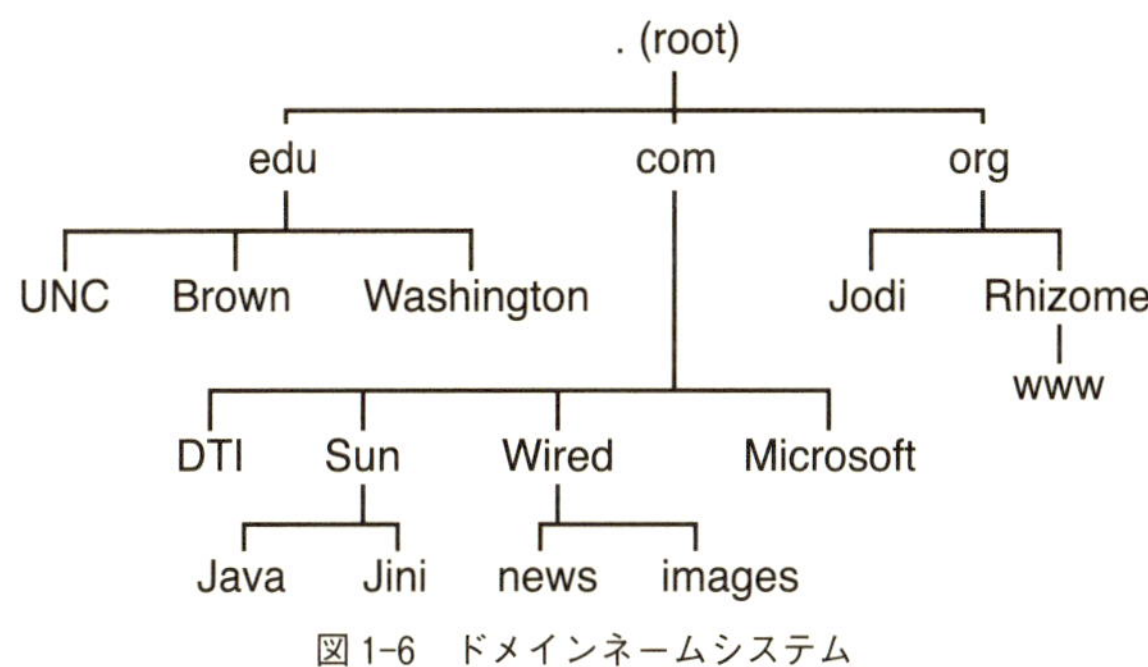

図 1-6　ドメインネームシステム

た。それがＤＮＳと呼ばれる、名前／数字をマッピングするための脱中心化したデータベースである（図１‐６参照）。その新しいシステムは今日でも機能しており、逆向きのツリーのようにして作動する。

ドメインネームスペースは木の構造をもつ。木の上にある、それぞれの節（接続点）と葉が、ひとまとまりのリソースに対応している（それは空白であるだろう）。（中略）節（接続点）や葉のドメインネームは、木の根（ルート）から節（接続点）や葉へと向かう経路である。慣習上、ドメインネームを構成するラベルは左から右へと読み、もっとも個別具体的なもの（最下層）からそうではないもの（最上層）へと向かう。[26]

モカペトリスがツリー構造をもちいたことで、ネームスペースのデータベース全体は階層構造のプロセスを通じてより管理しやすく（manageable）なり脱中心化したゾーンへと分断することができるようになる。モカペトリスが記すように、「データベース全体の一貫したコピーを集めようとするアプローチは、ますます対価のかかる困難なものになるだろうし、それゆえ避けるべきである[27]」。その代わりにデータベースのそれぞれの位置から木の枝へと向かって、そしてそれぞれの葉に広がるかたちで、その権限が委ねられるようになるのである。

逆向きのツリーの頂点には、単一のドット（「.」）で表わされた、いわゆるルートサーバが座している。それらのサーバは、「com」や「net」、「edu」や「org」といった、最上階層ドメイン（TLDs）に対する権限をもつ。それぞれの木の枝で、ネームスペースの異なるゾーンに対する管理＝制御の権限が、ツリーの下層にあるサーバへと委ねられる。それゆえ、「www.rhizome.org」というアドレスを解決するには、まずはどこで「org」のゾーンがみつかるのか、ルートサーバに問い合わせなくてはならない。ルートサーバはどこで「org」のネームサーバが見つかるのか、権限つきの回答を出す。次に「org」のネームサーバに問い合わせると、「org」のゾーンのなかで「rhizome」のホストがどこで見つかるのかについての回答が得られる。最後に「リゾーム」のネームサーバに問い合わせると、それが「リゾーム」ドメインのなかに存する「www」コンピュータにあてられた数字のアドレスを回答するのである。

このように逆向きのツリーのプロセスは、全体を見渡す点から出発すると、線の末端に到達して数字のアドレスが得られるようになるまで、権限の委譲が連鎖状に続いていく。これが脱中心化したネットワークのプロトコルである。

DNSの場合、それぞれのネームサーバは、そのすぐ下にあるゾーンにかんする権限付きの情報だけを答えることができる。こうした理由から、システムは階層秩序をもったものになる。しかし、それぞれのネームサーバは、そのすぐ下にあるゾーンにかんする権限付きの情報を知ることしかできない。枝を降りていったところにある二番目や三番目、さらに四番目のセグメントでさえも、その権限はほかのネームサーバに委ねられる。このようにして、システムは脱中心化しているというわけだ。

ほかのものよりも中心に近いネームサーバは、木の根（ルート）により接近している。それらのサーバは、枝の末端にあるコンピュータについての権限付きの情報を教えることはできないのだが、そのような情報の権限が誰に委ねられているのか、そしてその権限の委譲がどこでなされているのかを伝えることができる。

本書の序文で言及したように、プロトコルは、ふたつの向かい合った機械的なテクノロジー間の相矛盾する事態にもとづいたものになっている。すなわち、一方のテクノロジーは、制御を自律した地点へと徹底的なかたちで分散するのであり（ここではTCPとIPに例示されている）、もう一方のテクノロジーは、厳密に規定された秩序形式へと制御を集中化している（ここではDNSに示される）。プロトコルについての前述の議論からは、そのほかにも重要な帰結が導き出されるだろう。

第一に、プロトコルはDNSについての議論が示すように、普遍化をすすめるシステムである。テッド・バイフィールドが記すに、DNSを独自のものにしているのは、

歴史上はじめての「汎用＝普遍性を備えた」アドレス指定のシステムであるということだ。こういってもいいかもしれない、つまりは次のような統合のために要請された命名についての約定なのである。すなわち、あらゆる縮尺での地理上の参照物を統合するばかりか、あらゆるタイプの商用語（会社名、商標、広告文、頭字語、サービス、商品）、固有名（グループや個人）、歴史参照物（有名な戦い、運動、本、歌）、趣味や関心、カテゴリーや基準（コンセプトや仕様、目的）など……そのリストはさらに続くが、そうしたものを統合するために要請された命名についての約定なのである。[28]

DNSは人間がこれまでおこなってきたプロジェクトのなかでもっとも英雄的なものである。つまり、それは事実上、あらゆる事柄について単一の、余すところのないインデックスによって構築されているのである。DNSは人類の百科事典であり、つまりは一枚の地図であって、そこに書き込まれた区画と

一対一の関係性をもつ。それゆえ、第二章で示すように、DNSはほかのプロトコルの多くと同様、汎用＝普遍性へと狂ったように突き進むのであり、そのなかでもともとは恣意性が存在していたところに一致（sameness）や一貫性を作り出す。諺にあるように、リンゴとオレンジは「現実世界」では比較できないが、DNSのシステムでは、両者がいくつかの二進数字によって分け隔てられる。DNSは単に翻訳言語であるというよりも、それ自体が言語なのである。意味をもつものであればなんでも登録しなくてはならないし、システムのうちのどこかに現れなくてはならない、このような命令を下すことで、DNSは意味を統御している。これがプロトコルの性質なのである。

第二に、TCP／IPについての議論が示すように、プロトコルは物質に内在したものである。つまり、プロトコルは、指揮されるものの外側に指揮を下すエージェントを位置づけるような、指揮と管理のモデルに付き従うことはない。それは内部から発生するのである（この段階で、制御はそれ以外のものから行使されるという、軍隊がもちいるプロトコルのより秩序だった定義からは離れることになる）。

たとえば、あるHTML言語上のオブジェクトを、HTTP〔ハイパーテキスト転送プロトコル〕上のひとつのオブジェクトによってプロトコルの論理にもとづき操作することは、まずもってそのHTML上のオブジェクトを構文解析することから始まる。

```
<html>
<body>
Hello World!
</body>
</html>
```

元々のオブジェクトに由来するかたちでＨＴＴＰのヘッダを特別に創り出すと、それが冒頭に付け加えられ、多様な方法で記述される。

```
HTTP/1.1 200 OK
Date: Sun, 28 Jan 2001 20:51:58 GMT
Server: Apach/1.3.12 (Unix)
Connection: close
Content-Type: text/html

<html>
<body>
Hello World!
</body>
</html>
```

ヘッダには、ＨＴＭＬオブジェクトについての情報のさまざまな断片が含まれる。それはたとえば、ファイルが最後に修正された日付や（二行目）、ファイルを提供するサーバの型とモデル（三行目）、そしてその内容のタイプ（この場合、テキストベースのＨＴＭＬ、五行目）といったものである。

ＨＴＴＰオブジェクトはそれゆえ、ＨＴＭＬ言語上のオブジェクトにＨＴＴＰのヘッダを単に付け加えたものであり、そのすべてがあらたなひとつの形式へと包み込まれ、空白の行によって分離されている。新しいヘッダは元々の内容に接頭辞として付けられ、その物質的実体（material body）の一部となる。しかし、ＨＴＴＰのヘッダはＨＴＭＬオブジェクトの物質的内容を記述したものでしかない以上、より大きなプロトコル（ＨＴＴＰ）はより小さなプロトコル（ＨＴＭＬ）を書き直すための単なる方法である——小さなデータのオブジェクトは、大きなデータのそれによって包含されている。そうすることで、ＨＴＭＬのオブジェクトはその内側から変容し——その実際のデータの頭にはほかのデータのユニットが付される——ＨＴＴＰというより広範な文脈のうちで機能するのである。

　もうひとつの帰結とは、以下のようなものである。すなわち、プロトコルがひとかたまりの特定のデータの内側にあるものである一方、プロトコルの論理にもとづくオブジェクトがそれ自身のプロトコルを含みもつことは決してない。それゆえ、ＴＣＰ／ＩＰはＨＴＴＰを収納し、ＨＴＴＰがＨＴＭＬを収納し、それがＡＳＣＩＩテクストなどを収納する。新しいヘッダがそれぞれのレヴェルに加えられるが、内容という観点からすると、プロトコルはそれらのものと接続してはいないのだ。

　それぞれの位相が変移するたびに（たとえば、ＨＴＭＬからＨＴＴＰへの移行、またはＨＴＴＰからＴＣＰへの移行など）、ふたつの接合したプロトコルが交差するところでデータオブジェクトを同定することができる。事実、デジタルの情報というものは、〇と一という記号群からなる差異化されていないスープのようなものにすぎないため、データオブジェクトは、ふたつの接合したプロトコルの閾に現れる境界線を恣意的に描き出したもの以外のなにものでもない。[29] ＨＴＭＬをみるためには実際のところ、それをＨＴＴＰと交差するものとしてみなくてはならない。そうでなければ、ＨＴＭＬをみていても、それ自身が内に含んでいるプロトコル——つまりはテキストとマークアップタグ——以外になにもみるものはない。

　最後の点は、批評理論の専門家がなにより関心をもつところであるにちがいない。つまり、プロトコルは解釈に抗う、ということだ。プロトコルはすなわち、その権限をもつ範囲の内と外を行き交っている価値についての意味論上の単位が表すところを、別のコードに変換することがほとんどないのである。なるほど、プロトコルはこれらの価値をコード化したり、デコードしたりする。しかし、そうした変容は単にとるに足らない数学上の手続きなのであって、プロトコルが意味に影響を及ぼすことはない。それはハリウッドの映画作品が女性性の意味に影響を及ぼしたり、巡回区域を歩いている警官が公共空間の権力の意味に影響を与えたりするのとは異なる。プロトコルが、みずから何らかの解釈を実行してみせることはない。つまり、それらは多様な包み紙のうちに情報を包含しているのであり、その一方でそのなかに含まれた情報の内容には比較的、無関係のままでいるのだ。

このことの帰結は小さくない。それはつまり、プロトコルの論理にもとづく分析が、意味の科学（再現＝表象／解釈／読解）ではなく、可能性の科学（物理学や論理学）に焦点を当てなくてはならない、ということである。このことについては、ハッキングにかんする第五章でより詳細に論じる。

プロトコルの論理にもとづくシステムの限界と、そのシステムのうちにある可能性の限界とはおなじことである。

あるプロトコルに従うということは、自らが取り扱うことができるものがすでにそのプロトコルのうちで可能になっているものにすぎない、ということを意味している。取り扱わないのであれば、そのような可能性はまったくないということだ。それゆえ、プロトコルの論理を対象とする分析は、可能なものと不可能なもの（可能性を包み込むもの）にこそ、焦点をあてなくてはならない。それは、テクノロジーのうちに、なんらかの内的な意味合い、あるいは「合理的な核心（rational kernel）」（有理数のカーネルとも訳され、OSの核心部を指す）といったものを、脱神秘化することではない。プロトコルとは回路なのであって、文ではない。

物理的メディアにかんする本章で、わたしはプロトコルのことを現実にある物質的な基盤という視野から記述しようとしてきた。わたしは分散型ネットワークの特徴を描き出し、そのネットワーク内部で唯一の統御原理(governing principle)としてプロトコルのことを位置づけた。インターネットのプロトコルにかかわるひとまとまりのTCP/IPと、DNSのことを強調したのは、それらふたつがプロトコルを理論的に論じるためにもっとも重要な好機となるからである——一方のプロトコルが、管理=制御を自律したエージェントへと徹底したかたちで分散すると、もう一方のプロトコルは、管理=制御をツリー状の脱中心化したデータベースへと厳密なかたちで組織するのである。

次章では、プロトコルについてのハードサイエンスから移動し、形式にかかわる視野から、わたしはその考察をはじめる。すなわち、プロトコルはいかにして物質的な機械としてではなく、形式的な装置全体として機能するのであろうか? 多様な文化的対象を創り出すために、プロトコルによって、またはそれをつうじてどのような技法がもちいられているのであろうか? どのようにプロトコルのことを、そのもっとも抽象的な意味で定義することができるのであろうか?

これらのことは形式にかんする第二章に含まれる根本的な問題であり、いまからそのことに取り組むことにしよう。

注

(1) *NORAD: Into the 21st Century*, U.S. Government Printing Office(1997-574-974)

(2) ネットワークのデザインを中心化したもの、脱中心化したもの、分散型のものへと分割することは、以下で示されている。ポール・バランによる *On Distributed Communications: 1. Introduction to Distributed Communications*

Networks (Santa Monica, CA: RAND, 1964), p. 2. バランのダイアグラムはそれ以来、数多くの著者によって繰り返しもちいられてきた。

ウィリアム・エヴァンに続いて、ジョン・アーキラとデイヴィッド・ロンフェルドは、中心化したネットワークよりもさらに単純なトポロジーを示唆している。これは鎖状ないしは線状のネットワークである。たとえば、「人々や物資、さらには情報が、分離した部分を接続する線にそって移動するところ、そして末端から末端への情報通信がそのあいだを媒介する接続点をつうじて移動しなくてはならないところである」。以下を参照のこと。Arquilla and Ronfeldt, *Networks and Netwars: The Future of Terror, Crime, and Militancy* (Santa Monica, CA: Rand, 2001), p. 7.

(3) Michel Foucault, *Discipline and Punish*, trans. Alan Sheridan (New York: Vintage, 1997), p. 197.〔ミシェル・フーコー『監獄の誕生』、田村俶訳、新潮社、一九七七年、一九九頁〕

(4) *Networks and Netwars* のなかで、アーキラとロンフェルドはこの第三のネットワークのトポロジーを「全チャンネル型」ネットワークと呼び、「そこではすべての人間がほかの全員と接続されている」としている（八頁）。しかしながら、彼らのいう全チャンネル型ネットワークは、分散型ネットワークと完全に一致するわけではない。というのも、彼らが事例とする議院代表制、つまりは「全チャンネル型の地方議会ないしは理事会」（八頁）はそれを裏切るものであるからだ。実際のところ、正真正銘の分散型ネットワークは、全チャンネル型の情報通信（組合せにもとづくユートピア）を支えることはできない、代わってそれが伝播するには次のような経路が必要なる。すなわち、停電と稼働時間のようなもの、何マイルにもわたるダークファイバー（ローフィンク）と膨大なデータのオアシス、さらには卓越した技術をもつ資本とそれをもたない平凡な人々、これらの両者を組み合わせた経路をつうじてのことである。それゆえ、分散型は全チャンネル型と似てはいるものの同一のものではないし、後者は前者を数学的に幻想化したものなのである。

(5) Branden Hookway, *Pandemonium: The Rise of Predatory Locales in the Postwar World* (New York: Princeton Architectural Press, 1999), pp. 23-24.

(6) Gilles Deleuze and Félix Guattari, *A Thousand Plateaus*, trans. Brain Massumi (Minneapolis: University of Minnesota Press, 1987), p. 7.〔ジル・ドゥルーズ、フェリックス・ガタリ『千のプラトー（上中下）』宇野邦一ほか訳、

河出文庫、二〇一〇年、上巻二三頁〕

（7）Deleuze and Guattari, *A Thousand Plateaus*, p. 9.〔同前、一八頁〕

（8）Deleuze and Guattari, *A Thousand Plateaus*, p. 12.〔同前、三三頁〕

（9）Deleuze and Guattari, *A Thousand Plateaus*, p. 15.〔同前、四〇頁〕

（10）Deleuze and Guattari, *A Thousand Plateaus*, p. 21.〔同前、五一頁〕箇条書きは筆者による。

（11）ハフナーとリオンが記すように、「バランが取り組んでいた課題は、情報通信のために他の部品が破壊されたあとにも、残された構成要素が引き続きまとまりをもつ実体として機能することのできる構造を、いかにして作り上げるかというものであった」。See Katie Hafner and Matthew Lyon, *Where Wizards Stay Up Late*, p. 56.〔ケイティ・ハフナー、マシュー・ライアン『インターネットの起源』、加地永都子、道田豪訳、アスキー、二〇〇〇年、五〇頁〕

（12）Robert Braden, "Requirements for Internet Hosts," RFC 1122, October 1989, p. 6.

（13）Braden, "Requirements for Internet Hosts," pp. 6-7.

（14）Jonathan Poster, "Transmission Conrol Protocol," RFC 793, September 1981, p. 7.

（15）これらについては以下を参照のこと。Jonathan Postel, "Internet Protocol," RFC791, September 1981, p. 5; Tim Berners-Lee, *Weaving the Web* (New York: HarperCollins, 1999), pp. 129-130〔ティム・バーナーズ＝リー『Webの創成　World Wide Webはいかにして生まれどこに向かうのか』、高橋徹訳、毎日コミュニケーションズ、二〇〇一年〕; Yochai Benkler's "From Consumers to Users: Shifting the Deeper Structures of Regulation Toward Sustainable Commons and User Access," *Federal Communications Law Journal* 52 (2000), pp. 561-579; and Lev Manovich, *The Language of New Media* (Cambridge: MIT Press, 2001), p. 46.〔レフ・マノヴィッチ『ニューメディアの言語』、堀潤之訳、みすず書房、二〇一三年、九三頁〕ＯＳＩ参照モデルは、わたしが好んでいる発見法であるが、あらゆるものはコードになると考え、データを特別なかたちで擬人法でもちいることをまったく許容していないという点において、ほかのものと決定的に区別される。このことによって、プロトコルについて思考することがはるかに容易になるのだ。ほかのモデルは、人間に判読可能な形式（forms）を特権化しており、それをプロトコルへと還元することがあっても、せいぜい脆弱なものでしかない。

(16) Braden, "Requirements for Internet Host," p. 8.

(17) Braden, "Requirements for Internet Host," p. 82.

(18) Postel, "Transmission Control Protocol," p. 1.

(19) Postel, "Transmission Control Protocol," p. 14.

(20) Postel, "Transmission Control Protocol," p. 1.

(21) Postel, "Internet Protocol," p. 1.

(22) Postel, "Internet Protocol," p. 1.

(23) Ted Byfield, "DNS: A Short History and a Short Future," *Nettime*, October 13, 1998.

(24) 以下を参照。Paul Albitz and Cricket Lieu, *DNS and Bind, Third Edition* (Sebastopol, CA: O'Reilly, 1998), p. 3.

(25) Albitz and Liu, *DNS and BIND*, pp. 3-4.

(26) Paul Mockapetris, "Domain Names — Concepts and Facilities," RFC 882, November 1983, p. 6.

(27) Mockapetris, "Domain Names — Concepts and Facilities," p. 2.

(28) Byfield, "DNS."

(29) これはマノヴィッチによる「モジュール性」の原理と類似している。そのなかでは、あらゆるニューメディアのオブジェクトが独立した部分から製作されていて、それぞれが単独で独立したオブジェクトとなる。つまり、ある意味でそれは端から端までオブジェクトなのである。以下を参照のこと。Lev Manovich, *The Language of New Media*, pp. 30-31.〔マノヴィッチ『ニューメディアの言語』、七二—七五頁〕

第二章　形式

もしあらゆるものがなにか他のものを意味するなら、そのときはテクノロジーもそうであるはずだ……しかし、テクノロジーは、次のような類の、外側にある記章や兆候にすぎない。すなわち、組織的に系統だった多様さをもつ具体的な状況が、個別具体的な多様さをもつ形式や形式問題において自らを表わす、そのような記章や兆候でしかないのだ。

――フレドリック・ジェイムソン『地政学的美学　世界システムのなかの映画と空間』

第一章でわたしは、プロトコルの物理的な領域について検証した。その物理的な領域は、プロトコルの物質層を構成するおおくの回路やケーブル、端末、ルータなどの総体のみならず、それを作動させ続ける技術的なソフトウェアを指してもいた。合衆国の州間幹線道路システムと大域的なインターネットを例として、分散型ネットワークについても議論した。また、ＴＣＰ／ＩＰやＤＮＳのような、現実のコンピュータプロトコルの背後にある科学についての議論もおこなった。これらふたつの機械によるテクノロジー――一方は脱領土化するテクノロジーであり、他方は再領土化するテクノロジー――のあいだにある緊張状態こそが、プロトコルの論理をもつシステムを創り出し、またそのシステムを非常に強力なものにしているのだ。

だが、コンピュータに関わるプロトコルは、第一章で記したように、たんなる技術仕様書の一式ではない。それらはまったくもって形式的な装置（*formal apparatus*）である。形式的な装置という語でわたしが意味するものは、たんに技術的ではなく社会的なレヴェルでプロトコルを実効化する技術および約定よりなる全体である。これまでの章が、システム管理者の観点に立っていたとすれば、本章はウェブマスターの観点でのプロトコルについてのものである。それゆえ、映画理論家が映画の装置を映画形式から分析してきたように、またイデオロギーについての理論家がイデオロギー装置をその形式的な構造から分析してきたように、この章ではコンピュータプロトコルの装置がもつ形式にかかわる性質について議論する。

形式に注意を払うことが有益であるのは、特定の研究対象がもつ政治的条件を評価するさいの基準を批評家に提供するからだ。だとしたら、次のように問いかけられるかもしれない。プロトコルは形式として健全であるのか、と。わたしが本書のいたるところで様々な機会に試みるのは、この問いに答えることだ。

マルクス主義者であり、文化にかかわる労働者であるベルトルト・ブレヒトは、ラジオについて記述することで、形式にかかわるひとつの理論を明確なものにしている。その理論はどんな類のものであれ、コミュニケーションネットワークについて考える理論家に影響力を示すであろう。彼の論評のポイントは、ラジオが誤った状態にあるというものであり、それは双方向のコミュニケーションネットワークであるための十全な潜在力をいまだ最大限に発揮していない、というものであった。

ラジオは、ふたつの側面をもつべきであるのに、ひとつの側面しかもっていない。ラジオは純然と分散のための装置になっており、ただ分配に関与するにすぎないのだ。なので、ここで積極的な提案をしてみよう。すなわちラジオは分散装置からコミュニケーション装置へと転化する、と。ラジオは公共の生活における考えられうる限り最も大規模なコミュニケーション装置と、あるいは巨大な組織回路となるだろう。つまり、もしラジオが送信するだけでなく受信もでき、したがって、聴取者に聴かせるだけでなく話させることもでき、聴取者を孤立させないで参加させることもできるとしたら、だ[1]。

この意見がすぐれて洞察力のあるものであったことは明らかである。というのも、それはインターネットのような電子的なネットワークの実際上のアーキテクチャを予見していただけではなく（送信（トランスミッション）と受信（レセプション）の双方にもとづいている）、形式に軸足をおくマルクス主義的メディア理論にとっての基盤を築いたからである。

しかし、マルクス主義的メディア理論とは、実際にはどのようなものであるのだろうか。これはハンス・マグヌス・エンツェンスベルガーが、論考「メディア論のための積木箱」のなかで取り組んだ問題である。エンツェンスベルガーは、各受信者が送信者でもある双方向のラジオネットワークにブレヒトが抱いた欲望から、直接の影響を受けている。彼は、ブレヒトの立場をひとまず要約すると、その後にそれがどのようにして、ある種の政治上の禁令を連想させるものであるのかを示している。多対多のラジオネットワークが存在する可能性があったとすれば、いまだそうなっていないのはなぜか。エンツェンスベルガーの答えは、「政治上の埋由」で禁止されている、また、この禁令は資本の根本的な構造から生じる、というものだ。「送信者と受信者との技術的な分化は、（中略）生産者と消費者という社会的分業を反映している。つまるところ、そのことは支配階級と被支配階級のあいだの根本的な矛盾にもとづいているのである[2]」。そうして、「マルクス主義的メディア理論といったものがこれまでのところ存在しなかった[3]」ことを嘆いたあとで、マルクス主義的唯物論者の枠組のなかでメディアを実際に規定するための第一歩を彼は踏み出すのである。

権力が垂直型の階層秩序と水平型のネットワークの双方に根づいた複雑なプロセスであることを踏まえて、エンツェンスベルガーは、社会でおこなわれている操縦（マニュピレーション）といったものについて、左翼主義が採る立場を批判している（フランクフルト学派に属する彼の同胞者に典型的にみられるものであるが）。そうした操縦のなかでは文化や意識が、人々の操縦に関わり、疎外している文化の全体性から下方向に発生するとされる。「操縦をめぐる命題がもつ暗黙の大前提」は、「純粋な、操縦されていない真理が存在する」ということだ、とエンツェンスベルガーは記している[4]。反対に、エンツェンスベルガーはそのような操縦なしの真理（があるとすること）は愚かであると考える。そして、送信それ自体が操縦の可能性を意味しているという程度にまで（「メディアのいかなる使用も操縦を前提とする[5]」）、いうなれば解放されたメディアに関心を持つ人々はすべて、みずからが操縦者であるということを考えるべきだ。この意味において、メディアはそれ自体の本性において「汚れている」。というのも、メディアはまさに批評しようとする行為（act）のなかで、操縦にかかわる支配的なテクノロジーにかかわることを要請するからである。

ときに皮肉をこめたマルクスのレトリックから手がかりをえつつ、エンツェンスベルガーは読者に次のような政治上の警告を発する。「糞便にたいする接触不安は、下水溝の作業員には、たやすくあずかれない贅沢の一種である[6]」。つまり、抑圧されている人々（「下水溝の作業員」）は、彼らを抑圧するメディア（「糞便」）としっかり向き合おうとすることなどできないということだ。エンツェンスベルガーはのちに、素朴な左派がもつ「純潔な」政治学にたいする批判を練り上げる。「体制（system）に呑み込まれるという不安はひとつの衰弱の兆候で、この不安は資本主義がどんな矛盾ものみこんで処理することができるという信念を前提としているが、それは歴史的には容易に論駁できるし、論理的に筋の通ら

抑圧的メディア使用	解放的メディア使用
中枢司令プログラム	脱中心化のプログラム群
一人の送信者、多数の受信者	各受信者は潜在的な送信者
孤立化した個人の不可動化	大衆の可動化
受動的な消費者としての態度	参加者の相互作用、フィードバック
脱政治化過程	政治学習過程
スペシャリストによる生産	集団的生産
所有者または官僚による制御	自己組織化による社会的コントロール

図 2-1
Enzensberger, "Constituents," pp. 110-111.〔邦訳、117-118頁〕

ないものだ[7]」。

このことを念頭におけば、エンツェンスベルガーが次のような比較図（2－1）で示すように、メディアが解放的な特徴を含みうることは明らかである。

エンツェンスベルガーがここで記述している、ふたつの政治上の党派には歴史的な意味がある。抑圧的な様式は、近代のメディア（テレビネットワーク、映画、ラジオ）と極めて緊密な結びつきをもち、解放的な様式には、ポストモダンのメディア（インターネット）とのあいだに極めて緊密な結びつきがある。事実、エンツェンスベルガーの「解放的メディア使用」の欄は、インターネットについてなされた今日の楽観的な記述のほとんどをほぼ完全に予見したものである。

ラジオについてのブレヒトの論考に由来する、多対多のコミュニケーションの哲学をもちいて、エンツェンスベルガーは、脱中心化をマルクス主義的な解放と等しいものとみなしている。彼が賞賛するのは新たな電子メディアであり、その理由はそれが「行動志向的であって観照志向的ではなく、瞬間志向的であり「ブルジョワの」伝統志向的ではない[8]」からだ。メディアというまさに非物質的なものは商品化と物象化に抵抗する、とエンツェンスベルガーは示唆している。「メディアは蓄蔵され競売に付されるような対象物(オブジェクト)を産出することはしない」[9]。またのちになっては、「さらに言えば、メディアは（中略）個別に分け隔てられた対象物(オブジェクト)としてしか考えられていない芸術作品の古いカテゴリーをも解消してしまう。メディアは、そうした意味合いの対象物(オブジェクト)を産み出さない。メディアがつくり出すのはプログラムである。その生産はその本性においてプロセスにおいてこそある」[10]。かつて対象物(オブジェクト)なるものがあったところに諸プロセスを見出すこと、それはおそらく、マルクス主義的方法論において最も根本的な契機である。

ジャン・ボードリヤールの「メディアへのレクイエム」は、エンツェンスベルガーから着想を得てはいるが、彼は「マルクス主義的メディア理論といったものは存在しない」というエンツェンスベルガーの喊声を簡潔に次のように書き換えている。すなわち、マルクス主義者かどうかにかかわらず、「メディア理論といったものは存在しない」[11]。このことはボードリヤールが、メディア理論を純粋なマルクス主義（エンツェンスベルガーの立場）の領域の外へと押し出し、意味作用とコミュニケーションの領域で扱おうとしていることを示唆している。彼は次のようにさえ言う。「〔これからのメディア理論に求められるパースペクティヴがあるとすれば〕マルクス主義的な分析の一般的な形式を保持していることもあるかもしれないが（中略）しかし、そこでは生産力についての古典的な定義はあまりに限定されていることが認められている。つまり、生産力による分析は、意味作用とコミュニケーションという、いまだ視界の開けていない場全体へと拡張されるだろう」[12]。

ここで注目するに値するのは、表面上はマルクス主義者ではないものの、コンピュータの歴史と電子メディアの歴史のなかで誰よりも重要な二人の思想家、ノーバート・ウィーナーとヴァネヴァー・ブッシュの仕事である。

動態的なシステムにかんするウィーナーの理論は、サイバネティクスとして知られ、ネットワーク理論の代替案あるいは先駆とさえなっている。サイバネティクス理論は、フィードバックについての単純な発想から始まった。始点と終点の両方をもつ特定のプロセスが持続しているあいだに、その周囲についての新たな入力データを受信することができるだろう、フィードバックが意味するのはこのようなことである。そのとき、プロセスというものは、周囲から受信したデータにおうじてみずからを変化させることができるのだ。

サイバネティクスは、人間と機械の交配種（ダナ・ハラウェイによる近年の「サイボーグ」理論によって根本的に改革されたもの）と結びつくようになる。なぜなら、ウィーナーが認めたように、フィードバックの機構は有機体であることを必要としないからだ。ウィーナーがそこで考察したのは、コンピュータと人間の脳とのあいだにある特別な関係性であった。よって、有機体の感覚をもつ器官とコンピュータ化されたそれとを置き換えることは理にかなった措置なのである。このようにしてサイバネティクスのシステムは生まれた。その長所は平衡や自己調整性、循環性、制御である。ウィーナーが焦点を当てた動態的なシステムは、後のネットワーク理論家によって模倣されたのだが、小さな閉じたシステムにかんする彼の焦点化にかんしてはそうはならなかった。

一九四五年のブッシュの論考「考えてみるに」は、現代のネットワーク化された技術のおおくを予示する「メメックス」技術と、他の先進的な着想を提案したことで今日知られている。ウィーナーと同様、ブッシュがそこで考察したのは、脳の構造と電子技術の構造とのあいだでの、ネットワークのような特別な同型性であった。彼は取り憑かれるようにして、より透明でいて人間の脳に近いテクノロジーを作ろうとしていたのであり、そのテクノロジーは線的ではなく、連合関係によって作動すると信じていた。彼が記すには、人間の心は「連合によって作動する」のである[13]。

彼の想像力豊かな提案であるメメックス、それは情報を入力または出力し、階層秩序ではなく連合作用をおこなう機械である。「メメックスは個人がみずからの本や記録、コミュニケーションのすべてを保存する装置で、また驚くほどの速度と柔軟性をもって参照できるように機械化された装置である。それは彼の記憶を拡大し、密接なかたちで補完するものである」[14]。しかしながら、メメックスの革新はそのアーキテクチャにある。それはある種の網の目を構成すること、つまりは階層秩序による索引作業ではなく、連合主義の原理による索引作業によって作動している、記録の相関的なデータベースを構成することであった[15]。

それゆえ、ウィーナーとブッシュはともに、ブレヒトが切り開いたマルクス主義的メディア理論の伝統に知らぬまに多大な貢献を果たしていたのである。ブッシュが提示した網の目は、資本の関係のもとに整備された権力、つまりは中心化されていて秩序化された権力(たとえば、工場内部の階層秩序)に根底からとって代わるものを提案している。ウィーナーによるサイバネティクス理論は、「解放的」メディアをめぐるエンツェンスベルガーの図表がもつ利点のいくつかを模したように実行可能にする。そこに含まれるのは、「自己組織化」という考え方、プロセスの重点化、入力と出力(受信／送信)の鱗状の重なり、そして「フィードバック」それ自体の考え方であるのだ。

インターネットは見かけとは異なるものである。批評家たちは「すべてが変わった!」と叫ぶのが大好きである。彼らは記すのだ。ニューメディアや新たなテクノロジー、情報転送の新しく高速化した方法、高級品であるテクノロジーの民主化、デジタルネットワークへのアクセスの多角化、データ形式の標準化、ネットワーク関係の増殖、これら諸々の進展が新たな時代への導きを促進する。つまりは個人の自由をより大きくし、個人間のコミュニケーションを高め、表象がもつ足枷を除去して、身体の問題について新たな視座を獲得し、消費社会で選択の幅を広げて、自由な表現にたいする前例のない機会を、そしてなによりも速度をもたらすだろう、と。

ここで最近の文献から、ほんの二、三の事例をほとんど無作為に取り上げてみよう。

ピエール・レヴィ「私たちを取り巻く技術や経済、社会の変化がこれほどまで急速で不安定であったことはない[16]。」

草原真知子「私たちの文化は、空間や他の身体との物理的ないし心理学的な関係という点で真に抜本的な変化を経験している[17]。」

マウリツィオ・ラッツァラート「おそらく、ヨーロッパの文化がこれほどまでの激変を経験したのは、おそらく印刷機の発明以来、はじめてのことだろう。文化という観念、そして文化にかかわる生産、社会化、そして搾取の様態といったものを下支えしているものが攻撃を受けているのだ[18]。」

マニュエル・カステル「こうした仮定を立てるのは私だけではないが、二〇世紀の終わりに、わたしたちは歴史上めったにない断続のひとつを生きている、というのが私の立脚点である……それは「ものすごい速さで起こって」いて（スティーブン・J・グールド）……情報技術をめぐって組織化された新たなテクノロジーのパラダイムの作用によって生じた、わたしたちの「物質文化」の変容に特徴づけられるものだ[19]。」

しかし、批評理論がどのようなことを教えるにしても、自明なものと即断されてしまっていることがらには注意が必要である。こうした叫び声は、ニューメディアが所持する明らかに新しい性質についてのものであるが、より細やかに検証する価値がある。

その語り方は、以下のように続く。インターネットはリゾーム的である。ウェブは一方で、テキストとイメージの転送と表現を統御している、厳正なプロトコルの周辺で構造化されている——だからウェブは、ドゥルーズとガタリのリゾームのように、「中心を欠いて、階層秩序がなく、何も意味作用をもたないシステム」ではない。しかしながら、ウェブは他方で、リゾームの鍵となるいくつかの性格を鏡のように映し出しているようにもみえる。その性格とはつまり、どのような接続点も他のいかなる接続点とつながることのできる能力、多数性にかかわる規則、どのような点にあっても分岐して接続する能力、そして「深層構造」の拒絶などである。

ウェブは自由で、構造を欠いたネットワークと記される。けれども、リゾームに構造が欠如しているわけではないことは明らかだ。樹木のような構造ではなく、それよりもむしろ、水平型のネットワークという、ある特定の種類の構造をリゾームは特権化している。それゆえ、ウェブとリゾームとをおなじものとするには、ウェブのことを自由で構造を欠いたネットワークと記す論者に反論し、ウェブ上に特定の種類のリゾーム的なプロトコルがあることを論じなくてはならない。これはすでに第一章と序論でなされた議論である。

本書が取り組む企み（project）は、次のことを示すことである。すなわち、プロトコルというものが、こうした機械の運動の両極にかかわるということ、つまりは領土化する構造と無秩序な分散作用との両方にかかわるということ。そのため、問いは次のようになる。プロトコルはどれほど正確に、デジタルの計算処理のための装置を知能によって把握可能なオブジェクトへと織り合わせているのであろうか。インターネットはなぜ、人の心をこれほど摑む魅力に満ちた技術であるのか。それはどのようにして、無秩序なままでいながら、それでいて、首尾よく作動しているのか。

事実、インターネットはあまりにもうまく機能しているのだ。インターネットが本当にリゾーム的であるとするなら、同一化作用にそれは抗うはずである。それを人々が日々使う、深く、意味をもつ利用の仕方に、インターネットはもっと抗っていいはずなのだ。ネットは物語叙述にもとづいたものではなく、時間にもとづいたものでもない。しかし、それはかつてテレビや映画がそうしたように、ユーザーをそのなかに引きずり込み、いまなお心を奪っている。どのようにしてか。その答えは形式のなかにある。

　映画理論から私が借用しようとしている概念のひとつが、**コンティニュイティ**である。インターネットは、多くの異なるデータの断片によって構成されている、脱中心化されたネットワークであるにもかかわらず、ユーザーにとって抗しがたい、直感的な経験を創り出すためにアプリケーション層をもちいることができる。これがコンティニュイティの秘密である。

　ウェブ上で、ブラウザの運動はユーザーの運動として経験される。マウスの運動は、ユーザーの運動に取って代わる。ユーザーは画面を介して想像的な世界を見るし、それが意味をなすのである。「ネットサーフィン」という行為は、現象学的に言えば、急激な位置移動であって、気力を奪うような経験である——ある都市のサーバから別の都市のサーバへと横断する——にもかかわらず、ユーザーにとっては、これ以上の快楽がないものとなりうる。多数のコンピュータユーザーは、急激な位置移動といった感覚もまったくないままにオンラインを生き、そして遊んでいるのである。

　したがってコンティニュイティは、ウェブマスターが実践する諸々の技法（techniques）の集合として定義される。そうした諸々の技法はひとつの全体性をもつものとみなされ、ユーザーにとって快適なものとなる流れのようなこうした経験を創り出すのである。それらの技術はひとまとまりのものとして、プロトコルの論理にもとづく抽象的な規則の集合をアプリケーション層に構築しているのである。

　以下に続く項目は、コンティニュイティを成しているもっとも重要ないくつかの技法である。それらの技術は、すでにネットに慣れ親しんでいる人々にとってみれば目新しいものではないだろう。これら

〔アラン・J・パクラ〕『パララックス・ビュー』（1974年）

自制を失うということ
この画像のストゥディウムとは、一貫性を保ち、滑らかに広がる巨大なグリッドである。そのプンクトゥムとは、男性の死体である。〔映画のなかで〕彼のゴルフカートが自制を失い、その空間を横断するかたちで小さな弧を描いてしまったのだ。自制を失ったものは、ヒッチコックの『ハリーの災難』のなかで、くりかえし説明もないままに開くクローゼットのドアである。プロトコル論理にもとづくマトリックスは、この種の自然な表現を抑えることができない。そうしたことが最大の強みとなる。

のプロトコルを明確に述べたＲＦＣがあるわけでもないが、にもかかわらず、それらがほかを圧倒する標準として存在しているのだ。

ソースを覆い隠せ。メディアフォーマットのおおくには、それ自体の製造過程を覆い隠そうとする傾向がある。こうした理由がひとつとなって、商品の形式をめぐるマルクスによる形式批判が、映画理論家たちにとって非常に有用であり続けている。というのも、商品それ自体には、みずからの製造過程を覆い隠そうとする傾向があるからだ。

商品から生産のプロセスが取り除かれているのとおなじようにして、ハリウッドの古典的な映画作品のなかで、イメージから装置は慎重に取り除かれている。コンピュータはまったく別物であるものの、このことと類似した論理が作動している。プロトコルはまさに包装紙である。プロトコルは、みずからの内部を覆い隠さなければならない（あるいは少なくとも、チェックサムやコンテント長といった特定の数値にかかわる動作を経由して、内部との量的な関係をもつぐらいである）。バーナーズ＝リーが記すには、「コンピュータとネットワークがあたる任務は目立たないように、目には見えないようにしなくてはならない（中略）技術は透明であるべきだ。それによってわたしたちは、技術との相互作用を直感的におこなうのである」[20]。

ふたつの典型例として、ＨＴＭＬとＩＰアドレスがある。ＨＴＭＬはテキスト情報であり、ユーザーがあるウェブページに「進む」ときに、その情報が彼ないし彼女のブラウザへと送られる。このテキスト情報は、決してユーザーに明らかにされることはない。それどころか、それは隠されたままになっていて、ウェブページはグラフィカルなものとして解釈される。この慣例に付き従わないようにするためには、ユーザーはソースをみるという選択肢をわざわざとらなくてはならない。

ＩＰアドレスは数字のアドレスであり、ネット上のロケーションそれぞれに与えられている。それらは翻訳されなければ、12.34.56.78という数字の形式をとる。しかし、IPアドレスはつねにdot.comのような語に変換され、それらがwww.amazon.comあるいはwww.etoys.comのようなインターネットドメイン名を編成する。数字のアドレスは、インターネットにとってより根本的なものであるにもかかわらず（たとえば、あらゆるドメイン名は、ユーザーがブラウザによってウェブページを検索する前に数字に変換されている）、それはドメイン名の下位に置かれて隠されたままになっている。

他の事例となるのが画像ファイルであり、これもそのソースをかならず隠さなくてはならない。翻訳される前の、画像を構成するコードは決してユーザーの目にふれることはない。その代わりにコードが画像として解釈され、変換されるのである。

プログラミング言語もまた、コンティニュイティの規則に従っている。プログラマーが記述したコードは目に見えているが、機械語に翻訳されるとたちまち見えなくなる。それは判読可能なスクリプトから、実行可能な密封されたファイルへと変えられるのである（たとえパールPearlのようなスクリプト言語であっても、それは実行される前に解釈されている）。

リンク切れを除去せよ。インターネット上では、リンク切れは「404エラー」と呼ばれる。コンティニュイティを達成するためには、404エラーはなんとしても避けなくてはならない。このことはインターネット上のどのようなオブジェクトにも、たとえば、HTMLページや画像、あるいは特別なメディアのオブジェクト（Javaアプレットのようなもの）にも当てはまる。何かが指し示されるのであれば、それは存在しなければならない。リンク切れは、ユーザーに向けた情報の流れを切断する。切れてしまったリンクとは、虚をつかれたようなものである。それによって、ウェブ上に創られた滑らかな空間は崩れ落ちるのである。

リンクなしを除去せよ。リンク切れの除去と同じくらい、コンティニュイティにとって重要なことは、リンクなしを除去することである。インターネットには、いかなる終端（デッドエンド）もあり得ない。各ページは、たとえほかのどこかに「戻る」のだとしても、どこか他のところへと進まなければならないのである。それぞれのページは提供できるものに満ちており、豊かなネットワークの流れのなかにみずからを位置づけなければならない。際限のない動きのために自由な経路があることを提案しつつ、ユーザーにむけたドアが開かれていなければならない。

青は進め。[21] ウェブページ上にリンクが貼られると、そこで表現されているものは意味を伝えなければならない。つまり、リンクそのものはユーザーに対して、彼ないしは彼女がどこに向かってリンクを辿ることになるのかを伝えなくてはならない。「青は進め」とはつまり、青信号が直感として「進む」を意味しているということだ。ユーザーがすでにもっている図像をめぐる知識を、リンクを指定するために最大限に活用すること。「青は進め」とは、「次に訪問するためにはここをクリック……」というフレーズの使用を禁ずることである。その代わりに、最適なコンティニュイティのために、リンクのもつ意味をその形式へと直接的に注入しなくてはならない。スティーブン・ジョンソンが記していたように、「優れた心理療法士が抑圧された記憶や感情の障害物を取り除くようにして、優れたインターフェイスはテキストなしで済ませてしまうのだ[22]」。

現実に合致している確かな身元保証（true identity）。騙しリンクは、リンク切れよりも一層悪しきものである。リンク名とそのアドレスとは、一致していなければならない。ユーザーはたとえどこに進もうとも、そこに存在しなくてはならない。リンク名とそのアドレスが一致していないのであれば、そのときには404エラーが招くであろうものよりも一層タチの悪い類の誤ったコンティニュイティが生じる。というのも、流れは中断されずにいたものの、その流れは誤った情報に感染してしまっていたからだ。ひとつの流れが、ほかの流れに取って代わられてしまったのである。

障壁を取り除け。ユーザーがウェブ上で強制されるクリックのそれぞれは、ユーザーにとって不必要な障壁であり、動きの妨げとなるだろう。ユーザーとコンテンツとのあいだにある不必要な障壁はすべて（スプラッシュページや目次、導入ページ）、取り除かなくてはならない。あらゆるコンテンツは、可能な限り扉ページに近いところに置いておかなければならないのだ。おおくの場合このことは、コンピュータのOSがもつ樹木のような階層秩序が、下からひっくり返されなければならないということ、つまりはより平坦なインターフェイスを支持しなければならないということを意味するのだ。

いろいろなメディアの諸タイプのあいだのコンティニュイティ。この原則は不可欠なものであり、のちに詳細にわたって議論することになる。本質的には、さまざまなタイプのメディアのあいだで――テキストや画像、アニメーション――、あらゆる差異化を取り除かければならない[23]。情報がそなえるデジタルの本性が、このことを可能にしている。

テキストと画像のあいだの滑らかな移行が重要である。たとえば、インターネット上で重要なのは、ページそのものであって、その構成部分ではない。どこからがひとつの画像でどこまでがもうひとつの画像なのか、またはどこまでがテキストでどこからが画像なのか、ユーザーが見分けられるようなことがあってはならない。

低解像度の禁止。あらゆるグラフィックは充全性（wholeness）を強く求めなくてはならない。アンチエイリアスと呼ばれる技術が、このプロセスでは非常に重要である。この技術によって、ギザギザした形は目立たなくなり、画像全体の解像度が高められるのである。ピクセルが目に見えることはない。フォントは滑らかなものでなければならない。限定されたパレットよりも、フルカラーのパレットが好ましい。低解像度で単純な画像よりも、高解像度ではっきりと描写された画像のほうがよい。解像度が低いと、コンティニュイティの幻影は打ち砕かれてしまう。ソース、つまりはコードが適切に隠されなくなってしまうからである。

　たとえば、アスキー（ASCII）のことを考えてみよう。アメリカ合衆国の標準規格、アスキーとして知られる文字のセットは、低解像度の代名詞となっている。さまざまなグラフィック技術のなかでも、アスキーの文字群を使用することはいまや低解像度であることと同義である（第七章で言及する技術）。色鮮やかなウェブページを作り出すことのできるグラフィックブラウザは、アスキーの文字セットに限定されたテキストベースのブラウザよりも優先される。テルネットのように、グラフィックに関係しないほかのプロトコルよりも、ＨＴＴＰが優先されているのだ。

　できる限りの高速化。プロセッサの速度とネットワークの帯域幅のいずれにおいても、高速であるのに越したことはない。速度とはコンティニュイティのことであり、その速度が欠けていることはつまり、誤ったコンティニュイティを意味する。ネット上での個人の動きが媒介されずにおこなわれているという幻想、そしてコンピュータがユーザー自身の身体をごく自然なかたちで拡張しているという幻想、速度はこうした幻想を長続きさせるのである。

　クラッシュの禁止。コンピュータは決してクラッシュしてはならない。サーバがダウンすると、ネットのコンティニュイティにとっては最大の途絶となる。クラッシュはユーザーの動きを妨害するだけではない。それは攻撃的なものであり、つまりはデータの喪失やソフトウェアの破損といった脅威を伴いユーザー自身に襲いかかるのだ。クラッシュの最中に、コンピュータは受動的なものから能動的なものへと変化するのである。

　廃れた＝デッドメディアの禁止。あらゆるテクノロジーは新しいテクノロジーである。それ以外のメディアは、すべて取り除かなければならない。廃れた＝デッドメディアとは、使われなくなったメディアのことである。そのなかにはハードウェア（コモドール64やアップル2）からコンピュータ言語

(Fortran や Cobol)、メディアのフォーマット（ソニーベータマックスや8トラック）にまでいたる、使われなくなったすべてのメディアが含まれている。廃れた＝デッドメディアは誤ったコンティニュイティを意味する。廃れた＝デッドメディアは、現状のネットワークのフローのなかでは機能しないのである。がゆえに、廃れた＝デッドメディアには存在する場がないのだ。

媒介（mediation）を除去せよ。コンティニュイティの目標は、可能な限りインターネットを直感的なものにすること、つまりユーザーが自然なかたちで感じることができる自身の身体拡張としてネットワークを仕立て上げることである。したがって、ユーザーとネットワークのあいだにある、どのような媒介も除去されなければならない。インターフェイスは可能な限り透明でなくてはならない。ユーザーは足枷なく、容易にネットワークを通りぬけることができなくてはならないのだ。

　メディウムの痕跡のすべては、隠されなくてはならない。それゆえ、さほど直感的ではない「クワーティ」配列のキーボードから出発して、タッチスクリーン（たとえば、Palm やその他のＰＤＡなど）や音声認識ソフトウェアといった技術へといたる進展が生じたのだ。

　フィードバックループ。ブレヒトやエンツェンスベルガーの議論が示しているように、メディアの歴史は多対多のコミュニケーションを禁止することの歴史でありつづけている。多対多のコミュニケーションは、コミュニケーションのひとつの構造であり、そこでは情報の受信者のそれぞれが潜在的には送信者でもある。電子メールやオープンウェブページといったアーキテクチャを備えたインターネットは、マスコミュニケーションにみられるこの傾向とは逆行する数少ない事例のひとつとなる。[24] ユーザーの能動的な主観性を作り出す手助けとなるために、フィードバックループが必要になるのだ。

　それゆえ、電子メールへの返信や入力フォーム、オンラインチャットルームや掲示板といったように、インターネット上ではフィードバックループが繁茂している。これらのフィードバックループが、コンティニュイティにとって中心的なものである意味作用の領域に、多対多のコミュニケーションという効果を作り出すのである。

匿名ではあるが記述的ではあること。インターネット上で手に取るように分かるのは、全体的なものと個別的なもののあいだに生じる衝突である。ネット上での動きのそれぞれは、無数にある異なる場所に記録されている（ログファイルやサーバの統計、電子メールボックス）。しかしながら、これらの動きの実際のアイデンティティは、さほど重要なものではない。実際の名前やアイデンティティよりも、人口の動勢やユーザーの統計値のほうが重要なのである。インターネット上では、特定のユーザーの名前を知る理屈はなく、そのユーザーの嗜好や買い物をする場所、住まいなどを知る理屈だけがあるのだ。ある特定のユーザーをめぐる記述情報を集めるだけで、そのユーザーのアイデンティティを説明するには充分になっている。

フーコーの導入した「生権力」という概念が、こうした現象を説明しやすくしてくれる。彼によるこの概念の定式化は、プロトコルの機能の仕方と一致していた。というのも、生権力とは物質的な対象を情報として解釈する権力、すなわち、個別の内容ではなく、統計上または情報のレヴェルで対象に働きかける（アフェクト）権力であるからだ。

ハリウッド映画の約束事に対する一八〇度ルールの原則の関係とおなじように、ネットにかかわる形式的なプロトコルに従うためには、いくつかの技法が遵守されるべきであるのだ。

もちろん、文化的な所産がもつ形式のなかで最も興味深いものが現れるのは、こうした原則のいくつかがひっくり返されるときであるが、この実践については第三部で論じられることになる。

このウェブ上のコンティニュイティについての手短な概要が示すように、ネットは単に新しくて無秩序なメディアフォーマット、それも多数性と多様性という利点に導かれるようなものではない。むしろ、実際のところは規則と調整（プロトコル）をもつ高度に洗練したシステムであるのだ。

現在の理論家たちは久しく——記号論者であれ経済学者であれ——、価値に関わる発生上の諸単位という観点や、価値の生産、交換、表象を調整する一般的等価物という観点から価値経済について好んで論じてきた。だが、ネットは指令と制御についてそれとは異なり、より水平型のシステムを備えている。クリスチャン・メッツやアンドレ・バザンといった映画批評家たちの導きに従い、デジタルメディアはかつての映画のようにすべてが本質的には言語〔活動〕である、と主張する魅惑にかられるかもしれない。もしくは、テルケル派のマルクス主義者ジャン＝ジョゼフ・グーに倣うかのようにして（または、経済学に入れあげていた初期のボードリヤールでさえそうだが）、デジタルメディアは一と〇からなるデジタル方式の基準によって調整された価値経済だ、と主張する誘惑にかられるのかもしれない。だが、デジタルメディアが異なる類の記号学を、もしくはまったく別の何ものかを要請していることは明らかである。

ネットはその主要なメタファーとなるテキストに依拠しておらず、価値交換にもとづいているのでもない。映画やヴィデオのように時間にもとづいているのでもなければ、慣習的な意味での物語叙述でもない。さらには、何らかの類の普遍的等価物との示差的な関係のもとに、その諸々の項が産出されるのでもない。デジタル技術が必要とするのは、さまざまなかたちで組み合わされたオブジェクトの関係である。先の章の論点は、これらの関係をどのように記述するのかということであった。

ここで議論は、ネットの形式におけるコンティニュイティの創出という導入部分から、プロトコルの形式についての抽象度の高い考察へと向かおうとしている。第一章で記したように、ネットという装置の物理的な部分はそのハードウェアである。ハードウェアにはさまざまなタイプが数多く存在している。入力装置（controllers）（キーボードやジョイスティック）やヴァーチャル化のための装置（virtualization

一九七四年、南アフリカのヨハネスブルグ、ヴィントン・サーフがアーパネットの実演をおこなっている様子。南アフリカでこうしたアーパネットが実演されたのははじめてのことであった。この実演は、情報処理学会国際連盟（IFIPS）の支援を受けた協議会との共同開催としておこなわれた。

一九七九年にSRIインターナショナル社が、第一八空挺軍団とともにおこなったパケット方式の無線試験のためのワゴン車。パケット式無線やアーパネット、パケット式衛星ネットは、インターネットを構成する最初の三つのネットワークであった。

apparatuses)（モニターやディスプレイ、ヴァーチャル・リアリティのハードウェア）、インターフェイスそのもの（たとえば、コントローラとヴァーチャル化装置の結合）、マザーボード、イントラ〔ネット〕（コンピュータそのものの中心部）とインター〔ネット〕（イーサネットLANやインターネット）にかかわる物理的なネットワークなど。しかしながら、ハードウェアのデザインがどれだけ精巧なものであるとしても、それらは〔次のような理由から、〕その内部に存在している非物質的なソフトウェアの重要性には及ばない。すなわち、アラン・チューリングがコンピュータ時代の幕開けに示したように、そうしたハードウェアがもつ機能性を論理プロセスに分解することさえできれば、どのような機械であれ、またはハードウェアのどのような部分であっても、それらを模することができるというのがコンピュータの重要な特徴であるからだ。したがって、プロトコルがそなえている形式的な関係について、重要な手がかりは非物質的なソフトウェアの領域にある。

記録

ネットの形式で、最初に検討される項目は記録である。記録のルーツは、情報を貯蔵するという、物理的なオブジェクトがもつ能力にある。ひとつの記録とは、あらゆる類のランダムではない情報のことであり、たんに言語あるいはデータを記録するなにかということではない。したがって、原石を磨いて道具に仕立てるという行為は、その石を新たなかたちの「情報」に具現化することである。でたらめに散らばった葉っぱを直線に整えることは、葉っぱに「情報」を与えることなのだ。

ヴィレム・フルッサーが記しているように、物理的オブジェクトが異なるのであれば、情報を貯蔵するにもそれぞれに異なる性向がある。

空気には、すぐさまアクセスができるという利点がある。さらに、私たちがもつ複数の器官は、空気振動を記号へと変形するために〔空気振動から「音素」を作り出すために〕作り出されたかのようである[25]（中略）硬質のオブジェクト（石や骨）には、比較的長期間にわたって、そのなかに記録された情報を貯蔵することができるという利点がある。（中略）およそ三五〇〇年前に〔言いかえると、わずかばかり前に〕、重要な一歩が踏み出された。アルファベットが考案されたのだ。つまり、語られた言語の音素を視覚的な記号へと記録するシステムのことであり、それによって音素を硬質のオブジェクトに刻み込むことができるのである[26]。

いくつかの記録というものは、形式と情報とをあわせたかたちで経験される。それゆえ、ナイフはその形式のうちに切るという情報を単に含んでいるばかりか、〔効用性として〕それは切るために使用されるのだ。一方で、ナイフの写真は、切るという情報を含んではいるものの、切るために使用することはできない。

アルファベットによって、形式と情報との相乗効果は完全なものとなる。言語を記すことは、ある意味をもつということだけでなく、その意味をみずからの刻印（inscription）という行為そのものに記録しているのである。それゆえ、キットラーが検討したように、歴史上の特定の時点（moment）に、言語の刻印は記号論的なふたつの実体へと、いい換えれば、貯蔵場所である物質的なオブジェクトと、貯蔵されるべき意味へと分岐することになったのだ。一九〇〇年という「時点」〔フォノグラフとタイプライターの時点〕に目を向けつつ、彼は次のように記している。フォノグラフやタイプライターといった器具をもちいるように、「技術によって感覚データを記録する能力は、およそ一九〇〇年頃に言説ネットワーク全体を移行させた。歴史上初めて、書くことが、データを連続したかたちで保存することとおなじことではなくなったのだ。技術を介して現実的なものを記録することは、象徴界にある象徴的なものを登録することと競合するようになったのである」[27]。

この移行は、フェルディナン・ド・ソシュールによっても検討されている。『一般言語学講義』としてまとめられることになる講義のなかで、彼は物質的なオブジェクトを「シニフィアン」と名づけ、またそのなかに内包される意味を「シニフィエ」と銘打ったのだ。もっとも抽象的な意味で記録というものは、なんら混沌とした部分のない何らかのもののことである。

オブジェクト

記録というものは、オブジェクトが立ち現れる特定の形式のことである。オブジェクトは、デジタルの経済＝配分（economy）がもつ基本単位である。それは、コンテンツにかかわるユニットであればいかなるものをも指す。オブジェクトとは、マルクス主義がいうところの商品をたんにデジタル化したものではないし、または記号学がいうところの記号をデジタル化したものでもない。オブジェクトは価値の単位ではないのだ。レフ・マノヴィッチは記している。「ニューメディアのオブジェクトとは、デジタル写真やデジタル合成された映画、３Ｄの仮想環境、コンピュータゲーム、独立したハイパーメディアＤＶＤ、ハイパーメディアのウェブサイト、あるいはウェブ全般でありうる」[28]。だが、私としてはそれをさらに推し進めて、次のように述べよう。すなわち、デジタルオブジェクトとは、テクスチャ、画像、ＭＩＤＩデータ、仮想現実感にかかわる言語モデリングの世界（VRML world）、テキストや画像、動き、振る舞い、変換など、実定性をもった（positive）あらゆるコンテンツ単位あるいはコンテンツ記述である、と。デジタルオブジェクトは、純然たる実定性（positivities）をもつものである。それらのオブジェクトはさまざまな成分からなる要素であり、ドゥルーズやガタリが「機械状」と呼んだプロセスのうちに存在しているのだ。

これらのオブジェクトはつねに、媒介をおこなうさまざまな類の機械群（ディスクドライブ、ネットワーク転送）をもちいる既存の複製物から生まれ出る（プログラムから読み込まれるloaded）。それらはさまざまな類いの仮想化装置（virtuation）（コンピュータモニタ、ディスプレイ、ヴァーチャル・リアリティのハードウェア）をもちいて、ディスプレイに表示される。それらのオブジェクトは、〔利用者には〕隠されたかたちで格納されている（cached）。そして最後に、オブジェクトはいつも消え去るのである。

オブジェクトは使用状態のなかでのみ存在する。それらはその都度、ゼロから組み立てられたものであり、まったく持って（みずからのオブジェクト性にかかわって）合体せられたものであるだろう。マルクス主義がいう商品あるいは記号学がいうような記号（sign）とは異なり、オブジェクトはコンテクストから根本的に独立しているのだ。オブジェクトは継承することも拡張させることもできるし、また増殖しうる力ももっている。それらはいつもすでに子どたち〔のようなもの〕である。オブジェクトはアーカイヴ化されないだろう。自動的に保存されこそすれ。オブジェクトは読み解かれるのではない。スキャンされ、文字列を構文解析され、また、鎖状につなげられたり分離させられたりするものなのだ。

異なるオブジェクトは、ひとつの機械的なプロセスにおける互いの調停出来なさ具合、あるいは分化されている具合に沿って理解されるのである。それゆえ、平均的なコンピュータのデスクトップに存在しているデジタル型のオブジェクト群は、以下のような表にまとめられるだろう。

ファイル名　⇳　拡張

アイデンティティ　⇳　データタイプ

データ ⇕ フォーマット
ページ ⇕ リンク

プロトコル

ここまでに示されたように、プロトコルとは、技法上の標準を規定する一連の規則のことである。しかし、形式という視座からみれば、プロトコルはひとつの種類のオブジェクトである。それはきわめて特殊な類のオブジェクトである。プロトコルとは、オブジェクトにとっての普遍的な記述言語であるのだ。

プロトコルとは、ひとつの言語、すなわち、フローを調整し、ネット空間を方向づけ、諸々の関係性をコード化し、生命形式の間を接続するような言語のことである。プロトコルが諸々のオブジェクトを産み出したり、因果的にオブジェクトに作用を与えることはない。プロトコルはむしろ、オブジェクトにかかわる一連の配置の結果として現れるような、構造化をとりおこなうエージェントなのである。プロトコルとは、インターネットが動作し仕事を遂行することを担う理性である。コンピュータのフォントがテキストの表象を調整するのとおなじように、オブジェクトが複雑なかたちで折り重なり〔＝機械言語に翻訳される〕、相互に作用するための指示一式として、プロトコルのことを定義することもできるだろう。プロトコルはいつも、セカンドオーダーのプロセスである。それはつまり、オブジェクトにかかわるアーキテクチャのアーキテクチャを統御するのである。プロトコルとは、分散化の作用が形式的ダイアグラムとしてヘゲモニーを達成したあとに、制御が作動する仕方のことである。それは自律的なエージェントにとってのエチケットである。プロトコルとは、オブジェクトにかかわる騎士道精神であるのだ。

インターネットは、制御と自由とのあいだでおこなわれる繊細なダンスである。ゲルフリート・ストッカーとクリスティーネ・シェフは次のように記していた。

伝達と散布のもとに方向付けられたメディア（つまりは、中心化されていて単一の方向をもつ分散化）といった発想は、現実におこなわれているアートの実践のなかでは時代遅れになっている。この考えにもとづく図式は——産業時代にその起源をもつ図式であり、そこでは地理的な距離の克服やメッセージの移送、そしてそれゆえに速度こそが本来的に備わった中心となるパラメータとなる——、コミュニケーションにかかわる全方向型と参加型の圏域という発想にいまや反撃を受けているのだ。インターネットは、そうした圏域のコミュニケーションの典型例である。(29)

換言するなら、分散型で全方向的なものであるのと同時に、デジタルネットワークはその本性上、ヘゲモニーにかかわるものなのだ。すなわち、デジタルネットワークは、交渉をとおして特定のフローがほかのフローよりも支配的になることにもとづいて構造化されているのである。プロトコルとは、このヘゲモニーのことである。プロトコルはこの闘争を総合するものであるのだ。

ブラウザ

知能を備えたネットワーク（資本主義、ハリウッド、言語）が他に働きかける特徴のひとつには次のような能力がある。すなわち、装置を隠すための装置を作り出すという能力である。資本主義にとって、この論理は商品形式のなかに見出される。ハリウッドにとってみれば、コンティニュイティ編集がそれだ。デジタル空間の場合は、この「隠す機械」、差異を作らない機械（make-no-difference machine）がインターネットのブラウザに典型的なかたちで現れている。

近年、アーティストが製作したブラウザの革新的な可能性について語られてはいるが（Web Stalker[30]はその初めての事例であり、最も有名なものである）、とはいえ、私が考えるには、すべてのブラウザは機能からするとよく似たものであり、またそれらのブラウザは以下のようなカテゴリーに細分化される。そのカテゴリーには、一般的に使われているもの（モザイク、ネットスケープ、エクスプローラ、ネオプラネット、オペラなど）、素朴なもの（リンクス）、特定のメディアに特化したもの（ＶＲＭＬブラウザ、アプレットビューアー、オーディオやヴィデオプレイヤーなど）、（アーティストらによる）戦術的なもの（Web Stalker や Netomat など）がある。ネットが存在するようになってすでに数十年になるが、初期の素朴なソフトウェアからはるかに洗練されたブラウザが登場したのは、ほんの最近のことである。テキスト基盤のオペレーティング・システム（ＵＮＩＸやＤＯＳ）に対して、ウィンドウズ方式のオペレーティング・システム（マックＯＳやマイクロソフトウィンドウズ）が優勢になっていくのと並行して、ブラウザは素朴なテキスト基盤の形式から、今日のグラフィックブラウザへと徐々に進展してきた。グラフィックブラウザは、プロトコルの論理にもとづく、高度に複雑なオブジェクトなのである。

第一章で述べたように、プロトコルが目標とするのは全体性であり、いい換えれば、すべてのものを受け入れることである。この原則はブラウザにも示されている。ブラウザの目標は、あらゆるメディアフォーマットを表示することである。ブラウザは解釈装置であり、ＨＴＭＬ（さらにはその他おおくのプロトコルやメディアフォーマット）を解釈して、コンテンツの取り込みや排除、整合をおこなうのだ。それはバルブ、アセンブラ、そして機械プロセスである。

ブラウザのウィンドウのなかで、データオブジェクト（画像やテキストなど）は、ユーザーがリクエストを送るたびに質の異なる諸々のソースから一挙に引き出され、配列させられる。ブラウザとは根本的に、一種のフィルターであるのだ。指示一式（ＨＴＭＬ）をもちいてコンテンツを取り込み、排除し、整合する機械なのである。その利点は、多様性ではなく一様性である。

ＨＴＭＬ

ネットがもつ普遍的なグラフィックデザインのプロトコルは一九九〇年に導入されたが、それと同様にＨＴＭＬは、ブラウザ内のオブジェクトの配列を指定する。ＨＴＭＬとは、ウェブ上の多種多様なコンピュータやＯＳが読解できるように、基本的なレイアウトの指示にそってテキストファイルをマークアップする方法のひとつである――この文章を太字にする、ここにイメージを加える、このパラグラフにインデントを加えるなど。ワールドワイドウェブ上のあらゆるウェブページが、ＨＴＭＬを利用しているのである。

ＨＴＭＬがもつ最も重要な性質は、それがテキストのみで成立しているということだ。そこには図表やフォントの書体、画像のいずれも含まれていない。だが、それは図表やフォント、画像のための指示を含み持っている。たとえば、以下の文章は、太字体とイタリック体の状態に変換されたものである。

これは**太字体**で、これはイタリック体である。

しかし、もしＨＴＭＬのプロトコルに変換されたとすれば、それは次のようなものとなるだろう。

これは〈b〉太字体〈/b〉で、これは〈i〉イタリック体〈/i〉である。

ＨＴＭＬでは、「〈b〉」が太字を表わし、「〈i〉」がイタリックを表わす。しかし、ＨＴＭＬでは「太字体」や「イタリック体」といった言葉が、実際には太字やイタリックで表示されないということに注意しておきたい。それらの言葉は、プロトコルの論理にもとづく「タグ」に包まれているだけであって、このタグが太字やイタリックを指定するのである。最終的なデザインのレイアウトは決して、ＨＴＭＬのファイルに実質的なかたちで含まれてはいない。それは単に、一連のタグをつうじて記述されているだけである。

ＨＴＭＬがさらなる文字記号の打ち込み（typing）を必要とする一方で、それは実際には、グラフィックレイアウトをテキストの標準的な指示へと分解することによって単純化している。どうしてだろうか。理由はふたつある。（1）インターネットでのダウンロードにかんして、標準文字はデータオブジェクトのなかでもっとも速い種類のものであるから。（2）多くの様々なタイプのコンピュータのあいだでなされるデータの相互交換にとって、標準を共有することが必須であるから。

ＨＴＭＬの仕様書が記しているように、「大域的な分散化のために情報を公表するには、普遍的に理解される言語、すなわち、すべてのコンピュータが潜在的には理解することができるであろうある種の母語の公開が必要となる」[31]。ＨＴＭＬとはそれゆえ、グラフィックデザインのためのプロトコルにほかならない。ひとつのプロトコルとして、ＨＴＭＬは類似しない諸々のオブジェクトを類似したかたちでつなぎ合わせることを容易にするのである。

フォント

フォントは、シニフィアンに類同する（analogous）ものではない。それはむしろ、シニフィアンそのものを、その内側から複雑なものに変えている。フォントは、シニフィアンの副次的な要素（subelement）である。それゆえ、コンピュータのフォントを、記号を発生させる要素のひとつとして考えることはできない。たとえば、テキストのなかでフォントについては、内容や特定の記号表現などとは独立したかたちで思考されなくてはならないのだ。フォントは、プロトコルの論理にもとづいている。それらは表象作用を調整しているのだ。フォントの書体は〔表象の内容と形式とが〕交差する点に現れ出る。それらは、表象を飾り立てる張り板である。フォントはいつも最初に読み込まれ、最後に記述される。フォントは本体をもたず、配列（formation）だけをもつ。それらは読み取りの動作のための緩衝物となる。それらはヴァーチャルにおこなわれる転送の衝撃から読み手を保護している。フォントとは、形式的なプロトコルなのである。

コンピュータのフォントは、ヴァーチャルな世界でHTMLがおこなっているのとおなじ仕事を、デジタル＝記号論によって構成された世界でおこなっている。両者はともに、コンテンツを機械語に翻訳したもの（compilation）のためにある指示一式である。フォントは、デジタル化されたテキストを機械語に翻訳して（compile）表象するが、HTMLはハイパーテキストの諸要素を機械語に翻訳して表示する。HTMLと同様に、コンピュータのフォントは、テキストの情報を「一挙に」、そしてヴァーチャルなかたちで表示する。ローディングしているときには、それぞれの要素からの派生物が配置される。アンローディングのときには、そのコピーが破棄される。しかしながら、コンピュータのフォントは、それ自体が表象となることはない。それらは表象を支配している原理である。それらのフォントは、テキスト情報の伝達の全面にわたって不可欠なものであると同時に、しかし、完全に配置＝処理することができるものであり、偶発的なものであって、時間に左右されることがない。フォントとは、プロトコルの仕組みを分かりやすくした事例のことである。

本章で私は、形式にかかわるプロトコルを分析しようと企ててきた。このプロトコルは、ジーン・ヤングブラッドが「メディア間のネットワーク（intermedia network）」と呼ぶものに住みつくものであり、それはつまり、分散型のコンピュータネットワークを取り囲む意味作用にかかわる装置全体のことである。商品にかんするマルクスの分析や、または映画形式にかかわるバザンの分析のように、ネットの形式をその内部の複雑さを暴露するようにデコード＝解読しなくてはならないのだ。

私はこれらの複雑さのうち、そのいくつかについて論じてきた――「ソースを覆い隠せ」ないしは「デッドメディアの禁止」といった技法のことである。それらの複雑さによって、コンティニュイティの感覚は、ある者にとってはどれほど捉えどころのないものに思われるとしても、ネットワークという空間に全体として行き渡るようになる。記録からオブジェクト、そして最終的にプロトコルへといたる系譜についても記述してきた。その系譜は、ＨＴＭＬやブラウザそのもののように、高度にプロトコルの論理にもとづいて作動するいくつかの機械にとって存在の条件を創り出していたのである。

それゆえ、第一章ではプロトコルの物理科学について、また本章ではプロトコルの形式的な性質について論じてきたことになる。次に権力にかかわる主題、または人間と非人間的なエージェントの双方に対してある種の分散型のマネジメントシステムとして動作するプロトコルへと移ることにしよう。

注

(1) Bertolt Brecht, "The Radio as an Apparatus of Communication," *Video Culture*, ed. John Hanhardt (Layton, UT: Peregrine Smith Books, 1986), p. 53.〔『ベルトルト・ブレヒトの仕事6 ブレヒトの映画・映画論』、石黒英男、内藤猛、野村修訳、河出書房新社、二〇〇七年、三三九頁〕

(2) Hans Magnus Enzensberger, "Constituents of a Theory of the Media," *Video Culture*, ed. John Hanhardt (Layton, UT: Peregrine Smith Books, 1986), p. 98.〔ハンス・マグヌス・エンツェンスベルガー『メディア論のための積木箱』、中野孝次、大久保健治訳、河出書房新社、一九七五年、九八頁〕

(3) Enzensberger, "Constituents," p. 97.〔同前、九六頁〕

(4) Enzensberger, "Constituents," p. 101.〔同前、一〇二頁〕

(5) Enzensberger, "Constituents," p. 103.〔同前、一〇六頁〕

(6) Enzensberger, "Constituents," p. 101.〔同前、一〇三頁〕

(7) Enzensberger, "Constituents," p. 103.〔同前、一〇五頁〕

(8) Enzensberger, "Constituents," p. 105.〔同前、一〇八頁〕

(9) Enzensberger, "Constituents," p. 105.〔同前、一〇八頁〕

(10) Enzensberger, "Constituents," p. 121.〔同前、一三三頁〕〔英訳は独語原文とやや異なるようである。独語からの日本語訳では、「その物質上の素地からかならずしも独立してはいないものと考えられる芸術作品」となっている。〕

(11) Jean Baudrillard, "Requiem for the Media," *Video Culture*, ed. John Hanhardt (Layton, UT: Peregrine Smith Books, 1986), p. 124.〔ジャン・ボードリヤール『記号の経済学批判』、今村仁司、宇波彰、桜井哲夫訳、法政大学出版局、一九八二年、二一一頁〕

(12) Baudrillard, "Requiem for the Media," pp. 124-125.〔同前、二一二頁〕

(13) Vannevar Bush, "As We May Think," *Electronic Culture*, ed. Timothy Druckrey (New York: Aperture, 1996), p. 40.〔ヴァネバー・ブッシュ「考えてみるに」、山形浩生訳、二〇一三年三月二五日 http://cruel.org/other/aswemaythink/aswemaythink.pdf〕

（14）Ibid., p. 41.〔同前、一〇頁〕

（15）ワールドワイドウェブの考案者であるティム・バーナーズ＝リーはブッシュの仕事を認めていて、何年も経ったのちに、彼の仕事に共鳴することになるのだった。「私がwebについて抱いているのは、すべての事物は潜在的にはすべての事物と関係があるというヴィジョンである。webによって、現在私たちを拘束している階層的な分類システムのくびきから解放され、これまでにないような新しい自由や、これまでできなかったようなすみやかな成長を享受することができるようになるだろう。（中略）webは、社会の動きを、私たちの思考の動きに近づけていくのだ」（Berners-Lee, *Weaving the Web*, pp. 1-2〔バーナーズ＝リー『Webの創成』、高橋徹訳、毎日コミュニケーションズ、二〇〇一年、一〇頁〕）。しかしながら、歴史にかんするバーナーズ＝リーの洞察力は誇張されるべきではない。たとえば、ドナルド・ディヴィスとポール・バランという、パケット-スイッチシステムの共同開発者である二人の名前の綴りをいろんなところで間違えている（ibid., p. 6〔同前、一六頁〕）。まあ、「学術的なクオリティ」とは「主観的な考えかた」であることを、彼は読者に気づかせてもいるということかもしれない（ibid., p. 125〔同前、一五八頁〕）。

（16）Pierre Lévy, *Becoming Virtual: Reality in the Digital Age* (New York: Plenum, 1998), p. 16.（ピエール・レヴィ『ヴァーチャルとは何か？　デジタル時代におけるリアリティ』、米山優訳、昭和堂、二〇〇六年、xii頁）

（17）Machiko Kusahara, "Presence, Absence, and Knowledge in Telerobotic Art," *The Robot in the Garden*, ed. Ken Goldberg (Cambridge: MIT Press, 2000), p. 200.

（18）Maurizio Lazzarato, "New Forms of Production and Circulation of Knowledge", *Readme!*, ed. Josephine Bosma et al. (New York: Autonomedia, 1999), p. 159.

（19）Manuel Castells, *The Information Age: Economy, Society and Culture: Volume 1 The Rise of the Network Society* (Oxford: Blackwell, 1996), p. 29.

（20）Berners-Lee, *Weaving the Web*, p. 159.〔バーナーズ＝リー『Webの創成』、一九六頁。既訳では、以下のようになっている。「コンピュータの仕事は、目立たず出しゃばらないことである……技術は透明であるべきである。そうすれば私たちはその技術と直感的にやり取りすることができる。」〕

（21）この表現はジェフリー・ヴィーンから受け継いだ。Jeffrey Veen, *Hotwired Style* (San Francisco: Wired Books, 1997), pp. 54-55.〔ジェフリー・ヴィーン『ホットワイアード・スタイル　Webデザインを進化させる10の発想』、ゴードスケ・タナカ訳、デジタルハリウッド出版局、一九九八年、六六―六七頁〕

（22）Steven Johnson, *Interface Culture*, New York: Basic Books, 1997, p. 150.

（23）ピエール・レヴィは以下のように述べる。「あらゆる表象はいまや標本化やミキシング、再利用などを被るものになった。創作や創発的なコミュニケーションをめぐる実用性に応じて、情報に関わるノマド的な分散は、脱領土化された広大な記号論的な平面において揺れ動くものになるだろう。」*L'intelligence collective: Pour une anthropologie du cyberspace* (Paris: Éditions la Découverte, 1994), p. 122.〔レヴィ『ポストメディア人類学に向けて』、米山優ほか訳、水声社、二〇一五年、一六七頁〕

（24）インターネット上で多対多のコミュニケーションを制限するために導入された、きわめて狡猾な新しい方法のひとつが非対称の帯域幅をもつシステムであり、これは今日一般化したデジタル加入者線（DSLs）やケーブルモデムで利用されている。二台のコンピュータのあいだで生じるコミュニケーションは、伝統的には同期してなされるものであった。つまり、情報の送受信がおなじ速度で進められたのである。しかしながら、デジタル加入者線やケーブルモデムのシステムによくあるように、下りの帯域幅（自宅に入ってくる通信経路の大きさ）は、上りの帯域幅（自宅から出ていく通信経路の大きさ）の一〇倍の大きさになることもある。したがって、情報を送信するよりも容易に受信することができるようになっており、インターネットが約束した多対多の構造よりもはるかに、テレビのものに近いシナリオが創り出されているのだ。

（25）つまりは私たちの耳や声帯である。

（26）Vilém Flusser, "Memories," *Ars Electronica*, ed. Timothy Druckrey, Cambridge: MIT Press, 1999, p. 203.

（27）Friedrich Kittler, *Discourse Networks, 1800/1900*, trans. Michael Metteer, Stanford: Stanford University Press, 1990, pp. 229-230.

（28）Lev Manovich, *The Language of New Media*, Cambridge: MIT, 2001, p. 14.〔レフ・マノヴィッチ『ニューメディアの言語』、堀潤之訳、みすず書房、二〇一三年、五一頁〕

（29） Gerfried Stocker and Christine Schöpf, "Preface," in *Ars Electronica*, ed. Timothy Druckrey, Cambridge: MIT Press, 1999, p. 14.

（30） 以下のＵＲＬを参照のこと。http://www.backspace.org/iod

（31） ＨＴＭＬの仕様書より。以下のオンラインで入手可能。http://www.w3.org.

第三章　権力

テクノロジーは、技術的である以前に社会的なものである。
——ジル・ドゥルーズ『フーコー』

わたしはこれまでにプロトコルのことを、その物理的な能力と形式的な能力の双方から考察してきた。前章で示したのは以下のようなことである。すなわち、プロトコルは、形式的な装置一式から成り立っている。プロトコルは文化のさまざまな包み紙のうちに情報を封入したものであり、この包み紙は数あるなかでもインターネットブラウザや、ＨＴＭＬとして知られるマークアップ言語といったものに例証されているものである。これらの包み紙は多くの場合、それらが含み持つものの内容には無関心でいる。コンピュータの教祖のような存在であるチャールズ・ペゾルドが記すように、「これこそがビットの難点であるのだ。それらはゼロと一でしかなく、みずから
について何も語らないのである」[1]（ＸＭＬのように洗練されたマークアップ言語でさえも、意味論の文脈を設定するためには人間の脳が介入することを必要とする）。これらの包み紙は語形変化（inflection）や接続性（connectivity）、文脈化、ほかにもプロトコルの論理にもとづく技法によってその内容を制御しているのである。

さていまや、プロトコルのことを、その政治的な意味において考察すべきであろう。すなわち、人間の実際上の生活へと影響力をもつ疑似的なイデオロギーの力（force）として、プロトコルのことを考察

しなくてはならない。そこで本書の序論に書き記した、ドゥルーズのいう「管理＝制御型社会」のことを思い出そう。ドゥルーズは管理＝制御型社会のことを、なによりも「デジタル」なるものと定義している。管理＝制御型社会は、「一見したところ、自由な流れをもつ極めて高速な管理＝制御の形式」[2]によって作動する。ミシェル・フーコーも似たような流れで、ポストモダン（またはデジタル）の時代へと進行すればするほど、政治学はおのずと霊魂や身体に対する関心を示さなくなる、と主張していた。それとは代わって、政治学は「生そのもの」を強く欲望している。この種の政治学のことを、フーコーは「生＝政治」と呼ぶのである。

本章ではプロトコルが、ドゥルーズの「管理＝制御」概念とフーコーの「生政治」概念の双方と緊密に結びついていると主張する。わたしがここで示すのは、プロトコルが情動や美学＝感性にかかわる力（force）であり、そのような力が「生そのもの」を管理＝制御しているということである。プロトコルのことを権力として思考するためには、このことが鍵となる。

プロトコルの論理にもとづくシステムの内側では生命が発生し、その生命はみずからのことをある種の社会彫刻（ボイス）へと鋳造する。プロトコルは決して一般的なかたちで作動するのではなく、それよりも個別の物質的なマネジメント様式をつうじて作動するのであり、それらのマネジメント様式がデジタルのネットワークにかかわる制度のうちに可視化されているのである。人間ならざるものの生命形式は、アーティストや科学者が一様に「人工生命」と呼んでいるものであるが、それらの形式がすでに今日、そうしたデジタルネットワークのうちに存在している。本章の目標は、そうした人工生命の形式が存在しているところの政治的な地平を探求することである。

プロトコルのことを権力として検証するまえに、これまでに考察してきたプロトコルの定義をあらためて述べておきたい。

・プロトコルは、分散型のマネジメントにかかわるシステムである。
・プロトコルは、自律性をもった構成要素がPeer to Peerの関係をもつことを容易にする。
・プロトコルは、秩序形式に抗うものであり、権威に抗うものである。
・プロトコルが生み出すのは局所的な意志決定であって、中心化された意志決定ではない。
・プロトコルは頑丈であり、柔軟であり、普遍的である。
・プロトコルは膨大な数の偶発性に対処することできる。
・プロトコルは分散化した行動による所産である（それに先立つものではない）。

とはいえ、わたしは本章のなかで、このリストに加わるひとつの事柄について論じるつもりでいる。すなわち、生命はこれまで、ばらばらに拡散する非物質的な性質をもつと考えられていたのだが、その生命が物質へと生成するようになったということである。このことは、生命がプロトコルの諸力とますます錯綜したかたちで絡み合うようになったこと（DNAや生権力、さらに後に論じられるものを介して）に起因しているのである。

この中心となる観測からは、いくつかの論理的な帰結（corrollaries）が導き出される。第一に、長い年月をかけて物質が生命へと生成するようになったということはいまや明らかで、このことは自律した生命の形式、つまりはロボットやサイボーグ、そして人工生命のシステムのように、非人間的であると同時にハイブリッドな生命の形式が出現したことと合致している。第二に、プロトコルとはマネジメントにかかわるシステムであり、そのようなシステムは、独立して生命力をもつエージェントからなるマルチチュードが群生している空間にはじめて存在するものである。そして第三に、プロトコルはエージェントごとに個別に対応するものである以上、それらのエージェントが住処としている個々の物質的な場（milieu）――いい換えれば、それらエージェントの空間、それ自体がもつ物質的な身体――につねに接続されていなければならない。以下に続く部分で、わたしはこれらの帰結について述べよう。

フーコーは短い論考「社会は防衛しなければならない」のなかで、次のように記している。「諸々の権力関係について具体的な分析をとりおこなうには、主権＝君主という司法にかんする考えを放棄する必要があるだろう[3]」。これによって彼が言わんとするのは、個々のアクターに、政治上のアクターとしてそれらが表現する至高の権利や権力が与えられていると想定する限りでは、社会の管理＝制御にかかわる諸力について（唯物論ないしは「具体的な」視座から）もはや説明することができない、ということである。政治的な関係性の発生という観点にかわって、そうした関係性そのものを研究しなくてはならないと、フーコーは示唆するのである。

ヴィレム・フルッサーは以下のように記すことで、この立場を裏付けている。

> わたしたちは、いままでに利用してきたカテゴリーの多くを（おそらくはそのすべてを）あらためて定式化しなくてはならないだろう。一例をあげてみよう。「主体＝客体」というカテゴリーは「間主観性」というカテゴリーに置き換える必要があるだろう。そのことは科学と芸術とのあいだの区別を無効化することになる。知を探求するなかで、科学が間主観的なフィクションとして立ち現れ、芸術は間主観的なディシプリンとして現れることになる。それゆえ、科学は芸術の形式のひとつに、芸術は科学を変奏したもののひとつになるだろう[4]。

フーコーの場合、こうした傾向――表現をおこなう個々のアクターの重要性が消え去るようになること――は、反＝人間学的な（anti-anthropological）立場をとろうとする彼がもつ欲望として要約されるかもしれない。歴史についての系譜学のなかで、フーコーは生きている人間にはもとづかない歴史の理論を書くことを心から望んでいる。たとえば、フーコーは『知の考古学』のなかで、「人間学のテーマから解放された歴史分析の方法……あらゆる人類中心主義（anthropomorphism）を一掃した方法を定める」といった欲望を表明する[5]。「そこに自然史発生以来の変容（autochthonic transformation）」にかんする諸々の原理を明らかにしたいと、彼は主張するのである――それとはつまり、言葉と物の領野に内在し、特定のものであり、自生的でいて、匿名のかたちですすむ変容のことである。

反＝人間中心主義（anti-anthropomorphitic）への傾向は、フーコーによる言説の定義にもみられる。「言説とは、思考や認識を行い、発話する主体を雄大に立ち現させていくようなものではない。それとは逆に、言説とはひとつの集合体（totality）のことであって、そこでは主体の散逸やみずからが非連続的になってしまうことまでもが決定されうるだろう」[6]。フーコーは実際に彼の関心が、「歴史にかんする匿名かつ一般的な主体」にあって、歴史にかんする社会的な主体にはないと記している[7]。フーコーの目標とはある意味で、ほとんど死んでいるオブジェクトに満たされた歴史を捉え、それらを活性化することなのである。彼は記している。「要するに、わたしたちがおこないたいのは、「もの（things）」なしで済ませることなのだ。つまりは物を脱現前化するということ。それらの物の豊かで重々しく、無媒介に充実した状態を召喚するということである」[8]。フーコーが認めるように、「〔言説の〕形成を分析することによって発見されるものは、生命そのものの沸き立つ源泉でもなく、いままでに捉えられていない生命の状態でもない」のであり、そうではなく、生命力そのものの担い手としての行為体（エージェント）のことであり、生きるというプロセスをつうじてみずからの生命力を創り出す生命体のひとつの形式である。

実のところ、フーコーは「生命／生命体」のことを、権力そのものとかなり似通った方法で定義している。その方法が似ているがために、後期のフーコーではそれらふたつの言葉がひとつに混ざり合う。

すなわち、生権力のことである。

『性の歴史』のなかで、フーコーは生命体を支配する君主＝主権性という古い権力を（これを特徴づけるのは、生命体の不在と現前のいずれかについての形而上学的な関心である）、新しい権力の様態のひとつと対比している。新しい権力の様態では、生命体の創出か破壊のいずれかがおこなわれる。「生／生命体を奪うあるいは生かせておく古い権利は、生／生命体を育むあるいは死の地点まで見捨てるがままにする権力にとって代わられたと言ってもよい[9]」。彼は続ける。「死にかかわる古くからの権力は、君主がもつ権力を象徴するものであったが、それは身体を行政管理すること、そして生／生命体を算定しマネジメントすることへときめ細やかに塗り替えられることになったのだ[10]」。フーコーは近代期における性の展開が、この種の「生／生命体を算定し、マネジメントすること」の完璧な事例のひとつであると主張する。というのも、この時期に、人間の生命体そのものが実際の物質的な性とともに生み出されているからである。彼が記すには、この瞬間に生／生命体は歴史に入り込む——それ以前に生／生命体は生長するカテゴリーではなかったのだ[11]。「権力が単純に死をもってその最終的な支配とする権利上の主体を取り扱うことはもはやなくなるだろう。そうではなく、権力は生きた存在を扱うのであり、権力がそれらの存在に行使することのできる支配とは、生／生命体そのもののレヴェルに適応されなくてはならない[12]」。フーコーは、生権力が成し遂げることをリスト化している。「［それが引き起こすのは、］無限に細かな監視、絶えまない管理＝制御、空間のきわめて緻密な秩序化、医学ないしは心理学による際限のない検査、つまりは身体にかかわる一連の微小＝権力である[13]」。

　フーコーが導入する第二の用語、すなわち生政治の場合には、少しばかり意味が異なる。生政治とは、「健康や公衆衛生、出生率や寿命、人種など、人口として構成される生きた人間の集団についての諸現象が、統治の実践に対して提示する諸問題を合理化しようとする、一八世紀以来に企てられたもののことである」[14]。ほかのところでも彼は、生政治について次のように詳述する。すなわち、生政治とは「「人口」のことを、それぞれに特定の生物学かつ病理学上の形質を示し、それゆえ、個別の知やテクノロジーの管轄下に置かれた、生きていると同時に共存している存在の集団として取り扱おうとする」ことである[15]。がゆえに、生政治は人口という、特定の統計学にかんする知と結びつくのである。

フーコーが指摘するには、生政治は自由主義という基本信条に依拠している――ひとびとと彼らの社会には、計測することのできる多様な統計学的特性があるということだ。生政治とは種別性のレヴェルにある知のことである。たとえば、合衆国での幼児死亡率が一〇〇〇人の出生につき七人であることを主張するときにユニセフが用いているものがこのタイプの知である[16]。こうしたものが、生政治の発生する瞬間である[17]。

ドゥルーズはフーコーにたいする最も強力な擁護者であるといえるのだが、皮肉なことに、そのドゥルーズがフーコーの反＝人間主義にかかわる部分を無力なものに最終的には変えてしまうのであり、そしてある意味ではフーコーの議論に日付を与える手続きを開始しているのだ。このことはしばらくの時を経て、「追伸　管理＝制御社会について」（初出は一九九〇年）のうちで生じているものだ。本書の序論でも論じたように、ドゥルーズはこの論文のなかで、歴史上の二つの時期を明確に分けている。（1）近代期の「規律＝訓練型社会」、これを特徴づけるのは君主＝主権性の規範であり、「大々的な封じ込めの空間」、すなわちフーコーが見事に記述したところでは、社会による鋳造（social casting）と身体という鋳型（bodily molds）のことである。そして（2）ドゥルーズが「管理＝制御型社会」と名づけたもの、これは二〇世紀後半に宿るものであり――これらの社会はプロトコル、「調整（modulation）」の論理、そして「自由な流れをもつ極めて高速な管理＝制御の形式」に依拠している――、一九九〇年のドゥルーズにとってみれば、これは純然たるサイエンスフィクションと隣り合った言葉であったにちがいない。

規律＝訓練型社会が署名と記録文書に特徴づけられるのに対して、管理＝制御型社会を特徴づけるのは、パスワードとコンピュータである。

管理＝制御型社会に特有のものである質的特性のひとつを強調しておきたい。それらが非有機的な生命を生み出すことができるということだ――そしてこれは、わたしが先に論じた「主体なきパターン化」という、反＝人間学的な概念へのドゥルーズの介入である。

このことが呼び起こすのは分割されるもの（dividual）〔＝分人〕という、ドゥルーズによる概念である。彼が記すには、「管理＝制御型社会で……重要となるのはもはや署名でも数でもなく、コードである。コードとはパスワードのことである。対比的にいえば（逆作用をつうじた統合となると）、規律＝訓練型社会は令状（precepts）によって治められる。管理＝制御にかかわるデジタル言語はコードによってつくりだされており、そのコードはなんらかの情報へのアクセスがどこで許可され、どこで拒否されるのかを示している。わたしたちはもはや、近代以来の「大衆と個人という二元論をとりあつかうことはできない」。それとかわって「分割不可能であった個体（individuals）〔＝個人〕は、「分割されるもの（dividual）」〔分人／可分性〕へと生成し、そして大衆はサンプルやデータ、市場や「データバンク（banks）」へと生成するのである」[18]。

（このドゥルーズの論文は刺激的であると同時に、残念ながら充分に展開されてはいないものではあるのだが、わたしが指摘したいのは、この論文がフーコーのことをどのように位置づけているのか、という点である。というのも、管理＝制御型社会に置き去りにされてしまうのは、フーコーがおこなった歴史解釈だけではなく、フーコー自身でもあるからだ。フーコーが、近代における規律＝訓練型社会を代表する立役者に修辞上ではなってしまう一方で、自らこそが未来については語るのだとドゥルーズは主張しているという格好になっているのだ。つまり、ドゥルーズはこの論文のなかで、フーコーの宿命に近代なるものについて理論化するひととしての烙印を押し、そうすることによって、反＝人間学ないしはプロトコルの論理を充分に代表するはずのフーコーのポテンシャルを封じ込めているのである。）

要約すると、生政治と生権力は生命形式にかかわるかぎりでのプロトコルをさす、フーコーなりの用語である。これらの用語は、大規模な生きている集団を統計学によってコード化すること、つまり統計上のものへと変えることを指すためにフーコーがもちいたものであるが、その集団のうちにある生命＝形式が、どれだけ個々に独自のものであっても、有機的な本性をもつものとして全体性になぞらえられるようにするためのものであるといっていいだろう。これはまさしく、自律したエージェントからなる分散した集団に対して、プロトコルがマネジメントの様式として機能する仕方のことなのである。

第二の自然

プロトコルの論理にもとづいて生命体そのものをマネジメントすること、このことには広範にわたる前史がある。フーコーとドゥルーズは、プロトコルが今日いかなる具合に現存（exists）しているかということを示しているが、生命体そのものが現行の条件にたどりつくには、近代期のあいだにさまざまな変容を被っていた。カール・マルクスは近代生活についての最大の分析家のひとりとして、政治社会にかかわる数多くの変容に精通していたのであるが、それらの変容はプロトコルの発生を予示してさえいる。たとえば、物象化にかんするマルクス主義の理論は、端的にいえば、生命が物質へと生成することへの恐怖にもとづいている。だが、その一方で商品のフェティシズム〔物神崇拝〕についての理論は、いかにして物質が命を帯びることができるのかを鮮明に示している。これらふたつの変容は、まったく異なる方向へと向かう動きのように思われるが、実際にはプロトコルの存在を予兆するものとなっている。

マルクスは唯物論について、ほかの青年ヘーゲル派の者たち（とりわけ、フォイエルバッハ）から学んだ。彼が学んだのは、ヘーゲルが精神（たとえば、思考や観念論）から分け隔てた物質的な出来事や「自然の」出来事のことを、それ自体の権利において徹底的に熟慮しなくてはならない、ということである。彼が記すには、「わたしたちは「精神的な思考」を経て、真実のまさに根拠となるものにまでたどり着かなくてはならない[19]」。これらの根拠となるものとおなじところから、プロトコルは発生する。だが、マルクスの場合には、物質が単に身体や土地や鉄を意味しているわけではないのであって、というのも社会生活のすべては、与えられた政治社会にかかわる空間の物質的な現実と緊密に結びついているからである。「文化主義（culturalist）」の立場にたつマルクス主義者の多くが（ルイ・アルチュセールからスチュワート・ホールまで）まさしく示していたように、文化なるものについての非物質的な領野は、社会の物質的基盤と等しく分析に値するものである。この非物質的な「第二の」レイヤー、つまりは物自体であると同時に、その人工的な外観（artifical semblance）でもある外皮が、わたしが「第二の自然」と呼ぶ概念を経由してマルクスの『資本論』へと導入されるのである。

ほかの思想家たちもまた、こうした動向があることを認めている。ジョン・ライクマンはフーコーについて語るなかで、次のように記している。「問題となるのは、主体の本性（nature）ではない。そうではなくて、主体についての「第二の自然（the second nature）」である。つまり、与えられたものではなく、与えることそれ自体の可能性を主体に許しているものが問題なのだ[20]」。

ハンス・レオポルドゼーダーが記すには、「第二の自然」とは、人工性（artificiality）という概念と一般に絡み合ったものである。

一九九一年、コンピュータはまったく無垢なものではなくなった。正確には中央ヨーロッパの時間で一九九一年一月一七日午前一時、最初のレーザー制御の爆弾が標的に達して、湾岸戦争が始まったときのことである……しかしながら、湾岸戦争は実際のところ、人工的なものへと向かう潮流を創り出したのではなく、それをシンポジウムの議題から現実へと移行させたのである。そのことは新たな神話の始まり、人工的なものの始まり、すなわち、第二の自然についての神話の始まりをより明確に指し示している[21]。

わたしの目的にとっては、「第二の自然」は、近代期における物質的なオブジェクトが、感性＝美学的なオブジェクトへと生成する傾向をもつようになる仕方を指し示している。感性＝美学化されることによって、それら物質的なオブジェクトは基本的な意味で、自律していて生きている実体へと生成するようになっている。この傾向が、プロトコルにとって必然的な前提条件のひとつであり、そしてこのことがいかにして起こるのかを説明するために、わたしはマルクスの『資本論』を詳細に検討してみたいのである。「感性／美学的な」唯物論の起源を示すことによって、マルクスはまさしく、プロトコルについてのわたしの理論を導き出すための助けとなるだろう。

映画作家セルゲイ・エイゼンシュテインが一九二七年一〇月三〇日のノートの部分に記したものから取り出される、次のような考えを検討してみよう。というのも、彼はマルクスの『資本論』を長編映画に変えるという、野心的な（だが、実現はしなかった）夢について考えをめぐらせているからである。

いかなる映画作品においても、いくつかの際立ったフレーズに重要性が与えられていると仮定するとき、言説としての映画という形式なるものがあるとすれば、それは次のようなものを与えるものとなろう。すなわち、諸々の戦略が独特のかたちで刷新されるということにくわえて、それら戦略が考慮に入れられる合理化の過程もまた与えられることになろう。ここにはすでに、まったくもって新しい映画のあり方に向けての展望との接続点がある。そしてカール・マルクスによって書かれたひとつの台本をもとにした、新しい作品としての映画『資本論』に実現されていくであろう、諸々の可能性の兆しとの接続点があるのだ。そこにこそ、ひとつの映画による学術論文という試みがある。[22]〔以下、強調は英語原文による〕

言説としての映画作品……マルクスによって書かれた台本……そして映画による学術論文！　エイゼンシュテインは、どのようにすれば、哲学の諸概念を動く映像へと変成することができたのであろうか。『資本論』は、映画というメディウムへと接近することのできる感性＝美学的な何か核心のようなものを備えているのであろうか。どのようにすれば、そういった映画作品を制作することができ、また誰がそれを見ただろうか。現代の視点からすれば、数十年前の経済書を長編映画へと翻案することはおよそ不可能であり、馬鹿げているようにさえ思われるだろう。

だが、『資本論』と感性＝美学的な生産物とのあいだの関係性を考えてみればみるほどに、マルクスによる古典的なテクストの映画版というものこそ、あたかも第二の自然であるかのように思われる。アネット・マイケルソンが指摘していたように、資本主義のもとで生じる生命体の「逆立ち」のことを、マルクス自身が網膜上に投影された逆さまのイメージと、そしてカメラオブスキュラ内部の逆さまのイメージとに結びつけている。[23]生命体を倒立させようとする傾向は、視覚装置と資本主義装置の双方に共有されているのである。それゆえ、映画というものは、テクストから始まり、次に媒介となる言説空間を経由して、映画作品へといたる通路をたどるなかで、『資本論』という概念を表象するための理想的な形式のひとつになるように思われるのだ。
『資本論』に何らかの概念があるとすれば、それは弁証法の方法それ自体という概念である。エイゼンシュテインをより詳しく精査すれば、そのことはよりいっそう明らかとなる。一九二八年四月六日のノートの一部に、彼は次のように記している。『資本論』の映画版は、「弁証法を視覚的に教示するものとして展開する[24]」。その数日前には次のようにもある。「資本論の内容（その目的）がいまや定式化される。すなわち、弁証法によって思考することを労働者たちに教える／弁証法という方法を示すということ[25]」。エイゼンシュテインは、みずからの作品が、通常の映画作品よりも、学術論文に近い形式になるだろうと考えていた。そしてモンタージュに対する彼の関心が成熟する時期にあっても、弁証法は彼にとって中心的な問題系であり続けたのである。マイケルソンも、次のように指摘する。「エイゼンシュテインは苦心して……モンタージュを弁証法のダイナミクスのうちに根拠づけようとしていた。さらにいえば、モンタージュが弁証法にかんする具体的な映画形式となる方法を特定化しようとしたのである[26]」。弁証法の鏡像となりつつ、モンタージュは、対立するショットを新しい形式へともたらす解決法だとみなされているのだ。エイゼンシュテインは頭のなかで映画作品を用意しながら、次のように記している。「資本論ではたとえば、紡績機と機械解体業者という主題が衝突を引き起こすだろう。上海の電気仕掛けの街路車と、それによってパンを奪われ、街路に横たわる何千人もの日雇い労働者たち――死ぬということ[27]」。

驚くべきことかもしれないが、上海の街路車と飢えた日雇い労働者たちをもちいるエイゼンシュテインにも負けず劣らず、マルクスもまた、みずからの散文のうちで想像力を羽ばたかせている。そのことは、マルクスがいう「五〇〇匹の金の鳥」や「合理的な花芯」、そして「神秘的な外殻」、さらには商品の「木でできた脳」から湧き出た「グロテスクなアイデア」などを参照すれば確認することができる。

とはいえ、わたしが示そうとしているのは次のようなことである。すなわち、エイゼンシュテインは、映画という感性＝美学的な形式がいかにして言説上の諸問題に取り組むことができるのかを示している一方で（たとえば、モンタージュを介して）、『資本論』そのものの言説は、つねにすでに感性＝美学的な形式をとっていたのであり、自然主義と生命力主義（vitalism）にかかわる果てしないイメージ群（自然のオブジェクト、生物学のプロセス、怪物、変成（transmutations）、そして神秘化（mystifications））に補強されていたということである。

マルクスにみられるこの生命力主義（vitalism）は、わたしの主張では、生命そのものを感性＝美学的なオブジェクトへと変容させることで、プロトコルの黎明期を告げるものとなっている。エイゼンシュテインの目標は、『資本論』を政治経済の仕事から言説上の出来事へと変容させること、いい換えれば資本論そのものが映画形式のうちで開示されるような出来事となるよう変容させることである。エイゼンシュテインと並行して、わたしは「いくつかの際立ったフレーズ」に重要性を与えることで、『資本論』のうちで感性＝美学化された空間を輪郭づけるための第一歩としたい。マルクスがメタファーやイメージ群に傾いているとき、そうした瞬間は、彼みずからシネマトグラフをもちいておこなうような試みになっているように思われるのだ――その試みとはつまり、『資本論』に含み込まれた生命力にかかわる形式を感性＝美学化しようとすることである。

マルクスを読めば読むほどに、そこには諸々の言説がますますもって増殖していくのを目の当たりにすることになっていく。[28] しかも、それらの言説のうちには、ほかを圧倒して優位なものとなっている言葉遣いがあり、数学や科学、経済学、もっといえば公式や一貫性、徹底性にかかわっている。政治学についての言説もある――その言説によって、マルクスはフォイエルバッハから離れ、単なる唯物論にかかわる哲学者であるよりも、政治にかかわる哲学者になったのだ。別の言説では、家庭内の圏域について、マルクスによるいささかもやもやしたようにみえる分析があり、これは家庭内労働という問題と並んで、睡眠や食事といったほかの非労働活動による労働＝力の再生産という問題にかかわっている。

さらにくわえておきたいものに――わたしが本章で考えようとするものであるが――、周辺に位置づけられた言葉遣いというものがある。それはメタファーやイメージ群、幻想や詩的なもの、そして暗示といったものである。マルクスによる言葉遣いは、これら多彩な水準の言説で溢れ返っている。これら多彩な水準の言説は、彼が述べようとしていることと、彼がなぜ特定のことを特定の仕方で述べようとするのかという理由との間の差異を徴づけている――例をあげれば、「（暴）力とは、古い社会が新しい社会を身籠ったときにはいつもその助産婦となる」[29]といったものから、「公証人の手数料と人参と音楽」[30]のレトリカルな比較といったものまで。

資本主義がもつ「形而上学的な巧妙さと神学的な機微」を探求する、この、一般的にはもっともとりあげられそうにない言説の様態について思案することとが、なぜ重要なのか。それはほとんどの場合、この様態がもちいられるときには、生命力主義＝ヴァイタリズムにかかわる問題となるからである。『資本論』の「第二版補遺」のなかで、マルクスが観念論についての批評家であろうとする者たちに「神秘的な外殻のなかに合理的な花芯を発見する」[31]ようにと忠告するとき、彼は正確には何をしているのであろうか。なぜ「花芯」であるのか。どうして「外殻」であるのか。「生命力にかかわる形式（vital form）」という神秘化されたカテゴリーと、社会にかかわるものという充分に分析されたカテゴリーとのあいだには、どのような関係性があるというのか。

資本主義は、マルクスにとって第二の自然のことである。[32]それは直感に訴えかけるものであると同時に、自然化されたものでもある――これはバルトであれば、意味作用の二次的なシステムと呼ぶであろう。第二の自然とは、それ自体に折り返されることになったレイヤーのことであり、その結果、みずからの核心部分が、それと同時に外皮にもなっているようなものである。第二の自然は、生のままのものであると同時に、コード化されてもいる。マルクス自身の言説もまた、例外ではない。そしてまさにこうした理由から、マルクスは資本主義のことを主題としてとりあげると――資本主義はマルクスにとって、自然化の最大の力として知られている――、彼はこの主題に対して、自然やほかの生命力形式にかかわる言葉遣いを何度も何度も浴びせるのである[33]。

『資本論』のうちで、生命力主義(vitalism)にかんする言説の利用のされかたを分類することからはじめてみたい。ここには生物学にかかわる学術用語が含まれているが、生物学の学術用語のすべてがわたしの分類に含まれるわけではない。主たる例外としてふたつの用語があり――代謝的(metabolic)と有機的(organic)いう用語――、そのなかでマルクスは生命力主義にかかわる学術用語を、厳密に中立的な意味でもちいている。

マルクスは生物学にかんするプロセスであるダイナミックな流れに由来する「代謝的」という用語を次のようなものとしてもちいている。すなわち、調和がとれていて体系的であり自己調整をおこなう関係であると同時に、そのうちで諸々の技巧と資源とが、たがいにバランスを保っているが、両者がコンスタントに均衡関係を通じて更新されるような関係を描写するための形容詞としてもちいるのである。マルクスはこの用語を『資本論』の第一巻冒頭付近で導入しており、それによって所持をもたない欲求(non-owning need)と欲求をもたない所持(non-needing ownership)との対立についての概念をめぐって記述しようとする。「交換のプロセスが諸々の商品を手から手へと受け渡し、もともとはなかった使用価値をもつようになる以上、このことは社会についての代謝のプロセスである」[34]。代謝という概念のもつ体系的な性質が強調されるのは、マルクスが次のように書くときのことである。「商品の交換が、生産物の直接交換という個人的かつ局所的な限定を打ち破り、人間の労働力にかかわる代謝のプロセスを発展させる」[35]。マルクスは後になって、似たような用語で「人間と大地のあいだの代謝による相互作用[36]」について記述してもいる。

マルクスがきわめて中立的なかたちでもちいている、生命力主義にかかわる第二の用語は「有機的」という言葉である。この言葉がもちいられるのは、「代謝」のときと同様に、全体としての便益をもたらすためにふたつ以上の部分が個々の機能を満たそうとするような関係を描写するためである。これは「資本の有機的な構成」という理念のうちにみられるものだ。その理念は、資本家によって動かされている資本全体における、生きている部分（可変資本ないしは労働力）と死んでいる部分（不変資本ないしは機械）との割合を単に示している。マルクスはまた「有機的」という言葉を、特定のタイプの生産を描写するためにもちいてもいる。具体的にいえば、資本論第一巻第四部ではこの言葉が、製造活動のうちで「いかようにも発生する」形式との対比や、または音楽のオーケストラの内部で作動するものとのアナロジーといったかたちでもちいられるのだ[37]。有機的な組織とは、人間の身体の場合と同様、労働力を一連の「部分機能」へと分割することを単純に意味している[38]。それは「組織体（organization）」と同義語なのであり、というのも、マルクスは工場の「機械群の組織化されたシステム」のことを、ある種の「客観的な有機体（objective organism）」として記述しているからだ[39]。これらの言葉は生物学と結びつけられる用語ではあるのだが、生命力主義にかんしてマルクスがもちいるイメージ群を本書で分析するにあたって、「代謝的」と「有機的」はさほど重要なものではない。

『資本論』にもっとも明瞭にみてとることができるタイプの生命力主義的言説というのは、生命力をもつオブジェクト（vital objects）についてのものである。マルクスのいう「合理的な花芯」と「神秘的な外殻」とはもっともよく知られているものであろうが、彼はありとあらゆる類の動物や植物や鉱物に取り憑かれているのである。マルクスは商品の形式のことを、貨幣形式〔形態〕の「胚種〔萌芽〕」と呼ん

プロトコルの核心には対立があって、それはつまり、解放のためには標準化の必要があるというものである。プロトコルがユートピア的なものであるためには、ファシズム的でいて、一方向的なもの（unilateral）である必要がある。ジェイムソンが以前に大衆文化について記したように、プロトコルには、疎外されてはいない社会生活を想像する能力と同時に、その生活のディストピア的な現実へと向けられた窓が含まれているのだ。

イギリス、メンウィズの丘にあるNSAのエシュロン・ステーション
photo: Craig Stennett; courtesy the Campaign for the Accountability of American Bases

ドゥルーズとガタリの表現をもちいるなら、分散型ネットワークはつねに中間である場に留まっている。それが意味するのは、けっして完成することもなければ、それ自体で完結することもないということだ。分散型ネットワークのいくつかの線は、ダイアグラムから閉じることなく外に向かって続いていく。分散型ネットワーク上の部分セグメントはいずれも、その親となるネットワークとあわせて小さくなることもあれば大きくもなる。分散はリズムをもって伝搬するのだが、再生することはない。

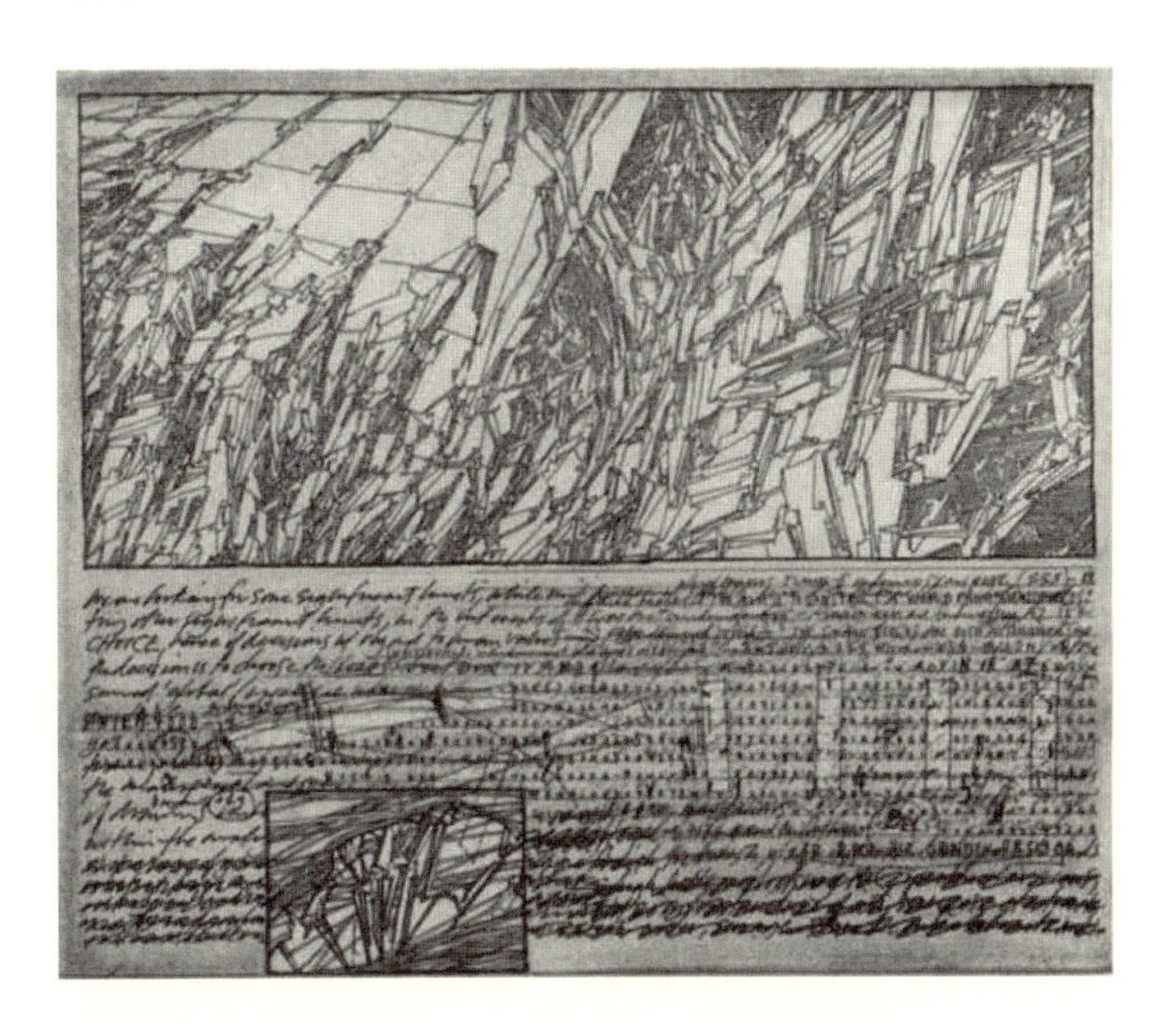

Lebbeus Woods, *Terrain 2* (1999), courtesy Henry Urbach Architecture

でいる。金本位制を記述するためには「金のさなぎ」という言葉がもちいられ、貨幣の所持者が「資本家の幼虫」と呼ばれ、その幼虫が流通の圏域では不意に「蝶々」として現れるだろう。商品の流通のことは「五〇〇の金の鳥」が飛翔するようなものと描写され、さらに資本家の貨幣収入は「多年生の樹木の果実」と比較される、などなどとつづくのだ。[40]「凝固」と「物象化」という言葉を利用することで、マルクス主義の存在論にかかわる領域には生命力をもつオブジェクト（vital objects）が増殖するようにもなる。マルクスは当初、商品について記述するとき、使用価値が増加するのは「人間の労働がそのうちに対象化＝物象化ないしは物質化される」[41]からであると記している。価値とは「社会的な実体（social substance）」ないしは「対象的な属性（objective property）」[42]のことであり、それは人間の労働力が自然界へと変成したこと（transmutation）に由来しているのだ。

マルクスがもちいる生命力にかかわるオブジェクトは時折、いっそう不吉なものとなり、超自然的な人格を帯びるようになる。幽霊や怪物、吸血鬼といったものが、彼のテクストを不可解なものにしているのだ。デリダが『マルクスの亡霊たち』で示していたように、『資本論』のなかには取り憑かれることにかんする概念が幾度となく現れる（おそらく、その頻度はデリダがわたしたちに信じさせるほどではないのだが）。マルクスは二度にわたって、貨幣がその普遍的等価物としての機能によって流通の圏域に「取り憑いている」と記している。[43]興味深い夫婦二人組、資本氏（mousieur le Capital）と土地夫人（madame la terre）は、第三巻にある三位一体の図式の影響のもとで、世界に「取り憑く」と同時に「魔法をかける」[44]。労働そのものは抽象的かつ非物質的な性質をもつことから、マルクスは労働が「単なる幽霊」であると主張する。[45]そして、このリストは以下のように続く。資本は「生気を与えられた怪物である」。商品は「感覚に訴えかける性質を超越し」、「その木でできた脳からグロテスクな考えをくりひろげる」と、まもなくして生きて話をする創造物へと変成する（「もし商品が口をきくことができるなら……、彼らに舌を貸そう」)。自己増殖する価値（self-valorizing values）は、怪物のような能力をもち、「生きている羊を産むか、少なくとも金の卵を生む」ことができる。機械群は「大きなオートマトン〔自動機械〕」、つまり、ある種機械化した悪魔的怪物なのであって、生命を持たない機械には生きた器官が備わっている。[46] ただし、吸血鬼のイメージが、おそらくはもっとも不吉なものであるだろう。「資本は死んだ労働であって、それは吸血鬼のようにして、生きた労働力を吸い取ることによってはじめて生きることができ、労働力を吸い取るほどに生きながらえるのだ」。[47] この吸血鬼は「「搾取すべき血の滴を一滴たりとも残さない」ようにするだろう」。[48] マルクスは第三巻で吸血鬼の主題をふたたびとりあげると、高利貸しのことを「吸い尽くす」や「骨抜きにする（emasculation）」といった、よく似た言葉で記述している。[49] 取り憑かれることにかかわる主題は、マルクスのほかの著作にも明らかである。それはたとえば、『共産党宣言』のなかで「ヨーロッパに取り憑く幽霊」や「魔法使い」について記述しているときのことである。[50] マルクスがもちいる不吉な怪物をめぐる論述において要約されたものを、より控えめではあるのだが、ある種の「人工生命」を予見するような記述にみることができるだろう。この人工生命とは、全体性のうちで個人の作動状況について説明するために仮定されたものである。「個々の資本は、社会の総資本のうちの一断片でしかない。それはいわば、独立したものとなって、個々の生命を与えられてきた断片のことである」。[51] だが、彼はなぜ「いわば」というにとどめているのだろうか。ここにはみずからを感性／美学化することにかかわる、マルクスの不安が暗示されているのであろうか。

マルクスのもちいる生命力主義にかかわる言説のうちで、第三のカテゴリーは（オブジェクトの世界と、超自然的なオブジェクトの世界に続くもの）、自然のプロセスにかかわるカテゴリーである。ほかのカテゴリーのときと同様、テクストには数多くの事例があふれかえっている。自然のプロセスにかかわるイメージ群に含まれるのは、「発酵」や「結晶化」、「沈殿」、そして古色蔵然たる「錬金術」である（この錬金術によって、単なる商品というオブジェクトが「貨幣の結晶」へと変成させられるのだ[52]。だが、テクストのさらに根幹にある特徴は、「凝固」の利用である。凝固するとは、マルクスのうちで驚くべきほど強力なプロセスであり、というのも、それはカテゴリーにおける変化と、形式における変化の双方を含み込んでいるからである。ある見方からすれば、人間（形式）のうちにある活動（カテゴリー）と思われるものが、労働のプロセスをつうじて、オブジェクト（形式）のうちの価値計測（カテゴリー）へと凝固するのである。マルクスが記すには、「幽霊のようなもの」や「労働生産物に残っているもの」は、明確に区別される「社会の実体」という「結晶」へと凝固する[53]。自然主義のプロセスにもとづくイメージ群には、ほかにもマルクスによる次のような詩的な仄めかしが含まれる。すなわち、「いっさいの肉体とおなじ運命をたどる」死のサイクルや、消費や償却といった観念が、労働のプロセスという事例のうちに仄めかされているのである――「そのプロセスは、生産物のなかでは償却させられる」、そして「労働はその物質的な要素やその対象、その道具を使い尽くす。労働はそれらを消費するのであり、したがって、労働とは消費のプロセスなのである[54]」。

先に言及したように、マルクスによる「合理的な花芯」と「神秘的な外殻」という事例をつうじて、『資本論』の「第二版後記」には、神秘化という主題が導入されている[55]。このテクストでは「神秘化」と「自然化」とがほとんど同義語であるために、神秘化ないしは隠蔽にかんするどのような議論も、自然という主題や、ほかの生命力にかかわるオブジェクトといった主題と直接結びつけられていることは明白である。マルクスが「第二版後記」で提示した、よく知られているヘーゲル〔の方法論〕の逆転は、倒立や上下逆さまといったものが、幻想や神秘化、誤認と直接結びついているといった考えにもとづいたものである。ヘーゲル（と、彼のような観念論者たち）が頭を下にして逆立ちしている以上、彼は世界を実際のとおりに見ることはできなかった。認識論にかかわる似たような倒立が、フェティシズムについてのマルクスの議論のうちでおこなわれている。たとえば、彼は次のように記している。すなわち、労働という概念がフェティッシュ化され、それ自身のうちにそれ自身の価値をもつと考えられるようになる以上、この労働という概念は「倒立させられて、その結果、正反対のものになる」[56]。ほかのところで、彼は価値についての競合説のことを「逆さまになって」表現されたものとして記述している[57]――それとは反対に、マルクスは労働価値理論を採用したにもかかわらず。

倒立とおなじぐらいに、隠蔽性もまた、神秘化（例えば、自然化）にかかわる強烈な力である。マルクスが記すには、ひとは交換にかかわる諸作動を真に理解するためには、市場から離れて「生産の隠蔽された居所へと」飛び込まなくてはならない[58]。彼はまた、次のように記している。すなわち、貨幣形式にまつわる神秘の諸起源をあらわにすることで、つまりは交換が「社会関係を隠してしまっている」ことを示すことによって、そうした神秘には回答が与えられるだろう[59]。政治経済学の過ちは概して、これらのタイプの幻想によるものだ――たとえば、「地代は社会からではなく、土地から生まれるという幻想」のことや、または貨幣資本の流通経路のことを自明のものとしてしまう「空想的な人格」を設けるような「ある種の欺瞞」といったものである[60]。これらの事例はすべて、マルクスにおけるひとつの考えを指しているのであり、それは彼が社会上のヒエログリフと呼ぶものである。社会上のヒエログリフとは、内側においての有り様がその表面においては表明されることがないような何かを指している。彼は記している。「それゆえ、価値の額には何も記述されていない。それはむしろ、労働の生産物すべてを社会のヒエログリフへと変えるのである」[61]。社会のヒエログリフとはマルクスにとって、特徴的なかたちで「自然な」オブジェクトである。それは脱自然化され、脱神秘化されなくてはならない。だが、自然なプロセスへの資本の神秘化は、精妙になされているだろう。「わたしたちが資本の価値付けのプロセスを追跡するほどに、資本の関係はますます神秘化されるようになり、その内側にある有機体の秘密はますます剝き出しのものではなくなっていくだろう」[62]。資本の流通経路に関する資本主義に傾いた分析を、彼は「誤った再現表象」と記述しているし、余剰価値の循環が資本主義者たちを「誤った方向に導く」ともしている[63]。第三巻の終わりに登場する三位一体の図式は、富の構成要素とそれらの資源とあいだに偽りの結びつきを作り出すことで、「資本主義による生産様態の神秘化を完成させる[64]」ものとなっている。

神秘化と自然化というこれらの概念は、より一般的なかたちであれば、「現象形式（the form of appearance）」（既訳では「現象形態」）という概念として、そしてより具体的には、フェティシズムの形式としてより明確なものになるかもしれない[65]。すなわち「現象形式」とは、典型的なかたちでマルクス主義にもとづく弁証法のプロセスについて述べたものなのであり、そこでは諸々のオブジェクトや質的特性が再現＝表象のプロセスをつうじて、それぞれの対極にあるものへと変容するのである。現象形式がもっとも単純なかたちでもちいられるときには、再現＝表象ないしは「表現の様態」のことを意味している[66]。たとえば、マルクスはこう記している。「交換価値は価値の表現のために必要な様態、その現象形式である」、そしてその後には「使用価値はその反対物、つまりは価値についての現象形式となる[67]」と。使用価値と交換価値がともに否定されて、それぞれが相互に対極のものとして、つまりは価値として表現されるのである。現象形式は単純な「鏡写し」のことを意味することもあれば、たとえば「神の仔羊」へと変容する「キリスト教徒がもつ羊のような本性」というように、よりいっそう詩的でいてアレゴリーのような変容を意味することもある[68]。マルクスが記すには、諸々の商品の販売が可能になる以前に、「形式の変化（change of form 形態変換）が起こるにちがいない」のであり――つまり、ある種の「変態（metamorphosis）」――、「資本は絶えずこの移行という運動をしており、つまるところ形式の変態に取り込まれている[69]」。根本的にはその変態とは、あるタイプの想像的ないしは幻想的な再現＝表象を介した形式の変態のことであり、それはたとえば、電力のためにもちいられる滝のようなものが、「現実の経済的な関係を隠蔽する不合理な表現[70]」を介したときにしか、「価格」をもつことができないといったものである。そして最後に、現象形式がもっとも進んだかたちで利用されるときには、今日であればイデオロギー理論と呼ばれるであろうものへと向かう身振りをとる。「あらゆる現象形式と、それらに隠された背景とにあてはまることは、「労働の価値と価格」または「賃金の価値と価格」といった現象形式にもあてはまるものである。現象形式のうちに現れ出る本質的な関係、すなわち労働力の価値や価格とは対照的なものとして。現象形式は、現行の、そして通常のものである思考様態として、直接的かつ自生的に再生産されるのである[71]」。「自生的」なるものは——マルクスのつかう「自然な」とほとんど同義語である——、賃金のシステムのうちに備わっている誤認（misrecognition）と結びつき、ひとつの情動（affect）（「思考の様態」）を作り出す。その公式を単純化してみよう。自然になされる誤認＝イデオロギー。こうした理由から、わたしは、マルクスが生命力にかかわる形式を理論化するなかで、現象形式が驚くべきほど強力な契機であると主張するのである。

　生命力にかかわるオブジェクトとプロセス、超自然的な怪物、変成、神秘化——これらすべてをもってしても、『資本論』はいまだ単に経済学の仕事であるというのだろうか。もしかすると、『資本論』とはより広範囲におよぶ分析なのであって、つまるところ近代の生命体がいかようにして徹底に徹底を重ねた感性＝美学的な空間になっているのかを暴き出している分析なのではないだろうか。エイゼンシュテインには理解が可能であったように、そして本章での分析にも示されていればいいのだが、『資本論』とは感性＝美学的なオブジェクトなのである。このことは『資本論』のうちに、相異なる言説、すなわち生命力主義＝ヴァイタリズムにかかわる言説と、経済学にかかわるそれとが重ね合わされることによって証し立てられている。生命力工義＝ヴァイタリズムにかかわるイメージ群をもちいるその様は、このテクストのなかでどれほど周辺に追いやられているにしても、まったくもって文字どおりな仕方で、資本主義を感性＝美学化しているのである。そのことが、資本主義のことをメディアへと変えてしまっているのだ。それゆえ、『資本論』にかんする従来どおりの見識、つまりはマルクスが資本主義の装置を脱自然化することを目的としていたという見識を考え直すことができるだろう。生命力にかかわる形式についてのテクストに存在しているものが、直感に訴えかけると同時に、疎遠なものになった資本主義的な装置を可能にしているのである。

人工生命形式の創発性（生命体へと生成する物質）

人はその霊魂を失っていった。だが、その代わりに身体を獲得する。
——ゲオルク・フォン・ルカーチ「映画美学にむけての思想」

純粋な物質がもつ生命力という質的特性は、近代期にながく取り憑いてきた。〔メアリー・〕シェリーによる『フランケンシュタイン』の怪物であれ、マルクスによる『資本論』での商品であれ、または〔カレル・〕チャペックの『R.U.R』の殺人ロボットであれ、生命力にかかわる自律形式の創発＝発生は、過去二百年の深い思想のうちに明確な傾向のひとつとして現れている。

認識論と認知科学の領域では、この主題について多くの仕事がなされてきた。ニューヨーク大学の哲学会が開催し、「心の諸次元（the Dimensions of Mind）」と題された一九五九年の会議の期間中に、ノーバート・ウィーナーとほかの参加者たちは、機械の文脈におかれた心についての認識論的な条件について考えをめぐらせていた。後になると、マーヴィン・ミンスキーとダニエル・デネットといった書き手たちは、コンピュータ化された思考についての理論的な可能性と限界について考察してきた。

生命体にかんするいくつかの理論が、この知的な場において作動している。そこには、「わたしたちの脳がおこなうことをコンピュータは決してできない」といったイデオロギーとでも呼称してもいいようなものが存在しており、ヒューバート・ドレイファスはそのような立場から、人工知能にはどのような類いのものであれ理論的な限界があると主張する[72]。おなじくハンス・レオポルドゼーダーは、次のように詳述している。「生物物理学者にしてサイバネティクス研究者であるハインツ・フォン・フェルスターは――構成主義者の父のひとり――、個人的なインタビューのうちで、人間の脳とコンピュータとのあいだに関係があるかどうかという問いに対して「イエスとノー」と答えている。そして彼は、次のようにくわえる。「どんなコンピュータも脳ではないが、あらゆる脳がコンピュータである」というのだ[73]」。この論争は現在も続いていて、一方の陣営はコンピュータがいつか人間の脳の働きを完全にモデル化するだろうと主張するし、もう一方の陣営は人間の思考の何だかわからない部分（the je ne sais quoi）がコンピュータのコードの厳格かつ厳密な世界とは根本的に異なっていると主張するのである。

しかし、認識論にかかわる諸々の問題について、本書が述べることはほとんどない。プロトコルは、心についての理論ではないのだ。魅力的な論集『インコーポレーションズ』でのジョナサン・クレーリーとサンフォード・クウィンターの緒言に従うなら、プロトコルは身体=物体についての理論でもない。というのも、彼らが記すように、「わたしたちのトピックは、生命体（life）そのものにかかわる問題である。そのような生命体は複雑でいて、移ろいやすく、それでいて重層的な色合いを帯びた構造として理解されるべきものである。そうした生命体を、ひとつの有機的な基盤（substrate）や歴史的な対象に――要するに、現代人があまりにも心得顔で「身体」と呼ぶことに慣れているものに――依拠させたり、還元したりすることはできない[74]」。それとは異なって、ここではプロトコルの論理にもとづく生命体のことを「諸力なるもの――感性／美学、技法、政治、性にかかわるもの」として考察するのであり、そのような諸力と「事物とが組み合わされ、パターンと行動との新奇な凝集物（novel aggregates）を形成するようになる」[75]とみなすのである。プロトコルとはまさに、生命と物質とが共に組み合わさったもの（confuluence）についての理論なのである（そして究極的には、生命がどれほど物質であるのかということをプロトコルは示していると、わたしたちは解することになるだろう）。

　生命体の自律した形式が物質の領野に創発＝発生することについての導入部分として、まずは「反エントロピー」の立場として知られる生命体の理論について考えてみたい。反エントロピーの立場が主張するのは、簡潔には次のようなことだ。すなわち、生命とはまさしく、エントロピーに抗う力である、というものである。エントロピーとは、与えられた任意のシステムのうちで事物が「ばらばらになる」ような傾向、または無秩序に向かう傾向をもつと主張する熱力学に由来する物理学の原理である。さらにいえば、任意のランダムではない計量またはそのような質的特性として定義される情報が忘れ去られるようになる、ということをエントロピーは意味している。この物理学の原理は、自然のいたるところに見受けられる。たとえば、何かがばらばらになると、その組織についての情報は実質的には忘れ去られて、腐敗という形式でカオス的なアレンジメントが始まるのである。

　生きている動物はエントロピーの力に抵抗するような傾向をもつ以上、この熱力学の法則を乱すものとして考えられる。生きている動物がその生存期間のうちにばらばらになることはないし、さらには遺伝子情報を子孫へと伝えることで、その死後も情報が無秩序になることに抗っているのである。遺伝子とミーム（ミームそのものも遺伝子ではあるが、文化の領野のものである）は、エントロピーの力に逆らうためのふたつの方法であり、そのために生物から生物へと情報を保存し、それを拡張しようとさえする。

　フルッサーはこの立場をうまくパラフレーズしている。

ほかに知られているどんな生き物（living creature）とも異なり、わたしたちは遺伝情報だけでなく、獲得情報さえも将来の世代へと伝える。そうすることで、わたしたちは二度にわたって自然を否定しているである。つまり〔第一に、〕熱力学の第二法則は、自然のなかであらゆる情報には忘れ去られる性向があると主張する。生き物はこの原理を否定するのであり、というのも、それらは遺伝情報（遺伝子）を貯蔵し、伝達するからである。そして〔第二に、〕メンデルの法則が明らかにするのは、獲得情報はひとつの有機体から次のそれへと伝達されないということである。わたしたちの種は、この法則にもあてはまらない。なぜなら、獲得情報（ミーム）を文化の記憶のうちに貯蔵し、後続する世代に接近可能なものにしているからである。[76]

それゆえ、生き物を特徴づけているのは反エントロピー的なもの、エントロピーの対極にある生命力、エントロピーに抗う能力といったものである。

ペーター・ヴァイベルはこの立場を展開して、次のように主張する。すなわち、生きている形式（living forms）は、それらの「生存能力（viability）」という観点、いい換えれば、それらが世界のなかで独立したかたちで機能する能力という観点から明確なものとなる。彼は生きている有機体のことを、次のように定義するのである。すなわち、どれほどの数の入力に対してであれ、比較的独立したかたちで反応することができるという、その性向によって特徴づけられるシステム……生存能力は、生命体のような行動を展開することによって、それが生命体のような属性を所持していることを示しているのだ[77]」。

ドゥルーズもまた、修辞をきかせた問いを差し出すことによってこの立場に賛同している。すなわち、「生命とは、力（force）に抵抗する力能（capacity）のことではないだろうか[78]」――生命体形式の権力

（power）から生み出された力能は、生政治の権力が課するものに抵抗している。それとはつまり、マクロ水準での生命力にかかわる一種の管理＝制御に抵抗するためのものであり、これについては、すでに詳しく議論してきたとおりである。

数学者ノーバート・ウィーナーは、この立場を興味深いかたちで説明している。それは、大枠としての宇宙が孕む腐敗を生む諸力に対して生命体自体がもつ抵抗する能力にかんして、彼が次のように記すときである。

> エントロピーが増大するにつれて、宇宙と宇宙内のあらゆる閉鎖したシステムはおのずと劣化するようになり、明瞭に区別されるものではなくなる……しかし、宇宙が全体として、もちろん全体としての宇宙があればの話だが、徐々に動かなくなって停止するようになるとはいえ、局所的な飛び地が存在しているのであって、それらがもつ方向性は宇宙がもつ大局的な（at large）方向性とは対立するかのようであり、そしてその飛び地には、組織化のために増大していく限定的かつ一時的な傾向が存在している。生命はその居場所を、こうした飛び地のうちのいくつかに見出すのである。(79)

それゆえ、ウィーナーの立場は今日であれば、ドゥルーズ主義者と呼ばれるかもしれないものである。ウィーナーはエントロピーのことを、いわば内在平面（Plane of Immanence）へと向かう漸進的な推移として理解しているのである。内在平面とはドゥルーズの言葉である。物質が、同一とみなすことのできる仕方でみずからのことをいまだ組織化できずにいるとき、そうした物質が置かれている、差異化されていない偶発的な状態のことを指す言葉なのである。生命とはそれゆえ、そうした平面の内部にある成層化の一種であるのだ。それはまさに文字どおりに、ひとつの有機＝器官化（*organization*）なのであって、「みずからを持続させるパターン」の集合なのである[80]。

しかしながら、ウィーナーの理論を極めて急進的なものにするのは、諸々の機械もまた、エントロピーに抗うものとして彼が理解していることである。ウィーナーは、次のように記している。「機械なるものは、生きている有機体と同様に、エントロピー増大という一般的な傾向に対して、局所的かつ一時的に逆らうような装置であるだろう。……動きを停止するという一般的な傾向をもつ世界のうちで、組織化にかかわるひとつの局所的なゾーンをみずからの周囲に作り出すことが機械にはできるのだ」[81]。これは単に、諸々の機械が人々のようだということでも、人々が機械のようだということでもない。そうではなくて、〔機械と人間の〕双方の実体（*entities*）が、ほかの何ものかに似ているということであって、このほかのものとは、ウィーナーが「コミュニケーション組織体（communicative organisms）」と呼ぶもの、また今日であれば、「情報組織体（information organisms）」と呼ばれるであろうもののことである。これらは同一の組織であり、プロトコルの内側に住んでいるものである。

物質と生命とを分け隔てる溝は、ウィーナーによるダイナミックなシステム理論、つまりはサイバネティクスとして知られるものによってよりいっそう埋められるようになった。サイバネティクスの理論は、フィードバックという単純な着想から始まった。このフィードバックについて、彼は「過去に遂行したことによって、将来の行動指針を調整することができるようになる特性」と言い表している[82]。だが、このことを超え出て、ウィーナーは次のように認識していた。すなわち、電子計算機と人間の神経システムとのあいだの特殊な同型性として彼が理解したもののおかげで、人間の目や耳に依拠するよりもはるかに、「人工感覚器官」をフィードバック機構として挿入することのほうが容易になるだろう、と[83]。それゆえ、ウィーナーが人間と機械とを融合するといえば、何らかのサイエンスフィクションによる興奮を超え出るものではないのだが、次の点については気に留めておいてもよいだろう。すなわち、情報という観点から世界を眺めるのであれば（またはウィーナーの言葉でいうところの「指示」と「制御」という観点から眺めるなら――もちろん、これらの言葉はわたしの目的にとって、情報とほとんど同義語である）、人間と機械とのあいだに道具としての差異はほとんどないのである。というのも、両者はともにフィードバックループを介して、ダイナミックなシステムへと作用を及ぼす（affect）ことができるからである。このような仕方で、人間と機械にかかわるサイバネティクスのシステムが生まれる。[84] その利点とは平衡、自己統御、循環性、そして制御であり、一言でいえば、プロトコルのことである。

ウィーナーの言い回しには、不安もまた塗り込められている。すなわち、みずからの科学的な仕事は、「まったくもって悪辣な人物の手に……権力を結集させる[85]」ことに寄与することにおおいになりかねない、と彼自身が考えていた。第二次世界大戦と原子爆弾の影のうちで書き進めながら、ウィーナーは深刻な懸念を露わにしている。それは爆弾についてのみならず、当時打ち負かされたばかりのナチズムのような形式であれ、またあらためて強気になっているアメリカの資本主義のようなかたちをとるのであれ、より一般的な社会の開発＝搾取にかかわる懸念である（そのどちらであるのかを、彼は読者に告げてはいない）。そして、彼がまさしく述べるには、サイバネティクスの理論を定式化したときにはまず、組織化された労働力に警告を発しなければならないという直感を彼は得たのである。彼は記している。「C.I.O.（米国産業別労働組合会議）の上級幹部のひとりふたりと連絡をつけ、とても聡明で共感を感じる態度で話を聞いてもらった[86]」。

だが、わたしが主張しようとするのは、二〇世紀後半の生命体における人間と機械とのあいだの親密性が笑い種となるような可能性どころか、はるかにユートピア的な可能性をウィーナーの思考のうちに与えていたということである。ウィーナーが重要になるのは、彼が人間であれ機械であれ、物質のもつ偶発性に価値を与えたからである。彼が認識したのは、物質的な現実がもっとも重要な事柄であるということ、そして物質にかんしてすぐれて静態的なニュートン主義の観点とは対照的に、そのような現実は変化することができる、ということだ。[87] それゆえ、物質的なシステムにかんする自己決定論は、サイバネティクスの核心部分である。それは実定性をもつ核心部分なのであって、プロトコルの論理にもとづく組織化について、実定的なポテンシャルを反映したものでもあるのだ。

人工生命

わたしとしては、複製をおこなうプログラムが情報環境のなかで生きている存在物であると信じている。

——フレデリック・コーエン『コンピュータウィルスについての小講義』

ロボットのように疑似＝人工的な諸々の実体は、すでにながい年月のあいだ存在してきた。[88] 適切な意味における「人工生命」の創発＝発生は、もともとは線状式の計算機械であったコンピュータが、並行式の分散型サブマシンからなるクラスターへと移行するなかで引き起こされたのである。

コンピュータ科学であれば、この移行は「手続き型（procedural）」（ないしは線形型）のプログラミングから、いわゆるオブジェクト指向型のプログラミングへの変化として特徴づけられる。手続き型のプログラミングであれば、ひとはデータを入力し、次にそのデータにかんする作業を線状になった仕方でおこなう。ループが生じるかもしれないが、全体としては一連なりになった指令が立て続けのつながりをもつ出来事として読み取られ、解釈され、そして実行に移されるのである。その一方で、オブジェクト指向型のプログラミングは、あらゆるコードのことを一連の同時的に生成した実体としてとりあつかい、それぞれの実体がみずからの質的特性や行動を所持している。オブジェクト指向型のプログラミング言語は当初、C++のプログラミング言語として一般化することになった[89]。それ以来、今日のプログラミング言語のほとんどすべてが、そうした性能（capacity）のうちで機能することができるようになっている。サン・マイクロシステム社によって創り出されたJavaのプログラミング言語は、完全にオブジェクト指向型のものである。

この移行のことを、歴史的なかたちでマッピングすることが可能である。シェリー・タークルが記すには、この移行――手続き型からオブジェクト指向型への移行――は近代期からポストモダン期への移行に従うものである。彼女が「モダニズム型のコンピュータ美学」と呼ぶものでは、コンピュータが「巨大な計算機」としてみなされていたのであり、それをプログラミングすることは「あらかじめ定められた技術的活動であって、その規則は水晶のように明晰なものであった[90]」。しかしながら、今日の多面的かつ分散型の環境では、「心についての計算機モデルがしばしば、複雑性や脱中心化といったポストモダンの美学を含み込んだものとなっている。コンピュータについて主流となる研究者たちは、コンピュータ上で知能をプログラミングすることをもはや望んでおらず、小規模なサブプログラムの相互作用から知能が創発＝発生すると予測しているのである[91]」。この移行は、中心化された手続き型のコードから分散化したオブジェクト指向型のコードへとむかうものであり、人工生命の創発＝発生にとって歴史的にもっとも重要な移行なのである。

人工生命の研究のなかでもっとも賞賛された事例のひとつに、コンピュータ科学者のトム・レイが、ティエラと呼ばれるヴァーチャル世界を創り出したというものがある。この世界では生きた「デジタル組織体（organisms）」が、ダーウィン主義の規則に従って自己複製をおこない、進化するのである[92]。レイは次のように記している。

地球上の生命は、炭素化合物というメディウム上で作動している、自然淘汰によって生じた進化の産物である。しかしながら、理論上では進化のプロセスは、地球上で起こるということに限定されていないし、炭素化合物に限られてもいない。そのような進化が、ほかの惑星でも起きるであろうのと同様に、ほかのメディア上で作動することもあるだろう。たとえば、デジタルによる計算処理というメディウムといったように……。

Tierra C のソースコードは、ヴァーチャルなコンピュータと、ダーウィン主義にもとづくオペレーティングシステムを創り出している。そのアーキテクチャは、実行することのできる機械コードが進化可能であるような方法で設計されていった。このことが意味するのは、機械コードが突然変異をおこすこともあれば（ビットをランダムにはじき飛ばすことによって）、または再結合をおこなうこともある（アルゴリズム間でコードの断片を交換することによって）ということである。そして、その結果として現れるコードは、自然（人工といってもいいかもしれない）選択が時を経てコードそのものを改善していくことができるほどに、時間にかんしては充分に機能的であり続けるのである[93]。

『ティエラ』上での自然の資源は、食物やシェルターではなく、ＣＰＵ時間とメモリ空間である。レイによるデジタル組織体があたかもＤＮＡという有機的なコードであるかのようにして、分裂や再結合や突然変異を起こすとき、進化は素早い動きのうちに現れるのだ。

生態学への志向が強いレイは、デジタル組織体のための野生保護にかんするネット上の制度を提唱するほどである。彼は記している。「非常に広範でいて、複雑であり、内部で接続しているサイバースペースの領野を創り出すことをわたしは提案する。その領野には、自然淘汰をつうじて自由に進化することができるデジタルの有機体が植えつけられる（ワクチンを接種する？）[94]」——それが目標とするのは、生物多様性がもつ自発的な創発＝発生をモデル化することである。そうした創発＝発生とは、人間の介入によって妨げられていない自然界において遺伝情報が分散している真の状態である、と多くの科学者たちが信じている状況＝条件のことである。

　だが、結局のところ、驚くべきであるのは『ティエラ』が生物界のように振る舞うということではなく、むしろ生物界のほうが『ティエラ』のコンピュータ化された空間のように振る舞っているということである――これが、非有機的な生命の創発＝発生を導く存在論的観点の転換である。

メディウムとしての生命体（物質へと生成する生命体）

　生命体にかんする反＝エントロピー理論にくわえて（それ自体では、プロトコルについてほとんど語ることができない）、わたしは次のことを強く主張する。すなわち、生命体形式は、人工的なものであれ有機的なものであれ、物質的な諸力が能動的なかたちで感性＝美学化される空間であればどんな空間にも存在している。さらにいえば結果、それらの生命体形式はある種の彫琢された物質性、すなわち、生命をもつエージェントが操縦され、組織化され、作用が及ぼされ（affected）、そのほかの仕方でも感性＝美学的なかたちで活性化される物質性へと帰するのである（これが先におこなったマルクスの分析の目標であった）。わたしの目的にとっては、分散型のネットワークという、偶発性をもった環境のうちでデータフローを調整する、プロトコルの論理にもとづいた諸力とおなじ力が物質そのものを調整しているのである。

　ブランデン・ホックウェイによる、好奇心をかきたてる小冊子『パンデモニウム　戦後世界における局所的略奪の隆盛』に寄せた序文のなかで、クウィンターは次のように示唆する。すなわち、一九世紀には「分散型マネジメント」という新しい現象の創発＝発生がみられたのであり、それは唯物論の哲学と熱力学の化学とが交差するところに現れる。「分散型マネジメント」にかかわるこの新しい形式は悪魔の形式、すなわち、ある物質的な場に内在している自律したエージェントの形式へと凝縮されている。

パンデモニウムのなかの悪魔とは、なによりも次のふたつのものに由来すると考えられる。ひとつは、ジェームズ・クラーク・マクスウェルが一九世紀に熱とガスをもちいておこなった思考実験において考えられた悪魔であり、もうひとつは新たに発見されたルールにもとづく熱とガスを規定する行動のことである。次のように言えるかもしれない。唯物論はマルクスやエンゲルスによっておこなわれたことよりもむしろ、一九世紀の熱力学者のうちにはるかに深く信頼することのできる擁護者を発見したのだと……マルクスは社会生活が、抗いがたいものであるが論理的に秩序だった経済の諸力によって、打ちのめされ、駆りたてられ、形づくられるものであると理解していた。それらの諸力の最終的な産物は避けることができないものであると想定された。これが民主主義による均衡関係への「破滅的な」跳躍のことである。熱力学者たちも同様に、不可思議な「第二法則」について系統立てた説明をした。すなわち、あらゆる閉鎖型のシステムは秩序を失い、すべてはエントロピーへと向かって破滅するというものである。だが、マルクスとクラーク＝マクスウェルの両者にとってみれば、これは単なる機械的ないしはエネルギー論的な関係ではなかったのである。何かしら新しいものが明らかに登場していた。物質的な場と切り離すことのできない分散型のマネジメントシステムが登場し、そのような場の物質の粒子と、その行動上のめぐりあわせとが操縦されるようになったのである。これが情報科学の誕生であった[95]。

「情報時代（information age）」——現代生活について論じる批評家たちのおおくが、不遜にもあちこちで投げかけている言葉——は、単にコンピュータが支配的なものとなった瞬間のことではない。そうではなくて物質そのものが、情報ないしはコードという観点から理解されるようになった歴史上の瞬間のことである。この歴史上の瞬間にあって、プロトコルは社会生活のうちで管理＝制御をおこなう力のひとつへと生成する。

キットラーがこの推移をうまく記録しているのは、彼が一八〇〇年の「意義の王国」から一九〇〇年の「パターンの王国」への変容について記すときのことだ[96]。だが、いままで見過ごされてきたのは、物質からコードへの変容が単に質的なものから量的なものへの推移だけではなく、非＝感性／非＝美学的なものから感性／美学的なものへの推移——非メディアからメディアへの推移——でもあるということである。

それゆえ、一九五三年にワトソンとクリックとがDNAを発見したとき（おそらく、彼らはそのことが五〇年後に生命そのものにかかわる究極の定義付けを主導するようになるとは予期していなかったが）、彼らはただ単に、生命が情報にかかわるオブジェクトであるということを証明するということ（そのことは犯罪骨相学にかかわるベルティヨンのシステムや、マイブリッジによる人間の運動の数量化などによって、数十年のあいだに明らかにされていた）だけでなく、生命が感性＝美学的なオブジェクトであるということを証明している。それとは、二重螺旋のことである。感性＝美学的な純粋性の高みへと梯子のように屹立する、優雅な超プラトン主義的な形式（hyper-Platonic form）のことだ。

生命とはもはや、「蟹のはさみ／静まりかえった海の底を這」うもの（エリオット）ではなかったのだ〔出典はT・S・エリオット「J・アルフレッド・プルーフロックの恋歌」『荒地』、岩崎宗治訳、岩波文庫、二〇一〇年、一五頁。邦訳では「いっそぼくなんか蟹のはさみにでもなって　静まりかえった海の底を這えばよかったんだ」となっている」。それは純粋な数学から生み出されたコード、感性＝美学的な美のオブジェクト、二重螺旋になったのだ！　この歴史上の瞬間（moment）に――生命体がもはや本質としてではなく、コードとして定義された瞬間に――、生命体はメディウムへと生成したのである[97]。

この歴史上の移行は一九九五年の冬に提示された。この年、南カリフォルニア大のレオナルド・エーデルマンが、ＴＴ‐１００と呼ばれる新しいコンピュータを創ったのである。この新しいコンピュータが〔それまでと〕異なっていたのは、マイクロソフトが当時発表したウィンドウズ95のオペレーティング・システムを回避したということだけではない。そればかりか、このコンピュータはどのようなオペレーティング・システムも必要としなかったのである。エーデルマンによるコンピュータとはＤＮＡコンピュータ、一滴の液体にも満たないものに包まれた有機的な計算機機械のことである。

ＤＮＡの計算処理は一と零からなる二進コードを、ＤＮＡという二進法ではないがおなじく量的なコードへと翻訳することによって作動する。ＤＮＡをなす鎖のそれぞれは、計算可能なコンピュータの問題と相関をもつかもしれない。そして、数百万ものＤＮＡの鎖が比較的小さな空間のうちに集積されているために、これらの鎖を化学的な反応に晒すことが、指数上の膨大な数の計算処理を同一の瞬間に引き起こすのである。

あるジャーナリストが指摘するように、ＤＮＡを計算処理にかけることの利点は、「化学反応が非常に高速でいて、並行して生じる」ことにある。「その結果、ＤＮＡの分子が数的情報を表わす化学構造と総合されるとすれば、その反応が進むにつれて、膨大な量の演算処理がおこなわれるのである[98]」。

エーデルマンによる機械においては、生命体がひとつのメディウムに生成していたのである。その瞬間にあって生命体そのものは、コンピュータ科学にかんする基本的な計算作業を担うブロックを形成したのである。

この瞬間がはっきりと提示されるようになったのは、一九九五年の夏にマックス・プランク研究所が、生きているニューロンとシリコンチップとのあいだで双方向性のコミュニケーションリンクを創り出したと公表したときのことであった。ニューヨーク・タイムズ紙が記したように、「それゆえ、(八月二一日の)月曜日に公表された偉業は、神経細胞とシリコンチップとのあいだで双方向的に作動する信号経路を打ち立てたのである」[99]。人間のニューロンとシリコンチップとの結びつきは、有機生命と人工生命とを結びつけようとする、さらに大規模な動向を物理的なかたちで強化するものであった。この動向はおそらく、はやくも一九八四年に「機械と有機体のハイブリッド」について記していた、ダナ・ハラウェイの名前ともっともつよく結びつけられるかもしれない[100]。

しかしながら、こうした動向への移行ははるかに古い日付をもつ。〔アンドレ・〕マルローによる「想像の美術館」という概念は、美術館がいかにして物質的なオブジェクトのことを二度以上にわたって感性=美学化しているのかを示していた。というのも、美術館というものは、壁の内側のいかなる美術作品ともおなじように、おのれの情動的(affective)な力を塗り込めている社会空間を制度内部に創り出しているのである。

一九六三年にロバート・ムーンによって創られた郵便番号制度(ZIP)は、郵便の宛名という、かつては文字にもとづいていた意味論を、数字にもとづく新しい郵便番号へと変換することに寄与するものであった(これはインターネットのIPアドレスとそう遠く離れたものではない)。この動きは電話システムが言葉にもとづく交換から、より一般的な七桁の電話番号へと同時期に移行したこととあわせて、個人生活の情報化という新時代の幕開けを導いたのである。ひとりの人物の生きられた経験は、もはや諸々の物質的な現実と結びつけられたものではなくなり、それとはかわって数字という観点から理解されるようになったのである――電話番号、郵便番号、社会保障番号、IPアドレスなど。

人間の身体を測定することにかかわる科学と、そこからデジタル署名をとりだすことにかかわる科学は、バイオメトリクスと呼ばれる。かつてアイデンティティを表わしていたものは——IDカードや鍵のように外部のオブジェクト、または握手や対人関係といった社会関係、さらには記憶されたりデジタル化されたりするパスワードのように触ることのできないもの——、ここ数十年のあいだにバイオメトリクスの検査に取ってかわられてきた。たとえば、光彩認証や血液検査、指紋採取といったものによるアイデンティティの照合のことである。

バイオメトリクスについての批判はこれまで、ひろくはプライバシーの問題に焦点を当てるものであった。というのも、物理=身体的な特徴は人間のアイデンティティと極めて親密に結びついたものであり、結果としてそれらを計測し、追跡することはプライバシーを侵害すると考えられているからである。

しかしながら、わたしがまさに指摘しておきたいのは、バイオメトリクスがはるかに重要な意味合いをもつということである。バイオメトリクスは生きている人間の身体のことについて、それらの非物質的な本質、あるいは霊魂、あるいは人というものをもたらしたるものの観点からではなく、数量化や記録が可能であり、数え上げ、コード化することのできる諸々の特徴といった観点から考えようとするのだ。バイオメトリクスは生命体のことを、感性=美学的なオブジェクトとして捉えているのである。それは先に論じた第二の自然にかんするマルクスの理論が自然に進化したものなのである。

バイオメトリクスが重要であるのは、それゆえ、それがプライバシーを侵害するからではなく、物質的な生命体形式にかんして真のアイデンティティを証明するとみなされたものを定義し直してしまったからである。真正性（アイデンティティ）は、かつてのように身体=オブジェクトの内側にあるものの、いまやシークエンス、サンプル、スキャンのうちに現れ出るのである。

生の形式にかかわるこの数量化は、「協調フィルタリング」というコンピュータの技法（technique）

規律訓練の様態	管理制御のダイアグラム	美徳
(十分の一)税、封建制、貢ぎ物	暴力	忠義、忠誠、秘義性
効率性	官僚制	現前、中心化、効率性
デバッギング	プロトコル	忠実度、パターン、アルゴリズム
治療	物理学	開放

受動的脅威(非行)	政治の様態	軍事戦略(Stratagem)	個人的危機
裏切、不敬	革命	土地	奔放
官僚的形式主義、エントロピー	妨害	領土、戦争抑止	傷み、空虚
ランダムネス、ノイズ	騒乱	安全保障、抑制	テロ
沈黙、非存在、無反応性	肥大	平和	汚染、噴出

において興味深いかたちで肥大するほどになっている。協調フィルタリングは「提案型フィルタリング(suggestive filtering)」とも呼ばれ、「知能型エージェント」という成長著しい領域に含まれるが、これによってひとはデータ調査にもとづく新たな特徴付け(特にある人の欲望と呼ばれるもの)を予測することができる。ユーザーは彼ないしは彼女の好き嫌いにかんする一連の質問に回答して、個人の「プロフィール」を設定する。そのプロフィールはほかのユーザーによって提供された、ほかの諸々のプロフィールからなるプールのうちに入り込む。すると、統計学のアルゴリズムが、プールのうちで彼ないし彼女のプロフィールとほかのユーザーのプロフィールとの類似性にもとづくかたちで、そのユーザーのほかの好き嫌いを提案するのである。

この業界の開拓者の代表でもある(マイクロソフトの被害者となる)ファイアフライ(一九九五年からMITのパティ・マースを中心に展開した協調フィルタリングに特化したウェブサイト、一九九九年にマイクロソフトに買収された)は、メールのやりとりのうち

	機械	エネルギーの様態
封建主義／近代初期	振り子、梃、滑車	奴隷、臣下
近代	油、蒸気、核	賃労働
ポスト近代、帝国	コンピュータ	非物質的労働、情報
未来	バイオインフォマティクス	生命体

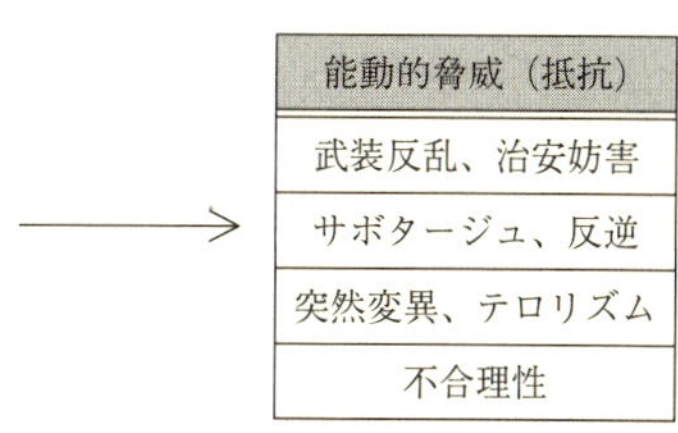

能動的脅威（抵抗）
武装反乱、治安妨害
サボタージュ、反逆
突然変異、テロリズム
不合理性

図 3-1　制御のマトリクス

で次のように記している。「ひとりのユーザーのレートは、ほかのメンバーのレートで一杯になったデータベースと比較される。ある検索が、このユーザーとおなじように選択肢をレート化したユーザーのためにおこなわれる。すると、フィルターはその人物についての趣味のプロフィールをつくりあげるために、このグループのほかのレートをもちいるようになるのだ」。

この技法（technique）がほかの調査型の予測技法とおおきく異なるのは、ユーザーのアイデンティティを決定すると同時に、それを屈折させる（inflect）強力なアルゴリズムを利用しているからである。しかしながら、協調フィルタリングは呼びかけのプロセスをつうじて動作するため（与えられた集合の外部にあるものよりも内部にあるデータを選択すること）、データプール全般のうちで改良がなされることはまったくない。それゆえ、協調フィルタリングは構造として、異質な発生よりも同質の発生を確実なものにしている。任意のユーザーは誰しもが、彼ないしは彼女の個人的な趣味嗜好を広げるような経験をするかもしれないが、そのプールは大局的にはその内側の多様性をますます失っていくのである。

協調フィルタリングはそれゆえ、実在する人間をプロトコルの論理に従って組織化することにかかわる極端な事例のひとつである。個人のアイデンティティの形成は、ヘゲモニーをもつ特定のパターンにもとづいてなされるほかない。この巨大なアルゴリズム的協調のうちでは、ユーザーにはいつもほかの誰かのようになると提案されるのであり、システムが作動するために、そのほかの誰かはかねてから開始点となるユーザーであるかのようにしているのだ！　協調フィルタリングは、社会関係のうちに注ぎ込まれた共時的な論理である。すなわち、プロトコルについてわたしがもちいる幅広い定義とおなじように、協調フィルタリングは、ユーザー特性（dispositions）を蓄えたプールにもとづく一連のルールであり、そのプールはプールのメンバーのそれぞれに作用を施すというわけである。

本書の第一部が終わろうとしている。わたしはここまでにプロトコルがどのように作動するのかを、物理的なテクノロジーと形式的なテクノロジー、そして政治的なテクノロジーとして記述してきた。結論のために、図3－1に示された制御についてのマトリクスを提示する。

このマトリクスに記述されているのはプロトコルの成功、その失敗、さらにその未来の形式である。ここまでにわたしが考察してきたのは、その成功だけであった。だが、第二部と第三部ではその失敗と、ありうべき未来の形式についてみていくことにしよう。

注

（1）Charles Petzold, *Code: The Hidden Language of Computer Hardware and Software* (Redmond WA: Microsoft Press, 2000), p.154.〔チャールズ・ペゾルド『Code コードからみたコンピュータのからくり』、永山操訳、日経ＢＰ

ソフトプレス、二〇〇三年、一九三頁〕

(2) Gilles Deleuze, *Negotiations*, trans. Martin Joughin (Mineapolis: University of Minnesota Press, 1990), p. 178.〔ジル・ドゥルーズ『記号と事件　1972-1990の対話』、宮林寛訳、河出文庫、二〇〇七年、三五八頁〕

(3) Michel Foucault, *Ethics: Subjectivity and Truth: The Essential Works of Michel Foucault, Volume1* (New York: The New Press, 1997), p. 59.〔『ミシェル・フーコー思考集成6　社会は防衛しなければならない』、石田英敬、小野正嗣訳、筑摩書房、二〇〇〇年、二六三頁〕

(4) Vilém Flusser, "Memories," *Ars Electronica*, ed. Timothy Druckrey (Cambridge: MIT Press, 1999), p. 206.

(5) Michel Foucault, *Archaeology of Knowledge* (New York: Pantheon, 1999), p. 16. kakko〔ミシェル・フーコー『知の考古学』、慎改康之訳、河出文庫、二〇一二年、三六頁〕

(6) Foucault, *Archaeology of Knowledge*, p. 55.〔同前、一〇八頁〕

(7) Foucault, *Archaeology of Knowledge*, p. 16.〔同前、三七頁。既訳では「匿名で一般的な主体を認める」。ただし、この箇所は『狂気の歴史』をめぐるフーコー自身の反省として記されている。〕

(8) Foucault, *Archaeology of Knowledge*, p. 47.〔同前、九四頁〕

(9) Michel Foucault, *The History of Sexuality, Volume 1*, trans. Robert Hurley (New York: Vin-tage, 1978), p. 138.〔ミシェル・フーコー『性の歴史1　知への意志』、渡辺守章訳、新潮社、一九八六年、一七五頁〕

(10) Foucault, *The History of Sexuality*, pp. 139-140.〔同前、一七七頁〕強調は引用者による。

(11) Foucault, *The History of Sexuality*, pp. 141-142.〔同前、一七九頁〕

(12) Foucault, *The History of Sexuality*, pp. 142-143.〔同前、一八〇頁〕

(13) Foucault, *The History of Sexuality*, pp. 142-143.〔同前、一八四頁〕『性の歴史』のこの箇所では、ある意味では「優生学」がもっとも重要な単語となる（p. 148〔一八七頁〕）。フーコーの意見では、「性倒錯にかんする医学と優生学のプログラムは、一九世紀後半における性のテクノロジーについてのふたつの大きな革新であった」（p. 118〔一五〇頁〕）。それゆえ、フーコーは一方で性の倒錯を提出し、もう一方では血統や遺伝、血筋や血統に関心を示すのである——これは一九世紀と二〇世紀初頭の大衆的な優生学運動にとって中心となる関心事のすべてである。この節における優生学への焦点化が重要なものであるのは、それが生権力にとっての賭け金を用意しているから、つまりは生権力が実際に生命に対する管理＝制御にかかわるものとなるからである――ファシズムのそれであれ薬事にかかわるものであれ。「薬事製品、核技術、遺伝子工学」について記すとき、ドゥルーズもまたこのことを理解していた。以下を参照のこと。Deleuze, *Negotiations*, p. 178.〔ジル・ドゥルーズ「追伸 管理社会について」『記号と事件 1972-1990の対話』、宮林寛訳、河出文庫、二〇〇七年、三五八頁〕

（14） Michel Foucault, *Ethics*, p. 73.〔ミシェル・フーコー「生体政治の誕生」石田英敬訳、『フーコー・ガイドブック』、ちくま学芸文庫、二〇〇六年、一九〇頁〕

（15） Michel Foucault, *Ethics*, p. 71.〔ミシェル・フーコー「治安・領土・人口」小林康夫訳、『フーコー・ガイドブック』、一八八―一八九頁〕

（16） 以下を参照。http://www.unisef.org/statis この統計は二〇〇〇年の一二月二六日に投稿されたものであり、そのデータはユニセフ、国連人口部、国連統計部、世界銀行、国勢調査局から出されている――そのすべてが生政治にかかわる組織である。

（17） 合衆国における生政治の誕生は、おそらく一八九〇年の国勢調査にさかのぼることができる。この年の集計のために、統計学者のハーマン・ホレリスが機械で処理されるパンチカードシステムを開発したからである。「ホレリスの計画には、6と5/8×3と1/4インチのサイズでマニラ紙製のパンチカードが含まれていた……これらのカードにある孔は二四段に一二箇所ずつ並べられていて、合計二八八箇所となる。これらの位置が、国勢調査で集計されたひとりの人間についての個別の特徴を表わしていたのである」。Petzold, *Code*, p. 241.（ペゾルド、『Code』、三〇七頁）

（18） Deleuze, *Negotiations*, p. 180.〔ドゥルーズ「追伸 管理社会について」『記号と事件』、三六一頁〕映画作品では、フェティシズム的なカメラの動き（play）のうちに、純然たる主体的な個人〔＝分割不可能なもの〕をみることができる。『ピクニック at ハンギングロック』（一九七五年）――そこでのアン・ルイーズ・ランバートのクロースアップは純粋なポルノグラフィである――がそうであるし、『ピグマリオン』（一九三八年）やピーター・ブルックによる『蝿の王』（一九六三年）の社会的な実験もある。これらの映画作品では、情動や身体の規律、個人的な振る舞い、自己の変容、社会的地位、そして訓練（ないしはその欠如）が支配する複数の層のうちで物語が展開しているのだ。

これを「分割可能なものにされた」映画作品と対比してみよう。たとえば、〔サミュエル・〕フラーによる『裸のキッス』（一九六四年）は、タブロイドのような薄さに溢れ返り、その表面性が未来にまで押し拡げられている。その未来とは緊張状態にある内面に欠け、堕落した実生活をあてもなく歩くことを何ら恐れてもいないような時代、つまりは今日のことである。

（19）以下を参照のこと。Karl Löwith, *From Hegel to Nietzsche* (New York: Columbia University Press, 1964), p. 73.〔カール・レーヴィット『ヘーゲルからニーチェへ　一九世紀思想における革命的断絶（上下）』、三島憲一訳、二〇一五年、岩波文庫〕

（20）John Rajchman, *Philosophical Events: Essays of the '80s* (New York: Columbia University Press, 1991), p. 62. 強調は引用者による。

（21）Hannes Leopoldseder, "Forward," *Ars Electronica*, ed. Timothy Druckrey (Cambridge: MIT Press, 1999), p. 8. 強調は引用者による。

（22）Sergei Eisenstein, "Notes for a Film of *Capital*," *October* 2, Summer 1976, p. 4.〔セルゲイ・エイゼンシュテイン「『資本論』映画化のためのノート」『エイゼンシュテイン全集』第四巻、エイゼンシュテイン全集刊行委員会、キネマ旬報社、一九七六年、二三〇頁〕

（23）Annette Michaelson, "Reading Eisenstein Reading *Capital*" (part one), *October* 2, Summer 1976, p. 27.

（24）Eisenstein, "Notes for a Film of *Capital*," p. 16.〔エイゼンシュテイン「『資本論』映画化のためのノート」『エイゼンシュテイン全集』第四巻、二三七頁〕

（25）Eisenstein, "Notes for a Film of *Capital*," p. 10.〔同前、二三四頁〕

（26）Michaelson, "Reading Eisenstein Reading *Capital*", p. 29.

（27）Eisenstein, "Notes for a Film of *Capital*," p. 8.〔エイゼンシュテイン「『資本論』映画化のためのノート」『エイゼンシュテイン全集』第四巻、二三二頁〕

（28）ほかにも数人の批評家たちが、マルクスのうちに異なる言説が存在していることを指摘してきた。たとえば、フランスの哲学者ルイ・アルチュセールにとってみれば、マルクスはふたつの明確な言説を利用している。すなわち、イデオロギーにかかわる言説と、科学にかかわる言説である。モーリス・ブランショは、マルクスのうちに第三の声を投影したのであり、「間接的なもの」と呼ばれる革命的言説が、先のふたつの言説と連続するかたちで併置されている。以下を参照のこと。Maurice Blanchot, "Les trois paroles de Marx," *L'Amitié* (Paris: Gallimard, 1971)〔モーリス・ブランショ「マルクスの例」海老坂武訳、『バタイユ・ブランショ研究』竹内書店、一九七二年、三〇二―三〇九頁〕マルクスのうちでテクストが三つの方向へと伸びて不調和になっている理論は、ジャック・デリダによって『マルクスの亡霊たち』のなかで擁護された。Jacques Derrida, *Specters of Marx* (New York: Routledge, 1994).〔ジャック・デリダ『マルクスの亡霊たち』、増田一夫訳、藤原書店、二〇〇七年〕ブランショとデリダはともに、マルクスのテクストがもつ多声的な性質を取り入れることを読者たちに訴えている。ブランショは次のように記している。「マルクスにおいては、そしてつねにマルクスに由来するものとしてあるのだが、発話にかかわる三種類の形式がかたちをなし、力を見いだすのがみられる。これら三つの形式のすべてが必然的なものであるが、分離されていて、対立以上のものであり、つまりは並置されているのである」(p. 115〔邦訳三〇五頁〕)。またはデリダが記すように、ブランショは読者に対して、「不揃いのもの自体を「ひとつに保持すること」について思考する」ように要請するのであり、「不揃いのものをひとまとめにするのではなく、わたしたち自身をそこへ押し出すこと、つまりは不揃いのもの自体がひとつに保持されていながら、脱＝節や離散、差異といったものが傷つけられることなく、他なるものがいかようにも発生することが打ち消されることもないようなところへと押し出すのである」(p. 29/34-35〔邦訳七六頁〕)。〔デリダの著書の邦訳では、「ブランショは、それらがわれわれに、まず第一に、不揃い〔disparate〕そのものを「一緒に保持すること」を考えるよう要請するだろうと喚起している。ただし、不揃いを一緒に保持することではなく、不揃いそのものが、脱-節や離散や差異を傷つけることも、他者の異質性を抹消することもなく、一緒に保持しているまさにその地点におもむくことを」となっている。〕

(29) Karl Marx, *Capital Volume 1*, trans. Ben Fowkes (London: Penguin, 1976), p. 916.〔カール・マルクス『資本論』第一巻第三分冊、四一九頁。以下『資本論』の邦訳は、岡崎二郎訳、大月書店文庫版、一九七二―七五年に基づき、原書巻数と文庫版巻数、頁を示す〕

(30) Karl Marx, *Capital Volume 3*, trans. David Fernbach (New York: Penguin, 1993), p. 953.〔マルクス『資本論』第三

巻第三分冊、三三〇頁〕

（31） Marx, *Capital Volume 1*, p. 103.〔マルクス『資本論』第一巻第一分冊、四一頁〕

（32） マルクスは生命力にかかわる数多くの異なる環境に関心を示しているが、しばしば自然に固着している。もっとも有名なマルクスによる自然についての定義は、それが自然発生的なものであるというものだ。以下を参照のこと。Marx, *Capital Volume 1*, pp. 202, 284, 485, 453, 471, 504, 604, 638, 645, 647, 621; Marx, *Capital Volume 3*, p. 487.〔マルクス『資本論』第一巻第一分冊、一九四頁、三一三頁、第一巻第二分冊、二三五頁、一八八頁、二一五頁、二六三頁、四一六頁、四六五頁、第一巻第三分冊一二頁、一五頁、第二巻第二分冊、四四〇頁、第三巻第二分冊、八九頁〕自然が自発的であるというのは、それが生産の外部にあるという、その特別な位置付けによるものである。自然は「物質的な基体」なのであって（Marx, *Capital Volume 1*, p. 133.〔邦訳第一巻第一分冊、八五頁〕）、物質的な実効性（価値上のものではない）を備えている（Marx, *Capital Volume 3*, p. 955.〔邦訳第三巻第八分冊、三三三—三三四頁〕）。さらにいえば、自然とは一種の寄贈物なのであり——「水、原生林で伐採された木材、そして鉱脈から取り出された鉱石」（Marx, *Capital Volume 1*, p. 284.〔邦訳第一巻第一分冊、三一三頁〕——「彼女の贈り物」（Marx, *Capital Volume 1*, p. 649.〔邦訳第一巻第三分冊、一七頁、この部分は邦訳では未訳出〕）を人間にとっての物質的な資源として差し出すのである。この意味において、自然は「絶対的な豊穣さ」をもち（Marx, *Capital Volume 3*, p. 954.〔邦訳第三巻第三分冊、三三九頁〕）、それが労働力によってただ利用されているにちがいない。これら生産の外部にある事例のすべてにおいて自然であるということは、自発的に生産されるということを意味している。『資本論』のなかでは種々雑多なかたちで（いくらか誤ったものでさえある）自然が利用されており、それはほかにも第一部に、ロビンソン・クルーソーによって自然状態を措定するところがあり、第三部ではふたたび、「欲求を満たすために自然を相手に奮闘しなくてはならない」「野蛮人」についての描写がある（Marx, *Capital Volume 3*, p. 959〔邦訳第三巻第三分冊、三三九頁〕）。自然はまた、人間の身体にとって自然なものである生物学的な本性＝自然という意味でもちいられてもいる。それはたとえば、人間が「一日あたりに多くの打撃を打ち出して、多くの歩数を歩き、多くの呼吸をし、多くの仕事を生産する」ことができるといった主張をしているときのことである（Marx, *Capital Volume 1*, p. 366.〔第一巻第二分冊、五三頁〕）。人間の本性＝自然はそれゆえ、「食事や衣服、採暖や住居といった、自然の欲求」と合致したかたちで定義されているのだ（Marx, *Capital Volume 1*, p. 275.〔第一巻第一分冊、三〇〇頁〕)。人間の本性＝自然という概念は、共同作業のあいだにひとはいかにして、また「彼の個体がもつ足枷をとりのぞき、その種としての能力を展開する」のがいつであるのかについて記述するときにもみられる（Marx, *Capital Volume 1*, p. 447.〔第一巻第二分冊、一七九頁〕)。彼はまた、自然という言葉を「本質において（in essence)」の同義語としてもちいてもいる。それはたとえば、「これらの生産の手段はそれ自体のうちで、それ自体にとって、その本性によって資本なのだ」と彼が記すときのことである（Marx, *Capital Volume 3*, p. 963.〔第三巻第三分冊、三四六頁〕)。そして最後になるが、彼は資本主義の歴史に対置される反＝本質主義的な歴史であるにしても、自然のことを歴史に取って代わるものとするのであり、それはたとえば、彼が次のように強調して主張するときのことである。「しかしながら、ひとつの事柄は明らかである。自然が、一方に貨幣や商品の所持者を生産し、他方でただみずからの労働＝力を所持する者を作り出すのではない。この関係性は自然史に何ら基盤をもつものではないのだ」（Marx, *Capital Volume 1*, p. 273.〔第一巻第一分冊、二九七頁〕)。

（33）マルクス主義の科学において、自然は極めて特別な地位を占めている。それは自然みずからの実名のことであるのだ。一方では、憎むべきフェティシズムの形式は、現実にある社会的な諸関係を自然化することにほかならない。しかし他方で、「自然」は世界に有用性に満ちた素材を与えることによって、ある種の前資本的なもの、生産力を超え出たものとして存在している。自然とは、社会的なものや歴史的なものといった概念、そしてマルクス主義にとって重要な鍵概念（超感覚的なであると同時に超個人的なものとして定義される社会的なもの）とまさしく文字どおりに対置されるものとして考えられてもいる。マルクスにとって社会の諸関係は、単に買い手と売り手の一対一の関係を意味するばかりか、より広範な「社会の結びつきのネットワーク」を意味しているのであり、そのネットワークは「人間というエージェントの管理＝制御を完全に超え出ている」のである。（Marx, *Capital Volume* 1, p. 207.〔マルクス『資本論』第一巻第一分冊、二〇一頁〕)

（34）Marx, *Capital Volume 1*, p. 198.〔マルクス『資本論』第一巻第一分冊、一八八頁〕

（35）Marx, *Capital Volume 1*, p. 207.〔マルクス『資本論』第一巻第一分冊、二〇一頁〕

（36）Marx, *Capital Volume 1*, p. 637.〔マルクス『資本論』第一巻第二分冊、四六五頁〕

(37) Marx, *Capital Volume 1*, pp. 461, 448-449〔マルクス『資本論』第一巻第二分冊、一九九頁、一八〇―一八二頁〕を参照のこと。

(38) Marx, *Capital Volume 1*, p. 644.〔マルクス『資本論』第一巻第三分冊、一〇頁〕

(39) Marx, *Capital Volume 1*, p. 517.〔マルクス『資本論』第一巻第二分冊、二八三頁〕

(40) これらの引用については以下を参照。Marx, *Capital Volume 1*, pp. 163, 227, 269; Karl Marx, *Capital Volume 2*, trans. David Fernbach (New York: Penguin, 1993), p. 495; Marx, *Capital Volume 3*, p. 960.〔マルクス『資本論』第一巻第一分冊、一三三頁、一三〇頁、二九一頁、第二巻二分冊二六七頁、第三巻第三分冊三四二頁〕

(41) Marx, *Capital Volume 1*, p. 129.〔マルクス『資本論』第一巻第一分冊、七八頁〕

(42) Marx, *Capital Volume 1*, pp. 138, 154.〔マルクス『資本論』第一巻第一分冊、九三頁、一一七頁〕

(43) Marx, *Capital Volume 1*, pp. 213, 226.〔マルクス『資本論』第一巻第一分冊、二〇八頁、二二七頁〕

(44) Marx, *Capital Volume 3*, p. 969.〔マルクス『資本論』第三巻第三分冊、三五五頁〕

(45) Marx, *Capital Volume 3*, p. 954.〔マルクス『資本論』第三巻第三分冊、三三一頁〕

(46) これらの引用については以下を参照のこと Marx, *Capital Volume 1*, pp. 302, 163, 176, 189, 255, 502, 503, 548.〔マルクス『資本論』第一巻第一分冊、三四〇頁、一三三頁、一五三頁、一七三頁、二七〇頁、第一巻第二分冊、二六一頁、二六二頁、三三一頁〕

(47) Marx, *Capital Volume 1*, p. 342.〔マルクス『資本論』第一巻第二分冊、一二頁〕

(48) Marx, *Capital Volume 1*, p. 416.〔マルクス『資本論』第一巻第二分冊、一三三頁〕

(49) Marx, *Capital Volume 3*, p. 731.〔マルクス『資本論』第三巻第二分冊、四九三頁〕

(50) Karl Marx and Friedrich Engels, *The Communist Manifesto* (New York: Signet, 1998), pp. 49, 57.〔カール・マルクス、フリードリヒ・エンゲルス『共産党宣言』、大内兵衛、向坂逸郎訳、岩波文庫、一九五一年、三七、四六頁〕

(51) Marx, *Capital Volume 2*, p. 427.〔マルクス『資本論』第二巻第二分冊、一五六頁〕

(52) 引用については以下を参照のこと。Marx, *Capital Volume 1*, pp. 292, 128, 181; Marx, *Capital Volume 2*, p. 489; Marx, *Capital Volume 1*, p. 229.〔マルクス『資本論』第一巻第一分冊、三二四頁、七七頁、一六〇頁、第二巻第二分冊二五

六頁、第一巻第一分冊、二三二頁〕

(53) Marx, *Capital Volume 1*, p. 128.〔マルクス『資本論』第一巻第一分冊、七七頁〕

(54) Marx, *Capital Volume 2*, p. 496; Marx, *Capital Volume 1*, pp. 287, 290.〔マルクス『資本論』第二巻第二分冊、二六八頁、第一巻第一分冊、三一七頁、三二一頁〕

(55) Marx, *Capital Volume 1*, p. 103.〔マルクス『資本論』第一巻第一分冊、四一頁〕

(56) Marx, *Capital Volume 1*, p. 677.〔マルクス『資本論』第一巻第三分冊、五七頁〕

(57) Marx, *Capital Volume* 3, p. 331.〔マルクス『資本論』第三巻第一分冊、三六九頁〕

(58) Marx, *Capital Volume 1*, p. 279.〔マルクス『資本論』第一巻第一分冊、三〇八頁〕

(59) Marx, *Capital Volume 1*, pp. 139, 149.〔マルクス『資本論』第一巻第一分冊、九四、一一〇頁〕

(60) Marx, *Capital Volume 1*, p. 176; Marx, *Capital Volume 2*, p. 141.〔マルクス『資本論』第一巻第一分冊一五三頁、第二巻第一分冊、一〇八頁〕

(61) Marx, *Capital Volume 1*, p. 167.〔マルクス『資本論』、第一巻第一分冊、一三八頁〕

(62) Marx, *Capital Volume 3*, p. 139.〔マルクス『資本論』、第三巻第一分冊、八七頁〕

(63) Marx, *Capital Volume 3*, pp. 516, 236.〔マルクス『資本論』、第三巻第二分冊、一三六頁、第三巻第一分冊、二三四頁〕

(64) Marx, *Capital Volume 3*, p. 969.〔マルクス『資本論』第三巻第三分冊、三五五頁〕

(65) フェティシズムとは、外観（appearance）という形式からの不運なかたちでの認識論的帰結である。フェティシズムとは、外観という形式がどのように考え抜かれたのかということである。フェティシズムとは、形式について読解し損ねるということである。それは現象の形式が生じていたことに気づき損ねたということであり、現象の形式を現実の物質と間違えるようになる傾向のことなのだ。脱自然化がフェティシズムと闘うマルクスにとっての主要な道具である以上、フェティシズムそのものは、自然化の一種として思考されなくてはならない。自然はフェティッシュと平行関係にあるのだ。『資本論』の理論的核心に位置づけられたフェティッシュは、マルクスにとって特別な機能を果たすものである。それゆえ、『資本論』が進むにつれて、フェティッシュが定義されるようになるのだ。第一巻では、フェティッシュ的なものが、グロテスクでいて超自然的なイメージ群によって読者へと紹介されるのであるが、第三巻の終わりまでに、フェティッシュ的なものはその「完成した形式」として（Marx, *Capital Volume* 3, p. 523.〔マルクス『資本論』第三巻第二分冊、一四八頁〕）、つまりはマルクスが自動的なフェティッシュと呼ぶものによって頂点に達するのである。

デリダはフェティッシュと亡霊とのあいだの関係性について興味深い注釈をしており、その関係性がはやくから（超）自然的な怪物と幽霊というカテゴリーにとって本質的なものであったことを示している。亡霊はフェティッシュの形式といくらか敵対的な関係に位置している。貨幣形式＝形態について、彼が記すには、「マルクスはつねに貨幣のことを、より正確にいえば貨幣記号のことを、見せかけやシミュラークルといった形象、さらに正確には幽霊という形象のもとで記述していた」（Derrida, *Specters of Marx*, p. 45〔デリダ『マルクスの亡霊たち』、一〇九頁〕）。貨幣と同様、亡霊には残されたものを呼び集める能力がある（帰ってきたもの（revement）＝幽霊や影）。デリダはまた、商品のフェティッシュがもつまなざしの能力についても着想してもいる（ベンヤミンの洞察とも似た方法で）。デリダが記すには、「この亡霊的な別の誰かがわたしたちを見ている（＝とかかわる）のであり、わたしたちはそれによって、なんら共時的ではなく、つまりはわたしたちの側から何かを見る以前に、またはそのような視線の彼方から、みずからがみられていると感じるのである。」（p. 6〔三〇頁〕）フェティッシュは、亡霊とほとんどおなじ方法で描き出されている。商品のフェティッシュにおける出現と消失との関係と同様に（例えば、使用価値についての現象の形式としての価値や、価値を使い果たし、消失し、それに気づくこととしての消費）、亡霊もまた、消失と再出現のあいだで独自の位置を占めている――それが経済である。亡霊と関連して、デリダは次のように記している。「失せし者＝亡き者があらためて出現するものとしての出現＝幻影そのもののなかに、消え失せてしまった何かがある」（p. 5〔二七頁〕）。粗野なマルクス主義者たちには魅力的ではない仕方で、デリダは実際のところ、フェティッシュの形式を特権化するのであり、というのも、脱構築が脱神話化されるよりもむしろ手付かずのままの方が役立つからである。

（66） Marx, *Capital Volume 1*, p. 127.〔マルクス『資本論』、第一巻第一分冊、七五頁〕
（67） Marx, *Capital Volume 1*, p. 128, 148.〔マルクス『資本論』、第一巻第一分冊、七八頁、一〇八頁〕
（68） Marx, *Capital Volume 1*, pp. 144, 143.〔マルクス『資本論』第一巻第一分冊、一〇二頁、一〇一頁〕

(69) Marx, *Capital Volume 1*, pp. 203, 260; Marx, *Capital Volume 3*, p. 379.〔マルクス『資本論』第一巻第一分冊、一九四頁、二七七頁、『資本論』第三巻第一分冊、四三八頁〕
(70) Marx, *Capital Volume 3*, p. 787.〔マルクス『資本論』第三巻第三分冊、六四頁〕
(71) Marx, *Capital Volume 1*, p. 682.〔マルクス『資本論』第一巻第三分冊、六五頁〕強調は筆者による。
(72) これは「コンピュータには戯言がわからない」イデオロギーと呼べるかもしれない。以下を参照のこと。Stewart Brand, "SPACEWAR: Fanatic Life and Symbolic Death among the Computer Bums," *Rolling Stone*, December 7, 1972, p. 58.
(73) Leopoldseder, "Forward," p. 6.
(74) Jonathan Crary and Sanford Kwinter, "Forward," *Incorporations* (New York: Zone, 1992), p. 13.
(75) Crary and Kwinter, "Forward," p. 13.
(76) Flusser, "Memories," p. 202.
(77) Peter Weibel, "The World as Interface: Toward the Construction of Context-Controlled Event-Worlds," *Electronic Culture*, ed. Timothy Druckrey (New York: Aperture, 1996), pp. 348, 349.
(78) Deleuze, *Foucault*, p. 93.〔ジル・ドゥルーズ『フーコー』、宇野邦一訳、河出文庫、二〇〇七年、一七一頁〕
(79) Norbert Wiener, *The Human Use of Human Beings: Cybernetics and Society* (New York: Da Capo, 1950), p. 12.〔ノーバート・ウィーナー『人間機械論　人間の人間的な利用　第二版』、鎮目恭夫、池原止戈夫訳、みすず書房、二〇一四年、七頁〕強調は筆者による。ウィーナーはまた、生命のことを環境の劣化に逆らう「局所的な飛び地」と言い表してもいる。p. 95.〔九九頁〕
(80) Wiener, *The Human Use of Human Beings*, p. 96.〔同前、一〇〇頁〕
(81) Wiener, *The Human Use of Human Beings*, p. 34.〔同前、三三頁〕チャールズ・ペゾルトは、コンピュータのハードウェアにかかわる科学者たちの多くがそうするように、次のように記している。すなわち、情報を保存する機械の能力は、「フリップフロップ」のスイッチに由来するものであり、これは瞬間ごとの状態を保存する論理回路の一種である。「フリップフロップ回路は情報を保持する、すなわち「記憶する」のだ……フリップフロップはシーソーのようなものである。一台のシーソーにはふたつの安定状態があり、その途中にある中間状態に長く留まることはない……フリップフロップは欠かせない道具である。それらは回路に記憶力を付け加えると、以前におこなったことについての歴史を与えるのだ。」〔同前、二〇三頁〕

(82) Wiener, *The Human Use of Human Beings*, p. 33.〔同前、三〇頁〕ウィーナーはまた、次のようにも記している。「機械のことを、その予想される行為の遂行よりも、実際に遂行されることにもとづいて制御することが、フィードバックとして知られるものである。」(p. 24.〔一九頁〕)

(83) Wiener, *Cybernetics*, p. 26.〔ノーバート・ウィーナー『サイバネティックス　動物と機械における制御と通信』、池原止戈夫、彌永昌吉、室賀三郎訳、岩波文庫、二〇一一年、七一—七二頁〕

(84) ほかにもおおくの者たちが、ウィーナーの足跡をたどってきた。コンピュータネットワークにかんする初期の理論家、研究者であるJ・C・R・リックライダーは一九六〇年に、彼が「人間=機械共生」と呼んだものについて記している。マーシャル・マクルーハンも、テクノロジーそのものが人間の神経システムの拡張にほかならないと主張していた。コンピュータの先駆者ダグラス・エンゲルバートは、テクノロジーが単に人間の能力を拡張したものになると考えていた。リックライダーとエンゲルバートによるテクストに関連したものとして、以下を参照のこと。Randall Packer and Ken Jordan, *Multimedia: From Wagner to Virtual Reality* (New York: Norton, 2001). ほかの理論家たちもまた、ダナ・ハラウェイのように、彼女がサイボーグと呼ぶものに人間と機械とを文字どおりのかたちで融合しようとしてきた。以下を参照のこと。Donna Haraway, *Simians, Cyborgs and Women* (New York: Routledge, 1991)〔ダナ・ハラウェイ『猿と女とサイボーグ　自然の再発明』、高橋さきの訳、青土社、二〇〇〇年〕

(85) Norbert Wiener, *Cybernetics Or Control and Communication in the Animal and the Machine*, (Cambridge, Massachusetts, 1948), p. 29.〔ウィーナー『サイバネティックス』、七六—七七頁〕

(86) Wiener, *Cybernetics*, p. 28.〔同前、七五頁〕

(87) 「出来事の偶発性〔邦訳では偶然性 contingency〕」についてより詳しくは以下を参照のこと。Wiener, *The Human Use of Human Beings*, p. 8.〔同前、三頁〕「可能性 (possibility)」と「分散 (distribution 分布)」へのウィーナーの関心は、物理学と統計学の領域を結びつけるギッブスの仕事に着想を得たものであり、これもまた前=プロト

コルの論理にもとづくものであった。(pp. 12, 8.〔六―七、一二頁〕)

(88) 「ロボット」の造語は、カレル・チャペックに帰されるものであり、「農奴」を意味するチェコ語に由来している。ロボットとそのほかの自動人形にかんして詳細は以下を参照のこと。Julien Offray de la Mettrie, *Machine Man and Other Writings* (London: Cambridge University Press, 1996)(ラ・メトリ『人間機械論』、杉捷夫訳、岩波文庫、一九五七年); Villiers de L'Isle Adam, *L'Eve future* (Paris: Fasquelle, 1921)〔ヴィリエ・ド・リラダン『未来のイヴ』、斎藤磯雄訳、創元ライブラリ、一九九六年〕; Raymond Ballour, "Ideal Hadaly," *Camera Obscura* no. 15 (Fall 1986); Annette Michelson, "On the Eve of the Future: The Reasonable Facsimile and the Philosophical Toy," *October* 29 (1984); Fritz Lang's *Metropolis* and the False Maria; Issac Asimov's three rules for robots; Jasia Reichardt, *Robots* (London: Thames & Hudson, 1978); John Cohn, *Human Robots in Myth and Science* (London: Allen & Unwin, 1976).

(89) C++(「シープラスプラス」と発音)は、ビャーネ・ストロヴストルップによって一九八〇年に開発された。ストロヴストルップの言語は、既存のC言語をもとにして作りあげられたものであり、これはそれよりも一〇年程前にブライアン・カーニハンとデニス・リッチーが記述した(彼らはそれ以前には、Bと呼ばれる劣ったヴァージョンについての仕事をおこなっていた)。

(90) Sherry Turkle, "Who Am We ?," *Wired*, January 1996, p. 149.

(91) Turkle, "Who Am We?," p. 149.

(92) 人工生命についてのコンピュータ・システムの事例としてはほかに、クレイグ・レイノルズによる「ボイド(boids)」とそれらの行動を統御する群生のためのアルゴリズム、またはラリー・ヤーガーの「ポリワールド(polyworld)」、マイロン・クルーガーの「クリッター(critter)」、そしてジョン・コンウェイの「生命ゲーム(game of life)」などがある。

(93) Tom Ray, "What Tierra Is." 以下のオンラインで入手可能。http://www.hip.atr.co.jp/~ray/tierra/whatis.html

(94) Tom Ray, "Beyond Tierra: Towards the Digital Wildlife Reserve." 以下のオンラインで入手可能。http://www1.univap.br/~pedrob/PAPERS/FSP_96/APRIL_07/tom_ray/node5.html

(95) Sanford Kwinter, "Introduction: War in Peace," in Branden Hookway, *Pandemonium: The Rise of Predatory

Locales in the Postwar Period (Princeton: Princeton Architectural Press, 1999), pp. 9-10. 強調は筆者による。

(96) 以下を参照のこと。Friedrich Kittler, *Discourse Networks, 1800/1900*, trans. Michael Metteer and Chris Cullens (Stanford: Stanford University Press, 1990).

(97) 現代のアーティストたちのおおくは、生命がまさしく字面通りの仕方で、メディウムになるのだと考えている。とりわけ、エドゥアルド・カッツ、CAE、バイオテック・ホビー・マガジン（ナタリー・ジェレミジェンコとヒース・バンティング）、オルランやステラークの作品を参照のこと。

(98) Gina Kolata, "A Vat of DNA May Become Fast Computer Of the Future," *The New York Times*, April 11, 1995, p. C1.

(99) *The New York Times*, cited in Timothy Druckrey, "Wild Nature, Free Radicals, and The Nerve Sell...," DEAF95 Symposium, November 24, 1995. 以下で閲覧可能。http://www.v2.nl/DEAF/persona/druckrey-txt.html

(100) 以下を参照。Donna Haraway, "A Cyborg Manifesto: Science, Technology, and Socialist-Feminism in the Late Twentieth Century," *Simians, Cyborgs, and Women* (New York: Routledge, 1991), p. 149.〔ハラウェイ「サイボーグ宣言　二〇世紀後半の科学、技術、社会主義フェミニズム」『猿と女とサイボーグ　自然の再発明』、第八章〕

第二部　プロトコルをめぐるいくつかの失策

第四章　制度化

インターネットには中心となるノードがまったくなく、最小限に中心化されたマネジメントの構造だけがある。それは標準設定のようなハウスキーピングのための二、三の機能に限られている。

――ポール・バラン「UHF周波数の不足は、自前でつくられた問題なのだろうか」

(Paper presented at the Marconi Centennial Symposium, Bologna, Italy, June 23, 1995.)


私たちが定義しているのはメカニズムであって、方策ではない。

――ティム・バーナーズ＝リー『Web の創生』

一九九四年四月一二日、インターネットという、プロトコルの論理にもとづく組織体は大規模な停滞を被った。暗黒の火曜日に、頼まれてもいない一通の商用電子メールのメッセージが、ユーズネット(Usenet)のシステム内のありとあらゆるニュースグループにむけて系統だって送信されたのであった。そのメッセージ[1]は、そうした商用の広告に抗ずるために情報ネットワークがもっていた慣例上の禁止を破ったのである。

スパムが誕生したのだ。加害者であるアリゾナの弁護士ローレンス・キャンターとマーサ・シーゲル[2]は、意見交換のための民主主義的で、プロトコルの論理にもとづいたシステムを、営利を目的とした勧誘のための一方向的で等質な道具へとうまい具合に変形したのであった。

ユーズネットについての略述は次のようになっている。

ユーズネットは、ネット上にある脱中心化した制御構造を端的に示す事例のいくつかを進化させてきた。ニュースシステムを制御する中心的な権威はない。新たなニュースグループを主要な話題の階層秩序に加えることは、民主主義の厳格なプロセスによって、つまりはユーズネットのグループである*news.admin*をもちいて新たなグループの創出を提案し、議論することで制御される。決められた期間内で、新たなグループについての提案と議論がなされた後であれば、電子メールアドレスをもつ誰もがその提案の賛否について電子メールで投票することができる。ニュースグループの投票で承認されれば、新たなニュースグループのメッセージは、ユーズネットのネットワークをかいして送信され、広められるのである。[3]

プロトコルの論理にもとづいた上記の盟約は、科学者と趣味人からなる広範で多様なコミュニティにこの時点まで育み守られてきた、ユーズネットの成長と運営のための開かれた伝送路（channels）についての概要を述べるものであった。だが、そうした盟約（covenant）は少数の違反行為によるスパム事件のなかで汚されてしまったのである。ユーズネット上の多くのグループからなる多様性は、一斉送信のダイレクトメールによって消し去られ、覆われてしまったのである。しかも、コンピュータだけが成し遂げることのできる徹底さをもって。先に述べたように、プロトコルは普遍的に採用されることを要請する。ユーズネットはプロトコルの論理にもとづく産物として、このために脆弱なものであるのだ。たとえ単一の集団であったとしても弱みを都合よく利用することができ、そしてウィルスのように、論理上の獰猛さをもってシステム中に伝播することができるのである。

第一部では、プロトコルが組織化をめぐる支配的な原理として分散型ネットワークにたいしどのような成功をおさめてきたのかについて記した。だが同時に、一九九四年四月一二日のスパム事件は、プロトコルがある意味で失策に陥ってしまった多数の事例があったことを示しているのである。ネットワークがもつ開放性はそのユーザーからねじり取られて、営利上の単一の目標にむかって注ぎ込まれていった。多数であったものが単一のものになったのである。偶発的で分離していたものが、指定された向きをもち、専有されるものになったのである。

プロトコルをめぐる諸々の失策は現代の生活の多くの場で生じている。たとえばそれは、国際的な資本主義と世界貿易機関（ＷＴＯ）の権勢から——ＷＴＯそのものは一九九九年にシアトルでおきた分散化され、プロトコルの論理にもとづいた抗議行動にひるんだ権力の中心のひとつではあるが——、マイクロソフトの一枚岩的な統制やそれとアメリカ合衆国司法省との戦いにまでおよんでいる（反マイクロソフトの活動は、正確に言えば、プロトコルをめぐる失策の失策である）。

失策という言葉で私が指摘しようとしていることは、プロトコルそのものの圏域内での失策ではなくて（それは本書第三部で取り組まれるものである）、マネジメントのダイアグラムとしてプロトコルが十全に開花することがないという類いの失敗である。つまり、このセクションは、プロトコルがいかにして動作しないのかではなく——というのもそれは、しっかりと動作するからだ——、プロトコルはそれ自身の圏域内のもとで純粋に動作することがいかに許されていないのかにかかわるものである。

ということで、本章は、官僚的で制度的な利害＝関心をめぐるコンテクストのなかで、いいかえればプロトコルと一見相反するかのようにみえるある種の現実のなかで、プロトコルが歴史においてどのような仕方で立ち現れてきたのかについて取り扱う。というのも、プロトコルは実際そんな具合に立ち現れてきたのだ（あるいは、本章の終わりに述べることになるように、ある意味、プロトコルは成功のために失策を犯すことが必要なのであり、いわば〔総合的な〕戦略上の成功を収めるためには〔個別の〕戦術上の失策が必要であるのだ）。ポール・バランの見立てでは、こうした利害＝関心のあり様はひとつの「最小限」のマネジメント構造となっているが、それらは他方において看過できないやり方でもってネットワークに影響を及ぼしてきたのである。専有をめぐる、そうでないとしてもその他の商業をめぐる利害＝関心（スパム事件からマイクロソフトまで、またその中間にあるすべてのもの）もまた、プロトコルにとっての重大な脅威とプロトコルの失策を代理表象しているのである。

現在まで、このトピックに関連する研究の大半は、法律や統治管理、企業制御などについての論点を介してプロトコルを取り扱ってきた。ローレンス・レッシグはこうした見地にいる重要な思想家である。そうであるので、本章で細部にわたってこのことを取り扱うことはしない。だが、ここでは行きがかり上、ひとつの発見法として次のように考えておこう。官僚的な利害＝関心については、完全に先行するまた異なった種類の制御のダイアグラムを課するという目的のために外側からプロトコルに迫っていくと考えることは可能である。その一方で、専有してしまおうという利害＝関心は、プロトコル自身がもつ爆発的なアーキテクチャを取り込んでいくものとして内側から到来するのである。官僚制度はプロトコルが痩せ衰えたものであり、対して専有はプロトコルが物象化したものである。デジタルコンピュータによるネットワークのなかでプロトコルを効果的に機能させることに対して、それらはともに重大な挑戦を表象しているのである。

こうも言ってみよう。もし人がプロトコルという装置の真なる部分について理解しようとするとき、本章は最も読むに値しないセクションである――また事実そうした理由から、最も重要なセクションなのである。本書の議論においては、官僚的な諸力と制度的な諸力（forces）は〔専有の利害＝関心と同じく〕一緒になってプロトコルがもつ管理＝制御の論理を反転させたものとなっているだろう。だからこそ、商業的な管理＝制御、組織的な管理＝制御、法的な管理＝制御、国家的な管理＝制御、あるいはそれらに類似した何らかのもの、そういった見地からわたしは、プロトコルの権力（power）を明確にしてきてはいないし、これからもすることはないであろう。プロトコルはどこか他のところ、つまり、テクノロジーそのものと、それをプログラムするやり方からその権限を得ているのである。

正確には、多くの人たちは、ICANN（the Internet Corporation for Assigned Names and Numbers）〔日本語では「アイキャン」とも呼ばれる。ドメイン名およびIPアドレスを配分するインターネット協会〕のような官僚的な組織がプロトコルと類似した意義をもつと信じている。なぜなら、そうした組織はネットを統制し制御しているからだ。しかし、事実は反対である。ICANNのような組織はプロトコルの敵である。というのも、そうした組織はテクノロジーの開かれた自由な展開を制限するからである〔この章まで第一章で語ったものより詳細なRFCについての議論を差し控えてきたのはこうした理由からである〕。

同様に、マイクロチップの分野におけるインテルによる市場独占、あるいはパーソナルコンピュータ用ソフトウェアの分野におけるマイクロソフトによる市場独占は、あるタイプのプロトコルを、つまりは広範な技法上の標準型（technical standards）を構成しているように多くの人の目にうつっている。しかし、またしても〔事実は反対なのであり〕、テクノロジーの専有からなる独占市場はプロトコルを反転させたものであり、あるいはプロトコルの敵となるのである。というのも、そうした独占市場は、営利企業などによって、外側から課されるものであり、技法としては不透明なものであり、中心からの制御がなされるものであり、配置されるものであるからだ。

ＲＦＣの編集者をながらく勤めたジョン・ポステルが述べるように、「私が考えるに、三つの要因がインターネットの成功に貢献している。その三つとは（１）プロトコルにかかわる文書の公開、（２）民間の機械にむけた無料の（あるいは安価な）ソフトウェア、（３）製造元には依存しないこと〔論理ストレージレベルで動作することでユーザーがハードウェア製造元に依存しないで済むようにすること〕である」[4]。商業上あるいは規制上の利害関心は、ポステルが言及した三つの要因と歴史的に衝突する傾向にあった。アメリカ電気電子技術者協会（ＩＥＥＥ）のような標準規格団体は、いかなる個別の営利企業にも拠らず、あるいは偏重しない標準型の公表をかならずおこなう（このことを達成するためにそうした団体が記述するのは、ある技術がどのように働くべきかであり、個別の商業製品あるいは特許技術に結び付けられるかもしれない、いかなる個別の設計の実装についてではない）。ゆえに、本章は予防薬以外のなにものでもない。ここでは、プロトコルがもつ十全な潜在力を制限する否定的な影響をあたえる作用のいくつかを扱うのである。

要するに、**プロトコル**は、制度、政府、そして企業の権力と重要な結びつきをもつにもかかわらず、**それらすべての外側で作用する、ひとつのタイプの管理＝制御の論理なのである**。

今日この時代にあっては、技法にかかわるプロトコルおよび標準型は、電気にかかわる技術者やコンピュータの専門家から広くは成り立っている科学者たちのうち、みずから手をあげた少人数の独裁者集団によって打ち立てられている。多くの専門団体やワーキンググループ、委員会また分科委員会を寄せ集めて構成することで、このエリートであるテクノクラートは、テクノロジーの進歩にむかって解決策を打ち出すという試みのために、大抵は自発的なかたちで仕事に励んでいるのである。エリートたちの多くは大学教授である。そのほとんどは、産業界のなかで働いているか、あるいは産業界となんらかのつながりをもっている。

このテクノクラート的な支配階級における会員の資格は、プロトコルそのものをめぐる哲学的営為と同じく開かれている。「なにかしら貢献すべきものがあるものは誰でも入会できるであろう[5]」と初期の参加者のひとりは記している。しかし、まず間違いないことであるが、参加に必要とされる技術上の知的素養というもののために、意思決定者からなる緩やかなコンソーシアムは、比較的同質の社会階級に陥ってしまいがちになっている。つまるところ、世界中の近代化された社会出身の、高等教育を受け、利他的な、リベラルな精神をもつ科学の専門家たちのことである。

さらに、世界中と書き記したものの、世界中というには程遠いところもある。最初の二五個ほどのプロトコルを創った人たちのうち三名――ヴィントン・サーフとジョン・ポステル、スティーブ・クロッカー――はすべて、ロサンゼルスのサン・フェルナンド・ヴァレーにある同じ高校の出身であった[6]。さらには、ポステルはRFCの編集者としての長い在職期間に、発表されることになるプロトコルのRFCのすべてが通過するたったひとりのゲートキーパーであったのである。インターネットの歴史を研究するケイティ・ハフナーとマシュー・ライオンは、この集団を「強く創造的で寝る間も惜しまず、一種独特で、でも善意に満ちたコンピュータの天才たちからなる臨時委員会だった」と記している[7]。

このコミュニティには部外者はほとんどない。ここでは専門家たちが主導権を握っているのだ。別の言い方をすると、インターネットは広漠な幅をもった様々なコミュニティによって日々使用されているのだが、この技術の中心で標準型を設計するひとびとは、技術エリートの仲間たちで確立された小さなグループなのである。このことの理由は、主として実践的なものである。「大半のユーザーはインターネットプロトコルの詳細について関心がない」とサーフはみてとっている。「ユーザーはシステムが働くことをただただ望んでいる[8]」。あるいはＩＥＴＦ〔インターネット技術特別調査委員会＝インターネット関連技術の標準規格化のための非営利組織）の前会長フレッド・ベイカーは私たちに次のことを思い起こさせている。「通常のユーザーはコードを書きはしない。（中略）要求が満たされるのであれば、ユーザーはそうした要求がどのように満たされているのかについて取り立てて気にすることはないのである」[9]。

それでは、誰がこれらの技法上のプロトコルを実際に書いているのか、それらのプロトコルがどこからやってきたのか、それらのプロトコルは現実の世界でどのように使用されているのか。プロトコルは、コンピュータとソフトウェアからなる豊穣ともいえる混合体で見出されるものであり、その混合体はサーバやルータ、そしてインターネットを可能にするその他の機械の大部分を構成している。こうしたコンピュータの肝要な部分であったのは、またいまでもそうであるのは、ユニックスを基本としたシステムである。またソフトウェアの枢要な部分は、ほとんどがCあるいはC++言語で書かれたものであったし、いまでもそうである。これらの要素のすべてがプロトコルの論理に基づいた技術として独自の歴史をもってきたのである。

ユニックスというOSは、ベル電話研究所でケン・トンプソンとデニス・リッチーらによって一九六九年の初めに開発された。またその開発は一九七〇年代の初頭まで継続されたのであった。OSの発表後、研究所の親会社であるAT&Tは、ユニックスを市販のソフトウェア製品としてライセンス化し、販売を始めた。しかし、様々な法律上の理由のため、その企業は「ビジネスとしてソフトウェアを追跡する意図はなかった」[10]と認めていた。ユニックスは事実AT&Tによって販売されたのだが、宣伝も技術もサポートもなく、ほかに何ら目立ったところもなく、ただ「そのまま」販売された。このことが一因となってユニックスは数々の大学によって広く採用されることになったのである。これらの大学はユニックスを、容易に実験や修正、改良をすることができる安価だが有益なOSとみていたのである。

一九七四年一月、ユニックスはカリフォルニア大学バークレー校に設置された。ビル・ジョイやほかの者たちは、ＢＳＤ（バークレーソフトウェア配布）として知られるようになったＯＳの副産物の開発に着手したのである。

ユニックスは大いに成功を収めた。というのも、それはネットワーク形成と密接な関係があるからであり、また基本となる交換の標準型を採用していたからである。「おそらく、ユニックスが拡散するなかで最も重要な要因とは、ネットワーク形成の成長であった」[11]とユニックスの歴史を検討するピーター・サルスは記している。一九八〇年代初頭までに、ＴＣＰ／ＩＰのネットワーク形成のためのプログラムの一式はＢＳＤユニックスのなかに含まれことになっていた。

ユニックスは開放性を念頭において設計された。そのソースコード――それはＣ言語で記述されているが、その言語も一九七一年から一九七三年の間に開発された――は容易にアクセスすることができるわけだが、それは、技法上の透過性をより高い程度で示すものとなっているのである。

Ｃというプログラミング言語が標準となっていくプロセスは、一九八三年に米国規格協会（ＡＮＳＩ）が「Ｘ３Ｊ１１」と呼ばれる委員会を設立することによって始まった。ＡＮＳＩの報告書は一九八九年に終了したが、その後、一九九〇年には国際的なコンソーシアムであるＩＳＯによって標準規格として承諾されたのである。[12]一九七九年に始められたのが、ビャーネ・ストロヴストルップによるＣ＋＋言語の開発であり、それはもともとのＣ言語にクラスという概念を加えたのである（事実、ストロヴストルップが新しい言語につけた最初のあだ名は「クラス付きのＣ」だった）。そのＣ＋＋言語をＡＮＳＩは一九九〇年に標準規格としたのである。

Ｃ＋＋は〔プログラム〕言語としてとてつもない成功を収めてきた。ストロヴストルップの回顧によれば「その広がりはそもそものはじめから世界規模のものであった」のだ。「その他の大半の言語よりも、それは問題を起こすことは少なく、より多くの環境に適したものであった」[13]。まるでプロトコルのように。

標準規格化と大規模な採用を経験したのは、コンピュータだけではない。長年にわたって、多くの技術が軌跡を辿ってきている。標準規格化の創出にかかわるプロセスとは、たくさんのあり様があったものの、ただ単に、市場で成功を収め経験してきた諸技術の認定プロセスであったということである。一例として、ＪＶＣによって〔松下とともに〕開発されたＶＨＳヴィデオ方式があるだろう。その方式は、家庭向けのヴィデオ市場においてソニーのベータマックス方式を押しのけたのである。ベータマックスは高画質の方式でヴィデオを保存するものであったため、一部の人たちから優れた技術とみなされていた〔都市伝説だ、と断言する技術者もいるのだが〕。だが、それとは引き換えに、ベータマックスのテープは長さが不足しがちだったのだ。ＶＨＳの販売が開始された一九七〇年代の終わりに、ＶＨＳのテープが可能とする録画時間は二時間に及んでいた。その一方で、ベータマックスはたった一時間しか提供できなかったのである。「一九七九年の半ばまでに、合衆国におけるＶＨＳの販売数はベータの二倍以上にもなっていたのである[14]」。ベータマックスの録画時間がＶＨＳに追いついたときには〔三時間へ〕、もはや市場での足場を失っていた。ＶＨＳは〔録画時間を〕四時間に、後には八時間にまで増長し、ベータマックスを返り討ちにしようとしていたのだ。

ベータマックスよりもＶＨＳを好んだのはポルノ産業にほかならず、それがために早くから多くの者たちがＶＨＳを採用したのであり、この形式が長く生き残ることになったのだ、と示唆する者もいる[15]。しかしおそらく、最も説得力のある議論は、競合他社にむけてＶＨＳ方式のライセンスを果敢に供与することも含んだＪＶＣの経済戦略を指摘するものである。ＪＶＣの行動はプロトコルの論理によく似たものだ。この企業は、ＶＨＳの技術仕様書を他の企業へとライセンス供与したのである。また、ＶＨＳテープのメーカーと小売業のために製造と販売供給のチェーンをすぐさま打ち立てもした。そのあいだに、ソニーはベータマックスを独占することで市場ポジションを強化しようとしていた。分析家の一人は次のように記す。

戦略上、偶発的に生じた初期段階における三つの差異はきわめて重要であった。第一にソニーは、ベータマックスのシステムに関して主要な共同出資者なしで進めていくことを決定したのだが、JVCはVHSをいくつかの主要な競合他社と共有した。第二にVHS関連企業のコンソーシアムは大きな生産設備を素早くつくることができた。第三に、ソニーはよりコンパクトなカセットを選んだのだが、JVCはVHS用に長い再生時間を選択したのであり、後者の方が大半の消費者にとってより重要であると判明したのである。[16]

JVCは低価格を維持し競合他社にライセンス供与をすることで、より大きなものとなったかもしれない利幅をあえて断念した。このことは市場占有率を高めるためであったのである。その理論的根拠は、標準規格を打ち立てることこそが何よりも重要なことであったということだ。JVCがその目標に到達するにつれて、標準規格を打ち立てることが競争相手をさらにうち負かすことになっていくという正のフィードバックループを創り出すことにつながっていった。

一つの方式が産業界における標準型となるためにいかにすれば別の方式に打ち勝つことができるのかという点にかんして、VHSとベータマックスの話は商業セクターからの好例であるだろう。この事例が興味深いものであるのは、プロトコルの論理にもとづいた行動（たとえ競合者に与えることになるとしても、自分の技術を広範囲で分配するという行動のこと）が専有にかかわる行動にしばしば勝ることを示すからである。インターネットに関わるプロトコルというものは、それらが専有をめぐる市場の力

（force）の結果をかいしてではなく、自由な交換および議論を広範囲に開いたかたちで導いていくことによって産業界の標準型になっていくというその度合いにおいては、同じように方法で機能するものである。ＶＨＳの場合と正確に同じというわけではないが、にもかかわらず、その類似性（analogy）は有効である。

ヴィデオ方式をめぐる企業間でのこの種の小競り合いは、ＤＶＤの到来によって世界の舞台から実質上消滅してしまった。この新たな方式は業界の先導者たちの合意をつうじて達成されたものであるため、ＶＨＳとベータマックスがそうであったように、なんらかの類似した技術による直接的な競争に悩まされることはない。そのような合意は、技術標準を決定するために現在の世界中のあちこちで用意されている大多数のプロセスを特徴づけるものである。

今日の技術標準の多くはＩＥＥＥ（「アイ　トリプル　イー」と発音される）に帰属させることができる。一九六三年にＩＥＥＥは二つの専門的な団体の合併をつうじて創設された。その団体とは、一八八四年五月一三日にニューヨークで（トーマス・エジソンが含まれたグループによって）設立されたアメリカ電気学会（ＡＩＥＥ）と、一九一二年に設立された無線学会（ＩＲＥ）であった[17]。今日ＩＥＥＥは一五〇カ国で三三万人以上もの会員を有している。それはあらゆる分野のなかで世界最大の専門団体である。ＩＥＥＥは、技術の進歩にかかわる知を循環させ、賞の授与をつうじて個人の達成を識別評価し、新たな技術に対して技術標準を設けていくことを仕事としている。この意味でＩＥＥＥは、世界で最大級かつ最重要の、プロトコルの論理にもとづいた団体であるといえる。

ＩＥＥＥがもつ通信学会（Communication Society）は、多くの分科会やサブグループ、委員会から構成されており、コンピュータによるネットワーク形成とむきあうおそらく最も興味深い領域であろう。そこでは、デジタル加入者線（DSLs）やワイヤレステレフォニー（携帯電話からインターネットに接続することおよびその技術）を含むデジタル通信に共有される多くの領域で標準規格を打ち立てることがおこなわれている。

ＩＥＥＥによる標準規格はしばしば国際的な標準規格にもなる。諸々の例として、ネットワーク通信プロトコルを統御する「８０２」というひとそろいの標準規格がある。これらにはイーサネット[18]（今日使用されている最も一般的なローカルエリアネットワークのプロトコル）やブルートゥース、Wi-Fi などにむけた標準規格も含まれる。

「ＩＥＥＥは通信技術の開発において重要な因子となってきている[19]」とポール・バランは認めたのであった。実際のところ、インターネットを最後には産みだすことになるバラン自身の諸理論は、バラン自身が雇われていたランド研究所から発表されるとともに、ＩＥＥＥのコミュニティ内でも発表されたのであった。

合衆国内で効力をもっているのは、アメリカ国立標準技術研究所（ＮＩＳＴ）とＡＮＳＩという団体である。一〇〇年の歴史をもち、以前は国立標準局として知られたＮＩＳＴは、科学技術上の標準規格を開発し促進する連邦政府の機関である。政府機関であって職業団体ではないので、そこには本来的に会員がいない。それは規制や監督にかかわる機関でもない。法の施行をすることもなければ、あるいは採用されることが必須となるような強制力をもつ標準規格を打ち立てることもないのである。その予算の大部分は、ＮＩＳＴの研究所と同様に多様な外部関連（outreach）プログラムを支援することに注ぎ込まれている。

以前は米国標準協会と呼ばれていたＡＮＳＩは、合衆国内で標準規格を創出するプロセスを集めそして調整する責務を担っている。この協会はＮＩＳＴと対になった民間部門である。ＡＮＳＩは標準規格それ自体のいかなるものも創り出すことはしないが、当該分野で連邦政府から認可を受け、技術標準を開発している組織にとっての水路である。認可を受けた標準規格の開発者は、利害関係を持つすべての人たちにたいして開発のプロセスを公開し、そのプロセスが公平に行き渡るようにしておくために用意された一連の規則を遵守しなければならない。それゆえ、提案された標準規格が正式に採用されるよりも前の段階で、その標準企画開発をおこなっている最中の組織によってそれらの規則が遵守されていたかどうかをＡＮＳＩは検証するのである。

ＡＮＳＩはまた、合衆国のための国家標準規格にかんする戦略を明確化するという責務を果たす。この戦略のおかげで、ＡＮＳＩは合衆国の利害を代表して国際舞台で主張をすることもできるのである。ＡＮＳＩは諸々の標準規格をアメリカ合衆国の国家標準として認可することができる唯一の組織なのだ。ＡＮＳＩの規則の多くは標準規格の開発プロセスにおいて整合性や質を維持するためのものであり、公開性と透明性の原則を中心に展開している。ゆえに、それらのルールはプロトコルについてすでに語ってきたことの多くと一致するものである。ＡＮＳＩは次のように記している。

・決定は、効力が及ぶ（affected）人たちの間での**合意**をかいして下される。
・参加は、効力が及ぶ（affected）利害関心を有する人全員に**開かれている**。
・プロセスは**透明なもの**である――プロセスと進展にかんする情報は直接入手可能である。
・そのプロセスは**柔軟なもの**であり、異なる方法論を用いたとしても様々な技術部門と生産部門の要求を満たすことができる[20]。

合意にもとづき、公開され、透明性をもち、柔軟であることに加え、ＡＮＳＩの標準規格は、自由な意志にもとづくものでもある。そのことは、ＮＩＳＴ同様に、法律によって標準規格を採用するようには誰であれ縛られてはいないことを意味している。市場（market place）においての自発性に基づく採用は、標準規格をめぐっての最大の試金石となる。標準規格は、新しい優れた技術の出現あるいは単純に時間の経過によって消えてしまうものかもしれない。自由な意志で参加することが前提とされた標準規格には、多くの利点がある。標準規格の実装を産業に強制することはないので、成功の重責は市場にかかっているのだ。そして事実、市場で実績のある成功は概して、標準規格の創出に先立つものである。その行動は創発＝発生するものであり、強要されるものではない。

国際舞台では、ほかにもいくつか標準規格の組織が重要となる。国際電気通信連合（ＩＴＵ）は、ラジオや遠距離通信に重点を置いており、音声電話技術や通信衛星、データネットワーク、テレヴィジョン、かつての電信が含まれている。一八六五年に設立されたＩＴＵは、世界最古の国際組織である。

国際電気標準会議（ＩＥＣ）は、磁気学や電子工学、エネルギー生産を含む電気技術時代の国際的な標準規格を用意し、公表している。これらの標準規格は、ねじ筋から品質管理システムまであらゆるものに及んでいる。ＩＥＣは国レベルの複数の委員会から構成されているのだ（合衆国を代表する国家委員会はＡＮＳＩによって運営管理されている）。

もうひとつの重要な国際的な組織はＩＳＯ、または国際標準化機構として知られているものである[21]。ＩＥＣのように、ＩＳＯは電気技術の分野から生じ、「産業の標準規格を国際的に調整し統一化することを促進する」ため第二次世界大戦後に結成された[22]。本拠地はジュネーブにあるが、それは一四〇を超える国別標準団体の連盟であり、アメリカのＡＮＳＩやイギリス規格協会（ＢＳＩ）を含んでいる。その目標は供給側にとって中立的な技術標準を打ち立てようとすることである。他の国際団体のように、ＩＳＯが採用した標準規格は世界規模で認められている。

また、他の標準規格団体のように、ＩＳＯは合意形成のプロセスをかいして標準規格を開発する。その標準規格は自由な意志による参加にもとづいており、ゆえにＩＳＯ標準規格の採用は、市場の力によって大きく左右される（政府の統制による命令に対応して実装される強制的な標準規格とは対置される）。ＩＳＯの標準規格は、ひとたび打ち立てられると、大規模なかたちで市場へ浸透することができる。たとえば、フィルム速度のためのＩＳＯ標準規格（一〇〇、二〇〇、四〇〇など）は数百万人の消費者によって世界規模で用いられているのだ。

はるかに広い範囲で重要性を及ぼすもうひとつのＩＳＯ標準規格は開放型システム間相互接続（ＯＳＩ）の参照モデルである。一九七八年に開発されたＯＳＩ参照モデルは、ネットワークの活動すべてを七つの抽象化された層に分類するための技法である。各層は、第一章で述べたように、ネットワーク化されたコミュニケーションの背後にあるテクノロジーの異なったセグメントを記述するものだ。

第七層　アプリケーション層
第六層　プレゼンテーション層
第五層　セッション層
第四層　トランスポート層
第三層　ネットワーク層
第二層　データリンク層
第一層　物理層

この分類は、標準規格化のプロセスを完全に区別されたエリアの活動に組織することを助け、これらのデータネットワークの標準規格を創り出す者たちから高い信頼を得ている。

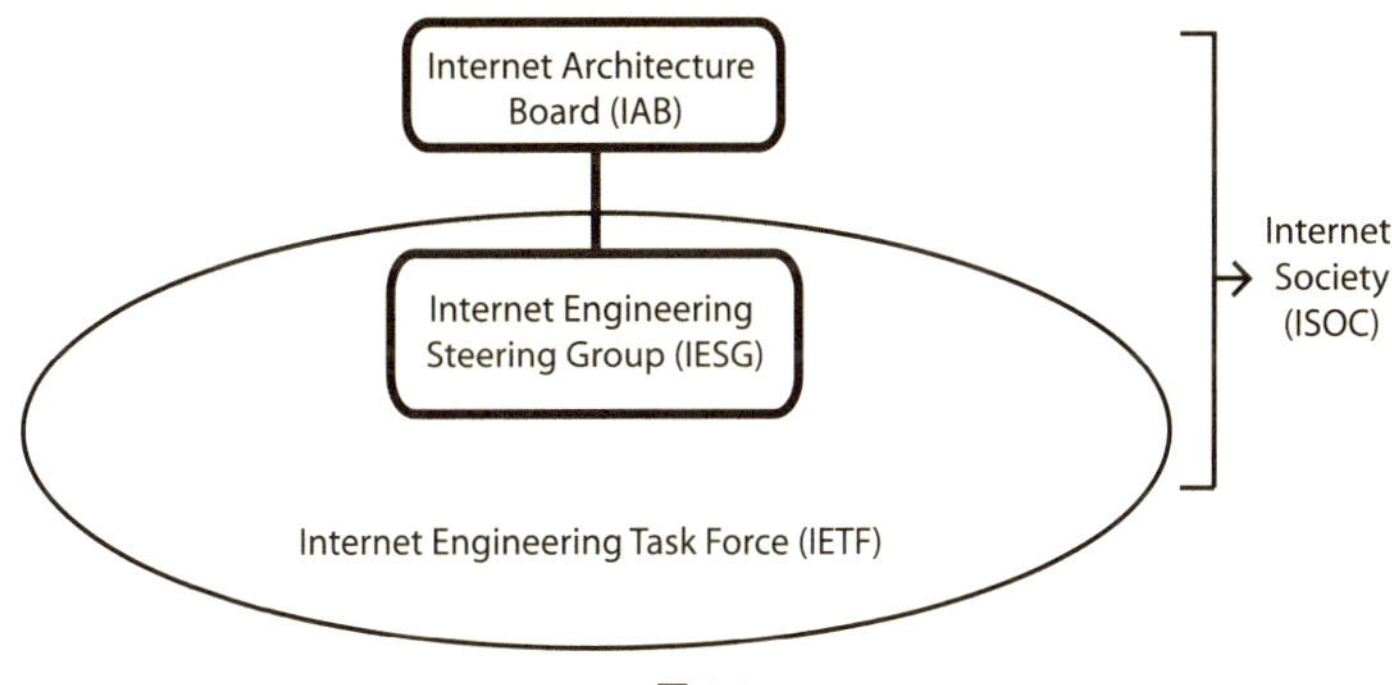

図 4-1

一九八七年にＩＳＯとＩＥＣは、両者の仕事のいくつかが重なり合い始めていることを認めた。そこで両者はひとつの制度上の枠組みを打ち立て、それらの仕事の調整に役立てることを決定し、また第一合同技術委員会（ＪＴＣ１）と呼ばれる情報技術を扱うための合同委員会を組織した。ＩＳＯとＩＥＣはともに、ＪＴＣ１に参加するばかりか、たとえばＩＥＴＦなどインターネットに関連する様々なコンソーシアムからの連携にも参加している。ＩＴＵの会員とＩＥＥＥの会員、そして他の標準規格団体からの会員もまたここに関与している。それぞれの会員は、組織間のコミュニケーションを密にして色々な標準規格団体のあいだでおこる不必要な提案を減らしていくため、いくつかの異なる標準規格団体を横断していくつかの委員会に出席することがあるし、あるいは出席可能な権利を行使した会員としてただ出席することもある。ＪＴＣ１の委員会はオフィス機器からコンピュータグラフィックまであらゆるものに関心を向けている。最新の委員会のひとつはバイオメトリクスにむけたものである。

ＩＳＯやＡＮＳＩ、ＩＥＥＥまたその他の標準規格団体のすべては、長い歴史をもち、侮りがたい官僚主義を伴なった、しっかりと確立された組織である。他方、インターネットはそのような形式性の尊重について久しく懐疑的であったたし、標準規格の創出についてはより雑然と、場当たり的な姿勢をとっていた[23]。本章の残りの部分ではこうしたコミュニティや、それらが作り出したプロトコルの資料に焦点を当てていく。

四つのグループが、インターネットの標準規格化を担当する組織上の階層秩序をつくりあげている。それらのグループとは、インターネット協会、インターネットアーキテクチャ委員会、インターネット技術運営グループ、インターネット技術特別調査委員会、である[24]。

一九九二年一月に創立されたインターネット協会は専門家たちによる会員制の協会である。その協会は他の三つのグループの統括団体となる。その使命は「世界中のすべての人の利益のためにインターネットに関わる開かれた開発や展開、利用を保証すること」にある[25]。その協会はインターネットのプロトコルおよび標準規格の円滑な開発をすすめるのである。ＩＳＯＣは、標準規格を作成するプロセスに会計上および法律上の独立性を提供し、その結果、アメリカ合衆国がかつて行っていた庇護からこの活動を引き離すことになっている。

もともとかつてはインターネット活動委員会（Internet Activities Board）と呼ばれていたインターネットアーキテクチャ委員会（ＩＡＢ）は、ＩＥＴＦの会員によって推薦され、会員内のメンバーで構成された一三人の会員からなる、中核を担う委員会である[26]。ＩＡＢはＩＥＳＧ（後述）による任命についての再調査、ネットワークプロトコルのアーキテクチャの監督、標準型を創出するプロセスの監督、要請の聞き取り、ＲＦＣ編集業務の監督、その他の雑務を行っている。ＩＥＴＦは（長期間にわたる研究トピックに焦点を合わせるインターネット特別研究委員会と同じく）そのＩＡＢの援助の下にある。現実に承諾されたプロトコルはたいてい、ＩＥＴＦ内（あるいはもっと小規模の設計チームで）に由来するものである以上、ＩＡＢは主として監督局である。

ＩＡＢの支配下には、インターネット技術運営グループ（ＩＥＳＧ）がある。これはＩＥＴＦのうちで技術的活動を援助し管理運営するインターネット協会の委員会のひとつである。ＩＥＴＦでのさまざまな調査研究領域の管理者全員は、この舵取りとなるグループの一部となる。

このコミュニティ全体の根幹となるのがＩＥＴＦである。ＩＥＴＦは中核となる領域であり、プロトコルをめぐる大半の新提案がそこで始まる。数千人のひとびとがＩＥＴＦに関与しており、ほとんどはメーリングリストによるものだが、直接対面する会議が開かれることもある。その委員会自身の言葉を借りれば、「インターネットとそのテクノロジーのエンジニアリングと進展のために、技法やその他にかかわる貢献をおこなうひとびとが自分たちでつくった緩やかなグループである[27]」。あるいは別の箇所では「インターネット技術特別調査委員会は開かれた大域的なコミュニティであり、それを構成するネットワークにかかわるデザイナーやオペレーター、販売人、研究者は、インターネットのアーキテクチャを進化させ、インターネットを円滑に作動させる技術仕様を産み出しているのである[28]」。

ＩＥＴＦは次のＲＦＣのなかで最も的確に定義されている。

・「ＩＥＴＦの心得（Tao）。インターネット技術特別調査委員会への新規参加者にむけた案内書」（RFC 1718, FYI 17）
・「ＩＥＴＦの定義」（RFC 3233, BCP 58）
・「ＩＥＴＦの行動指針（Guidelines for Conduct）[29]」（RFC 3184, BCP 54）
・「インターネットの標準規格のプロセス　第三版改訂」（RFC 2026, BCP 9）
・「ＩＡＢおよびＩＥＳＧによる選択と確証（confirmation）、呼び戻し（recall）のプロセス：推薦委員およびリコール（recall）委員のオペレーション（operation）」（RFC 2727, BCP 10）
・「ＩＥＴＦによる標準規格のプロセスに関与する組織体・団体」（RFC 2028, BCP 11）

これらの文書が記述することは、ＩＥＴＦがいかにして標準規格を創出するのかということ、そしてまた、コミュニティ全体そのものがいかにして設立され、いかにして行動するのか、ということでもある。

ＩＥＴＦは本章で言及された組織体すべてのなかでも、官僚主義からはもっとも遠いものである。事実、それはまったくもって組織ではなく、むしろ形式ばらないコミュニティなのである。厳格な内規あるいは公式の役員（formal officer）もない。それは企業（非営利であろうがなかろうが）ではないし、だからこそ取締役会をもたない。標準規格を創出する団体としてなんら強制力をもたないし、いかなる条約（treaty）あるいは憲章（charter）によっても承認されるものではない。そこには会員が一切いないし、だからその会合は誰にでも開かれているのだ。ＩＥＴＦでの「会員」は、個人の参加をつうじて単純に評定されるのである。もし電子メール経由で参加する、あるいは会合に出席するのであれば、あなたはＩＥＴＦの会員なのである。すべての参加者は無所属の個人として作業するのであり、他の組織あるいは販売店の代表者としてではない。

ＩＥＴＦはトピックごとに様々なワーキンググループ[30]に分割されている。各ワーキンググループが焦点を合わせるのは、ひとつないし複数の争点の場合もあるし、グループ内で合意をとることが意図されている場合もある。他の標準規格団体によって創出されたプロトコルのように、ＩＥＴＦのプロトコルは自発性にもとづく標準規格である。誰もが実際にＩＥＴＦのプロトコルを採用するべきだといった技法上のあるいは法律上の要請はまったくない[31]。

インターネットの標準規格を打ち立てるプロセスは漸進的で、慎重な検討と協議を要し、その上でなされる。ＩＥＴＦによって産み出されたどのようなプロトコルも、「標準規格化トラック」と呼ばれる一連の段階をふむのである。標準規格化トラックは当該の文書を大規模な相互評価を受けさせ、ＲＦＣ

覚書そしてゆくゆくはインターネットの標準規格に育てていくこととなる。「インターネットの標準規格を創出するプロセスは込み入ったものではない」とそこには記されている。「ひとつの仕様は一定期間の開発を経て、インターネットのコミュニティによる再調査と実験にもとづいた改訂とが何度もくりかえされる。そしてその仕様は、適切な団体によってひとつの標準規格として採用され……、公表されるのだ[32]」。

スペック仕様書の暫定版が、インターネット原案文書（Internet-draft documents）というかたちでＩＥＴＦから求められるものとなるのだ。誰もがインターネット原案文書を投稿することができるということだ。それらの文書は決して標準規格ではなく、それ自体で引用されることも、いかなる販売店によって実装されることもあってはならないものである。それらはいまだ仕掛かり状態の作業であり、再調査と改訂を受けるのだ。面白みがないあるいは不必要だとみなされると、それらの文書は六ヶ月という有効期限の後にただ消えていくのみである。それらはＲＦＣではなく、番号を与えられることもない。

インターネット原案文書が必要な改訂をくぐり抜け、重要だとみなされる段となれば、ＩＥＳＧに示され、標準規格化トラックへと推挙される。ＩＥＳＧが同意すれば（またＩＡＢが承認すれば）、その後に仕様はＲＦＣの編集者に引き継がれ、将来の公表にむけて順番待ちの状態になる。この時点になると身びいきがときに危険なものになる。古くからの友人がつくるグループ（network）がそうであるように、彼ら、――ＲＦＣの編集者やＩＥＳＧの編集者、ＩＡＢの編集者――が、インターネット草案文書（Internet-Draft document）が上程されるのか、そうではないのかということを完全に制御しているからだ。

標準規格化トラックでの実態的（actual）な諸行程（stages）は次の通りである。

1　**標準規格のプロポーサル**。あらゆる仕様にとっての正式な入り口が、ここでは標準規格のプロポーサルとして存在している。これはＲＦＣのプロセスの始まりである。ＩＥＳＧはＲＦＣの編集者を経由してインターネットドラフトをこの水準に引き上げるための権限をもつ。事前に現実世界で実装されることが標準規格の提案にたいして求められることはいっさいないが、これらの仕様が、十分に定式化され、実装可能になっていることが一般的には期待されている。

2　**標準規格の原案**。諸々の仕様は、現実世界のアプリケーションのうち少なくともふたつの「独立しかつ相互運用が可能な」ものに実装された後、標準規格の原案という水準にまで引き上げられることができる。標準規格の原案という水準にある仕様は比較的安定していて、理解しやすいものでなければならない。細かな改訂は標準規格の原案にとってよくあることだが、この水準以降は実質的な内容にかかわる変化が望まれるようなことはあってはならない。

3　**標準規格**。幅広く実装され、たしかな実績を持つことで頑強なものとなった仕様は、標準規格の水準まで引き上げられ得る。これらの仕様は、公式のインターネット標準規格とみなされ、また「ＳＴＤ」というＲＦＣの下位系列で新たな番号を付与される（それだけでなく、ＲＦＣの番号を保持してもいる）。標準規格の合計数は比較的少ないものである。

すべてのＲＦＣが標準規格であるわけではない。多くのＲＦＣは、その本性からして情報にかかわるものであったり、実験的であったり、たんに歴史的であったり、はてはユーモラスなものであったりさえする。[33] さらには、すべてのＲＦＣが成熟した標準規格であるわけでもない。それらのＲＦＣは、いまだ成熟するというには遠くおよばないものであるだろう。

インターネット標準規格のための下位系列ＳＴＤに加え、ほかにふたつのＲＦＣ下位系列に特別な注意が必要となる。現時点における最善の実践／ベストカレントプラクティス（ＢＣＰ）文書と、ＦＹＩとして知られる情報にかかわる文書のことである。

プロトコルにかかわる新たな技術仕様の各々は、ＲＦＣの番号1111にある「ＲＦＣにかんするＲＦＣ――ＲＦＣの執筆者への指示」にしたがって原案が作成される。RFC 1111には、あらゆるＲＦＣの原案を作成するための指針やテキストの書式設定、その他のものを明記してある。同様に、「F. Y. I. にかんするF. Y. I.――F. Y. I. の注釈への導入」と題されたＦＹＩ１（RFC 1150）は、ＦＹＩシリーズにむけた一般的な書式設定の問題点についての概略を述べている。そのほかのメモでは、ＳＴＤやその他の文書や、インターネット原案／インターネットドラフトの作文方法について案内している。インターネットの標準規格の原案を作成するうえで有用な情報は、RFC 2223や2360のなかで見つけることができる[34]。

標準規格化トラックが可能にするものは高い水準にある適正手続きである。公開性や透明性、公正性はすべて、標準規格化トラックがもつ美点である。広範囲にわたる公開討論は当然のことだろう。いくつかのＲＦＣはきわめて重要である。RFC 1122と1123は、インターネットへの接続を望むいかなるコンピュータも守らなければならない標準規格のすべてにかかわる概要を述べている。「技法をめぐる非常に多くの経験と知恵についての合意[35]」を表することで、これらふたつの文書は、電子メールやファイル転送にはじまり、ある場所から別の場所へと実際にデータを移すＩＰのような基本となるプロトコルまでのすべてのことについて概要を述べている。

ほかのＲＦＣは単一の技術についての技法上の詳細を入念に説明している。一九八一年九月に発表されたRFC 791とRFC 793は、今日に存在しているようなＴＣＰ／ＩＰというインターネットプロトコル一式の創出において核心部分となるふたつの文書である。一九七〇年代の初めに、ＤＡＲＰＡのロバート・カーンとスタンフォード大学のヴィントン・サーフは、異なったコンピュータネットワークの相互通信にむけた新しいプロトコルの創出を共同で行った。一九七三年九月、彼らはブライトンにあるサセックス大学で自らの着想を発表すると、その後すぐに「パケットネットワーク相互通信のためのプロトコル」を書き終え、この論文は翌年IEEEによって公表されることになった。同年、ヴィントン・サーフとヨーゲン・ダラル、カール・サンシャインは「インターネット伝送制御プログラムの技術仕様」（RFC 675）を発表しているが、それはTCPの詳細を初めて文書化したものであった。RFC編集者ジョン・ポステルやその他数人はプロトコルの最終的な設計を助けている[36]。この新しいプロトコルは最終的には、TCPおよびIPからなるふたつの部分をもつシステムへと一九七八年に分けられることになっただろう（以前の章で言及したように、TCPは接続を打ち立て、パケットが送り届けられたかどうかを確かめることを担う、信頼性のあるプロトコルであり、対してIPは、ひとつの場所から別の場所へとパケットを移動させることにだけ関心をむける、接続自体にはかかわらない（connectionless）プロトコルである）。

最後にもうひとつ、プロトコルの創出という文脈において言及するに値する技術とはワールドワイドウェブがある。ウェブはその大部分がひとりの男の努力から出現した。その男とはイギリスのコンピュータ科学者ティム・バーナーズ＝リーである。ウェブの開発プロセスのなかで、バーナーズ＝リーはHTTPおよびHTMLの双方を作成記述した。それらが形成するのは、ウェブページを伝送し表示する際にサーバとブラウザによって今日幅広く使用されるプロトコルの核となる一式である。彼はまた、統一資源識別子（URI）と呼ばれるウェブアドレスを作り出しもした。今日使用される「URL」はその変種となるものであり、ウェブ上のどのような資源／リソースでも突き止めることができる簡潔で直接的なやり方なのである。

そのことをバーナーズ＝リーはこう記述している。

その技は、コンピュータが他のコンピュータと通信できるようにする「プロトコル」についてのごく少数の基本的な共通する規則を定義するためのものであった。あらゆる場所にあるすべてのコンピュータが会話をするとき、そのシステムは破綻するのではなく、どんどんと成長していく、といった方法でプロトコルの規則を定義する必要があったのである。ウェブにとって、そうした要素を重要度の順でいえば、統一資源識別子、ハイパーテキスト転送プロトコル（HTTP）、ハイパーテキストマークアップ言語（HTML）である。(37)

それゆえ、他のプロトコルの設計者のように、バーナーズ＝リーの哲学は相互運用のための標準型となる言語を創り出そうとするものであった。彼の言語を採用することで、コンピュータはファイル交換を可能にしただろう。彼は続ける。

ウェブの設計について人びとが理解をしようとするさいにしばしば困難に陥ることは、URIやHTTP、HTMLのほかには何もないということであった。ウェブを「管理＝制御する」いかなる中心となるコンピュータもないし、これらのプロトコルが働く固有のネットワークといったものもなければ、そもそもどこにもウェブを「運営する」組織はなかったのである。ウェブはある「場所」に存在する物理的な「モノ」ではなかった。それは情報が存在することのできる「空間」であったのだ。(38)

このことはプロトコルにかかわる他の科学者の意向に則しているものでもある。その意向とは、情報‐空間が、中心化された行政管理あるいは管理＝制御がまったくないネット上に存在するというものである（しかし、私が指摘してきたように、中心化された管理＝制御の欠如が管理＝制御それ自身の欠如を意味すると推論すべきではない）。

最終的にバーナーズ＝リーはＩＥＴＦに自身の着想を持ち込み、そして「ＷＷＷにおける統一資源識別子」（RFC 1630）を一九九四年に発表した。この覚書が記述するものは、ウェブ上での使用にむけてＵＲＩを創出しデコーディングするための正しい技巧である。しかし、バーナーズ＝リーは認めていた。「ＩＥＴＦのルートは作動しているようではなかった[39]」と。

代わりに彼はワールドワイドウェブ・コンソーシアム（Ｗ３Ｃ）と呼ばれる別の標準規格のグループを一九九四年一〇月に設立した。バーナーズ＝リーは回顧する。「コンソーシアムがＩＥＴＦのプロセスと同じような公開されたプロセスで、それでいて、もっと迅速で効率よく運営されることを、私は望んでいた。（中略）ＩＥＴＦと同じように、Ｗ３Ｃは技術仕様を公開して開発していくことであろう。ＩＥＴＦとは異なり、Ｗ３Ｃは、必要に応じてコードを設計し開発するのを助ける小数の常勤職員を擁することになる。産業界のコンソーシアムと同じように、Ｗ３Ｃは数百万人の開発者や研究者、ユーザーがもつ力と権威を示すであろう。そしてコンソーシアムがもつ会員の研究機関のように、Ｗ３Ｃは情報技術における最新の進歩の利益を推し進めるようになるだろう[40]」。

Ｗ３Ｃはウェブのための技術仕様を創出し、「推奨（reccomendations）」とその他の技術報告書／テクニカルレポートを発行する。Ｗ３Ｃを駆動させる設計の哲学はＩＥＴＦやその他の標準規格団体のそれらと類似している。その哲学は、分散型の（彼らの言葉で言えば「脱中心化された」）アーキテクチャを促進させるものであり、さまざまなプロトコルやさまざまな終端システムなどのあいだで、またはそれぞれのうちで相互運用性を促進させるのである。

さまざまな方途をもって、インターネットの中核となるプロトコルは一九八〇年代にその開発の全盛期を迎える。けれども、ウェブのプロトコルは今日になっても爆発的な成長を経験しているところでもある。現在の成長は、ウェブという概念がセマンティック・ウェブとバーナーズ＝リーが呼ぶものへと進化したことによるものである。セマンティック・ウェブでは、リンクおよびグラフィックのタグ付け（markup）を用いてインターネット上で情報がたんに相互接続されるだけでなく——バーナーズ＝リーが「情報が常時存在し、参照できるような空間」と呼ぶもの[41]——、現実的にそれが何であるかを語る記述プロトコルを用いることで、情報は豊かなものになっているのである。

たとえば、「Galloway」という言葉は機械にとって意味をなさない。「Galloway」という言葉は、それが何であるかあるいは何を意味するのかについて何も言わない、情報のほんの一部分にすぎないのである。しかし、「<surname>Galloway<surname>」というように、記述プロトコルの内部に包まれることで、情報は効力を発するかたちで解析され得るのである。いまや機械はGallowayが姓であるということを知っている。その言葉は意味論的な価値によって豊かにされたのである。記述プロトコルをより複雑にすることで、人は情報についてのより複雑なことを語ることができる、つまり、Gallowayとは私の姓であり、私の名はAlexanderである、といったことなどを語ることができるのだ。セマンティック・ウェブとは、情報をその意味論的な価値にしたがって解析することができるようにするために、情報の上部に付加的なメタレイヤーを加えるプロセスにすぎないのである。

なぜこのことが重要なのか。これ以前に、プロトコルは意味をもった情報と関係を持つことはほとんどなかった。プロトコルは内容と、つまりは意味論的な価値と干渉することはなかったのである。私が語ってきたように、プロトコルは解釈に反しているのである。しかしバーナーズ＝リーをもってして、新しい調子をもつプロトコルがうまれたのだ。プロトコルは意味作用について気をかけるようになる。これが、セマンティック・ウェブなるもので彼が意味することである。彼が言うように、それは「機械が理解可能な情報」のことなのである。

それならセマンティック・ウェブは、プロトコルは解釈に反しているという私が当初示していた原則と矛盾しているのであろうか。そうは言い切れない。プロトコルは内容のことを確かに語ることができる。チェックサムがこのことをおこなう。ファイルサイズの変数がこのことをおこなう。しかしそれらは内容がもつ意味を現実的に知っているのか。だとすれば、記述プロトコルは情報に知性を現実的に加えているのかどうか、あるいはこれらのプロトコルは主観的な記述（もともとは人間によって書かれたものである）に過ぎず、コンピュータはそれらを真似てはいるものの、そのほとんど理解していないのではないかといった点は議論すべき事柄となる。バーナーズ＝リー自身は、セマンティック・ウェブは人工知能の機械ではないと主張している。[42] 彼はそれを「うまく定義づけられた」データとよび、解釈されたデータとは呼ばない——そして実際にそれらは二つのまったく異なったモノである。私は認識論的な問いのすべてを省くと序論で約束した。そう、であるので、他の人たちによって議論されるであろうものと判断して、この問いについてはここでやめておこう。

プロトコルの論理にもとづいた制度化についてのこうした調査が示すように、インターネットの標準規格をめぐるプロトコルの論理にもとづいたいかなる分析にとっても第一資料となるものは、ＲＦＣの覚書である。こうした覚書の流通が始まったのは一九六九年のスティーブ・クロッカーによるＲＦＣ「ホストとなるソフトウェア」からであり、その後のプロトコルにおけるあらゆる開発を覚書は文書化してきたのである。[43]「その覚書は控えめで、まったくもって忘れられやすいものであった」とクロッカーは思い出す。「しかし、その覚書が意義をもっていたと言わざるを得ないのは、それが広い範囲で効力をおよぼした主導的な力をもつものの一部であったからであり、その衝撃は今日いまだにわたしたちに及んでいるのである[44]」。

インターネットプロトコルは、コミュニケーションをめぐる中心－周縁モデル——「ダウンストリームパラダイム」と呼ぶ人もいる[45]——に概して対立しながら、ネットワーク中でコンピュータに媒介されるコミュニケーションのマナー／やり方のすべてを記述する。諸々のメッセージをひとつの場所から別の場所へ運ぶためのＲＦＣもあれば、ほかにも無事にそれがそこに到着したかを確認するためのＲＦＣもある。電子メールのためのＲＦＣもあれば、またウェブページのためのＲＦＣ、ニュースワイヤーのためのＲＦＣ、さらにグラフィックデザインのためのＲＦＣもある。

分散型のアーキテクチャ（ＩＰルーティング／ＩＰの経路決定のような）を公示するＲＦＣもあれば、階層秩序型のアーキテクチャ（ＤＮＳのような）を公示するものもある。だが、これらのＲＦＣはすべて、標準規格化および組織化という目標にもとづいた技術上の革新のための諸条件を創出している。普遍主義をかいした反連邦主義、風変わりなタイプの反連邦主義によってこそ——それは奇妙に聞こえるだろうが——、普遍的な技法なるものは、究極的には多くの意思決定をローカルな水準にまで差し戻すようなやり方でとり集められるのである。

しかし、このプロセスの間に、ローカルにある差異の多くは、普遍的な一貫性のために抹消されるのである。たとえば、ＨＴＭＬのようなプロトコルは、画面の解像度やブラウザのタイプなどにおける急激な逸脱を許容するようなものとして具体的なかたちで設計された。そしてＨＴＭＬが（ひとつの統一体としてのプロトコルと共に）、厳密なかたちで標準化を果たすメカニズムとしての役割を担うのである。そのメカニズムはこれらの逸脱を一方的な標準規格の傘のもとで同質化するのである。

それゆえ皮肉なことに、インターネットプロトコルは、組織にかんする分散型のシステムを生み出す助けとなるのだが、その一方でそれら自体が非分散型で、官僚主義的な制度によって下支えされているのである——ＩＣＡＮＮのような実体あるいはＤＮＳのような技術といったように。

したがって、インターネットによる情報通信の起源は完全に自由なものであったし、管理＝制御が欠けていたと示唆することは、ローレンス・レッシグのような理論家たちが陥った一種の手落ち（oversight）である。[46] かわりにわたしにとって明確なこととは、自由とはまったく正反対のもの——つまり、管理＝制御——が、ネットワーク化された情報通信についての過去四〇年にわたる開発の帰結になってしまったということである。ネットを創設するにあたっての原則は管理＝制御であり、自由ではない。管理＝制御はそもそもの初めから存在していたのだ。

おそらく、それは私たちが見慣れているものとは異なったタイプの管理＝制御である。公開性や包含、普遍主義、柔軟性に基づいたあるタイプの管理＝制御である。個別の自由あるいは意思決定にたいするあれこれの制限（ファシズム）ではなく、技法上の高度な組織化（プロトコル）から生まれた管理＝制御である。

ゆえにバーナーズ＝リーが次のように記すのは、まったくもって嘘偽りのないことである。「私にはある夢があった（そしていまもある）。その夢とは、ウェブが、テレヴィジョンのチャンネルに似ているというよりは、双方向性をもった数限りない共有知に似たようなものになるというものだ。私たちと私たちの友人たちが見たり、聞いたり、信じたりしてきた、あるいは把握してきた物事から作られている、温かく心地の良い環境として、ウェブが私たちを包み込むようになることを思い描いているのだ」[47]。もちろん、この社会的ユートピアを達成するために、バーナーズ＝リーのようなコンピュータ科学者がかつてないほど最高度に管理＝制御され、また広範囲に及んでいるマスメディアを開発する必要があったということは皮肉なことである。プロトコルは技術にもとづいた（technological）「暖かく、心地よい」空間を作り出す能力を私たちに与える。しかし、そのような空間が温かく心地よいものとなるのは、技法上（technical）の標準化や同意、組織化された実装、広範な（ときに普遍的な）採用、方向付けられた参加をかいしてのことである。

私が序論で述べたのは次のようなことである。プロトコルは、二つの対置している機械のあいだにある矛盾に基づいている。その機械の一方は、管理＝制御を自立した場へと徹底したかたちで分散させるのであり、またもう一方は管理＝制御を厳密に定義された秩序階層へと焦点化するのである。本章ではこの現実を網羅的に説明してきた。プロトコルのまさに核となる部分にあって生成する矛盾とは、政治的に進歩主義であるために、プロトコルが部分的には反動的でなければならない、ということである。

　別の言い方をすれば、プロトコルが自立した諸実体のあいだでのコミュニケーションを徹底したかたちで分散化することを可能にするためには、普遍化の戦略と同質性の戦略とを用いなければならないのである。プロトコルは反‐多様性でなければならない。公開性を可能にするためには、標準化を促進しなければならない。自由な技術を創出するためには、ピア集団／同輩集団をＩＥＴＦのような官僚的なものに組織化しなければならない。

　確かに、この精妙な二段階をなすパートナーの二つは個別に分かれた土俵（arena）に存在していることが少なくない。プロトコルの開拓者であるボブ・ブラーデンが述べるように、「いくつかの生命力をもった種類の異質性がある」[48]。つまり、一つの部門は標準化され得るのであるが、もう一方は異種混合なままなのである。インターネットプロトコルの核心部分は高度に管理＝制御されえるが、ネットの現実的な統御は高度に管理＝制御され得ないのである。あるいはＤＮＳは厳密な秩序階層のなかに配列され得るのであるが、ユーザーがもつ現実的なネット経験は高度に分散化され得るのである。

　まとめるなら、分散化されたネットワークでの管理＝制御は一枚岩のものではない。それは多数でいて、並行型のものであり、矛盾して、しばしば予測不可能な方法で進展していくものである。それは流れと逆方向の流れが相互に関連づけられたかたちでなる複合体なのである。

　本章で言及した制度上の枠組みのことを、あるタイプの戦術的標準化と呼ぶことができるだろう。そのなかで、ある人の長期目標を実現するためには、特定の短期目標が必要となる。標準化は、徹底した公開性を可能にするための、政治上は反動的な戦術なのである。あるいは、これと類似したものを技法上の用語のなかから例をあげることもできる。階層秩序型のアーキテクチャおよび官僚主義的な統治をもちいたＤＮＳは、インターネットプロトコルの真に分散型でいて、開かれたアーキテクチャを可能にする政治的に反動的な戦術なのである。バルトが述べたように、それは「アストラ作戦（operation margarine）」なのである。そしてこれはネットの原動力となる産出的な矛盾なのである。

注

（1）エチケットをめぐるこうした基準はサリー・ハンブリッジとアルバート・ランドによるその項目についてのＲＦＣ内に明確に説明されている。Sally Hambridge and Albert Lunde, "DON'T SPEW: A Set of Guidelines for Mass Unsolicited Mailings and Postings（spam）," RFC 2635, FYI 35, June 1999. 以下の文献も参照のこと。Sally Hambridge, "Netiquette Guidelines," RFC 1855, FYI 28, October 1995. Stopgap technical solutions for reducing the amount of spam are outlined in Gunnar Lindberg's "Anti-Spam Recommendations for SMTP MTAs," RFC 2505, BCP 30, February 1999.

（2）二人は彼らの著作である『情報の高速道路で財をなす方法　インターネットやその他のオンラインサービスでのマーケティングをめぐるすべての人ためのゲリラガイド』でこれそれのいかがわしい実践を記録している。Cf. Laurence Canter and Martha Seigel, *How to Make a Fortune on the Information Superhighway: Everyone's Guerrilla Guide to Marketing on the Internet and Other On-Line Services*（New York: HarperCollins, 1995）.

（3）Nelson Minar and Marc Hedlund, "A Network of Peers," in *Peer-to-Peer: Harnessing the Power of Disruptive Technologies*, ed. Andy Oram（Sebastopol: O'Reilly, 2001）, p. 6.

(4) Jon Postel's biographical entry in Gary Malkin's "Who's Who in the Internet: Biogra-phies of IAB, IESG and IRSG Members," RFC 1336, FYI 9, May 1992 参照。

(5) Jake Feinler, "30 Years of RFCs," RFC 2555, April 7, 1999.

(6) Vint Cerf's memorial to Jon Postel's life and work in "I Remember IANA," RFC 2468, October 1988 参照。

(7) Katie Hafner and Matthew Lyon, *Where Wizards Stay Up Late: The Origins of the Internet* (New York: Touchstone, 1996), p. 145.〔ケイティ・ハフナー、マシュー・ライアン『インターネットの起源』、加地永都子、道田豪訳、アスキー、二〇〇〇年、一四一頁〕For biographies of two dozen protocol pioneers, see Gary Malkin's "Who's Who in the Internet: Biographies of IAB, IESG and IRSG Members," RFC 1336, FYI 9, May 1992.

(8) Vinton Cerf, personal correspondence, September 23, 2002.

(9) Fred Baker, personal correspondence, December 12, 2002.

(10) AT&T's Otis Wilson, cited in Peter Salus, *A Quarter Century of Unix* (New York: Addison- Wesley, 1994), p. 59.〔ピーター・サルス『UNIXの1/4世紀』、QUIPU LLC訳、アスキー、二〇〇〇年〕

(11) Salus, *A Quarter Century of Unix*, p. 2.〔同前〕

(12) Dennis Ritchie, "The Development of the C Programming Language," in *History of Programming Languages II*, ed. Thomas Bergin and Richard Gibson (New York: ACM, 1996), p. 681を参照のこと。

(13) Bjarne Stroustrup, "Transcript of Presentation," in *History of Programming Languages II*, ed. Thomas Bergin and Richard Gibson (New York: ACM, 1996), p. 761.

(14) S. J. Liebowitz and Stephen E. Margolis, "Path Dependence, Lock-In and History," *Journal of Law, Economics and Organization* 11, April 1995. オンライン上で閲覧可能。http://wwwpub. utdallas.edu/~liebowit/paths.html

(15) VHSとは言わないまでもVCR一般にとって、ポルノ産業に手助けされた部分は大きかった。ディヴィッド・モートンは以下のように記している。「多くの産業分析家たちは、アダルトビデオテープの売り上げをVCRが初期に成功を収めた主となる要因のひとつとして認めていた。それらはアダルト映画館の代わりをし、さらには合法的で、また自宅で鑑賞することができるような仕方で購入されもできたのであった」。Cf. David Morton, A History of

Electronic Entertainment since 1945, p. 56. オンライン上で閲覧可能。http://www.ieee.org/organizations/history_center/research_guides/entertainment

（16） Douglas Puffert, "Path Dependence in Economic Theory." オンライン上で閲覧可能。http://www.vwl.uni-muenchen.de/ls_komlos/pathe.pdf, p. 5

（17） *IEEE 2000 Annual Report*, available online at http://www.ieee.org

（18） ＩＥＥＥは、商標登録がされた、あるいは商業的な、また他の専有にかかわる技術と自らの標準とを結びつけることを好んで避ける。よって、ＩＥＥＥの定義では「イーサネット」という言葉は控えられている。その言葉は、それが名付けられたゼロックスパロアルト研究所を連想させてしまうからである。イーサネットにむけた1985IEEE標準は、代わりに、「IEEE 802.3 衝突検出型搬送波検知多重アクセス（CSMA/CD）アクセス方式と物理層仕様」と表題が打たれている。

（19） Paul Baran, Electrical Engineer, an oral history conducted in 1999 by David Hochfelder, IEEE History Center, Rutgers University, New Brunswick, NJ, USA.

（20） ANSI, "National Standards Strategy for the United States." Available online at http://www.ansi.org, emphasis in original.

（21） ＩＳＯという名前は、実際には頭字語ではなく、ギリシャ語の「等しい」という言葉に由来している。このような仕方で、ＩＳＯという名前は組織の名前を異なる言語に翻訳してしまうという問題を回避している。というのも、そうした翻訳が異なる頭字語を生み出すことになってしまうからである。よって、ＩＳＯという名前はそれ自体で、あるタイプの意味論的標準なのである。

（22） http://www.iso.ch for more history of the ISO を参照のこと。

（23） ＩＥＴＦはそのようなエートスをもつことに誇りをもっている。ジャネット・ホフマンはこう記している。「ＩＥＴＦはコミュニケーション・ネットワークをめぐる技術上の展開のなかで自らをエリートとして伝統的に理解してきた。自らの優位性を示そうとする身振りと標準化に関わる他の委員会への懐疑的な見方は、自分たちの属する集団のなかでの能力のなさに対する容赦のない不寛容さと見合っているのである」。Cf. Jeanette Hofmann, "Government

Technologies and Techniques of Government: Politics on the Net." オンライン上で閲覧可能（http://duplox.wz-berlin.de/final/jeanette.htm）。

（24）言及すべきもう一つの重要な組織はアイキャン（ＩＣＡＮＮ）である。ＩＣＡＮＮはインターネットのＤＮＳを制御する非営利法人である。その理事会には、インターネット・プロトコルの共同発明者でありインターネット協会の設立者であるヴィントン・サーフや、作家のエスター・ダイソンが含まれていた。「大域的なインターネットのなかで利害関係をもつ様々なコミュニティを幅広く代表する、まさに開かれていて透明性をもち合意に基づく集団として運営されることがＩＣＡＮＮの目標である。Cf. "ICANN Fact Sheet". オンラインで閲覧可能（http://www.icann.org）このバラ色の綱領にもかかわらず、近年ＩＣＡＮＮは強い非難のターゲットとなっている。それは、多くの人にとってインターネットの統治をめぐる諸々の課題の周辺で生じた問題に対する、中心的な避雷針となっているのである。ＩＣＡＮＮをつぶさに見ることは、残念ながら本書の狙いの外にあるが、代わりにその組織にかんする秀れた調査をあげておく。Cf. Milton Mueller, Ruling the Root (Cambridge: MIT Press, 2002).

（25）http://www.isoc.org を参照のこと。

（26）For a detailed description of the IAB, see Brian Carpenter, "Charter of the Internet Architecture Board (IAB)," RFC 2850, BCP 39, May 2000.

（27）Gary Malkin, "The Tao of IETF: A Guide for New Attendees of the Internet Engineering Task Force," RFC 1718, FYI 17, October 1993.

（28）Paul Hoffman and Scott Bradner, "Defining the IETF," RFC 3233, BCP 58, February 2002.

（29）このＲＦＣは、それがＩＥＴＦのうちで承認する社会関係がゆえに興味深いものである。リベラルで、民主主義的な価値が規範となっている。「威嚇あるいは個人攻撃」はＩＥＴＦの討論では避けられなければならない。代わりに、ＩＥＴＦのメンバーに推奨されているのは、大域的に思考すること、また「人間として尊敬の敬意をもって」自らの仲間の同僚を扱うことである。どこかしら皮肉めいて響くのだが、この文書は「英語はＩＥＴＦのデファクトとなる言語である」と明記してもいる。Cf. Susan Harris, "IETF Guidelines for Conduct," RFC 3184, BCP 54, October 2001.

（30）IETF Working Groups についてのさらなる情報は、Scott Bradner, "IETF Working Group Guidelines and

Procedures," RFC 2418, BCP 25, September 1998 を参照のこと。

（31）こう述べた上でだが、いくつかのコンテクストに対して要求されるという地位水準が与えられているプロトコルもある。例えば、インターネットのプロトコルは、インターネットに接続したいと願う人であれば誰に対してであっても要求されるプロトコルである。特定の技術を実装するための必要度に応じて「推奨される」あるいは「選択される」といった地位水準が与えられているプロトコルもある。「要求される」という地位水準は、しかしながら、強制される標準といったようものと混同されるべきものではない。こういった地位水準は法的な含意をもつ、とともに規制に関わる諸機関によって監督されるものとなるのである。

（32）Scott Bradner, "The Internet Standards Process — Revision 3," RFC 2026, BCP 9, October 1996.

（33）四月一日〔エイプリルフール〕に発表される大半のRFCは疑わしいものである。たとえばRFC1149「鳥類のキャリアにむけたIPデータグラムの伝送のための標準規格」（ディヴィッド・ウェイツマン、一九九〇年四月）を取り上げてみよう。このRFCはIPデータグラムをキャリアである鳩にむけて送る方法を、鳩の「本能的な衝突回避システム」を賞賛しながら、記述している。ジョアン・ブルッカー＝コーエンのおかげで、私はこのRFCに初めて注目した。ブルッカー＝コーエン自身は、モジュラー化された水流を用いたIPデータグラムの伝送のために「H2O／IP」と呼ばれる新たなプロトコルを考案した。「無限な猿のプロトコル一式（IMPS）」も考えてみよう。これはRFC2795のなかで記述されている（ステックヴェン・クリスティ、二〇〇〇年四月）。そのRFCが記述するのは、「無際限な数の猿が無際限な数のタイプライターの前に座って、ウィリアム・シェークスピアの全作品あるいは上質なテレビ番組のどちらかをいつ産みだすのかを決定するのを支援するひとつのプロトコル一式である」。シェークスピアは「ソネットの翻訳のためのSONET」（一九九四年四月、RFC1605）をおそらく賞賛するであろう。それは、同期型光ネットワーク（SONET）でのデータ伝送を最適化するために一四行で一〇音節の詩行を用いているのである。また自明なところだが「Hyper Text Coffee Pot Control Protocol（HTCPCP/1.0）」（ラリー・マシンター、RFC 2324、一九九八年）というのもある。これは眠りを奪われたウェブマスターであれば誰であれうってつけの読み物となっているであろう。技術に関わる馬鹿げた標準規格の他の例にはエリック・サルバッジオの「最も遅いモデム」というものもある。このモデムは、データをフロッピーディスクで送るのに合衆国の郵便制度を使うもので、データの伝送速度は0.002438095238095238095238 kb/sといったものでしかない。彼は次のように規定している。「フロッピーディスク上のＨＴＭＬのリンクのすべてはhref='mailing address'（そこでは'mailing address'は事実上ひとつのメーリングアドレスとなっている）としてセットアップされなければならない」。以下を参照のこと。Eryk Salvaggio, "Free Art Games #5, 6 and 7," *Rhizome*, September 26, 2000. またコーリー・アルカンジェルの「まったくのくそ」というファイル圧縮システムをみよ。それはファイルを圧縮するときのそのファイルを指数関数的に大きくするのである。

(34) Jon Postel and Joyce Reynolds, "Instructions to RFC Authors," RFC 2223, October 1997, and Gregor Scott, "Guide for Internet Standards Writers," RFC 2360, BCP 22, June 1998参照。

(35) Robert Braden, "Requirements for Internet Hosts — Communication Layers," RFC 1122, STD 3, October 1989.

(36) Mueller, *Ruling the Root*, p. 76.

(37) Tim Berners-Lee, *Weaving the Web* (New York: HarperCollins, 1999), p. 36.〔ティム・バーナーズ＝リー『Webの創成　World Wide Webはいかにして生まれどこに向かうのか』、高橋徹訳、毎日コミュニケーションズ、二〇〇一年、五二頁〕

(38) Tim Berners-Lee, *Weaving the Web* (New York: HarperCollins, 1999), p. 36.〔同前〕

(39) Tim Berners-Lee, *Weaving the Web* (New York: HarperCollins, 1999), p. 71.〔同前、九七頁〕

(40) Tim Berners-Lee, *Weaving the Web* (New York: HarperCollins, 1999), p. 92, p. 94.〔同前、一二〇および一二三頁〕

(41) Tim Berners-Lee, *Weaving the Web* (New York: HarperCollins, 1999), p. 18.〔同前、三一頁〕

(42) Tim Berners-Lee, "What the Semantic Web Can Represent," available online at http://www.w3.org/DesignIssues/RDFnot.html

(43) クロッカーのメモをプロトコルそれ自体のはじまりとして捉えてはならない。その名誉はたぶん一九六四年にランド研究所においてポール・バランが出版した論文「分散型通信について」に帰するものだろう。多くの点でその論文がその後続くＲＦＣにとっての始まりのテキストとして用いられたからである。確かにその論文はＲＦＣより前に現れたのであり直接的にそれに結びついているわけではないのだが、バランのメモは本質的な部分では同一の機能を果たしていた。つまりバランの同僚たちにとってそれは、ネットワークをめぐるデジタル通信のための広い意味での技術的な標準規格の概略となっていたのである。

ネットワーク化に関わっての技術的な展開においてその他のRFCに似たドキュメントもまた重要なものである。一九七七年から一九八二年に出版されそして後にRFCのエディターであったジョン・ポステルによって編集されることになったInternet Experiment Notes（IENs）は当時誕生したばかりのインターネットに関わるいくつかの課題を扱っており後にはRFCのシリーズに含まれることとなっている。ヴィントン・サーフもまたARPA Satellite System Notesとパケット無線に関わるPRNET Notesを引用している（RFC 2555をみよ）。国防省により維持管理されているMIL-STD〔軍用規格の略〕もまた存在しているし、そのいくつかはRFCシリーズにおいてカバーされているインターネットの標準規格と重なるものである。

（44）Steve Crocker, "30 Years of RFCs," RFC 2555, April 7, 1999.

（45）See Minar and Hedlund, "A Network of Peers," p. 10.

（46）最初の著作*Code and Other Laws of Cyberspace*（New York: Basic Books, 1999）〔『CODE　インターネットの合法・違法・プライバシー』、山形浩生、柏木亮二訳、翔泳社、二〇〇一年〕においてレッシグはサイバースペースのための以前以後のシナリオのひとつを提出している。「以前」とは彼が言うところでは「自由の約束」を指示している（p. 6）。「以後」はより暗雲が立ち込めたものである。いまだなお固定化したものではないにせよこうした未来は「制御を完璧なものにしようとするひとつのアーキテクチャ」によって脅かされたものである（p. 6）。*The Future of Ideas: The Fate of the Commons in a Connected World*（New York: Randon House, 2001）〔『コモンズ　ネット上の所有権強化は技術革新を殺す』、山形浩生訳、翔泳社、二〇〇二年〕において、レッシグはこの以前以後の物語の続きを記している。そこでは彼は、ネットワークというものはその幼少期の形式においては彼が言うところでは無償のもの――「制御不能性」によって特徴づけられる（p. 147）――であったと想定されている。レッシグが述べるところではだが「このアーキテクチャは今や変化を被りつつある」（p. 239）。いまや世界は「制御に関わるアーキテクチャを抱きしめ」（p. 268）つつある、そしてそれは新しいタイプの商業的また法的関心事によって設置されつつあるのだ。

レッシグの言説というのは常に生成変化のプロセスに関わるものであって完了してしまった事柄についてのものではない。彼が次のように記すときそれはまったくもって正しい。すなわち、新しいタイプの資本主義的そして司法的要請はネットワーク通信を新種の醜いやり方で彫琢しつつあると記す時だ。ではあるのだが、レッシグの仕事において欠けているのは次の認識である。つまり、管理＝制御は、プロトコルによって統治されるすべての分散型ネットワークに対して固有なものとして住み着いているものだという認識である。制御＝管理は最初の日よりそこにあったのだ。管理＝制御は企業や裁判所によって後になって輸入されたものではない。実際のところ分散型ネットワークは、適切に機能するためには、管理＝制御のシステムを確立しなければならない。そのシステムを私はプロトコルと呼んでいるのだ。この意味において、コンピュータ上のネットワークというのは、レッシグが言うところの「制御不能性」とは正確に反対のものであるし常にあり続けてきたのである。

（47）Cited in Jeremie Miller, "Jabber," in *Peer-to-Peer: Harnessing the Power of Disruptive Technologies*, ed. Andy Oram (Sebastapol: O'Reilly, 2001), p. 81.

（48）Bob Braden, personal correspondence, December 25, 2002.

第三部　プロトコルの未来

第五章　ハッキング

権威に対する不服従は、もっとも自然かつ健全な行為のひとつである。
——マイケル・ハート、アントニオ・ネグリ『〈帝国〉』

　本書が取り組んでいるのは、脱中心化以後に管理＝制御はいかにして作動するのか、という問いである。こういうことだ。脱中心化がすすみ完了したときに、終えられ、そうして過去のものとなり、分散化がほかを圧倒するネットワークダイアグラムとして開始されるようになった個別のいろいろな場において、管理＝制御はいかにして作動しているのであろうか。プロトコルをもってしてというのが、この問いに対するわたしの答えである。そしてこれまでの章で示してきたように、プロトコルは管理＝制御を、表面上ではさかんにそれに抵抗するようにみえる諸領野に据え置くばかりではなく、これまでに知られているマスメディアのなかでもっとも高度に制御されたものを創りあげるというまでになっているのである。

　こういったことが成功した理由のひとつは、個別のテクノロジーが大域的に利用されていることを無視する者たちにおいては、多分に常軌を逸したコストが課されてしまうからである。プロトコルの論理にもとづく共同体に入らずにいることはあまりにも高くつくため、プロトコルの拒絶は馬鹿げたほどのものになるのだ。さらにいえば、プロトコルは信じがたいほどに魅力的なテクノロジーである。プロトコルの開拓者であるブライアン・リードは、若い頃に同僚であった者たちについて次のように述懐している。「ネットワーク化の目的がすべてのひとを取り込むことであると認めていたひとびとが友好的なグループを作っていて、自分もその仲間のうちに入れられたと感じたのだ」[1]。プロトコルというのは、根本的には包摂にかかわるテクノロジーであり、その包摂のためには開放が鍵となる。「ＲＦＣが制限つきのものにされたり、機密扱いにされたりしたことはいまだかつてなかった」と、ジェイク・フェインラーは記している。彼はまた、次のように続ける。「冷戦の高まりのあいだに（国防省から）資金提供がなされていたと考えると、これはただならぬことであった」[2]。

この事実が、プロトコルについてネガティヴな意味で語ることをわけても困難なことにしている。というのも、それが成功しているということ自体が、プロトコルの外側という位置付けを排除することになるからである。参加する者たちだけが接続することができるのであって、それゆえ定義上、プロトコルに対する抵抗というものはありえない（少なくとも直接または接続されたうえでのという意味では、いかなる抵抗もありえない）。プロトコルに逆らうということは、重力に逆らうようなものである――そうすることができないというわけでは決してないのだが、その方向を突き詰めることはまちがいなく誤った方向づけをなされてしまうし、最終的になんら重力を損なうということにはならない。管理＝制御はかつて社会の法則のひとつであったのだが、いまではむしろ自然の法則に近しいものとなっている。このような理由から、管理＝制御に抵抗することはまったくもって、とてつもなく挑戦的な課題になってしまったのである。

この断り書きをもってして、わたしはいま本書の第三部、プロトコルの未来ともいうべきセクションに入ろうとしている。直前のセクションでわたしは、プロトコルのことをもっぱら戦術上の目的のためになされる標準化と呼んだ。そして、プロトコルがどのようにして政治にかんする難問のようなねじれ

（conundrum）に特徴づけられているのかを示したのであり、その問答とは、より自由で民主的なメディウムという最終目標の達成を容易にするために普遍的な標準化を受け入れるというものであった。次につづくセクションでわたしが取り組むのは、コンピュータ文化のうちのいわば抵抗にかんする道筋のいくつかについてであり、そうした道筋がいかにしてプロトコルを刺激的な新たな空間へと移行させることを約束しているのか、ということである。

だが、それが正確には抵抗にかんするものでないのは、以下に続く部分で示唆するように、抵抗そのものの本性が、プロトコルの論理にもとづく時代のうちで変化してしまったからである。第六章で論じるように、新たなカテゴリーに属する敵が存している。そしてこの新たなカテゴリーの敵とは、ひと昔前であれば上司や封建領主であったり、またはいじめっこであったりする、そういった者たちとまったくもって似てもつかないのである。ここでのわたしの探求の一部は、まさに次のような問いに答えることである。すなわち、新たな権力構造が完全にそれ以前の政治的な敵対物がとる行動と協同するようになったときには、別の言い方をすれば、権力と権力に対する脅威との区別がつかなくなったときには、何が起こるのか。ネットワークにとっての敵がネットワークでもあるときにはどうなってしまうのか。

ハートとネグリが記すように、「この新しい敵は古くからの武器に抵抗するのみならず、実際にはそれらの武器を糧にして成長するのであり、それらの武器を最大限に活用しつつ、対立するであろうものと一緒になっている[3]」。クリティカル・アート・アンサンブル（CAE）はさらに手厳しく、方向性を誤り（悪い意味で）時代遅れとされる特定の（左翼的な）対立の技法を強烈に非難している。「この状況はわけても皮肉なものである」と、CAEは記している。「というのも、左翼というのはいつも、批判的分析のうちに歴史をもちいることをみずからの誇りとしてきたからである」――あきらかにマルクス主義が参照されている。「政治的なアクティビズムのために諸々の戦略を築こうとするとき、左翼のメ

Cory Arcangel/BEIGE, *Super Mario Clouds* (2002)

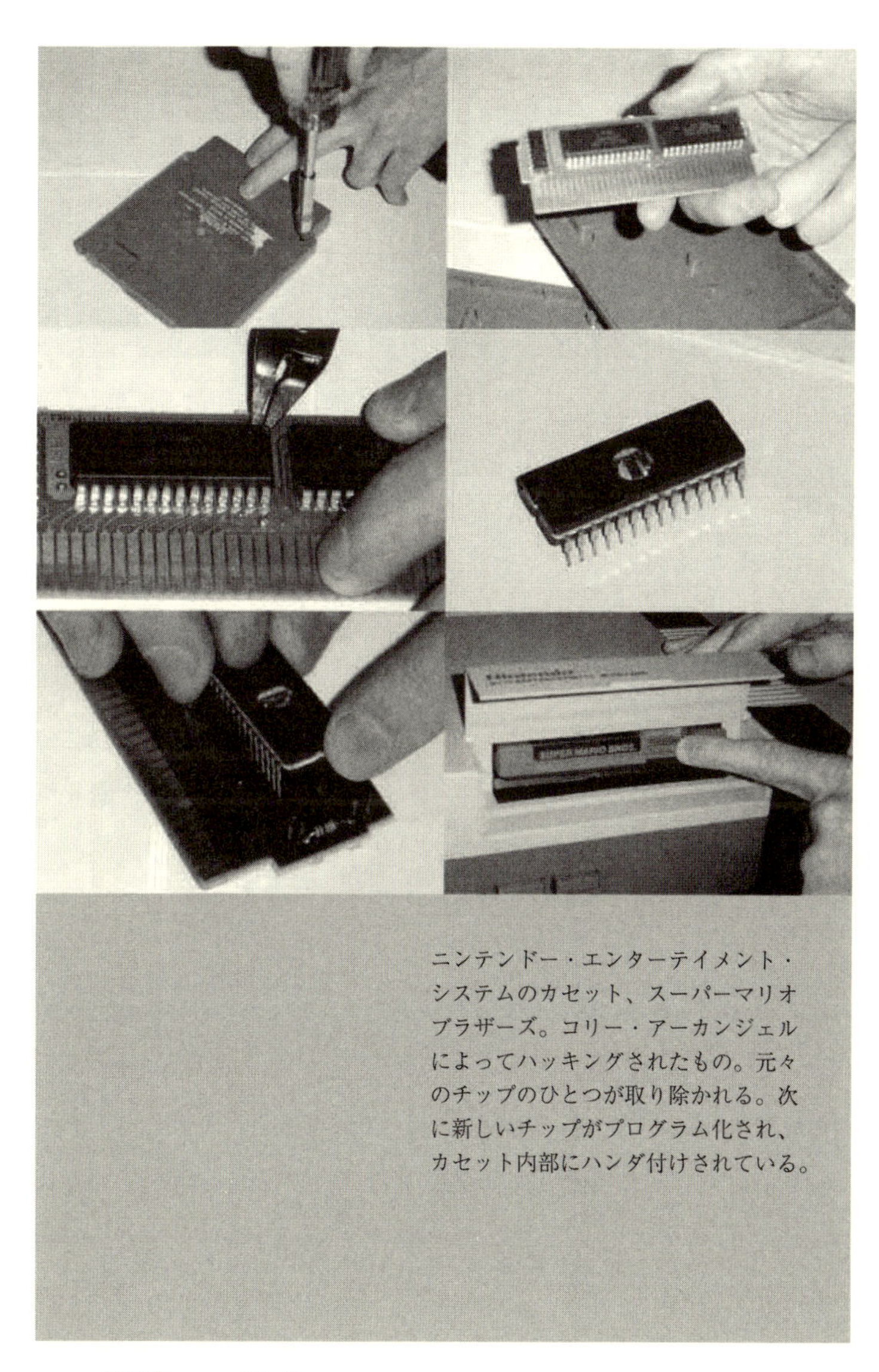

ニンテンドー・エンターテイメント・システムのカセット、スーパーマリオブラザーズ。コリー・アーカンジェルによってハッキングされたもの。元々のチップのひとつが取り除かれる。次に新しいチップがプログラム化され、カセット内部にハンダ付けされている。

ンバーは、いまや歴史的な諸力のうちにある現在の移行を認めることよりもむしろ、あたかも彼らがいまだに資本の初期段階の時代に生きているかのように振る舞い続けている」[4]。過ぎ去った時代から引き継がれた政治的な戦術は、疑いなく失敗することになるだろう。これがCAEの議論の核心となる部分である[5]。

それゆえわたしが示すのは、プロトコルの時代に生きることが、プロトコルの論理にもとづく圏域（sphere）の内部から導き出された政治的な戦術を必要とするということである。「「革命」を待つことをあきらめよう」と、ハキム・ベイは記している。「革命を望むことさえあきらめなくてはならない」[6]。

当然ながら、わたしの主張は政治的な変化に対抗することでもなければ、ポジティヴな活動（たとえば、ユートピア）を予見することのできるわたしたちの能力に反対するものでさえない。それよりもむしろ、ネガティヴなものとされている政治的な戦略を手厳しく非難するというのが、わたしの主張である。というのも、それらの戦略はプロトコルに直面したときにはどうしようもなく使いものにならないし、それればかりかプロトコルがそれとは異なるいくつかの方向へと現実に進んでいることは明らかでもあるからだ。

ハッカーについては今日、ふたつのことが一般に言われている。彼らはテロリストか自由主義者か、そのいずれかであるというものだ。ハッカーという言葉は歴史上、最終的な解決に苦労して辿りつく手前の段階で、問題というものにいくつもの解決策を試してみるアマチュアの何でも屋や独学者のことを意味していた[7]。ハッキングをおこなうコミュニティのうちでは、物覚えの速さや忍耐強さが機械的な暗記による知識をつねに凌いでいた。ハッカーたちはいざというときに味方にすることのできるタイプの技術偏愛者（technophiles）なのであり、充分な時間を与えられると、彼らは一般にどんな問題も解決することができるからである（または少なくとも、間に合わせであっても適切な手立て（kludge）をみつけてくれる)。

それゆえ、ブルース・スターリングが記すように、ハッカーという用語は「コンピュータ・システムがもつ最大級の潜在能力(potential)についての自由闊達な知的探求を意味することもある」[8]。さらには一九六〇年代初頭にMIT所属の元来のハッカーであった者たちについて、スティーヴン・レヴィが熱をあげて思い返しているように、「彼らは本当に魅力的なひとびとであった……、その多くは人目を惹かない外見をしていながら、冒険家であり、夢想家でもあり、危険をもろともせず、アーティストでもあった……そして、コンピュータがなぜ真に革命の道具となるのかをはっきりと理解していたのである」[9]。

これらのタイプのハッカーたちは自由を奉じる戦士であり、データが自由＝無料であることを望むという格言を行動指針としている[10]。情報は所有されるべきではないし、そうであったとしても、そうした情報に侵入することなくブラウジングするだけであれば、そのことは誰も傷つけない。ハッカーたちは結局のところ、コードが不器用に築き上げられたことですでに存在している穴を都合よく利用するだけなのだ[11]。そうした穴を暴き出すことは実際のところ、すべての関係者にとってデータのセキュリティを改善することにつながるのではないだろうか。

このハッカー倫理と呼ばれるものを、レヴィはいくつかの要点にまとめている。

コンピュータへのアクセスは……、制限なく全体にわたるものでなくてはならない。
あらゆる情報は自由＝無料であるべきだ。
権威を信用するな——脱中心化を促せ。
ハッカーたちは、彼らのハッキング行為によって判断されるべきであって、学位や年齢、人種や地位といった、いんちきな（bogus）基準によって判断されるべきではない。
コンピュータの上に、アートそして美を創り出すことができる。
コンピュータはあなたの生活をより良いものに変えることができる。[12]

レヴィが提示する論点のうちのいくつかは、わたしがこの著作の早い段階でプロトコルについてくだした結論と合致している。ハッカーによるコンピュータへのアクセスと同様に、プロトコルは制限を受けることなく、全体にわたるものである。ハッカーたちが権威を信用していないのとおなじく、プロトコルもまた、恣意的な権威を抹消しようとする（ただ、レヴィは「脱中心化」よりも「分散化」という言葉をもちいたかもしれない）。レヴィの見立てであれば、ハッカーたちは社会のなかで分別をもった生産的なメンバーなのである。彼らの目標はただテクノロジーを理解することである。もっとも重要なハッカー雑誌のひとつ『フラック（Phrack）』（「フラック」は、フリーク＋クラック＋ハックからなる造語）の編者たちは次のように記していた。「フラックはテクノロジーにかかわるものである。そのテクノロジーの創り出し方、その利用の仕方、そしてそのことからつねに引き起こされる含意にかかわっているのだ[13]」。

だが、公衆の技術嫌いと攻撃的な政府による法制化[14]とが組み合わされてからというもの、一九八〇年代半ばから後半にかけて、ハッカーのアイデンティティはＤＩＹの趣味人からデジタル世界の無法者へと変化したのである。

そうした移行は一九八三年にはいまだ起きていなかった。この年の「ニューズウィーク」紙新学期特集号の巻頭には、ハッカー集団４１４のニール・パトリックにかんして特集が組まれている。その記事は控えめなものであり、ハッカー集団のことを「ばか騒ぎ」と称して、ハッカーが、紛うことなき犯罪者であるよりもむしろロビン・フッドのようなものであるだろうと示唆している[15]。パトリックは数多くのコンピュータに侵入したにもかかわらず、FBIからは免責されていたのである。

まもなくして風向きは変わる。『タイム』誌の一九八五年の号では、コンピュータウィルスのことが「サボタージュ」として記述された[16]。『フラック』誌のナイト・ライトニングが報告したところでは、「一九八六年の三月五日、以下七名のフリーク（不正利用者）が、コンピュータ犯罪に対する初の「おとり」捜査として知られるようになったものにおいて逮捕された。「キャプテン・ハッカー／ドクター・ボブ／レイザーテック／アドヴェンチュラー／ハイウェイマン／パニッシャー／ヴァーデン」[17]。ナイト・ライトニングは次のように続けている。「一九八七年七月二一日、ほかの三〇から四〇名のうち、RNOC、ビル、エリックNYC、ソリッド・ステイト、オライアン・クエスト、マーク・ジェラルド、ザ・レベル、そしてデルタ＝マスターが合衆国の諜報機関に逮捕された[18]」。これらのハッカーの多くが（ナイト・ライトニング自身を含め）、彼らに対する「エリート」との呼び声、つまりは最良のハッカーだけに与えられた地位のせいで標的とされたのである。

彼らに新しく与えられた無法者としてのアイデンティティによって、ハッカーたちの勢いは大いに削がれてしまった。その事例となるのが、みずからをメンターと自称する者による一九八六年の有名なハッカー宣言である（「ハッカーの良心（Conscience of Hackers）」とも呼ばれる[19]）。「わたしたちは探求する……すると、ひとはわたしたちのことを犯罪者と呼ぶ。わたしたちは知識に従って追求する……そうすると犯罪者と呼ばれる[20]」。一九九〇年の一月一五日にAT&Tの長距離電話システムがクラッシュすると、その年には警察の手入れが最大のものとなった[21]。この変容のせいで、今日にはハッカーがテロリストとして、つまるところ個人の利得のためにコンピュータに入り込むろくでなしとして言及されることが普通になっているのである。

VORE CARNIVORE CARNIVO

.1.10:5

192.168.1.

RSG, *RSG-CPE0C-1* (2002)

肥大

九・一一のテロリストによる攻撃は、合衆国の新しい監視活動に衝撃を与えた。FBI がホットメールや AOL といった市民の広範なネットワーク上に、その悪名高いメール監視ツールのカルニヴォーレを否応なしに設定するという噂がかけめぐったのである。そこで表明された目的は、テロに関連する情報通信を遮断するためというものであった。二〇〇一年九月一二日、『ワイアード・ニュース』は次のように報じた。「ある大手のネットワークサービスプロバイダの管理人が述べたところでは、FBI の事務官が（九月一一日に）彼の仕事場に「いくつかのカルニヴォーレを持って」現れると、「それらをわたしたちの［システムの］核心部分に設置する許可を求めてきた」」。ホットメールの役員は、FBI の監視要請と「協働して」いたと報じられた。

二〇〇二年四月六日、ソフトウェア集団の RSG は、個人版カルニヴォーレを発表した。これは FBI によるオリジナルのソフトウェアをもとにした、パブリックドメイン版の変種である。RSG によるカルニヴォーレは、個別のローカルネットワーク上でのインターネットのトラフィックすべて（メール、ウェブ閲覧など）を聴取する。そうしてネット上のこのデータの流れを「クライアント」と呼ばれる、無制限の数の創造的なインターフェースへと差し出すのである。クライアントのそれぞれが多様な仕方でネットワークのトラフィックを活性化し、診断し、解釈することが意図されている。

『カッコウの卵（The Cuckoo's Egg）』は、ひとりのハッカーが開放型のネットワークのうちに存在する著名なシステムを都合よく利用したこと（exploitation）について記録している。その著者が最終的に結論づけるには、その都合の良い利用はまったく倫理に反するものであって、おそらくは犯罪でさえあるというのだ。「ひとりのハッカーがこの開放性を乱用したことは、ネットワークが機能する普段どおりの共用のやり方が終焉を迎えたということである……ネットワークを遊び場とするために、わたしたちは信頼感を留めておかなくてはならない。わたしたちはそうするために、その信頼が打ち破られたときには、そのことを深刻に受け止めなくてはならない[22]」。その後、ウィリアム・クリントン大統領でさえも、ハッカーたちを次のように特徴づけることに賛同した。一九九九年一月二二日のスピーチで、クリントンはこう述べたのである。「テクノロジーにおける革命は、自由というメッセージと贈り物を広めたが、自由の敵となる者たちにも新しい好機を与えていた……われわれはすでに、入念なサイバー攻撃の第一波を目の当たりにしている――ハッカーたちは政府や企業のコンピュータに押し入り、情報を盗んだり破壊したりしている。銀行口座に不法侵入しては、クレジットカードの課金を急騰させる。コンピュータウィルスを解き放つという脅しによって金銭を強要するのである[23]」。二一世紀に入るまでに、・・・ハッカーという用語はその元来の意味合いを完全に失ってしまった。いまやハッカーといえば、テロリストを意味しているのだ。

手短なこの導入部分が示すように、ハッカーたちにかんする現行の議論は、救いようもないほどに現代のリベラリズムの言説に押しつぶされようとしている。すなわち、データのことを私有財産として尊重すべきであるのか、または個人の自由を陶冶してコンピュータユーザーを現状のままにしておくべきであるのかといった言説のことである。

リベラリズムがもつ相対的に強固な面と脆弱な面についての議論は、本書で論じられるプロトコルの論理にかんする問題にほとんど触れることがない（リベラリズムは典型的なかたちで近代に形成されたものであり、プロトコルは近代以後に形成されたものであるといった問題や、リベラリズムが想定するのは合理的な表現をおこなう個人であり、プロトコルは匿名の実体による円滑なネットワークを取り扱うといった問題、などなどだ）。そうであるがゆえに、ハッキングにかんする分析はさほど重要なことをわたしたちにもたらすことはないように思われる。ハッカーの政治学にかんする陰鬱な見通しをつけるなかで、CAEは次のように記している。「合衆国における抵抗を扱う歴史書のうちで、この章はおそらくもっとも悲しいもののひとつとなろう」。しばしば一〇代の人間であるコンピュータのハッカーに言及しつつ、彼らはつけくわえる。「いまではもっとも優れた政治活動家が子供たちなのだ」。それゆえ、CAEはその声を厳格な父親の調子へと変えて警告する。「子どもたちがアクティビズムの前衛のように活動するのを放っておくという問題とは、初めての政治的な遭遇を超えたところへと導くことになるであろう批判的な感受性を、彼らがいまだ発達させていないという点である[24]」。それゆえ、プロトコルの論理にもとづく管理＝制御の時代に、ハッキングはわたしたちに政治学についてほとんどなにも教えてくれないかのようでもあるし、なにかを教えてくれるとしても、これらの政治学は素朴で非生産的なものであるようにも思われる。わたしがここで示したいのは、ハッキングが実際には何かほかのことを意味しているということである。アレゴリカルにみると、ハッキングはテクノカルチャーにかかわる広い世界のうちに生じた、プロトコルの論理にもとづく諸々の変容のインデックスになっているのである。ハッカーたちはプロトコルの死（または回避や無視）を予見しているのではなく、むしろプロトコルが想定することの前兆になっているのだ。

ハートとネグリが帝国と呼ぶ、プロトコルの論理にもとづいた管理＝制御のシステムについて、彼らは次のように記している。「境界付けられた、局所的な自律性を目指そうとする企てによって、帝国に抵抗することはできない。わたしたちはどのようなものであれ、以前の社会形式に戻ることはできないし、孤立した社会形式へと前進することもできない。わたしたちはむしろ、その向こう側に到達するために帝国を突き抜けなければならないのである」[25]。ハッカーたちはほかの誰よりもプロトコルのことをよく知ることによって、プロトコルを肥大した状態にまで押しやり、その向こう側へと到達することを望んでいる。それゆえある意味では、ハッカーたちはプロトコルによって創り出されるのであり、また別の意味では、ハッカーたちはプロトコルの論理にもとづく卓越したアクターなのである。

ハッキングにかんするアレゴリーのうち、ここでは異なる三つの瞬間をとりあげる。それら三つの瞬間もまた、プロトコルとその未来について多くのことを明らかにするのである。

タイガーチーム

スターリングが記すには、二〇世紀後半は、中心化と階層秩序にもとづく近代の管理＝制御パラダイムから、柔軟性と水平化にもとづくポストモダンパラダイムへの移行期である。

> ここ数年のあいだに経済学者と経営理論家たちは、すべてがトップダウン式のかたちで中央管理された堅固なピラミッド型の官僚制度を、情報革命の大波が破壊するであろうと考えてきた。高度な訓練を受けた「被雇用者たち」はよりいっそうの自律性を帯びるようになり、みずからの判断とみずからの動機付けによってある場所からある場所へ、ある仕事からある仕事へとかなりの速度と柔軟性をもって移動するようになる。「アドホクラシー」〔官僚主義と対置される、構造をほとんどもたない状態のこと〕がルールを作り、ひとびとは組織系統を超えて自発的に集まり、その集団が目の前の問題に取り

組むと、コンピュータに補助された高度な専門知識をその問題に応用し、やがて元の場所へと消え去っていくのである(26)。

こうしたレトリックは、マニュエル・カステルからハキム・ベイ、そしてトム・ピーターズにまでいたる人々にとって、決まり文句となっている。それは実際に、本書の根底をなす仮定のひとつである。スターリングはつづけて、ハッカー集団とハッカーを追跡する法執行官が、いずれも新しいこのパラダイムに追従すると主張している。「そのどれも〔シカゴ対策本部やアリゾナ恐喝対策班、ハッカーの破滅の軍団、『フラック』のグループなど〕が、「タイガーチーム」か「ユーザーズグループ」のようであり、そのように活動している。それらはいずれも、必要に応じておのずと発生した電子的アドホクラシーなのである(27)」。

スターリングは「タイガーチーム」という言葉によって、コンピュータ企業が彼らのシステムのセキュリティを試験するために寄せ集めた被雇用者集団のことを指している。タイガーチームはその性質上、ハッカー攻撃となり得るものをシミュレートし、セキュリティの穴を見つけ出しては修繕することを望んでいるのである。

そうしたチームはまた、日本の自動車生産設備に由来したトヨティズムとして知られるマネジメント様式を想起させるものでもある。トヨティズムでは、小さな区分け(ポッド)に分かれた労働者たちが集まり、個別の問題を解決しようとする。そうした区分けは、より伝統的である組み立てラインのように線状的なものでも固定されたものでもなく、フレキシブルでまた再配置することができるので、結果、いかなる問題が彼らに提示されたとしても対応可能なつくりになっているのだ。

マネジメントの専門家であるトム・ピーターズが記すには、今日もっとも成功を収めている企業は、これらのタイプのタイガーチームを利用しており、組織化された構造のうちでの伝統的な階層秩序を取り去っている。経営コンサルティングの企業マッキンゼー&カンパニーについて記録するなかで、ピーターズは次のように記している。「マッキンゼーは巨大企業である。顧客はそれを尊重している……しかし、伝統的な階層秩序はない。組織図もない。職務の指示書がなければ、方針のマニュアルもない。顧客の取り組みの指導にかかわる規則もない……それでもなのだ、これらすべての事柄はきちんと理解されている――誤解してはならない、マッキンゼーは無秩序（制御の埒外）であるわけではないのだ！……マッキンゼーはうまくまわっているのだ。半世紀以上にわたってうまくまわってきたのである」[28]。スターリングが示唆するように、ハッカーのコミュニティもまた、この組織化の様式に従っているのである。

ハッカーたちは、個別の問題に取り組むべく小集団のかたちで集結することができる自律したエージェントである。「フラック社のために書くのは〈誰でも〉構わない」と、影響力をもつハッカー雑誌の『フラック』はしきりに指摘している。「いかなる理由であれ、わたしたちは誰も差別することはない」[29]。柔軟かつ多目的なハッカーの区分け（ポッド）はおおくの場合、それが形成されるのとおなじくらい素早く解散し、ネットワークのなかに消え去る。それゆえ、スターリングやほかのものたちが主張するのは、古くからの抵抗にかかわる諸力が「堅固なピラミッド型の官僚制度」にかかわっていたのに対して、ハッカーたちは別種の組織化のマネジメント様式を具現化しているということである。それとはすなわち、わたしが先にプロトコルの論理にもとづくものとしていたマネジメント様式のことである。

この意味において、近代期のあいだの抵抗運動が堅固な階層秩序や官僚制の権力構造のまわりに形成されるのに対して、ポストモダン期の抵抗運動はネ・ッ・ト・ワ・ー・ク上に存在する、プロトコルの論理にもと・づ・い・た管理＝制御の諸力のまわりに形成される。ハ・ッ・キ・ン・グ・と・い・う・も・の・が指し示すのは、抵抗運動が変化してしまったという事実なのである。

もはや統合した集団ではなく、自律したエージェントにかんする問題なのだ。「素朴だという者もいるかもしれないが、ハッカーたちは理想主義的な区画をかたちづくりつつある」と、ハッキングについての季刊誌『2600』の編者は記している。「わたしたちが信じるのは言論の自由、実践による探求と学習の権利、そして個人のとてつもない力なのだ[30]」。ただし、これは新しいタイプの個人である。この新しい個人がもつ、啓蒙主義のリベラリズムがいう主体とおなじ個人ではない。後者は個体性や独立といった近代の夢から（おそらくは）延長したものである。だが、抵抗をおこなうこの新しいエージェントは、プロトコル前史の急進主義者たちよりもむしろ、トム・レイによる『ティエラ』における自律した「気泡」とはるかに数多くの共通点を備えているのである。

一九七二年にスチュワート・ブランドは、「真のハッカーは、集団に属するタイプの人間ではない[31]」と記していた。それから一五年後、彼は次のように記すことになる。「万国の労働者たち、拡散せよ[32]」――これはマルクスとエンゲルスによる『共産党宣言』にみられる、団結による抵抗運動というメッセージを逆転させた進言である。

クリティカル・アート・アンサンブルはこの逆転に賛同して、次のように記している。「数による権力の行使――労働組合からアクティビズムの組織化まで――は、破綻している。というのも、そうした戦略は……中心化された目下の敵の存在を必要とするからである」。ＣＡＥのいう「目下の敵」は、わたしが本書の第一部で論じたように、実際のところ中心化しているというよりも分散化している。それゆえ、分散型の権力に抵抗することを望む勢力がいずれも、みずから分散型の戦略に精通すべきであるというのは理にかなったことである。以下に続く部分では、この見解について論じていこう。

ＣＡＥは、（定住によるモデルではなく）抵抗のための「ノマド」モデルを提案している。彼らが記す

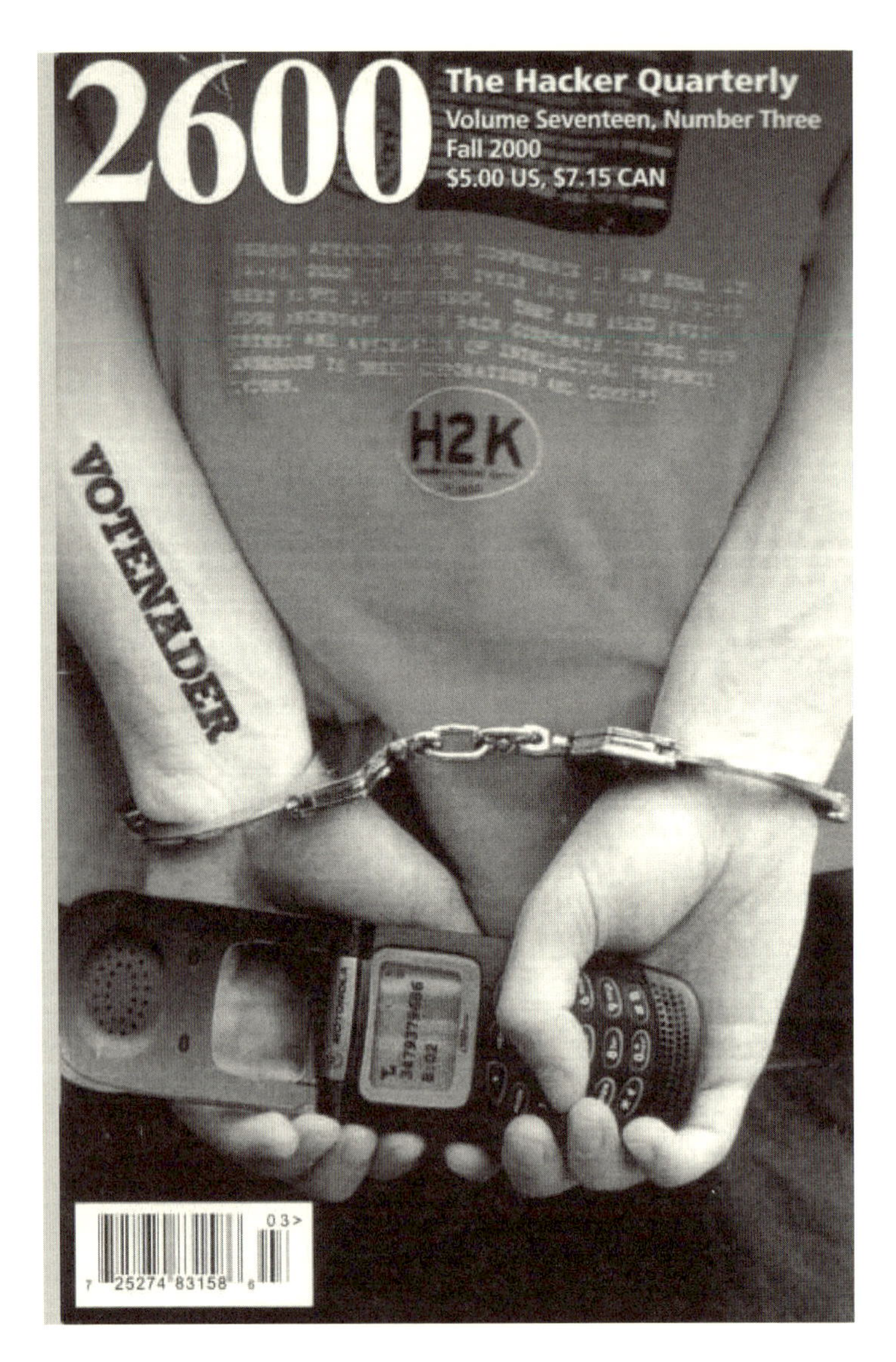
2600
The Hacker Quarterly
Volume Seventeen, Number Three
Fall 2000
$5.00 US, $7.15 CAN
H2K
VOTENADER
03>
7 25274 83158 6

コンピュータへのアクセスは……、制限なく全体的なものでなくてはならない。

あらゆる情報は自由＝無料であるべきだ。

権威を信用するな——脱中心化を促せ。

ハッカーたちは、彼らのハッキング行為によって判断されるべきであって、学位や年齢、人種や地位といった、いんちき(bogus)な基準によって判断されるべきではない。

コンピュータ上には、アートと美を創り出すことができる。

コンピュータはあなたの生活をより良いものに変えることができる。

——スティーブン・レヴィ、一九八四年

わたしたちは探求する……すると、ひとはわたしたちのことを犯罪者と呼ぶ。わたしたちは知識に従って追求する……そして犯罪者と呼ばれる。

そう、わたしは犯罪者である。わたしの犯罪は好奇心にかかわるものだ。わたしの罪は、ひとがどのように見えるかは関係なく、彼ら自身が述べたこと、考えたことによってひとを判断する類のものである。わたしの罪は、ひとの裏をかく罪であり、ひとが決して許すことのないような罪である。

わたしはハッカーである。そしてこれがわたしの宣言である。

——ザ・メンター、一九八六年

テクノロジーにおける革命は、自由というメッセージと贈り物を広めたが、自由の敵となる者たちにも新しい好機を与えていた……われわれはすでに、入念なサイバー攻撃の第一波を目の当たりにしている——ハッカーたちは政府や企業のコンピュータに押し入り、情報を盗んだり破壊したりしている。銀行口座に不法侵入しては、クレジットカードの課金を急騰させる。コンピュータウィルスを解き放つという脅しによって金銭を強要するのである。

——ビル・クリントン、一九九九年

2600 magazine

には、ノマドモデルというのは「より短命でいてプロセス指向の方法をもちいて、象徴的な秩序を弱体化しようとする[33]」。さまざまなノマド状の小部屋（cells）ないしはタイガーチームは個別の問題の周囲に集まり、「おおくの異なる地点を起源とする[34]」抵抗を可能にするだろう。やがてそのチームは解散することになる。ドゥルーズとガタリもまた、ノマドのことを抵抗のための編隊として描写していたのである。

この構造形式は、ベイが『T.A.Z　一時的自律ゾーン』のなかで言及するものと似ている。「TAZとは、国家と直接的に関与することのない暴動のようなもの、（土地や時間、想像力にかかわる）一地区を開放するゲリラ作戦のようなものである。そして国家がそれを押しつぶすようなことがあればそれ以前に、ほかのところで／ほかのときに再＝形成するためにおのずと解消するのである[35]」。ハッカーたちは、こうした一時的な自律ゾーンに存在している。

グループ化についての問題が微妙なものであるのは、それがマルクス主義の政治学と密接に関係しているからである。「マルチチュードとは、生政治にかかわる自己組織化のことである[36]」。ハートとネグリは、グループ化について彼らが望む理論化の作業をするなかで、そう記している。つまり、マルチチュードと呼ばれるもののことであり、多元主義的であると同時に、構成的であるグループのことである。ハッカーのコミュニティは、そうした多元主義的かつ構成的なグループの形成に事欠かない。『フラック』誌の一九八八年の号では、ナイト・ライトニングが一三〇もの異なるハッカー集団の名前を挙げてリスト化をおこなった。「どれほど多くの異なるグループと組織とが、フリーク／ハッキング／海賊（pirates）のコミュニティに存在している、または存在していたのか、それは文字通りには信じられないほどである」と、彼は記していた。ハッキングの歴史をつうじて、「一三〇というグループリストは……、おそらくかつて存在していた実際の数のうちのわずかでしかない[37]」。

これらのタイガーチームに共謀というレッテルが張られることは少なくない。しかし、ハッカーに対抗する取り締まりが、ハッカーの区分け(ポッド)のことを共謀の一部だと考えているなら、ハッカーのグループ化の本性は根本的に誤って認識されている。スラターラとクウィットナーは、ハッカーに対抗するふたりの調査官について「警察官は共謀という言葉をよく使っていたものだ」[38]と記し、その武勇談は彼らの著書『偉大な詐術者』(邦訳は『サイバースペースの決闘』)に収録されている。ブルース・スターリングが記すには、ハッカーチームのメンバーは、その多くが仲間の本当の名前や身元さえ知らずにいた。皮肉交じりに、彼はつけくわえている。「これは犯罪のための共謀としては、きわめて異例なあり方であった」[39]。ほとんどの場合、ハッカーのタイガーチームには中心がまったくなく、自律したエージェントからなる、まさしくプロトコルの論理にもとづいたネットワークがあるだけなのだ。

コード

ハッカーはコードのことを誰よりもよく知っている。彼らは母国語を話すように、コンピュータの言語を話すのである。序文で論じたように、コンピュータ言語は自然言語とよく似ている。自然言語と同様に、コンピュータ言語には洗練された統語論や文法がある。自然言語と同様に、コンピュータ言語にはその言語が話される個別の共同体や文化がある。なるほど、コンピュータ言語は語られるよりも頻繁に読み取られるものではある。だが、自然言語の殿堂にラテン語やほかのいわゆる死語が含まれているということは、自然言語としてみなされるうえで、言語が話し言葉である必要がないということをはっきりと示している。さらにいえば、コンピュータ言語は、モールス信号やアメリカの手話法のように単にコード変換をおこなう図式ではなく、意味作用を調達するものとしてみずからの意味論的な固有性を備えているのである。

　だが、それほど自然言語と似ているのであれば、コンピュータ言語はなぜ、言語学者や文学批評家たちに無視されているのも同然の扱いなのだろうか。何がコードのことを、それほどまでに自然言語と異なるものにしているのであろうか。

　一九六七年、アーティストのソル・ルウィットがコンセプチュアルアートのプロセスを定義しようよしたとき、ありうべきひとつの解答が彼の頭に浮かんだ。「コンセプチュアルアートでは、アイデアやコンセプトが作品のもっとも重要な側面である。ひとりのアーティストがアートをめぐってコンセプトをもつ形式をもちいるとき、それは計画や決定のすべてが事前に作られているということ、それを実行することがごく当然の作業となるということである。アイデアは、そのアートを製作する機械となるのだ[40]」。コンセプチュアルアートにかんするルウィットの展望のうちには、コードにとって重要な含意がある。というのも、彼の見立てでは、コンセプチュアルアートは芸術制作のためのある種のコードにほかならないからである。ルウィットによるアートとは、アルゴリズムのプロセスのことである。アルゴリズムは前もって用意されており、後になってそのアーティストによって（付言すれば、ほかのアーティストにも）履行されるのである。

　それゆえ、コードは多次元的な（multidimensional）ものであるとされている。何が物質にかかわり、何が行為にかかわるのか、コードはそのあいだに線引きをおこなうのである。本質的にはこうも言える。書くこと（ハードウェア）はなにもすることができないのだが、それでも実効性を持つようにするため、書くことはコード（ソフトウェア）へと変形されなくてはならない、と。

　ノースロップ・フライが言語について次のように記すとき、これとよく似たことを彼は述べている。すなわち、文学批評のプロセスは突き詰めていえば、オリジナルのソースとなる材料（material）の外部に、そのテクストについての批評家の解釈が含まれたメタテクストを創り出すということであるのだ[41]。実際にキットラーはいみじくも、ソフトウェアそれ自体のことを、人間と彼らの使うハードウェアとのあいだのネガティヴな空間に存在する「論理的な抽象化」と定義している[42]。キャサリン・ヘイルズもまた、デジタル信号のもつ多次元性（multidimensionality）について考察していた。「明滅する（flickering）シニフィアン」という彼女による用語は、デジタルのイメージが、しばしば隠されたままのコードの下層部分が可視的に現れ出たものであるということを示しているのである。

だが、いかにしてコードは、単なる記述とそれほど異なるものになりうるのであろうか。このことにかんする答えは、コンピュータコードがもつ独自の本性のうちにある。その答えは、コードが部分言語的なものではなく、ハイパー言語的なものであるという事実にある。コードは言語であるのだが、極めて特殊な類の言語である。コードとは唯一、実行可能な（executable）言語のことなのだ。

キットラーが指摘していたように、「いかなる日常言語にも、それが述べることをおこなうような言葉は存在しない。機械について記述したものが、機械を動かすことはないのである[43]」。命令法による声（そしてオースティンやサール、他の哲学者たちが発話行為理論の領域で語っていること）は、説得を介して効力を及ぼす（affect）ことを試みるが、実質上の物質的な効力（real material affect）を及ぼすことはほとんどない[44]。それゆえ、コードはそれが話すことを実際におこなうという、初めての言語なのである——それは意味作用を行為へと変換するための機械である[45]。

コードには意味論上の作用がある。だが、意味を実際に行為へと移し替えてもいくのだ。それゆえ、英語やラテン語のような自然言語には読解可能な状態しかないのだが、コードは読解可能な状態と実行可能な状態の双方を備えている。このような仕方でコードは、言語を封入する実行可能なメタレイヤーが、そもそもの言語のうえに加算させられたものになっているのである。

スターリングは、コードを持つこれらの異なるレイヤーを、ソフトウェアをかたちづくる離散的な部品へと塊りとさせていくことについて検討をくわえている。

わたしたちが「ソフトウェア」と呼んでいる代物は、人間の社会が慣習的に考えているようなどんなものにも似ていない。ソフトウェアは機械のようなものであり、数学のようなものであり、言語のようなものであり、思考や芸術や情報のようなものでもある……だが、ソフトウェアは実際のところ、これらのどれにも当てはまらない。ソフトウェアが持つ変幻自在な質的特性は、その魅力の最大の源のひとつとなる。そうした質的特性がソフトウェアのことを非常に強力でいて、実に捉えがたく、ほとんど予測不可能で、そして重大な危険を伴うものにしているのだ[46]。

自然言語が、階層秩序上ではコンピュータ言語に対して特権化された関係を享受してきたのとおなじようにして、ある階層秩序のうちで種々異なるコンピュータ言語をグループ化するということもよくある。これはキットラーが、彼の論文「ソフトウェアは存在しない」でおこなっていることでもある。

プログラミング言語は日常言語による独占状態を侵食するようになったのであり、みずからにかかわる新しい階層秩序を形成するほどになってきた。これは、ポストモダン型のバビロンの塔といえるものだ。言語的に拡張して考えた時にはなおハードウェアの構成要素にかかわるものであるだろう単純なオペレーションコードから出発して、そうしたオペレーションコードそのものをみずからの拡張したものとするアセンブラを経て、最終的にはそのようなアセンブラ自体をみずからの拡張とする高水準のプログラミング言語へといたるという具合で作動するポストモダン型のバビロンの塔なのである[47]。

機械コードは、あるひとのハードウェアに存在している実際の機械回路の構成を直接的にトレースするものであるため、コンピュータ言語のなかでもっとも根本的なタイプのものとして理解されている。相対的にいって、C++言語やパール言語のような高水準言語は、機械語へと翻訳（コンパイル）され／解釈されなくてはならないため、それらはさほど根本的なものではないとみなされるのである。

しかし、コンピュータソフトウェアの論理的な本性からすると、そうした区別は見当違いなものであるだろう。コンパイラやリンカー、インタープリタといったものは根本的には翻訳機械、つまり、コードをある形式からほかの形式へと移行させる機械なのである。コンパイル〔機械語への翻訳〕がなされていないソースコードは、おなじコードがアセンブリ言語に翻訳されて／あるいは機械コードにリンクされているとき、それらは**論理的**には等価なのである。たとえば、一六進法（base 16）の数字で表された特定の値が、二進法（base 2）で表現された同じ値よりも根本的なものであるとか、そうでないと主張することは馬鹿げているだろう。それらはおなじ値についてのふたつの表現でしかないのである。同様の理由から、ソースコードよりも機械コードが比較的純粋であると主張することも誤りである。それぞれがおなじデジタルコンピュータという環境に媒介されたものであるからだ。ソースコードは、人間が読むにあたってはより単純なものであるかもしれないが、コードにかんするより広大な階層秩序のうちで、みずからがどういった関係をもつのかについてはほとんど何も示しておらず、そうした秩序にかんしては実のところ存在していないとさえ言えるかもしれない[48]。

ハッカーたちのコードとの密接な関係は、プロトコルの力を示してみせる。その力とはわけても、自律したアクターたちを駆り立て、それらが分散した特定の場の内部でますます生命力を備え、また実効性（affect）にかかわる状態へと向かうようにさせる、プロトコルの能力のことである。

可能性（possibility）

プロトコルとは、可能性と同義である。これは本書の第一部で示されたことであった。プロトコルは、何が生じうるのかということ、そしてどこで生じるのかということについてそのプレイグラウンドとなるものを輪郭づける。ひとが特定のプロコルを無視することを選択するならば、そのとき当該のプロトコルに独自の回路でコミュニケーションをとることは不可能となる。プロトコルがなければ、接続もありえないのだ。

新入りのハッカーは誰しも、ハッキングが「抜け道（exploits）」にもとづいていると告げることができるようになる。すでに存在しているバグが、コンピュータへとアクセスするために、ハッカーたちによって活気づけられるというわけだ。強盗犯たちは、彼ら自身の抜け道が家々にあると知っている。鍵はピッキングされるし、窓は壊され、ドアはこじ開けられるだろう。コンピュータにもおなじことができる。バッファはあふれ返るし、〔暗号やシステムの〕抜け穴をくぐり抜け、トロイの木馬が展開することにもなる。だが、強盗犯の抜け道が侵入を可能にするための物理的な力にもとづくものである一方、ハッカーの抜け道は通常、**論理的**な力によるものである。つまり、物理的なハッキングというのもときに必要となるが、それでもハッカーは一般に、機械がもつ論理コードという土台にあるバグや抜け穴に焦点を当てるのである[49]。

プロトコルとは、**可能性と同義**である。プロトコルという視野に立てば、ひとがもしそれをおこなえる場合に、それは悪いことではありえない。なぜなら、それが悪いことであったなら、とうの昔にプロトコルによって何年も前に法の外へと追いやられてしまっていたはずなのだから。

ハッカーたちはルールや感情、意見といったものを気にかけない。彼らが気にかけるのは何が真実であるのか、そして何が可能であるのかということである。そしてコンピュータの論理的な世界では可能であるとすれば、それが現実なのである。ひとはコンピュータを突破することができるのであって、そうすべきではなく、それが正しいのでもない。水が花瓶に注がれると、花瓶は一杯になるだろう。ハッカーがコンピュータのネットワークに注がれると、ハッカーは彼の手が届くどんな空間にも入り込むようになるのだ。

実際のところ、可能性なるものはしばしば、非倫理的であることをハッカーの頭から消し去ってしまう。伝説的なハッカーであるアシッド・フリークの逸話が、このことをよく物語っている。アシッド・フリークは、いうなればライバルといっていいジョン・ペリー・バーロウ個人に関わる詳細な情報を伝えられ、これはバーロウのクレジットカードの履歴を得るためにその情報を利用することができると踏んで、次のように叫んだのである。「バーロウさん、あなたのクレジットカードの情報や、ほかにもたくさんのことを得るために必要なすべてのことを片っ端から投稿してくれてありがとう！　さて、誰が責められるべきなのだろう。それを手に入れた〈わたし（ME）〉なのか、どうしようもない馬鹿をした〈あなた（YOU）〉かな?!」[50]。ハッカーの多くはこう答えるだろう、「こんな馬鹿をしたあなた」であると。

ジェイムソンはあるところで、現代資本主義のもとでもっとも難しいことのひとつが、ユートピアを思い描くことであると述べた。まさにこうした理由から、可能性が重要なものとなるのだ。何が可能であるのかを決定すること（そしてしばしば、そのために闘争すること）は、欲望にもとづいた、つまりはひとが望んでいることにもとづいた、ひとつのユートピア的な展望への第一歩である。ハッカーたちは、この可能性を同定するための機械なのである。

ピエール・レヴィは、デジタルコンピュータによるサイバースペースにおけるユートピアの可能性を雄弁に言い表すことのできた著述家のひとりである。(51) 彼が記すには、「サイバースペースはみずから、知覚することや感じること、想起することや労働すること、遊ぶことや共にいることにかんする諸々の方法をもたらす……サイバースペースの展開は……、来るべき世紀に主要なものとなる感性＝美学的および政治的な問題のひとつである」。(52) レヴィの予見的な調子はまさしく、ジェイムソンが同時代の言説のほとんどに欠けていると警告していたものである。

ユートピアと可能性との関係性は緊密なものである。真のユートピアを思い描く以前に必要となるのは、ひとが何を望んでいるのか、何を望むことが可能であるのかを知るということである。一九七二年、スチュワート・ブランドは次のように記していた。「すべてのひとびとにとってコンピュータが利用可能になると、ハッカーたちが優位な位置を占める。つまり、わたしたちはコンピュータの愛好家であるし、個人としても協働者としてもはるかに強力な力を与えられる、というわけだ」。(53) また、マッケンジー・ワークが記すように、「プログラミング言語や詩的言語のコード、数学や音楽のコード、曲線や色彩のコードなど、ハッキングするコードがなんであれ、わたしたちは世界に現れようとしている新しい事物の可能性を創り出すのである」。(54) それゆえ、わたしが示唆するのは以下のことである。すなわち、ハッカーたちが可能なものの領野とのあいだに独自の結びつきをもっているということ、その結びつきというのが、みずからのことを正確にその可能性の閾値上で構造化するプロトコルを介して、ハッカーたちにユートピアの本性に対する特殊な洞察を与えている……コンピュータの外側で彼ないしは彼女が望むもの……ということである。

ユートピアへのこの直感についてもっとも重要な兆候のひとつとなるのは、ハッカーコミュニティがもつ反商業的な習性である。〔彼らによる〕ソフトウェアの製作品は昔から開発されていたし、パブリックドメインとして公開されてきたのである。その作者の側には営利という動機づけがまったくないようにみえるし、開発や公開はただ、コードそのものをますます誇りあるものとするためになされている。スティーヴン・レヴィは、MITで早くからコンピュータに熱狂していた者たちが開発した初期のヴィデオゲームに言及しつつ、「「スペースウォー!」は販売されなかった」と記している。「ほかのどんなプログラムともおなじように、それは誰にでもアクセスが可能で、見ることができ、さらには適切だとみなされるよう書き直すことができるように、引き出しに置かれていたのだ[55]」。

個人の行動にとって制限となるものは、ハッカーにとって可能性を制限するものになる。それゆえ、コードの個別の一部分にひとりが個人的に投資するということが、そのコードに関わる全面的な開発の邪魔にしかなりえないということは、ハッカーたちにとって周知の事実である。「ソフトウェアのシェアリングは、コンピュータとおなじぐらいに古いものである」と、フリーソフトウェアの教祖的存在であるリチャード・ストールマンは記している。「それはレシピを共有することが、料理とおなじぐらいに古いのとおなじことである[56]」。

コードは、ひとびとにとって神格化されるといったものではないものの、完全化というみずからの次元のうちに現存しているものだ。こうした意味合いでのある種の擬似的な美学=感性学的な成長を妨げるであろう障害ないしは非効率性をすべて取り除かなくてはならない、とハッカーたちは駆られている。アンドリュー・ロスが記すには、「その基本となるアセンブリ構造において、情報技術というものにはプロセッシングやコピー、複製、シミュレーションが含まれるものとなっており、それがゆえに、情報の私有財産という概念は認めることができないのである[57]」。ソフトウェアの商業的所有権は、ハッカーの全員に憎まれる障害の最たるものである。というのも、それはコードが制限されてしまうということであるからだ――知的財産法による制限であり、利潤動機による制限でもあり、企業という「ウスノロ

（lamer）〔ネット上でのスラング〕」による制限でもある。

ときに穏当ではない動機付がために嫌われることもあるハッカーのケヴィン・ミトニックでさえも、コードそのものがいかなる商業上の動機付けよりも優先される順位にあるということを認めている。

サイバースペースやコンピュータ・システム、オペレーティング・システムについて、そしてコンピュータ・システムがどのように互いに作用しているのかについて、ひとがさらなる理解をえるということが、基本的には過去にわたしがおこなっていたハッキング活動の背景にある動機であった。まさしく知識の獲得と冒険のスリルに由来していたのであり、ほかに金稼ぎといったものを試みるというような邪な考えはまったくなかったのだ[58]。

ドクターKと名乗るイギリスのハッカーは、次のように記すことでこの心情をあからさまな反商業主義にまで強化している。「企業と政府が、一般庶民の利益のためにコンピュータテクノロジーを利用するなんて信用することはできない[59]」。

まさにこうしたことが理由となって、一九八五年にフリーソフトウェア財団が設立された。そのため、パーソナルコンピュータではないコンピュータを使用する人々からなるコミュニティのほとんどには、無料であるか、そうでなくとも脱商業化されたソフトウェアが広く行き渡っているのだ[60]。それゆえ、ハッカーの倫理は、あらゆる商業的な命令を単に拒絶するということを通して、ユートピアを生ぜしめんとするのである。

しかしながら、この反商業主義よりも大事なものが、プロ＝プロトコル主義なるものである。プロトコルは定義上オープンソースなのであり、この用語は、テクノロジーの創出のために利用されたソースコードを公開しているテクノロジーを指す。こういうことだ。プロトコルとは、第四章で記したＲＦＣに示されるように、与えられたテクノロジーがいかにして作動するのかをなにからなにまで教える、念入りな作業指示のリストにほかならないのである。

ソースが未公開のままのテクノロジーは、その多くが市場においてしばしば独占的な位置付けにあることからプロトコルの論理にもとづいているようにみえもする。だが真のプロトコルは未公開のことも、あるいは専有されることもない。それはなによりもすべてが公開されていなければならず、すべてのひとに承認されていなくてはならない。真のプロトコルは、それ自体の技術開発が公共圏でなされることで、便益をくりかえし生み出すのである。真のプロトコルは、純然かつ透明なコードとして（または、コードの作り出す方法についての純然たる記述として）存在しなくてはならないのだ。

プロトコルの論理にもとづくアクターにかんしていえば、ハッカーたちはしばしば、商業的活動ないしは政府の活動によって種々の特定の技術が私有財産や不透明なものにされることが、プロトコルの障害となることに注意を呼びかけてきた。そうした障害のひとつが、一九九八年のデジタルミレニアム著作権法（ＤＭＣＡ）である。ハッカー雑誌『2600』は、ＤＭＣＡが「リバースエンジニアの技術を基本的に不法としてしまう」ことを指摘していた。リバースエンジニアリングとは、コードの諸帰結を検証することによる、そのソースコードへの問いかけと応答（interpellation）を指す言葉である。「つまり、事物を取り出して、それらがどのように作動しているのかを解明することは、関連する法人組織が望まないのであれば許されないということである」[61]。商業的な技術製品を無料で利用することを望む人々にとって確実に嘆くべきことであるのだが、しかしながら、これはプロトコルにとっていっそう残念なことでもある。というのも、テクノロジーが専有物であるとすれば、それはプロトコルの論理にもとづくものではなくなってしまうということであるからだ。

今日の技術用語でひろく一般に利用されているもののうちで、可能性の同義語となるのは、アクセスである。ネット上でなにかが可能であるということは、それがアクセス可能であるときに限られる。ハッカーたちは、テクノロジーへのアクセスが制限されるような諸々の状況を拒絶している。技術を専有する提供者は、「ひとがコンテンツにアクセスすることのできるやり方や、その時間や場所を書き留めることができるようになることを望んでいる」[62]。『2600』の編集者たちの不満は、DVDのメディア規格である専有制限をそれまで破っていたハッカーたちに対して、アメリカ映画協会が起こした訴訟へと向けられている。

『2600』がいみじくも書き記しているのは、ここで実際に問題となることが、DVDの海賊行為となりうるものに対する管理＝制御ではなく、個別の技術にかかわる知識に対する管理＝制御のひとつであるということだ。「アメリカ映画協会は、彼らによる管理＝制御を確実なものにすることを望んだのであり、そしてハッカーや自由至上主義者たち、そして市井の庶民の誰しもが、その管理＝制御へと挑んでかかる仕方をわざわざ解明することがないようにするということを望んだのである。一本の海賊版の映画を販売することは、彼らにとってなんでもない。だが、テクノロジーがいかにして作動しているのかをひとびとに知らせることが、現実的な脅威なのである」[63]。

それゆえ、ハッキングが露呈させているのは、システムが安全であるのかどうかということでもなければ、データが自由＝無料であるのか専有物であることを望んでいるのかということでもない。それよりもむしろ、コードをかいして可能性と活動を活気付ける刺激的な新しい能力が、プロトコルとともに呼び起こされるということを、ハッキングは明らかにしている。このことがコードの表面上に示されないということは、なんら驚くべきことではない。

本章の目標は、ハッキングをアレゴリー化するということであった。そうすることによって、倫理と自由主義について以前は非常に退屈な言説となっていたものが、プロトコルの理論をさらに展開するうえで有用なものになるかもしれないのである。

注

（1） 以下による引用。Katie Hafner and Matthew Lyon, *Where Wizards Stay Up Late: The Origins of the Internet* (New York: Touchstone, 1996), pp. 144-145.〔ケイティ・ハフナー、マシュー・ライアン『インターネットの起源』、加地永都子、道田豪訳、アスキー、二〇〇〇年、一四〇頁〕

（2） Jake Feinler, "30 Years of RFCs," RFC 2555, April 7, 1999.

（3） Hardt and Negri, *Empire*, p. 138.〔マイケル・ハート、アントニオ・ネグリ『〈帝国〉グローバル化の世界秩序とマルチチュードの可能性』、水嶋一憲、酒井隆史、浜邦彦、吉田俊美訳、以文社、二〇〇三年、一八五頁〕

（4） Critical Art Ensemble, *Electronic Civil Disobedience and Other Unpopular Ideas* (New York: Autonomedia, 1996), pp. 9-10. See also "Nomadic Power and Cultural Resistance," in Critical Art Ensemble, *The Electronic Disturbance* (New York: Autonomedia, 1994).

（5） ＣＡＥによる考察を認めることがわたしにとって重要であるのは、これほど早い時期から、これほど明敏に新しい技術と生政治にかかわる時代のうちにある政治学の本性を認識していたものがほかに少なかったからである。だが、その一方で彼らの位置取りとわたし自身のそれとのあいだには、いくつかの重要な差異が存在している。たとえば、ＣＡＥはこの一節で、脱中心化した構造と分散化した構造とを混ぜ合わせているのだが、これはわたしが本書のはやくからしばしば区別していたものである。ＣＡＥは時折、分散型のシステムを指し示す用語として「ノマド的」といったものをもちいてもいるが、彼らが主張するのは「権力が脱中心化している」ということであり、わたしのここでの主張は、権力は分散化しているというものである。以下を参照のこと。Critical Art Ensemble, *Electronic Civil Disobedience and Other Unpopular Ideas*, p. 13. ＣＡＥはまた、権力の内在的かつ物質的な身体化 embodiement について、フーコーやドゥルーズ、そしてほかの者からの教えを回避している。それらとは異なり、彼らは次のように主張する。「権力そのものは目に見えないものである」、また「権力はその諸々の効果によってのみ経験される」、さらには「資本はほとんど確固たる形式をとることがない。それは権力と同様に、抽象化されたものとして存在する」（p. 13）。［それに対して］プロトコルの論理についての分析は、管理＝制御が抽象的な形式をとることはほとんどないということを示している。むしろ、プロトコルは、管理＝制御が文字どおりにバイオインフォマティクスのネットワークにかかわるセルやマザーボードのうちに刻み込まれているということを確かなものにしている。

（6）Hakim Bey, *T.A.Z.: The Temporary Autonomous Zone, Ontological Anarchy, Poetic Terrorism* (New York: Autonomedia, 1985), p. 101.〔ハキム・ベイ『T.A.Z　一時的自律ゾーン』、箕輪裕訳、インパクト出版会、一九九七年〕

（7）ロバート・グレアムは、この用語の語源をスポーツのゴルフにまでたどっている。「「ハッカー」という言葉は一四世紀に始まり、ある特定の活動にあって経験のない者や未熟な者を意味していた。一九七〇年代に「ハッカー」という言葉は、コンピュータの熱狂的支持者たちがみずからのことを指すのにもちいられるようになった。このことは熱狂的な支持者たちがコンピュータへとアプローチする仕方を反映している。すなわち、彼らはコンピュータを作動することができるようになるまで、形式的な教育を避け、そのまわりで遊んでいたのである（それとほとんどおなじ仕方でゴルフのハッカーはボールを穴にいれるまで、ゴルフボールをハッキングし続けるのである）。以下を参照のこと。http://www.robertgraham.com/pubs/hacking-dict.html

（8）Bruce Sterling, *The Hacker Crackdown* (New York: Bantam, 1992), p. 51.〔ブルース・スターリング『ハッカーを追え！』、今岡清訳、アスキー、二〇〇一年、八六頁〕以下も参照のこと。Hugo Cornwall, *Hacker's Handbook* (London: Century, 1988). この著作は、ハッカーのことを温和な探検者だと特徴づける。コーンウォールの立場は、合衆国とヨーロッパのあいだで異なる態度を強調しようとするものである。ヨーロッパではハッキングが犯罪とかかわることははるかに少ないし、多くの場合には一見したところ合法のものである。

（9）Steven Levy, *Hackers: Heroes of the Computer Revolution* (New York: Anchor Press/Doubleday, 1984), p. ix.〔スティーブン・レビー『ハッカーズ』、松田信子、古橋芳恵訳、工学舎、一九八七年〕

(10) この格言はスチュワート・ブランドのものとされる。彼が記すには、「情報は一方では、高価なものであることを望んでいる。というのも、それだけの価値があるからだ。正確な場所にある正確な情報はまさしく、あなたの生活を変えてくれる。その一方で、情報は自由＝無料であることを望んでいる。というのも、情報を受けとることにかかわるコストは、いつのときもますます低くなっているからだ。それゆえ、これらの互いに対立するふたつのものをあなたは手にしているのだ」。以下を参照のこと。*Whole Earth Review*, May 1985, p. 49.

(11) 多くのハッカーたちは、商業的なソフトウェア製品がさほど注意深く組み立てられてはおらず、それゆえ、つけ込みやすいものになっていると信じている。おそらくそうした不当な利用のなかでもっとも悪名高い事例であり、ソフトウェアのいやます商業化を批判するものとなるのが、ハッカー集団のカルト・オブ・ザ・デッドカウ Cult of the Dead Cow によって創られたソフトウェアアプリケーション、「バック・オリフィス Back Orifice」である。バック・オリフィスは、マイクロソフトによるソフトウェアの一式「バック・オフィス Back Office」へのあてこすりとなっており、マイクロソフトのオペレーティング・システム、ウィンドウズの特定のヴァージョンを作動させたパソコンに対して遠隔操作を可能にするトロイの木馬として作動する。

(12) Levy, Hackers, pp. 27-33.

(13) Compaq Disk and Dr. Dude, "Introduction to Diet Phrack (Phrack 36)," *Phrack*, vol. 3, no. 36, file 1.

(14) そうした立法には、一九八六年のコンピュータ詐欺と防止法が含まれる。これはわけても政府のコンピュータへと侵入するものを重罪人とするものであった。この変容にかんする見事な歴史的分析については、スターリングによる『ハッカーを追え！』〔前掲〕を参照のこと。アンドリュー・ロスはこの変容を説明するにあたって、スターリングやほかの者たちもおこなっているように、八〇年代後半にコンピュータウィルスが増加したことを引用している。それはとりわけ、「コーネル大学のハッカーであるロバート・モリスが、一九八八年一一月に工作した、国のネットワークシステムであるインターネットに対するウィルス攻撃」であり、「それがデータの損傷というやり方において原因となることはほとんどなかったが……、インターネットウィルスの分岐構造が、日常の「コンピュータ文化」を変容させかねないモラルパニックを引き起こすことにつながったのである」。Andrew Ross, *Strange Weather: Culture, Science, and Technology in the Age of Limits* (New York: Verso, 1991), p. 75. コンピュータウィルスについての詳細は、本書第六章も参照のこと。

(15) 以下を参照のこと。"Beware: Hackers at Play," *Newsweek*, September 5, 1983.

(16) "A Threat from Malicious Software," *Time*, November 4, 1985, p. 94.

(17) Knight Lightning, "Shadows Of A Future Past," *Phrack*, vol. 2, no. 21, file 3.

(18) Knight Lightning, "The Judas Contract," *Phrack*, vol. 2, no. 22, file 3.

(19) おおくのハッカーがジェンダーについては中立的な偽名をもちいる一方で、メンターが協力していたオンライン雑誌『フラック』は、その明確な男性スタッフとリーダーシップに特徴づけられていた。ハッカーコミュニティ内部でのジェンダーの不均衡について、社会学的な解説をおこなったものとしては以下を参照のこと。Paul Taylor, *Hackers: Crime in the Digital Sublime* (New York: Routledge, 1999), pp. 32-42.

(20) The Mentor, "The Conscience of a Hacker," *Phrack*, vol. 1, no. 7, file 3. 以下のオンラインで入手可能。http://www.iit.edu/~beberg/manifesto.html

(21) スターリングによる『ハッカーを追え!』〔前掲〕を参照のこと。

(22) Cliff Stoll, *The Cuckoo's Egg* (New York: Pocket Books, 1989), p. 353. 〔クリフォード・ストール『カッコウはコンピュータに卵を産む』、池央耿訳、草思社、一九九一年〕

(23) 以下に引用されたウィリアム・クリントンの言葉。"Big Time," *2600* (Spring 1999), p. 4.「サイバー攻撃からの危険性は最近になって大きな注意を惹くようになった」と、アリゾナ州知事のジョン・キールは二〇〇〇年四月に警告していた。「サービス妨害の攻撃がヤフーやebay、そしてCNNといった有名なインターネットサイトを標的としており、週明けに逮捕された一〇代のカナダ人が係争中でいることは、わたしたちがいかに脆弱であるのかをアメリカ人に痛感させるものであった」。以下を参照のこと。"Cyber Attack: Improving Prevention and Prosecution," U.S. Congress Subcommittee on Technology, Terrorism, and Government Information, Scottsdale, AZ, April 21, 2000.

(24) Critical Art Ensemble, *Electronic Civil Disobedience*, p. 15.

(25) Hardt and Negri, *Empire*, p. 206. 〔ハート、ネグリ『〈帝国〉』、二七一頁〕本書から分岐した論文で、わたしは帝国が政治社会的な領野でいかにして作動するのかという問題と、プロトコルが技術的な領野においていかにして作動するのかという問題とのあいだの大規模な並行関係を検証している。以下を参照のこと。Alexander Galloway, "Protocol, or, How Control Exists After Decentralization," *Rethinking Marxism*, vol. 13, no. 3 (Fall 2001).

(26) Sterling, *The Hacker Crackdown*, p. 184.〔スターリング『ハッカーを追え!』、二七六―二七七頁〕

(27) Sterling, *The Hacker Crackdown*, p. 184.〔同前〕

(28) Tom Peters, *Liberation Management: Necessary Disorganization for the Nanosecond Nineties* (New York: Knopf, 1992), pp. 143-144.〔トム・ピーターズ『自由奔放のマネジメント(上下)』、小木曽昭元、大前研一訳、ダイヤモンド社、一九九四年〕組織型マネジメントについての(分散型の様式よりも)古くからの脱中心化した様式のことは、一九三〇年代と四〇年代のゼネラルモーターズ社のピーター・ドラッカーによる分析のうちにまとめられている。彼が記すには、「ゼネラルモーターズは脱中心化のことを、秩序にかんする基本的かつ普遍的に有効な概念とみなしているのだ」。以下を参照のこと。Drucker, *The Concept of the Corporation* (New Brunswick: Transaction, 1993), p. 47.〔ピーター・ドラッカー『企業とは何か』、上田惇生訳、ダイヤモンド社、二〇〇八年〕

(29) "Introduction," Phrack, vol. 1, no. 9, phile 1.

(30) "The Victor Spoiled," *2600* (Winter 1998-1999), p. 4. 強調は筆者による。

(31) Stewart Brand, "SPACEWAR: Fanatic Life and Symbolic Death Among the Computer Bums," *Rolling Stone*, December 7, 1972, p. 51.

(32) Stewart Brand, *The Media Lab: Inventing the Future at MIT* (New York: Viking, 1987), p. 264.〔スチュワート・ブランド『メディアラボ「メディアの未来」を創造する超・頭脳集団の挑戦』、室謙二、麻生九美訳、福武書店、一九八八年〕

(33) Critical Art Ensemble, *Electronic Civil Disobedience*, p. 38.

(34) Critical Art Ensemble, *Electronic Civil Disobedience*, p. 38.

(35) Hakim Bey, *T.A.Z.*, p. 101.〔ハキム・ベイ『T.A.Z 一時的自律ゾーン』〕

(36) Hardt and Negri, *Empire*, p. 411.〔ハート、ネグリ『〈帝国〉』、五〇九頁〕

(37) Knight Lightning, "Subdivisions," *Phrack*, vol. 2, no. 23, file 3.

(38) Michelle Slatalla and Joshua Quittner, *Masters of Deception: The Gang that Ruled Cyberspace* (New York: HarperCollins, 1995), p. 57.〔ミシェール・スラターラ、ジョシュア・クウィットナー『サイバースペースの決闘』、鶴岡雄二訳、角川書店、一九九五年、七二頁〕

(39) Sterling, *The Hacker Crackdown*, pp. 91-92.〔スターリング『ハッカーを追え!』、一四一頁〕強調は筆者による。

(40) Sol LeWitt, "Paragraphs on Conceptual Art," *Conceptual Art: A Critical Anthology* ed. Alexander Alberro and Blake Stimson, (Cambridge: MIT Press, 1999), p. 12. この一節を知ったのは、マーク・トライブのおかげである。

(41) 以下を参照のこと。Northrop Frye, *Anatomy of Criticism* (Princeton: Princeton University Press, 1957).〔ノースロップ・フライ『批評の解剖』、海老根宏ほか訳、法政大学出版局、一九八〇年〕これとおなじ問題に取り組むものとして、以下も参照のこと。Fredric Jameson "From Metaphor to Allegory," in *Anything*, ed. Cynthia Davidson (Cambridge: MIT Press, 2001).

(42) Friedrich Kittler, "On the Implementation of Knowledge — Toward a Theory of Hardware," *Nettime*, February 6, 1999.

(43) Kittler, "On the Implementation of Knowledge."

(44) このことが疑わしいものになると言えば、哲学者らとともにわたしは困ったことになる。だが、次のようなキットラーの指摘はもっともなものであるだろう。あなたがもし、劇場の人混みでわめき散らせば、ひとびとは逃げ出すことになる。だが、彼らがそうすることを必然的なものにする物質的な論理はなにもない。その一方で、コードは物質的な論理にもとづいて**い**る。それゆえ、コードは、物質的な変化を起こすような作用が生じるようにあらかじめ仕向けられているのである。

(45) この事実の感性論的な次元についての興味深い注釈として、以下を参照のこと。Geoff Cox, Alex McLean, and Adrian Ward's "The Aesthetics of Generative Code," 以下で入手可能。http://sidestream.org/papers/aesthetics

(46) Sterling, *The Hacker Crackdown*, p. 31.〔スターリング『ハッカーを追え!』、一四一頁〕

(47) Friedrich Kittler, "There Is No Software," in *Electronic Culture*, ed. Timothy Druckrey (New York: Aperture, 1996), p. 332.〔フリードリヒ・キットラー「ソフトウェアなど存在しない」原克訳、『ドラキュラの遺言　ソフトウ

エアなど存在しない』産業図書、一九九八年、三一三頁〕

（48）この議論における困難のひとつは、特定のコンピュータ言語（C言語のようなもの）にかんしては、実行可能なファイルを変換してソースコードに戻すことが、ソースコードを実行可能なファイルへと変換するよりもはるかに難しいということである。この制限は、商業的なソフトウェア企業に活用されており、彼らの仕事はソースコードの専有についての制御にもとづいている（マイクロソフトなど）。

（49）その第一の反例となるのが、社会工学の実践である。それによってハッカーは、パスワードやほかの重要な情報を収集するために、論理的な領野を離れて物理的な世界へと入り込むのである。個別のハッキングのなかには、ディスクドライブのような機械の部品を悪用することによってハードウェアを破壊するといった、ごく少数の事例もある。『タックスキャン』のような、セガのアーケードゲームに利用されたエレクトロホームの色ベクトルモニターは実際に、誤用されると燃えることもあった（わたしがこのことに注意を向けたのは、マーク・ダゲットのおかげである）。特定のキーを組み合わせた結果、燃えてしまうといったような、旧式モデルのコンピュータについて記述する都市伝説と出会ったこともあるが、これは確認されていない。

（50）Slatalla and Quittner, *Masters of Deception*, p. 102.〔スラターラ、クウィットナー『サイバースペースの決闘』、一二三頁〕

（51）ほかにもハイパーテクストの発明者であり、見事なまでにスキゾ的であるテッド・ネルソンがいる。以下を参照のこと。Ted Nelson, *Computer Lib/Dream Machines* (Redmond, WA: Tempus/Microsoft, 1987).

（52）Pierre Lévy, *L'intelligence collective: Pour une anthropologie du cyberspace* (Paris: Éditions la Découverte, 1994), p. 120.〔ピエール・レヴィ『ポストメディア人類学に向けて　集合的知性』、米山優、清水高志、曽我千亜紀、井上寛雄訳、水声社、二〇一五年、一六四頁〕

（53）Stewart Brand, "SPACEWAR: Fanatic Life and Symbolic Death among the Computer Bums," *Rolling Stone*, December 7, 1972, p. 58.

（54）McKenzie Wark, "A Hacker Manifesto [version 4.0]," 以下で入手可能。http://subsol.c3.hu/subsol_2/contributors0/warktext.html〔現在はアクセスできないが、修正のうえで以下に収録されている。マッケンジー・ワーク『ハッ

カー宣言』、金田智之訳、河出書房新社、二〇〇五年、五頁〕

(55) Levy, *Hackers*, p. 53.〔レビー『ハッカーズ』〕一九七二年の雑誌『ローリングストーン』のゲームについての記事で、スチュワート・ブランドは彼自身の記事の真横にアラン・ケイによる『スペースウォー!』のソースコードを公表するほどであった。これは大衆的な刊行物ではほとんどみられない実践である。以下を参照のこと。Brand, "SPACEWAR," p. 58.

(56) Richard Stallman, "The GNU Project," 以下で入手可能。http://www.gnu.org/gnu/thegnuproject.html また、以下も参照のこと。Chris Dibona et al. eds., *Open Sources: Voices from the Open Source Revolution* (Sebastopol, CA: O'Reilly, 1999).〔クリス・ディボナほか『オープンソースソフトウェア　彼らはいかにしてビジネススタンダードになったのか』、倉骨彰訳、オーム社、一九九九年〕

(57) Ross, *Strange Weather*, p. 80.

(58) 以下に引用されているケビン・ミトニックへの電話インタビューによる。Taylor, *Hackers*, p. 57. ミトニックの話にかかわる詳細は、以下のテクストを参照のこと。Katie Hafner and John Markoff, *Cyberpunk: Outlaws and Hackers on the Computer Frontier* (New York: Touchstone, 1991)〔ケイティ・ハフナー、ジョン・マルコフ『ハッカーは笑う』服部桂訳、ＮＴＴ出版、一九九五年〕; Tsutomu Shimomura, *Takedown: The Pursuit and Capture of Kevin Mitnick, America's Most Wanted Computer Outlaw: By the Man Who Did It* (New York: Hyperion, 1996)〔下村努、ジョン・マーコフ『テイクダウン　若き天才日本人学者vs超大物ハッカー（上下）』、近藤純夫訳、徳間書店、一九九六年〕; Jonathan Littman, *The Fugitive Game: Online With Kevin Mitnick* (New York: Little Brown & Co, 1997)〔ジョナサン・リットマン『ＦＢＩが恐れた伝説のハッカー（上下）』、東江一紀訳、草思社、一九九六年〕; Jeff Goodell, *The Cyberthief and the Samurai: The True Story of Kevin Mitnick: And the Man Who Hunted Him Down* (New York: Dell, 1996)〔ジェフ・グッデル『ハッカーを撃て!』、杉浦茂樹訳、ＴＢＳブリタニカ、一九九六年〕雑誌『2600』で入手できるドキュメンタリー *Freedom Downtime* も参照のこと。ミトニック自身は、以下のセキュリティにかんする著作を記している。*The Art of Deception* (New York: John Wiley & Sons, 2002).〔ケビン・ミトニック、ウィリアム・サイモン『欺術　史上最強のハッカーが明かす禁断の技法』、岩谷宏訳、ソフトバンククリエイテ

ィブ、二〇〇三年〕

(59) Dr-K, *A Complete H@cker's Handbook: Everything You Need to Know About Hacking in the Age of the Internet* (London: Carlton, 2000), p. 9.〔Ｄｒ Ｋ『ハッカー・ハンドブック　インターネット時代のセキュリティー』、尾子洋一郎訳、三修社、二〇〇二年、一二頁〕

(60) この動向についてなによりも事例となるのは、オープンソースのオペレーティング・システムであるリナックスである。潜在的にはあらゆるソフトウェア製品が、その商業的なライバルよりもしばしば優れたパフォーマンスおこなう類似品のフリーウェアを有している。その事例としては、フリーのウェブサーバであるアパッチ（Apache）、フリーの関係型データベースMySQLがあり、後者はオラクルのような高性能の商業データベースと競合している。またはフリーオープンソースのスクリプト言語パール（Perl）もある。

(61) "The Next Chapter," *2600* (Spring 2000), p. 6.

(62) "A Summer of Trials," *2600* (Fall 2000), p. 4.

(63) "Direction," *2600* (Winter 2000–2001), p. 4.

第六章　戦術的メディア

インターネットはタイタニックのようなものだ。それは型破りなほどに実行されるが、それ自体のカタストロフを含みこむ道具なのである。

――ポール・ヴィリリオ「情報戦争」〔*Ars Electronica*, MIT Press, 1999, p. 334〕

様々な方法で現れうる多くの興味深い社会運動のように、戦術的メディアには定型と思われている定義とより広く一般的だと考えうる定義がある。その定型的な方は、西洋世界やその周囲で生じ、新たな技術に精通した社会運動に由来し、ヘアート・ローフィンクやリカルド・ドミンゲス（エレクトロニック・ディスターバンス劇場とともに）、クリティカル・アート・アンサンブル（ＣＡＥ）のような先頭を行くメディア関係者たちと結びついている。戦術的メディアとは、たとえば、ヴァーチャルな座り込み抗議の組織化、あるいはインターネットへのより民主主義的なアクセスにむけたキャンペーン、商業市場を目的としない新しいソフトウェア製品の創出といったものまでも含んだ、新しくかつ古いテクノロジーの政治的な利用に与えられた用語である。

「戦術的メディアとは、次のような場合に生じる。すなわち、家庭用電化製品における革命と、拡張した流通形式（公衆に利用可能なケーブルからインターネットへ）によって可能になった安価な「ＤＩＹ」

メディアが、より広域な文化の動きに権利を剝奪されたり、ないしはそこから排除されたりしていると感じた集団や個人によって都合よく用いられたときに生じるのである」。戦術的メディアの教祖的存在であるデイヴィッド・ガルシアとヘアート・ローフィンクは次のように記している。「戦術的メディアは危機や批判、対立にかかわるメディアである」[1]。ゆえに、戦術的メディアが意味するものは、権力が寄り集まっているところに抗するネットワークによるボトムアップ型の闘争なのである。(そしてもちろんのこと、近年自らの有り様をネットワークとして再創造してきている中心的諸権力に対する闘争なのである!)

しかし、メディアのなかでの戦術的な現象について思考するもっと一般的なやり方もある。すなわち、なんらかの戦術的な効果はあるのだが、多くの場合、それらがうまくいった痕跡は、メディアのエコロジストたちによって後々発見されるに任せるしかないような類いのものだ。このやり方は通常、定型と思われている定義に当てはまる以上のことを含みこむかもしれない。その好例は諸々のコンピュータウィルスである。ごく穏当な意味合いでいっても、それらは政治的に破綻しており戦術的メディアの実践者には友だちはいないだろう。しかし、より一般的な意味でいえば、それらはネットワークの基盤上に発生する衝突の本性について実に多くのことを語ってくれるのだ。

たとえばコンピュータウィルスは、プロトコルの論理に反するテクノロジーを同定する際に信じられないほどに有効なものである。それらは、専有的なシステムそれぞれに感染し、システムそれぞれのなかに含まれた同質性を介して増殖するのである。ひとつのコンピュータウィルスを私に見せていただけるなら、専有的なソフトウェアをひとつの市場の独占とともにあなたにお見せすることができるというものだ。

ここでCAEやローフィンク、また他の者たちがそうした主題に与えた卓抜な注意を繰り返すことはしない。代わりに本章では、プロトコルの論理に基づくとともに、専有にかかわる指令と制御における不備を、テクノロジーを破壊するためではなく、プロトコルを彫琢して、人々の実際の欲望により適合させるために、都合よく利用することができる現象として戦術的メディアを検証したいのである。「抵抗はもはや周縁的なものではなく、ネットワークのなかで広がった社会の中心で活発化するものである」[2]とハートとネグリは私たちに気づかせる。それと同様に、技術に基づいた抵抗はプロトコルの外側ではなく、その中心に存在しているのだ。戦術的メディアは、プロトコルを法外な状態（hypertrophy）へと駆り立て、さらにその先へ、すなわちより適した、またより興味深い道筋へと押し進めていくのである。

コンピュータウィルス

ウィルスやワームついての論考は、一九七〇年代と一九八〇年代の初めに少数ながら発表されたのだが、一九八〇年代初頭のフレッド・コーエンの論文は、コンピュータウィルスに関する初めてといっていい長い時間をかけた考察として現在も引用されるものである[3]。彼はこのトピックに対して科学的な観点からアプローチし、感染率を測定したり、様々なタイプのウィルスを分類したりするなどした。

もっとも小さなウィルスの記録は、ユニックスの「sh」というコマンド・スクリプトである。ユニックスのコマンド・インタプリタのなかでは、およそ八つの文字を書き込むだけでウィルスを作成することができるのである。そのため、ひとたびユニックスのシステムにログインするとするならば、八つの文字のコマンドをタイプするだけで、ほどなくそのウィルスを拡散させることができるだろう。

それは実に小さい文字数ではあるのだが、とはいえ、そこに生じるのは、八つの文字数でウィルスがただ増殖するだけでしかない。もしなんらかの人目をひくような被害を引き起こすウィルスが欲しいのなら、二五あるいは三〇ほどの文字数が必要である。それ自体で進化し、複製し、実質的な被害を起こすウィルスを望むのであれば、四行か五行分ほどの文字数が必要となるだろう(4)。

コーエンはコンピュータウィルスについての自らの考えを、一九八三年のあるセミナーで初めて発表した。彼の論文「コンピュータウィルス　理論と実験」は一九八四年に発表され、また「コンピュータウィルス」(南カルフォルニア大学)とタイトルが付けられた博士論文は一九八六年に発表された。コーエンは、コンピュータウィルスのことを次のように定義している。すなわち、「プログラムそれ自体のヴァージョンのひとつであり、それは進化する可能性をもっているが、そのようなヴァージョンを組み込むようにその他の諸々のプログラムを修正することでそれらに「感染(infect)する」ことができるプログラム」、と(5)。他の専門家たちのあいだには、次のように考える者もいる。「ウィルスとは自己複製するコードの断片のことであり、その断片は実行可能ホストに取り付けられなければならない(6)」。悪性のコードの領域における変種としては、ワームやトロイの木馬がある。ワームはウィルスのように自己複製するプログラムであるが、繁殖するためにいかなるホストも必要としない。トロイの木馬はなにか有用なことをしているように見えて、ユーザーには隠されたまま、どこかの一部となっている望ましくないコードを実行してもいるプログラムのことである。

ウィルスはほぼ例外なく、文字どおりに好ましくないもの、あるいは有害なものとして特徴づけられる。それらはほとんどの場合に、まったくもって否定的な表現で言及され、たとえば「アンチウィルスのソフトウェア」とかウィルス防止、あるいはある作家は「ハイテクの病」と呼んでもいる。それらは検出や阻止、同定、除去というコンテクストでほとんどもっぱら検討されているのである。

なぜこのようなことになるのだろうか。ヴァイラルマーケティング、創発＝発生的な行動、自己複製するシステム——これらの概念はミレニアムの変わり目に大流行した。だがコンピュータウィルスは、これらの肯定的な連想物からは何も得るものがない。それらはテロリストがネットワーク上で大混乱をもたらすために用いる、伝染病（plague）のように考えられているのである。

それではコンピュータウィルスはなぜ、生物学でのウィルスのメタファーとこれほど密に接続されるようになったのか。自己複製するプログラムをたんに寄生性をもつ厄介なものというだけでなく、「ウィルス」として、あるいはそれ相応の生命体形式として考えるのはなぜなのか。コンピュータウィルス科学の父であるコーエンでさえ、人工生命の形式としてウィルスのことを思考し、また生物学とのアナロジーの限界を認識していた。[7]「一〇〇パーセントの感染率をもつ（infectious）、生物学上の病というものを考えてみよう。つまり、動物がやり取りするどんなときでも拡がり、また感染したすべての動物をしかるべきときに即座に殺し、だけれどもそのときまでいかなる副次的な影響も探知できないような病のことである」、そう記し、コーエンはアナロジーが最終的には不正確であることを認めていた。[8] 自己複製するプログラムは、いかにしてウィルスになったのだろうか。

たとえばもし諸々のウィルスが実際よりも一〇年後に、つまりは一九九〇年代の終わりに出現したのであったのであれば、それらはまったく異なった社会文化的な意義をもっていただろうことはあり得ることである。たとえば、分散型のコンピューティングシステム（セティアットホーム Seti@home のように）や人工生命の実験（トム・レイの《ティアラ》のように）として、または芸術作品（マーク・ダゲッティの電子メールワーム《ヴイカード》）〔ヴイカードは電子メールをベースとしたアート作品としてのアプリケーションである。挨拶状のメタファーを用いながら、ヴイカードは、無作為に選んだ個人のイメージを折り込んだ電子メールを人々のアドレスボックスにむけて送り、偶然に見てしまうという行為を通じてユーザーに窃視症の経験を共有させる」や、厄介なもの（スパム）として、さらにはゲリラ的なマーケティング手法にもなりうるもの（アドウェア）として、それらのウィルスは紛れもなくもっと違ったように考えられていただろう――つまり生物学的な蔓延としてではないはずだ。

コンピュータウィルスが現行のような言説上の位置づけを与えられたのは、一九八〇年代半ばにテクノロジーにたいする認識に生じた他に類をみない変容に理由がある。事実、コンピュータ上でのハッキングを含むいくつかの現象は、歴史上のこの時期に明らかに否定的なかたちで特徴づけられることになったのだ。その原因とは、市場を専有する陣営とプロトコルの論理に則る陣営とのあいだで、水面下でおこなわれていた激しい闘争であった。

私の仮説はこうだ。かなり早い段階で、コンピュータウィルスはエイズと呼ばれる流行性伝染病（epidemic）と同一視されていた、というものである。エイズという感染を引き起こすものは、ウィルスについて書かれたものの多くにおいて明示的に参照されているし、それらはエイズのことを、コンピュータウィルスの初期の言説をかたちづくる主たる生物学的なメタファーにしていくと同時に、社会不安につながるものへと変えていくのである。当時の初期の様態では、ウィルスそれ自体が感染性のものとされた。のちに、ウィルスについての言説は武装化したものへと向かい、やがてテロリズムへと転換した。そこでは、ウィルスの作者が流行性感染病そのものなのだ。今日、ウィルスについての道徳上の評価はウィルスの作者を探し出すことで一般的にはなりをひそめている。そうしたウィルスの作者は犯罪者として、そしてしばしばテロリストとして起訴されるのである。広範にウィルスの感染を引き起こすことよりも、それを存在させるようにした犯罪者の精神こそが重要とされているのである（または、最初にウィルスが存在することを可能にした専有のソフトウェアでの不備の方が重要である）。

したがって、一九九〇年代後半までには、ウィルスはテクノロジーのなかで、悪事を働く人を探し出すための見えやすいインデックスとなり、その一〇年前にエイズ危機とあわさってそれらが喚起した非物質的で、不安をかきたてる恐れではなくなったということだ。

コンピュータウィルスが現れたのは、人間の身体と技術上の物体それら双方の一体性（intergrity）と安全性が極端なまでに重要なものとみなされていた歴史上のある瞬間であった。エイズや麻薬撲滅戦争を取り囲む社会不安が、このことの証言となる。とりわけエイズ感染を引き起こすものは、ウィルスにかんする多くの文献のなかで言及された。[9] 一九八〇年代の半ばから終わりにかけて（またそれ以降も）広範囲にわたる社会危機がエイズによって創出されていたことを思えば、これはうなずけるものだろう。ラルフ・バーガーが記すに、「一部では、エイズ感染を引き起こすものをめぐる不確かさとほとんど等しいヒステリーが、あたかもコンピュータユーザーたちのあいだに拡散しているかのようであった」[10]。こうしたエイズとコンピュータウィルスを言説の面で組み合わせる好例となるものは、一九八八年二月一日号の『ニューズウィーク』にみられる。「あなたのコンピュータ、感染していませんか」というタイトルの記事が、病院や他の施設に影響を及ぼしているコンピュータウィルスについて報告し、エイズにかんする医療記事と並んで組み合わされたのである。

進展していく脅威というこのパラダイムにかんして二つの例をみてみよう。エルサレム・ウィルスは、一九八七年一二月にイスラエルにあるエルサレム・ヘブライ大学で初めて明らかとなった。[11]「ウィルスが主にエルサレムで、またイスラエルの他の場所、とくにハイファでも、非常に広い範囲で拡大したことがすぐに見受けられた」とイスラエル・ラダイ教授は記していた。[12] そして二人の学生、ユバル・ラカヴィとオムリ・マンは、ウィルスを探し出し、削除するための対抗プログラムを書き上げたのであった。

不可解なことがそのウィルスの起源を取り囲んでもいる。コーエンが記すように、このウィルスを作成したという嫌疑がテロリストたちにかけられたのだ。当時、最初にめぐってくる一三日の金曜日ちょうどにデータを破壊するよう、そのウィルスは時間を指定されていた。その最初の一三日の金曜日は一九八八年五月一三日になっていて、その日はパレスチナ国家の独立四〇周年の記念日と一致していたのである[13]（それに続くウィルスの大流行が起こったのも、イギリスで一九八九年の一月一三日の金曜日であった）。『エドモントン・ジャーナル』はそれを「サボタージュを行う人」の仕事だとみなした。これと同じ意見は、『ニューヨーク・タイムズ』によって表明された。そこでは、エルサレム・ウィルスは「政治的な抗議運動の武器のひとつとしてどうも意図されたらしい」と報じられた[14]。だがラダイが主張するに、その後に非公開の往復文書でタイムズ紙の記者は「このウィルスとその作者、その意図についてあまり多くのことを推測するには早急に過ぎた」ことを認めたのであった[15]。

結局のところ、ウィルスがパレスチナ解放機構（ＰＬＯ）によって作成されたのか否かということは、さほど重要なことではない。問題となるのは、この独特のウィルスの脅威が、次のことを起こすのに足るほど恐ろしいものであったということだ。そのウィルスがテロリストと独自の関係性をもっていると信じるようにメディア（またコーエンも）の判断に影響を与え、その思い込みを長続きさせてしまったのである。「悪夢」や「破壊」、「テロリスト」、「大混乱」といった言葉は、タイムズ紙の報告に満ち溢れている。

二つ目の例として、「エイズ情報入門フロッピーディスク版２・０」というディスクのことを検討しよう。一九八九年一二月一一日、ＰＣサイボーグ・コーポレーションは、およそ一万枚[16]のコンピュータ用フロッピーディスクを二つのダイレクトメールのリストにある宛先へと送付した。そのリストは『ＰＣビジネス・ワールド』の定期購読者たちと、ストックホルムで一九八八年に開催された世界保健機関によるエイズ会議の参加者から集められたものであった[17]。「エイズ情報入門フロッピーディスク版２・

0」というタイトルをもつそのディスクは、ユーザーにむけて情報を提供するアンケートを提示し、エイズにたいするユーザーの危険度を彼や彼女が報告した行動に基づいて査定するものであった。

そのディスクは、ウィルスを含むトロイの木馬としても振る舞うものであった。ウィルスはコンピュータ上のファイル名に損傷を与え、そのコンピュータディスクの容量を一杯にしてしまうのである。ウィルスの作者の動機はこの場合不確かなものだ。ほとんど実効性のない恐喝の形態であると考えることもできる。というのも、ディスクのユーザーたちは、パナマにある私書箱に一八九ドル（制限付きライセンス用）あるいは三七八ドル（生涯ライセンス用）の送金を要求されたからである。

そのウィルスの作者は、ジョセフ・ポップという名のアメリカ人であることが最終的に明らかとなった。その人物は告訴されたため一九九一年二月にイギリスに引き渡されたが、裁判を受けるには精神医学上、不適当であるということで最終的に訴えを免れた[18]。彼はのちにイタリアの裁判所で欠席裁判によって有罪を宣告された。

エイズに関連するその他の事件には、初期のアップルⅡのウィルス「サイバーエイズ」もある。一九八九年からこのエイズウィルスは、「あなたのコンピュータはいまエイズになっている」というメッセージを大きな文字で示す。一年後にはおなじような違反を起こすエイズⅡウィルスが続いた。

そういうわけで、ここに二つの脅威のパラダイム、つまりテロリズムとエイズというパラダイムがあり、それらは一九八〇年代から一九九〇年代までの、コンピュータウィルスをめぐる言説上の位置付けの変化を特徴づけるのである。エイズのパラダイムが一九八〇年代後半に他を圧倒するようになった一方で、一九九〇年代後半までには、コンピュータウィルスは武装化されるようになり、テロリズムのパラダイムによりいっそう密接に似るものになっていったのである。

一九八〇年代におけるエイズという感染は、それ自体に固有の言説上のダイアグラムがあった。エイズの場合、その被害者は世に知られるものとなっていたのだが、エイズという感染を引き起こすものそれ自体は未だ明らかになっていなかった。そこに広範囲にわたる非物質的な社会不安が出現したのであった。生物学上のものが、危険で汚れたものになったのである。あらゆる性交渉は逸脱しているかもしれない行為となり、それゆえ容疑をかけられるようになったのだ。

しかし、テロリズムの場合には、それとは異なる言説上のダイアグラムが存在する。テロの場合、犠牲者たちが世に知られることは滅多にない。代わりに、関係する知は、脅威それ自体に焦点が合わされることになる――攻撃が起きたのはここで、このとき、この武器で、このグループによってなど、だ。エイズが不可視の恐怖であるならば、テロは不合理な恐怖である。テロはある瞬間には政治的な要求を表明し、そして次の瞬間にはそれらの要求を消去する（だが、エイズという病にはいかなる政治的な要求もない）。国家はテロに対して利用可能な人員を総動員してテロに立ち向かうのだが、その一方でエイズについては組織としては黙殺している。エイズとテロの各々は、プロトコルの論理に基づいたマネジメントと制御がはらむ、活用されやすい不備を指し示している。

脅威のパラダイムにかかわる移行は、一九八〇年代後半にコンピュータウィルスにたいして生じたものだが、その変容の経過は時間を要した。次の三つの日付を検討しよう。

一九六〇年代、ベル研究所やゼロックスのパロアルト研究所、ＭＩＴのような場所で科学者たちがコア戦争と呼ばれるゲームをプレイしていたことが知られていた[19]。このゲームでは、二つの自己複製するプログラムがシステムへと投入されていた。そのプログラムはシステムリソースで戦闘を行い、最終的に一方の側が勝利を収めるものであった。誰であれ最良のプログラムを書くことのできた者が、勝利できるようになっていたのである。

これらのエンジニアたちは、ウィルスの作り手ではないし、テロリストでも犯罪者でもない。まったくその反対であって、彼らはその創造性や技法上の改革、探求の精神を重んじていたのである。コア戦争はそのような知的な活動を生み出す楽しみ方なのであった。その実践は数年間気づかれずに存在していた。「大学で、ヴィデオゲーム以前にあっては、プログラミングの課題を課し合って私たちは楽しんだものだ」とユニックスOSの共同開発者であるケン・トンプソンは一九八三年に語った。「お気に入りの一つは、もっとも短い自己複製プログラムを作成することであった」[20]。エンジニアであるA・K・デュードニーは、クリーパーと呼ばれる自己複写するプログラムについて、思うにおそらくはゼロックスのパロアルト研究所であるのだろうが、その黎明期の話を詳述している。クリーパーはコンピュータ・システムを荒していくものであり、またそのプログラムを無効化するようデザインされたリーパーというもうひとつ別のプログラムで制御されなければならないものであった[21]。デュードニーは、〈レッドコード〉と呼ばれる自身のゲーム言語を用いることで、この戦闘のシナリオを実現させたのだ。

一九八八年に進んでみよう。一一月二日午後五時一分五九秒、コーネル大学の二三歳の大学院生であり、国家コンピュータ安全保障センター（NASAの部局）でコンピュータ関連の安全保障にかかわる卓越したエンジニアの息子でもあるロバート・モリスは、アーパネットにむけて電子メールワームを放った[22]。この自己複製するプログラムは二、三時間のあいだにおよそ六万台のコンピュータに侵入し、そのうち二五〇〇台から六〇〇〇台のあいだで感染が生じたのであった[23]。この種の数を計算することは悪名高くまた困難でもあるのだが、モリスのワームを原因とする損害を一千万ドル以上と見積もる推測もある。

一九八九年七月二六日に、彼は一九八六年のコンピュータ不正行為防止法の下、起訴された。無罪を主張したのだが、一九九〇年の春に、彼には有罪判決が下されたのであった。彼には、一万ドルの罰金と四〇〇時間の地域奉仕活動を果たすこと、三年間の執行猶予が宣告されたのである。コーネル大学は、それを「子供じみた行為」[24]とみなし彼を退学処分としたが、モリス自身の父親はそれを「退屈した大学院生の仕事」と簡潔に評した[25]。

メディアはモリスのワームを「国家のコンピュータへのこれまでで最大規模の強襲」として引証したが、その一方でそのプログラムはある種の大惨事とも捉えられてもいて、つまるところ、不注意によって手に負えない状況に陥った連鎖反応と広くみなされたのである[26]。ブルース・スターリングは次のように報告している。「モリスが語るに、自身による巧みな「ワーム」プログラムは損害を与えずにインターネットを探求することを意図していたのだが、プログラミングの悪さのためにワームは制御の埒外で複製されたのである」[27]。このことはＦＢＩではなく、オタクたち（geeks）によって解決されるべき問題であると、当時多くの人たちが思った。「怖かった」とモリスは認めている。「ワームの制御が利かなくなりつつあるように思えたんです」[28]。

科学者共同体のなかのモリスの同輩たちは、彼は起訴される必要がなかったとみなしていた。『ユニックス・トゥディ！』で報告されているように、モリスは刑務所に行くべきだと考えているのは、世論調査の対象者のうちほんの四分の一にすぎず、またその雑誌が証言したように、その刑務所にかんする質問に「はい」と言った人たちの大半が「軽警備の刑務所であるなら――ほら、あのウォータゲート事件の人々が休暇をとったところのような」といったことを付け加えていたのであった[29]。よって、気づかれないようなものではなかったのではないが、モリスのワームは表立って明瞭な犯罪行為というよりも、誤りとして特徴付けられた向きがある。同様に、彼の刑罰は、そのような重大な違反行為を犯し有罪を下された者にとっては比較的寛大なものであった。

かつてないほど大規模なインターネット上の犯人捜査として特徴付けられたこの事件から一〇年後の一九九九年に、ニュージャージーのディヴィッド・スミスという名前の住人が、メリッサを創り出したことで起訴された。メリッサは、マイクロソフトのアウトルックとワードのプログラムを利用して広がっていくマクロな規模のウィルスである。そのウィルスは、報道によれば、世界中で一〇万台以上のコンピュータに感染し、八〇〇〇万ドルの損害（コンピュータの管理者がそのウィルスを根絶するために要した数時間で算定したものとして）を与えたとされる。メリッサは実際の脅威以上に厄介なものであったと一般的に認められているが、スミスは不注意なオタク（geek）というよりもむしろ純然たる犯罪者として扱われたのであった。彼は有罪を認め、一〇年の禁固刑と一五万ドルの罰金が課せられたのであった。

スミスとともに、自己複製するプログラミングの扱いがそのとき一八〇度転回したのである。ウィルスはいまや犯罪という不正行為を指し示しているのである。ウィルスはエイズとの結びつきによって特徴付けられる生物学的な段階を経て、実効力をもつものとして武装化されたのであった。さらに、犯罪の責任は、たんに犯罪者としてではなくサイバーテロリストとして考えられるウィルスの作者自身にあるとみなされたのである。自己複製するプログラムは、初期の頃にそうであったような技術上の探求をめぐる検証印ではもはやなく、専有のソフトウェアがもつ技法上の不備について注意する警告でもなく（かつてもそうだったことはないが）、また**ウィルス性**のものでさえない。それは大量破壊の武器となったのだ。好奇心の強いオタクからサイバーテロリストへ。

サイバーフェミニズム

コンピュータは結局のところ、はっきりと**男性の特徴を示すような**（male）動作をする——というのも、他ならぬ同窓の男性からなる学校‐軍隊のネットワークがインターネットやパーソナル・コンピュータ、サイバースペース、ウィルス、ヴィデオゲーム、マルチメディアなどを創出したから[30]——ということにプログラマーと学者先生とが一様に同意したと言っても**大きな問題ではなくなってから**数十年経って、文化批評家サディ・プラントはとうとう次のように語らざるをえなくなった。「ハードウェア、ソフトウェア、ウェットウェア――それらの使用が開始される以前にも、また完了した後にも、女性たちはデジタル機械のシミュレータやアセンブラ、プログラマーであり続けていたのである」[31]。ここで名前をあげられた三つの職業が、誰しもが想像することのできる職業（エンジニア、最高経営責任者など）よりも影響力を持たないとしても、そのことがプラントの力強い主張を弱めることにはならない。つまり、コンピュータは女性のテクノロジーであり、またいつもそうありつづけてきたのだ。プラントによる転覆的な論調は、コンピュータ前史から引き出されてきたエイダ・ラブレスという主人公に被されてきたベールを取り除く。彼女については後ほど詳しく語ることにしよう。プラントは神話作りのレヴェルを越えて――それ以外のどんな舞台に、ラブレスが登場するだろうか――女性と機械の複雑な関係性のレヴェルにまで及んでいる。この関係性は、アイデンティティやテクノロジー、身体の周辺にある問題系と結びつけられているため、サイバーフェミニズと呼ばれる一九九〇年代の運動の中心部に位置している。

　サイバーフェミニズムはあるタイプの戦術的メディアである。それはプロトコルの論理に基づいた指令と制御の全体を反映している。サイバーフェミニズムが、ハッカーやウィルスについてのこれまでのセッションでなされた議論に新たな次元を加えるのは、この新しい〔問いの〕系統が、突然変異とクラッシュ、ウィルスのコードを差し挟むことを通して、プロトコルのなかに創出されたネガとなる空間を扱うからである。サイバーフェミニズムによって、プロトコルはかき乱されるようになる。その経路はランダムネスや攪乱の力によって変化させられ、何らかの作用を被るのだ。

　実際、サイバーフェミニズムそれ自体を、あるタイプのウィルス、つまりプロトコルの論理に則ったいっそう巨大なネットワーク内のバグとして考えることは可能である。サディ・プラントや他の論者は、グレース・ホッパーのことを最初のコンピュータ・バグを発見した人物として同定していた。そのバグはまったくもって文字通りのもの、つまり初期の演算機械の内部で捕まえられた蛾であった。その蛾は機械による通常の機能動作を中断させた。それ以降、バグという用語は、コンピュータコードのなかの論理的な誤りあるいはグリッチを表すものとして使用されてきたのである。

コンピュータのバグは、コンピュータの歴史上で通常求められない挿話であるのだが、実際には、プロトコルの論理に基づいた現象のなかでももっとも興味深いものが生じる空間である。バグやクラッシュ、ウィルスはいつも存在してきた（最終章では、クラッシュというものが現代のネットアートのうち、特定のジャンルを実際に定義していることを論じる）。それらはプロトコルの論理を超えでたある種の突然変異であり、関心を集める新たな仕方でときにテクノロジーを駆り立てることができるのである。「［アーパにいた］男たちの一人が、「無名のグリッチ」と呼ばれるプログラムを作成した」と、コンピュータの草分け的存在であるアラン・ケイが思い出している。「そのプログラムはランダムな間隔で起動すると、「私は無名のグリッチ。捕まえてごらん」と打ち出し、そのあとコア・メモリー内の別のどこかに移動し、クロック割り込みを設定して、スリープ状態に戻ったのであった。そのグリッチを見つけ出す方法はなかったのである」[32]。この「無名のグリッチ」は、決してプロトコルに抗うようなものではなかった。というのもこのプログラムが成長するまさしくその環境とは、コンピュータそれ自体だったからである。だが同時に、このグリッチはプロトコルの通常の動作機能の外側で作動するのである。それは境界線上のエージェントなのであり、プロトコルの内側にあると同時に、その影響が届く範囲の外側にある。これは、サイバーフェミニズムがこれまでにとってきた身分と同じものなのだ。

第五章で記述した論理上の流用についても、コンピュータウィルスの領野におけるその含意ははかり知れないものである。コンピュータウィルスは、本質的に、コンピュータシステム内部で論理上の不備を不当に利用するための機械である。ウィルスは生きてはおらず、少なくともその語のいかなる慣習的な意味においてもそうではないのである。しかし、「機械門（machinic phylum）」という視座、すなわち、物理的かつ生物学的な機械が生息している、層状になった私たちの物質世界という視座からすれば、それらは生命力をもった形式となるだろう。

ウィルスはしばしば小さなものであるが、それらの内部構造は信じられないほどに精巧なものとなりうる。「私たちがここで手にしているのは、ウィルスを作成する歴史のなかでおそらくかつてないほど複雑で洗練された悪性のコードなのである」と、アンチウィルス調査研究所所長ユージン・カスペルスキーはハイブリスというウィルスについて注釈している。「第一に、それを定義するのは、極端に複雑なスタイルでのプログラミングである。第二に、そのプラグインの全ては、非常に強固なRSA方式の一二八ビット暗号アルゴリズムのキーで暗号化されている。第三に、そのウィルスを構成する諸々の要素それ自体によって、ウィルスの作成者は自身が創ったものを「リアルタイムで」修正することができ、また事実として世界中の感染したコンピュータを制御することができるのである[33]」。

ウィルスはコンピュータコードの論理構造のなかにある脆弱性を介してみずからを増殖させる。事実、ハッカーがしばしば主張するように、真の問題は論理上の脆弱さそれ自体なのであり、脆弱さを不当に利用しているだけのウィルスにあるのではない。責任の本当の所在は、バケツから漏れる水か、もしくはそのバケツの水漏れを起こす穴にあるのか。あるいはまた、「アイ・ラブ・ユー」ウィルスによって引き起こされた大きな騒動（専門家の見積もりでは一〇〇〇万ドルの損害）に反応して、ハッカー雑誌『2600』は次のように問いかけている。「以下の事実をどうすれば完全にごまかせるというのか。すなわち、問題のすべてはまたもやマイクロソフトのアウトルックというプログラムのぽっかりと空いた脆弱さに起因しているという事実、そしてそれは一年前にメリッサ・ウィルスから学ぶべきであった苦い経験でもあったという事実、である[34]」。そういうわけで災いの種は、「アイ・ラブ・ユー」ウィルスではなく、マイクロソフトのアウトルック――プロトコルに反するアプリケーション――となるのである。(ウィルスが付け加えられるという事態は問題を精妙に複雑なものにする。というのも、マイクロソフトのアウトルックが市場を独占するものでなかったなら、これほど容易に感染の犠牲になることはなかったであろうからだ。特定のアプリケーションが飽和すればするほど、ウィルスが広まることができるようになる見込みは高くなっていく。どちらにしても、本書では、市場の独占を生んでしまう専有型のソフトウェアと、プロトコルの論理に基づいたテクノロジーがもつ普遍主義とのあいだに重要な区分を引いている。)

フェス・ワイルディングとクリティカル・アート・アンサンブルは、サイバーフェミニズムをめぐる研究のなかで「サイバーフェミニズムの領土は広大である」と記している。「そこに含まれるのは、サイバースペース、産業デザインにかかわる諸制度、教育にかかわる諸制度といった客体として存在する活動の場(objective arenas)――技術文化の権限を与える諸々の地点へとアクセスすることから女性を締め出すといったやり方でテクノロジーのプロセスがジェンダー化される、そのような活動の場である[35]」。

このことの広がりを歴史が確証している。初めての「サイバーフェミニズム宣言」は九〇年代初頭に登場し、オーストラリアのアーティストとアクティヴィストとからなる、自称VNSマトリクスという反逆集団によって書かれたものであった。この初期の騒乱の後、サイバーフェミニズムの運動は国際的な規模で早い速度で成長した。一九九七年九月二〇日、ドイツのカッセルで初のサイバーフェミニスト・インターナショナルが、現代アートの国際的な展示会である第一〇回ドクメンタにて開催されたのである。

サイバーフェミニズムはまさにその本性上、そのなかに多くの逃走線が同時に存在するような参加型の実践を必要としている。だが、繰り返し浮上するテーマがいくつかある。それらのなかでも際立ったものが、身体とアイデンティティにかかわる問いである。コンピュータウィルスと同様に、サイバーフェミニズムは、これらの問いを変性させ、また変容させるために存在しているのであり、プロトコルの論理にもとづく圏域内でそれらを新たな方向へと導くのである。

サディ・プラントとアルケール・ロザンヌ・「サンディ」・ストーンのふたりは、おそらく、現代のサイバーフェミニズム理論への導入として最も相応しい人物であろう。テクノロジーは根本的に女性的なものである——大勢のオタク（geeks）やコンピュータ科学の教員、『Wired』誌の編集者が信じ込ませるような男性的なものではない——というのがプラントの見解にほかならない。他方で、ストーンが焦点を合わせるのは、ヴァーチャルな共同体が単なる寄り合い場所では決してなく、諸々の身体やアイデンティティ、空間のような物をいかにして実際に生み出しているのか、ということである。

プラントに先立つフランスのフェミニストであるリュス・イリガライと同様に、彼女は以下のように論じる。家父長制による権力構造は、社会における男性と男性的な形式を不平等なかたちで支持してきたが、見逃されてきた女性にかんする諸々の要素を明らかにし価値付けするといったプロセスを通じて、権力構造はより平等なものにされるべきだ、と。

プラントの著作『複数の零と一（Zeros and Ones）』は、世界初のコンピュータ・プログラマーであるエイダ・ラブレスのストーリーに目を向けている。チャールズ・バベッジのアシスタントとして、ラブレスは多くのひとたちがコンピュータ科学の前史において決定的なものとみなす初期の計算機械の確立を手助けした。プラントの目標は、バベッジ以上にラブレスを支持することで、この失われた女性の起源をテクノロジーの歴史の内から取り戻すことにある。[36]

しかしながら、彼女によるマニフェストのような論考「フェミニゼーション　女性とヴァーチャル・リアリティについての考察（Feminisations: Reflections on Women and Virtual Reality）」で示されるように、プラントが望むのは、家父長制が創出したいくつかの否定的な空間を価値付けすることではなく、テクノロジーの空間はいつもすでに女性的なものであったと明らかにすることである。このことは最後により力強いかたちで展開する。というのも、その論考は、過去の諸々の不平等なものにただ異議申し立てをする代わりに、それらの不平等の多くがいかに事実無根のものであったかを明らかにするからである。「男性的なアイデンティティは、この新しい技術からすべてのことを失ってしまう」とプラントは予言している。「レプリカントが出現し、その身が独力で学習する方法を学んでいくにつれて、精子の数はおち込んでいく。サイバーフェミニズムとは、女性化のことなのである[37]」。

プロトコルのもつ普遍性がフェミニズムに与えうるものとは、フェミニズムがこれまで決して思うがままにできなかったこと、つまり始点から終点に至るまで男性性を抹消することである。VNSマトリックス（自称「ビッグ・ダディというメインフレームの破壊工作員」）から着想を得て、プラントは手始めにこの純然たる女性的な空間を定義し、またその空間がプロトコルの論理に基づいた空間をいかにして屈折させることができるのかについて明らかにする。

『複数の零と一』が説得力をもって示すことは、どのようにして女性たちはプロトコルの論理に基づいたテクノロジーにいつも不可避的なかたちで巻き込まれてきたのかということである。ひとつの例として電話交換手を用いながら、女性たちがあらゆる種類のネットワーク、とりわけ遠隔通信のネットワークのなかの、骨が折れる核心部分を伝統的に構成してきたのかをプラントは論じている。力織機からタイプライターにいたるまで（さらにはコンピュータ・バグの発見でさえ）、プラントはテクノロジーを根本的に女性的な対象として分類する。ゼロ――バイナリー・コードの無を示す――でさえ、ゼロ‐他者

(the 0-ther)、いわば女性的なものであったのだ。

『複数の零と一』の執筆についてプラントは次のように回顧する。「私がこの本に着手したとき、いかにもそれは試行錯誤であった。私が考えていたのは、当時の大きな謬見についてである。それは、女性たちと、とりわけコンピュータとの関係性、また女性たちとテクノロジー一般との関係性にかんするものだ。私にとって、「正統派の」フェミニスト理論の多くがなおも強度の技術嫌悪であるように思えたのだ[38]」。

彼女は技術嫌悪の人ではない。プラントの著作のあちこちで、女性と、プロトコルの論理に則ったマトリックスとの交差が最も重要なものとして存在している。このことで交差それ自体が歴史的に物質化されるのである。それは、産業化した力織機がマトリクスに基づいて織りをおこなう過程のなかで、また電話のネットワークで圧倒的であった女性交換手の仕事のなかで、さらにコンピュータ・プログラマーとしての女性(エイダ・ラブレス、グレース・ホッパー)という比喩表現のなかで、そしてサイバースペースという網の目状の構造のなかで、のことである。これらの歴史からプラントは、テクノロジーがファルス的な制御を脅かし、また根本的に去勢の過程であることを記している。「マトリクスは、「マトリクスは歴史のなかに、男性の居場所がなくなるような未来へと自らを織り上げていくのだ[39]」とプラントは語る。デジタルなものが、家父長制の構造の外側にあり、それを潜在的に先取りしている力価(valences)の空間をもたらすのである。

別様に言えば、プロトコルが興隆するにつれて、家父長制が衰退するのである。それについてプラントが記すところでは、「バイナリー・コードの導入とは等価性の水準を導き入れることなのである。それによって、これまで男性と女性が上部構造と物質的な基部としての役割をはたしていた世界のまさに根本部分が蝕まれていくのである[40]」。このモデルにおいて、バイナリー・コードは、伝統的に価値の生産者であったもの、つまりはファルスや法、父といった存在に取って代わるのである。

この過程は、本書の第一章においては、階層秩序および中心化された管理＝制御に基づいた構造から、水平性と分散型の管理＝制御に基づいたものへの運動として、述べられたものである。

プラントにとって、テクノロジーとは善悪にかんする問いではなく、家父長制（あるいはそのテクノロジーにかんする同意語、「礼儀作法」）を客観的なかたちで弱体化させる可能性となる。プラントにとってサイバーフェミニズムが暗に意味することとは、ひとつの同盟関係が「女性たちと機械群、そして女性たちが用いている新しいテクノロジーとのあいだで展開されていく[41]」ということである。そしてその新しいテクノロジーとは、もちろんプロトコルである。

サイバーフェミニストの運動を高く持ち上げるものの、そこから明瞭に距離をとるのは、サンディ・ストーンという、サイバースペースや欲望、そしてヴァーチャルな身体の歴史についての理論家である。[42]ストーンの初期の論考「現実の身体よ、どうぞ立ち上がってくれませんか（Will the Real Body Please Stand Up?[43]）」が後押しすることで、ヴァーチャルな共同体における身体の地位についての同時代的な議論に舞台が用意されたのであった。

身体の位置付けはサイバーフェミニズムの核心となる問題である。だが、このストーンによる分析のなかで、諸々の身体は肉と血から作り出された自然な対象ではなく、むしろ物質性と意味とが複雑に交錯したものなのである。ストーンが論じるに、例えば自然と文化というように二項を対立させる主張は実際のところ、論理のうえでは「政治上および経済上の目的のための境界を維持するための戦略、それゆえに意味を作り出す方法[44]」として機能する。このようにして、身体をプロトコルの論理にもとづく空間へと挿入することは、諸々の身体とそうでないもの、空間とそうでないものとの差異を分節化することをつうじてアクチュアルに意味を産み出すのである。

影響力のある著作『性の歴史』第一巻でフーコーが「抑圧的な前提」を拒絶するのと同様に、ストーンは次のように主張する。すなわち、諸々の新たな技術は、ジェンダーの問題を視界から取り除く透明なエージェントではなく、むしろ空間においてジェンダー化された身体の産出と組織化を増殖させるのである。彼女が示すのは、ヴァーチャルな空間における諸々の相互作用を表すために利用されている支配的な空間的なメタファーはそれだけでも、わたしたちの日常の物理的、もっといえばデカルト的な空間にかかわるメタファーであるということである。そして、わたしたちがいるオフラインの空間のように、ヴァーチャルな空間には「複雑かつエロティックな構成要素[45]」をもつ諸々の身体が住み着いているのである。

もちろん、このように働くメタファーは、ストーンが指摘するように、全体的に恣意的なものである。なぜなら、デジタルネットワークの論理においては、デカルト的な、もしくは身体にもとづいた、あるいはまた欲望することにもとづいたものとして、おのれ自身を前もって構造化するものなど必然的に何も存在しないからである。それどころか、デジタルネットワークはデカルト的ではないものであり、また身体が欠如したものであり、そして人間の欲望のうごめきとほとんどつながりがないものなのである。デジタルネットワークがデカルト的、身体にもとづくような、欲望することにかかわるような、そのようなものになるのは、戦術的なプロトコルの導入を通してなのである。その戦術的プロトコルというのは、すべての参加者によってつねに交渉がとりおこなわれ、また賛同を得られているような、そういうプロトコルである。サイバーフェミニズムとは、このような物象化が改めて作りなおされるような、そうした戦術的プロセスなのである。

ストーンは次のことを示す。コミュニケーションにかかわるテクノロジーというのは、慣例的には次のようなものとして考えられてきたと。すなわち、「(1) 共同体を生産する装置のひとつとして……

（2）身体を生産するための装置のひとつとして……［そして］（3）身体の自己のあいだを媒介する「エージェント」、すなわちインターフェイスとして[46]」。プロトコルの論理に則った空間というのは、次のような仕方で想像されるものなのだ。すなわち、補綴器官（prosthesis）のひとつとして、また自らの物理的な身体の途方もない拡張として想像されるのであり、さらには人が仮想上の他の身体と相互に作用する巨大な幻想肢（ネット）を通して想像されるのである。

ＭＯＯｓと呼ばれるオブジェクト指向型の社会空間のようなオンライン上の共同体に参加する者たちは、「身体上の代理人（アヴァター）に自らのエージェンシーとしての役割をあたえることを学ぶのである。そのアヴァターは他の個々の代理人と隣接するかたちで想像上の空間内に存在するのだ[47]」。もっともよく知られたＭＯＯのひとつを創出した者たちの集団である、ランバダＭＯＯは、社会的観点からこれら身体がもつこの関係性を次のように記している。「ランバダＭＯＯは、新たな種類の社会であり、そこに数千もの人びとが自らの意志で世界中から集まっているのだ[48]」。ストーンや他の論者が示すように、社会にかかわる参加型の実践（例えば共同体）は欲望するまた相互作用する身体からなる想像上のエーテルがごとき空気のような空間（例えばプロトコル）に基づいていて、デジタル空間が概念化される方法の基礎となっているのである。

サイバーフェミニズムのパイオニアであるＶＮＳマトリクスは、最前線のゲリラ戦術をストーンやプラントによる理論上の仕事にもたらす。ＶＮＳマトリクスが現れたのは、オーストラリアはアデレードの一九九一年夏のことであった。フランチェスカ・ダ・リミニ（ガッシュガールおよび／あるいはドール・ヨーコとしても知られる）は、そのすべての始まりがどのようなものであったのかについてのストーリーを語っている。

すべてのよき凝集力のあるストーリーと同様に、それはヌメヌメしたものからはじまり、そしておそらくは血を流し終わりを迎える。私はオーストラリアの砂漠の傍らに住んでいるのだが、そこは脈打つみずからの体を自覚できるほどに嘘やささやきに満ちた小さな町である。（中略）九一年の夏だった。まったくもって愛のある夏ではなかった。私たちはごくありきたりな四人の少女だった。私たちはとても元気が良くて、退屈で、貧しかった（私にかんしていえば、そのときからあまり変わっていない、たぶんもはや退屈していないという点を除けば）。ポルノにかかわる企業カルテルを、何らかの若い女性にかかわるポルノでもって潰してやろうと、私たちは決意した。盗んだコンピュータを何台も使って、物乞い（ベッグ）やあばずれ女（ビッチ）、ふしだらな女（フォールン）、女性の陰部（スナッチ）といったいくつかの画像をこしらえたのだ。私たちが決めていたのは、私たちのアソコをとりとめもなくスキャニングするというのではなく、コンピュータと戯れるという楽しみこそが重要なのだということであり、そんなふうにしてヴェルベット・ダウンアンダーはＶＮＳマトリクスへと変形していったのである。[49]

ＶＮＳマトリクスのメンバーは、ジョセフィーヌ・スタールス、ジュリアンヌ・パース、フランチェスカ・ダ・リミニ、ヴァージニア・バラットである。[50]彼女たちは、少女をターゲットにした（あるいは少なくとも一四歳の少年をターゲットにしていない）「悪いコードをもつ」反ヴィデオゲームを含むサイバーフェミニストによる一連の介入を行ってきた。ダ・リミニは（ドール・ヨーコというペンネームを使って）次のように記す。「ひとつのあるいはいくつかのサイバーフェミニズムにおいて、私というものが活動を行ったフィールドとなった。そのフィールドからは複数の逃走線が無秩序に湧き出し、ダイアローグや関係やさらには、概念的物理的なオブジェクトを生み出していったのである[51]」。

VNSマトリクスによるサイバーフェミニズムのためのマニフェストのオリジナル版は、彼女の情感をうまく捉えている。

わたしたちは近代の女性器
積極的な反理性主義者
拘束されていない、縄で繋がれていない、容認されていない
わたしたちがみるアートには女性器があり、わたしたちは女性器でもってアートを作る
わたしたちは快楽と狂気、神聖さ、詩を信じている
わたしたちは新しい世界の無秩序へと向かうウィルスだ
内側から象徴的なものを破裂させる
大いなる父であるメインフレームの破壊工作員
クリトリスはマトリクスと直接結ばれているのだ
VNSマトリクス
道徳のコードを終わらせる者たち
粘液の傭兵たち
アブジェクションの祭壇に跪く
われわれが多くの言語を話す内臓の寺院を吸い尽くし
浸潤し、中断し、散種する
言説を腐敗させる
わたしたちは未来の女性器[52]

「クリトリスはマトリクスと直接結ばれる」というスローガンは、機械と女性身体とのあいだにある根本となる物質的な共存を照らしだすということを意味している。

もともとは、サディ・プラントの仕事を知っていたようではなかったのだが、VNSマトリクスは、自らの実践を女性とテクノロジーを中心化したかたちで打ち立てていた。パースはこう記している。「わたしたちがサイバーフェミニズムという概念を用い始めたのとちょうど同じ頃に、世界の他のあちこちでもその概念は現れ始めた。それはほぼ同時に出現した自然発生的なミームのようなものであっただろう。その当時に広まっていた「サイバーパンク」のような考えに応答するように。それ以降そのミームは急速に広まっていき、確実にひとつの理念へと結実したのだ。その理念とは、テクノ理論と実践に携わる多くの女性によって強く擁護されるものとなった理念である」[53]。

パースが記すところでは、サイバーフェミニストは反プロトコルであったことはただの一度もなかった。彼らは政治的行動、芸術、そして著述をつくりあげる核となる部分として、プロトコルの論理に則った諸機械を使用したのである。ダ・リミニ[54]（ドール・ヨーコ名義で記している）は一九九七年の六月に「ネットタイム」というメーリングリストに次のように投稿している。「アーティストとして、「VNSマトリクスは」文化上のステレオタイプを転倒することやアイロニーを用いるといった戦略を用いることに真剣な勝負をかけていた。そうすることで、女性と技術をめぐる多くの争点のいくつかを、アクセスや教育や仕事に関する多くの争点のいくつかを、ポピュラーカルチャーやゲームカルチャーといったもののなかで少女やムスメ（chix）や女性がどのように描き出されているのかということに関わる多くの論点のいくつかを、提示しようと企てたのである」[55]。ダ・リミニの著述スタイルはサイバーフェミニズムをめぐってVNSマトリクスと刻印が押されたものの典型的なもので、デジタル・マトリクスのなかで荒削りであり、挑戦的な女性解放運動家の政治性の典型的なものであるだろう。

ＶＮＳマトリクスへと私が投げかけることができたいくつかの問答の文章があるが、それらは次のようものである。

ＶＮＳマトリクスの活動の一環のなかで、あなた方は「サイバーフェミニスト」という用語をこしらえることに一役あずかっただろう。その用語はかなり短命であったように思える――おそらく一九九一年から一九九八年の間だろうか。あなたはこの用語がすでに廃れたものと考えますか、それとも今なお通用するものとお考えになりますか。

ジョセフィン・スタールス：

「私が考えるところでは、サイバーフェミニズムは、例えばダダイズムやシュルレアリズム、シチュエーショナリストのような他の偉大な前衛運動とともに歴史に残ることになります。」

フランチェスカ・ダ・リミニ：

「オーストラリアや合衆国、そしてヨーロッパにはたくさんの若いムスメたちがいます。彼女たちは、今や「サイバーフェミニスト」として自らを見なしていますし、サイバーフェミニズムが一体何を意味するのか、そしてどのようなことを行うのかについての様々な哲学的な、また政治的、社会的な含意を探求しています。九〇年代初頭にこの論争に深く関わってきましたし、ＶＮＳマトリクスのメンバーのひとりとして、ジェンダーと技術をめぐる様々な関係を囲む争点のいくつかを相手にしながら芸術作品や文字で語るテキストを一定程度生産的に産出することの手助けをわたしは行ってきました。しかし、そうしたことは往時のことです。審理やメディアにかかわるアクティビズムという別のフィールドにおいて探究することへと活動の場を移しました。とはいえもちろん、たとえサイバーフェミニストとしてではなくとも、フェミニストとしてなお自分自身をみなしています。」

あらゆるサイバーフェミニストの理論のいたるところで、諸身体とアイデンティティをめぐるテーマが優勢を誇っている。ある論考が記すように、「身体は一般的にいってネット上で熱狂を呼ぶ話題となっている——それらは廃れたものなのか、サイボーグなのか、技術的なものなのか、ポルノなのか、エロティックなのか、変容されるのか、再結合されるのか、ファントムなのか、ウィルスなのか」[56]。実際のところ、身体に大きく焦点をあわす大半のものは、身体を忘れようというプロセスのなかから（あるいは身体を忘却していくことについて忘却しようとしていることから！）生まれ出ている。

ストーンや他の論者たちが書き記したように、サイバースペースの出現は、諸身体が新たなコンテクストへと移り住み、その形態を変えていく物語にほかならない。実際に、リン・ハーシュマン・リーソンは、「新しい［ウェブ］ユーザーは歴史上最も巨大なレヴェルでの移民のプロセスを作り上げているだろう」と主張しさえする[57]——それは、もしかするとコンピュータを使うということは諸身体を（オフラインからオンラインへ）現実味のある意味合いで移住させてしまうことを構成してしまうようなものなのかもしれないという、心に留めておくべきパワフルの考え方のうちのひとつだろう。

サイバーフェミニズムが目指したのは次のようなことである。すなわち、価値付与をしなおすこと、そしてもう一度作りなおすという複雑な行程を通して、本質化され問い返されることなどなかった女性の身体を祓い清めること（それは、プロトコルの論理による革命の副産物として実在しうるものへともたらされた）が目指されたのである。

プラントが説明するように、デカルト的な主体はもはやここで適格性をもたない。

基本的な論点はこうだ。いましがた確立されたふたつの立場は、非身体化について語っているのか、あるいは身体化について語っているのかというふたつだ。あなたは成層圏の外にあるかのように身体の外にあるのか、それともあなたは有機体のなかにあるのか。思うに、それらのどちらも正しいものではない。人びとが身体から抜け出すことについて語るとき、魂にとっての天国のように、なんらかの種類の偉大なる超越的な空間があり、あるいはいずれにしても非物質的ななにかがあり、そこに陣取ることができると依然として前提としてしまっているのである。だけれども、私に言わせてみれば、そんなものなどない。宇宙はそのようなものではなく、物質にかかわるプロセスであり、観念論者によるなんらかの種類の構築物ではない。だから、物質から抜け出すことなどできはしない。そのことは決定的に重要なのだ。しかし、事物へとあるいはまたもちろん有機体へと形作られていくような、物質がかかわる、自らの範囲を制限する組織化から人は抜け出すことは可能である。有機体なるものはそれがもつ諸器官をもってして文字通り組織化されるのであり、その語が言わんとしていることはそれがすべてなのである。(58)

VNSマトリクスが自らに与えている名称「女性器アート」を含め、今日のサイバーフェミニストの文化生産は、プラントのガイドラインに文字通り沿っている。

フルクサスのアーティストである久保田成子が一九六五年に行ったパフォーマンス《ヴァギナ・ペインティング》、あるいはキャロリー・シュニーマンの《体内からの巻物》(一九七六年)のように、VNSマトリクスは、身体を生のままで、肉として表現活動に使用することに焦点を合わせている。

いわゆる「サイバーフェミニスト」の枠組に合致すると人々がみなすニューメディアにかかわる興味深いアーティストとは誰でしょうか。

ジョセフィーヌ・スタールス:

「私は排他的でありたいとは思わないのですが、私が好きなのは次のような人々です。ハンブルグのインネン、オーストラリアの逆技術機関（Bureau of Inverse Technology）、エストニアのマラ・トゥラ、オーストラリアのリンダ・デメントとジーナ・カイエ、連合王国のレイチェル・ベイカー、ギリシャの少女であるロージー・クロス、またもちろん数人の素晴らしいサイバーフェミニズムの理論家や活動家たちもいます。

サイバーフェミニズムとはひとつの態度であり、七〇年代のフェミニストが意識向上のために作り出したグループのなにか下手な改良版ではありません。思うに、サイバーフェミニストはメディアやその他の制度を自身の転覆的な目的のために使用しています。VNSマトリクスは二一世紀に向けてサイバーフェミニスト宣言を起草していて、また後にはビッチミュータントマニフェストを起草していますが、その際にわれわれが用いていたのは言語、パフォーマンス、皮肉、そしてユーモアです。そうすることで、肉体と汚物をある種の機械へと変換しコンピュータ文化にも強くつながっていたジェンダーのバイアスを露わにするために使用しているのです。」

プラントやストーン、VNSマトリクスは、プロトコルの論理に基づいたネットワークの戦術的な空間を取り巻く困難な問いの道筋を示すための良き同盟者たちである。というのも、ここでの本質的なことは次のようなことだからである。すなわち、プロトコルが抱え持つ「被交渉性」にかかわる事実、いい換えれば、プロトコルとは前もっての交渉とその後の同意を通してはじめて達成されるような、そういったタイプの普遍主義であるという事実、その事実が意味するのは、プロトコルはしたがって異なるものになり得るし、異なるものになっていくであろうということを彼らが認識しているからである。[59]

もしジェンダーが完全に消滅してしまう、もしくはジェンダーというものが闘志の別名として再浮上するのであれば、こういったことはほとんど問題にならない。政治的な問いとはごく簡単に言えば、いかにそしていつ変化というものをプロトコルに注入するのかということを選びとることである。というのも、プロトコルが社会生活について抱く人の現実の欲望とより親密なかたちで同調するためであり、またどのようにプロトコルがよりよく継続すべきかを調節するためであるからだ。これこそが戦術的メディアの本質である。

衝突し合うダイアグラム

ネットウォーというのは、カストロ主義者というよりもむしろサパティスタをめぐるものに近いし、パレスチナ解放戦線（PLO）よりもハマスに近い。さらにいえば、クー・クラックス・クランというよりもアメリカキリスト教愛国者運動（Christian Patriot Movement）をめぐるものに近いし、またコスタノストラよりもエイジアントライアッド（Asian Triads）をめぐるものに近い。

——ジョン・アキーラ、デビッド・ロンフェルト『ネットワークとネット戦争』

アーキラとロンフェルドはネット戦争という用語を鋳造した。その用語によって彼らは「社会体を構成する複数の水準における衝突（そして犯罪）の新しく生まれつつある様態といったもの」を定義しようとしている。「そうした対立は伝統的な意味合いでの軍事的な戦争というものとは異なり、指導者たちはネットワーク形式の組織体をもちい、また情報時代にあうように調整された、関連する教義や戦略そして諸技術を使うのだ[60]」。

何年にもわたって、既存のダイアグラム（グラフや組織体設計図と呼ばれたりもする）に対して解決となるようなあるいは脅威となるようなものとして、新しいダイアグラムが現れた。たとえば官僚制度というのはひとつのダイアグラムである。秩序もダイアグラムのひとつであり、また Peer to Peer も同様だ。設計図あるいはデザインと呼ばれるようなものも生まれては消える。歴史上のある時点において有益な資産運営のツールとして役立ちもすれば、やがて消えていくことにもなろう、あるいはおそらく視界から消え去るものの役立つものとして後の世になって改めて浮上してくるかもしれないのだ。冷戦というものはある個別具体的な軍事上のダイアグラムと同義語であったといえるだろう――双方向的な対称性、相互確証破壊（ＭＡＤ）、大規模性、勢力、封じ込め、抑止、交渉などなど。これらに対して、薬物ドラッグに対する戦争というのは異なるダイアグラムをもつ――複数性、固有性、法と犯罪性、個人の恐怖、公共の気づきなどである。

本書はその大半がひとつの個別具体的なダイアグラム、すなわち分散と呼ばれる組織体にかかわるデザインをめぐるものであり、大局的な歴史的変容の観点からみるならば近似的に関係をもつのはデジタルコンピュータであり、究極的にはプロトコルと呼ばれる制御メカニズムについてのダイアグラムである。[61]

このダイアグラムにかかわる物語においては、いくつかの側面を取り上げそのうちのひとつのダイアグラムを主人公として記述し、他のダイアグラムを敵対者として記述することも可能だ。そのようにすればリゾームというのは木に対する解決策として考えられるし、[62] 野生の猫はボスの制御に打ち勝つための解決策を打ち出すし、トヨティズム[63]は制度的な官僚制に対する解決策である、といった具合になる。ある言い方をすれば、テロリズムというのは国家権力に対する唯一の現実的な脅威として考え得るし、ホームレスのパンクロッカーは穏やかな家庭に対する脅威となり得るし、ゲリラというものは戦争に対する脅威のひとつとなり得るし、趨勢を誇る文化に対する脅威として一時的な自治区というものの存在が考えられたりもするだろう。

このタイプの衝突というのは、実際上は異なる社会構造のあいだの対立である。というのも、テロリストというものは恐怖と暴力を通して脅威を与えるばかりでなく、具体的に言えば多孔的な組織体の構造を用いることを通して、すなわち秘密裏にある戦闘員からなる分散型ネットワークを用いることを通して脅威を与えるものでもある。別の言い方をすれば、警察やその他の国家機関によって行使されるような中心化された組織体の構造を用いることなどないのである。テロリズムというのは、われわれが歴史においてあるひとつの過渡期にいるということのしるしともいえる（それ以外に一体何があり得るというのだろう）。テロリズムがしらしめているのは、歴史における行為者なるものは均衡状態という関係性のなかにあるのではなく、むしろひどく不釣合いに組み合わせられているということである。

ネットワークに関する開拓者といえるポール・バランのもともとのコメントに大きくは起因するのだが、インターネットは原子爆弾の攻撃にかかわるいくつかの脆弱性を避けるために案出されたものであるとしばしば捉えられてきた。バランの当初の見通しでは、インターネットについての組織体にかかわる設計は高い程度の冗長性にかかわるものであった。というのも、ネットワークの部分的な破壊というものがネットワーク全体の実現性に脅威を与えないようにする必要があったからだ。第二次世界大戦以降、戦略に携わる者たちは原子爆弾の攻撃の恐れに直接対応するかたちで、産業上の標的となるものを都市中心部から外へと移動させることを求めた。ピーター・ガリソンはこうした離散の仕方を「新しい中心部を再創造することに対して絶えず行わなければならない警戒[64]」と呼んだ。これらと同種の中心部のあり様についてバランは一種の「アキレス腱[65]」だとして嘲り、通信ネットワークのなかからこれらを除外したいと強く望んでいたのである。

衝突し合うダイアグラム

ここ数十年で、組織体に関わるダイアグラムの間で生じている最も顕著な衝突は、秩序階層とネットワークとのあいだで起こった。つまり、ゲリラ戦やテロリズムなどの非対称な衝突である。しかしそうした権力者が賢くなり、実体としてネットワーク化された権力へと進化していく時、何が起きるだろう（場合によってはすでに起きている何か）。未来においておそらくはわれわれはこうした一般的な移行を目撃するだろうし、ひいてはネットワークと戦うネットワークという双方向的な新しい組織体間の対立へと至っていくのかもしれない。

『スターシップ・トゥルーパーズ』（1997）において大群で動いているバグ。

『スパルタカス』(1960) のなかで対峙している軍隊。

「都市ごとに、さらには国ごとに、爆弾というものは離散を促すのを手助ける」[66]。ガリソンはそのように続け、都市計画において分散を進める推進力を強める原子爆弾の力に強く光を当てようとしたのであろう。当時最新型のエイブラムズ戦車の一艦隊が破壊されることは間違いなく戦場での作戦行動に支障をきたすものになるのに対して、シスコ社のルータが積まれた一架のラックが破壊されることは広域のネットワーク通信に遅延をおこさせるようなことにほとんどつながらないのである。インターネット上のトラフィックは、そのような時、ただ単に新しいルートを見つけ、そうすることでダウンしてしまった機械を迂回していくのである[67]。

（このような具合に、破壊というものは絶対的なかたちで遂行されるか、もしくはまったく遂行されないかでなければならないようなものだ。人気となっているファイル共有のプロトコルについてワイアードプラネット社のCEOであるトーマス・ヘイルは、「［そうしたファイル共有クライアントのひとつである］グヌーテラを停止させる唯一の方法とは、インターネットのスイッチ自体を切ってしまうことだけであろう[68]」とコメントしている。このことについては、逸脱ということ対してプロトコルが課す高いペナルティについて先に示した私の検証においても示している。ひとはプロトコルというものと完全に適合するか、まったくもって適合しないかのどちらかなのである。）

つまるところ、インターネットは攻撃をかわし存続することができるのだが、それは対立者よりもより強いからではなく正確に言えばより弱いからなのである。インターネットは原子爆弾の攻撃がもつダイアグラムとは異なったダイアグラムをもつのである。インターネットは異なったかたちをもつものなのだ。この新しいかたちはより古いものに対して影響を受けることすらない。

ワールドトレードセンターを記述するのに用いられてきた言葉のすべては、二〇〇一年九月一一日の攻撃の後、テロリズムに対するそのデザイン上の脆弱性を露呈することになった。すなわちワールドトレードセンターはタワーであり、中心であり、イコンであり、支柱であり、ハブであったのだ。まったく逆に、テロリストたちはいつも異なった語彙をもって記述される。彼らは多孔的であり、ネットワーク化されており、モジュールがごとくであり、さらに敏捷性をもつ。アルカイダのようなグループは、具体的な水準で、モジュール型であることを推進している。つまり小さな自律的集団にもとづいた分散型構造であることを推進しているのである。彼らが書き記しているところでは、新しいメンバーは「互いに知り合うべきではな」く、訓練教育も「七人から一〇人の個人のユニット」で行われるべきなのだ。彼らは自分たちの安全保証上の戦略を「創造的」かつ「フレキシブルな」ものだと記述している。[69]

こうしたことは、ふたつの対立するダイアグラムを指し示している。最初のダイアグラムは権力と管理＝制御を戦略的にひとまとめにすることにもとづいているのだが、二番目のダイアグラムは権力を小さな自律的な異民族集団（enclaves）へと分散することにもとづいているのである。九・一一の攻撃の後ジョン・イポリットは「ワールドトレードセンターの建築はインターネットがもつ離散型の建築ではなくベルサイユ宮殿のような中心化されたレイアウトに多くを負っている」と述べ、さらに「ニューヨークがもつ復元力は、活気にみちたそして異質な住民のあいだに醸成される相互に接続されたあり方から生まれでている。サバイバルにかかわる建築というものをわれわれが見出すのはこうした共同性をもつネットワークを押し進める脱中心化された構造においてなのであり、強化された鋼鉄のなかではない」[70]と続けている。過去においては、テロリズムに対する戦争はベトナムにおける戦争と似ていた。あるいはドラッグに対する戦争に似ていた。つまり、ひとつの中心となる権力とそこから逃れゆくネットワークとのあいだの衝突だったのである。それは湾岸戦争とは似ていないし、第二次世界大戦ないしは国家間のその他の衝突とも似ていない。

「軍事上の衝突という観点から考えられた環境としてはアフガニスタンというのは事実上アメリカが行

Experimental Interaction Unit (www.eiu.org), 散乱 (1999)

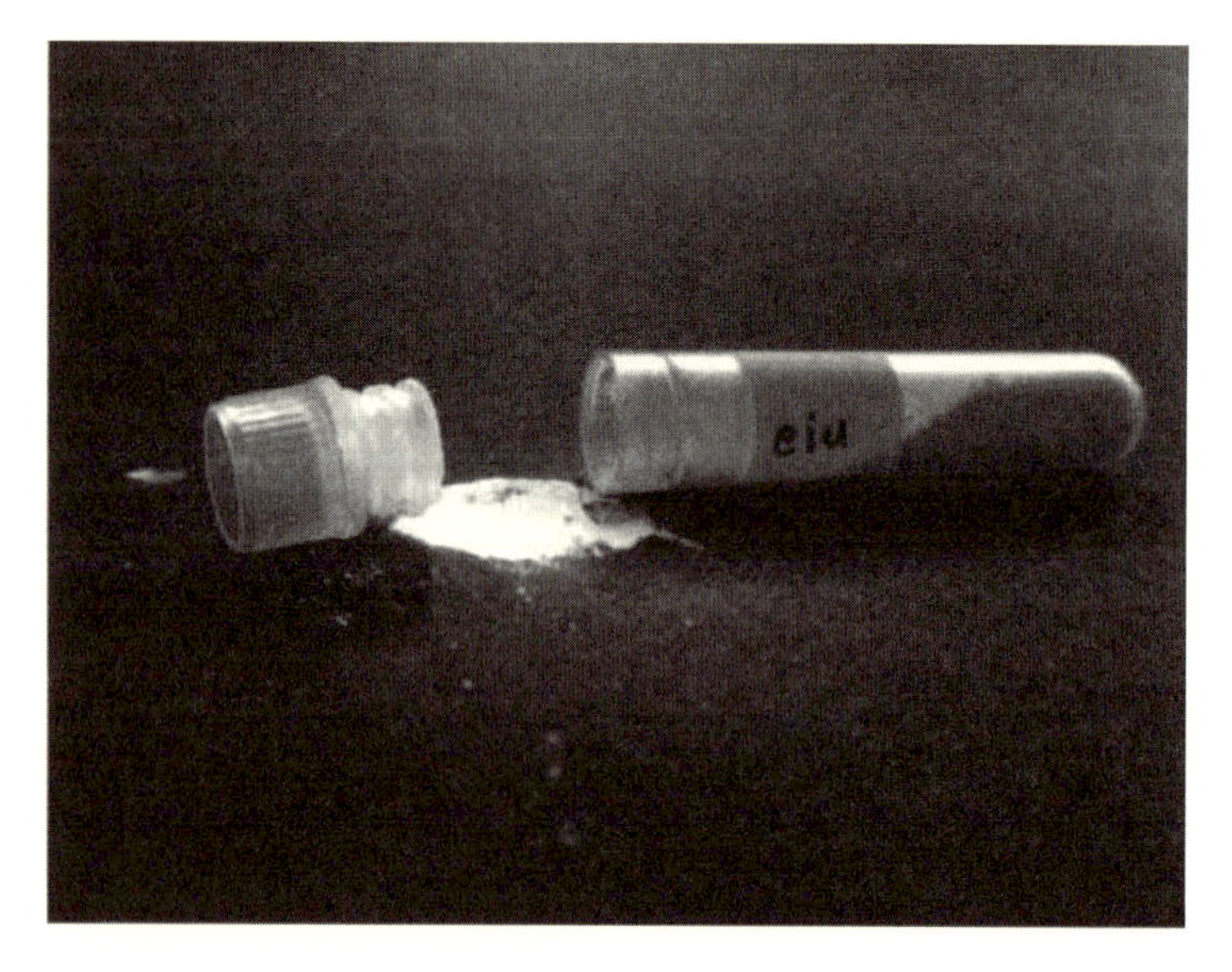

伝染

早い段階では、コンピュータウィルスは生物学的な伝染に例えられていた。その初期の様態では、ウィルスそれ自体は、感染を引き起こすものであった。のちにウィルスをめぐる言説が武器化とテロリズムへと転換した。今日、ウィルスの作者は感染を引き起こすものであり、ウィルスそのものではない——コンピュータウィルスの道徳上の評価は、今日、テロリストとして起訴されるその作者の探索によって覆い隠されているのだ。

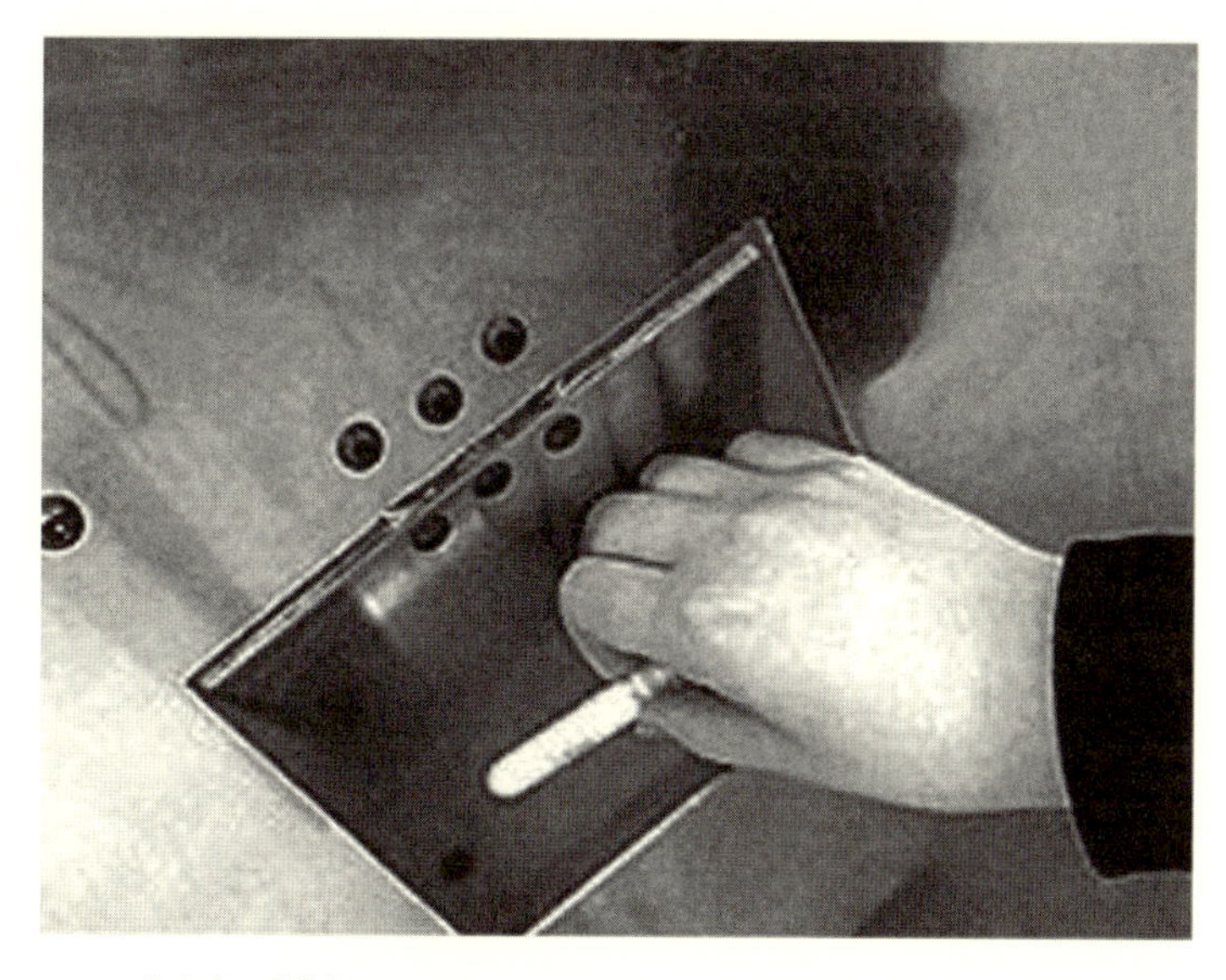

使する力にとって受け付けないものなのである」[71]と『ニューヨーク・タイムズ』は報じている（九・一一以降のアルカイダを駆逐しようとする合衆国の頓挫した企てに加えて、一九七八年のクーデターに続く数年間にわたるソビエト連邦の支配もまたひどく見積もりを誤った組織体デザインのひとつの格好の事例である）。今日にあってアメリカが行使する力に対して「受け付けない」ものであるとみなされることは、けっして小さく見積もられるべきことではない。

　国家権力とゲリラ勢力のあいだの差異を定義づけるようなカテゴリー上の変更は次のようなことを示している。すなわち、ひとつの新しいダイアグラムをもってして、ゲリラ、テロリストといったような者たちは自分たちの対立相手に対して何らかの足がかりを得ることができるのだということを。とはいえイポリットも指摘しているように、このことは私たち自身のカテゴリー上の変更でもあるはずだ。というのもテロリズムに抗するサバイバル戦略は、アメリカ側において権力を新たにひとまとめにすることからではなく、何らかの分散型（彼自身がもちいるあまり正確でない用語をもちいるならば、脱中心化された）ダイアグラムからこそ正確に生まれることになろう。異質性、分散、そして共同主義といったものはすべて、この新しいダイアグラムが目指す解決法の特徴なのである。

　端的にいえば、現行の世界規模での危機は、中心化され秩序づけられた権力と分散化された水平的なネットワークとのあいだのものだ。秩序‐ネットワーク間の衝突にかんして多くのことを論じてきているランド研究所のふたりの研究者、ジョン・アキーラとデビッド・ロンフェルトは今後の政策にかんして考えていくためのいくつかの命題を提示している。

・秩序というものは、ネットワークなるものと戦うのに困難な時間をもつものである。
・ネットワークと対するものは、ネットワークが必要である。

・最初にそして最も良い仕方でネットワーク形式を習得したものは誰であれかなり重要なアドバンテージをもつことになろう[72]。

これらのコメントは、戦術的メディアや今日の政治的行動者の役割について考える際に驚くほど助けとなる。それは、主流派に対する自分たちの戦略について再考する根拠を与えるだろう。それは、テロリストの技法について再考するようひとを促すだろう。それはまた、多くの問いを投げかけるものであろう。そのなかには「今ある権力」が実際上ネットワーク化された権力へと進化していく時に何が起きるのかという問いも含んでいる(その状況はすでに多くのセクターにおいて生じていることなのであるが)。

ここ数十年間にわたって、組織体にかかわる設計のあいだで生じている衝突の第一のものは秩序的なものとネットワーク的なものとのあいだのものである。非対称的な戦争といってもいい。しかしながら、これからの世界においては組織体にかかわる新しい双方向的な衝突――ネットワークと争うネットワーク――へとならされていく一般的な移行を経験することになっていくだろう。

「官僚制度こそがわれわれの軍事的弱さの根幹に存している」と一九八〇年代に軍事上の改革を主唱していた人物が記していた。「官僚制のモデルは戦争がもつ本性とは本来的に相容れないものである。官僚制に染まった軍事組織で軍事上の卓越性を誇ることができるものなどない[73]」。

新しい非官僚的な軍事組織への変更は構想段階に入っている一方で、ネットワークが中心部となる未来の軍事組織――控えめにいったとしても確定的だとはいいづらい言い方ではあるが――はまだまだ先のものである。とはいえ、管理=制御にかかわるネットワークは他の領域においてはわれわれの生活に浸透し始めており、それは偏在的な監視、あるいは生物学における情報化、さらには第三章で論じたようなその他の技法といった形式で進行しつつあるのだ。

そうしたとき、ジレンマとなるのは次のことだ。すなわち、秩序と中央集権化とはファシズムやその他の悪用と歴史的に結び付けられているので、ほぼ間違いなく政治的に色付けされている一方で、ネットワークなるものは良くもなれば悪くもなるものだ。ドラッグ取引のカルテルや、テロ集団、悪玉ハッカーの一味、その他の地下世界の住民、それらすべてはネットワーク化された組織体の設計の便宜に預かっている。なぜならそうした設計が効果的な動性と偽装をもたらすからだ。とはいえ、ネットワーク化された組織体設計が次のような場面で出現しているのを人はますます目にしてもいる。つまり、企業マネジメントの技法や製造業におけるサプライチェーン、あるいは宣伝広告のキャンペーン、さらには支配者階級が携わるその他の新機軸においてであり、同様に、ネットワーク型の構造を自分たちの利点であるとして長らく用いてきたよく知られた草の根運動の活動家集団においてもである。

ある面からみれば、ネットワークなるものは、テロリストや海賊、またアナーキストたちによって悪名高いものにされてきたという経緯があって低い評価が与えられることが常であった。とはいえ組織体のダイアグラムそのものに何らかの否定的な質的側面があったという根拠があったわけではないのだ。実際のところ、たとえ数世紀にわたるとはいえないまでも何十年にもわたって、肯定的な方向への振子の動きは、ネットワーク型の設計にかかわるプロトコルを大いに活用してきたのである。『千のプラトー』のなかのリゾームにかかわるセクションは、ネットワーク型のダイアグラムを賞賛する、ある意味で毒はあるかもしれないけれども刺激の強い賞賛を行った文字テキストのひとつである。

本章が辿り着こうとした先はこれらネットワーク型の設計のいくつかを照らしだすことであった。同時に、メディアのなかで執り行われるネットワークにもとづいた多様な闘争においてそれらの設計が戦術的に効果のあるものとして現出させる仕方も照らし出そうとするものであった。ウィルスにかかわる章（あるいはハッキングにかかわる第五章）で示したように、これらの闘争は敗北を喫することもある。

あるいはまた、インターネットがもつ核心部分にあるプロトコル、あるいはサイバーフェミニズム、あるいはフリーソフトウェアムーブメントが押し進めてきた端末間にかかわる設計上の戦略の場合のように、これらの闘争は勝ち取られることもある（特定の時点で特定の場所で勝ち取られる）。

これらの戦術的な効果というのは、プロトコルの論理に則った、そして専有にかかわる指令や制御における欠点を指し示すアレゴリカルな指標（indices）だ。目指された先は、新しいラッダイト運動のような何らかの妄想のなかでのテクノロジーの破壊といったものではない。そうではなくてテクノロジーを異様な状態に至るまで、いわばそれが目されていた先よりはるかに遠くまで押し進めていくことなのである。その傷つけられ炎症を起こし無防備となった条件において、テクノロジーはより良い何かへと新しく鋳造されなおすのかもしれない。その使用者の現実的な欠望や欲望とより密接なかたちで呼応する何かに鋳造されなおすのかもしれない。これこそが戦術的メディアのゴールなのである。

注

（1）David Garcia and Geert Lovink, "The ABC of Tactical Media," *Nettime*, May 16, 1997.

（2）Michael Hardt and Antonio Negri, *Empire* (Cambridge: Harvard University Press, 2000), p. 25.〔マイケル・ハート、アントニオ・ネグリ『〈帝国〉グローバル化の世界秩序とマルチチュードの可能性』、水嶋一憲、酒井隆史、浜邦彦、吉田俊美訳、以文社、二〇〇三年、四三頁〕

（3）ラルフ・バーガーは二つの論考を引用している。それらは「ウィルスのACM使用はユーザ・コントロール下で仮想的なAPLのインタープレタを供給するように機能する」（一九七四年）とジョン・ショッシュとジョン・ヒュパスの「ワーム・プログラム　分散型計算による初期実験」（一九八二年）であり、後者は「「ワーム」プログラムについてのノート」（IEN 159、一九八〇年五月）として抽象的な形式で一九八〇年に初めて世に出回ったものであった。

Cf. Ralf Burger, *Computer Viruses* (Grand Rapids: Abacus, 1988), p. 19.

（4） Frederick Cohen, *A Short Course on Computer Viruses* (New York: John Wiley & Sons, 1994), p. 38.

（5） Cohen, *A Short Course on Computer Viruses*, p. 2.

（6） W. Timothy Polk et al., *Anti-Virus Tools and Techniques for Computer Systems* (Park Ridge, NJ: Noyes Data Corporation, 1995), p. 4.

（7） 事実、ウィルス科学者の先駆であるフレッド・コーエンはこの規則にたいして比類のないほど大きな意義を唱えている。彼は「善意をもった複数のウィルス」が存在していることを認めていた。そうしたウィルスは保守を行い、あるいはネットワーク化されたアプリケーションの手助けを行い、人間とともに「平穏に共存」してただ生きているのである。「プログラムを繁殖することは情報環境のなかの生ける存在のことであると私は個人的に信じている」See Cohen, *A Short Course on Computer Viruses*, pp. 159–160, 15–21, and Frederick Cohen, *It's Alive!* (New York: John Wiley & Sons, 1994). 著者ラルフ・バーガーもまた、完全に悲観主義をとっていない。「適切に用いると、［ウィルスは］新たな世代の自己修正するコンピュータOSを引き起こすかもしれない。（中略）コンピュータウィルスで実験のレヴェルで検証し新たな試みを行おうとする人びとは、それらウィルスがどれほど素晴らしいプログラミングの可能性を提示するのかということをすぐに見いだすであろう」。See Burger, Computer Viruses, p. 2.

（8） Frederick Cohen, "Implications of Computer Viruses and Current Methods of Defense," in *Computers Under Attack: Intruders, Worms, and Viruses*, ed. Peter Denning (New York: ACM, 1990), p. 383.

（9） See Philip Fites, Peter Johnson, and Martin Kratz, *The Computer Virus Crisis* (New York: Van Nostrand Reinhold, 1992), pp. 28, 54, 105–117, 161–162; Burger, *Computer Viruses*, p. 1; Charles Cresson Wood, "The Human Immune System as an Information Systems Security Reference Model," in *Rogue Programs*, ed. Lance Hoffman (New York: Van Nostrand Reinhold, 1990), pp. 56–57. さらに、エイズ情報ディスク、つまりトロイの木馬は、コンピュータウィルスの歴史についてのすべての本のなかでたいてい取り上げられている。

（10） Burger, Computer Viruses, p. 1.

（11） 「イスラエリ」あるいは「ＰＬＯ」ウィルスとも呼ばれた。

(12) Yisrael Radai, "The Israeli PC Virus," *Computers and Security* 8, no. 2, (1989), p. 112.

(13) Cohen, A Short Course on Computer Viruses, p. 45.

(14) "Computer Systems Under Siege, Here and Abroad," *The New York Times*, January 31, 1988, section 3, p. 8.

(15) ラダイの以下の文献から引用。Radai, "The Israeli PC Virus," p. 113.

(16) フレッド・コーエンは総数二万から三万枚のフロッピーディスクだと報告している。Cf. Cohen, *A Short Course on Computer Viruses*, p. 50. ヤン・フルスカはその数を二万枚としている。Cf. Hruska, *Computer Viruses and Anti-Virus Warfare*, p. 20.

(17) Philip Fites et al., *The Computer Virus Crisis*, p. 46.

(18) Hruska, Computer Viruses and Anti-Virus Warfare, p. 22.

(19) A・K・デュードニーは、ベル研究所のコンピュータ技術研究部の長であるM・ダグラス・マクロイによって考案されたダーウィンと名付けられたゲームとゼロックスのパロアルト研究所のジョン・ショシュ（またジョン・ハップ）によって創出されたワームと呼ばれるプログラムを同一視している。Cf. A. K. Dewdney, "Computer Recreations," *Scientific American*, March 1984, p. 22. さらにショシュとハップの文献も参照のこと。Cf. Shoch and Hupp, "The Worm Programs," *Communications of the ACM*, March 1982. 多くの人がワームという概念をジョン・ブラナーのSF小説『衝撃波を乗り切れ』に起源を求めている。

(20) Ken Thompson, "Reflections on Trusting Trust," in *Computers Under Attack: Intruders, Worms, and Viruses*, ed. Peter Denning (New York: ACM, 1990), p. 98.

(21) Dewdney, "Computer Recreations," p. 14.

(22) Jon A. Rochlis and Mark W. Eichin, "With Microscope and Tweezers: The Worm from MIT's Perspective," in *Computers Under Attack: Intruders, Worms, and Viruses*, ed. Peter Denning (New York: ACM, 1990), p. 202. その明確な時間はコーネル大学にあるコンピュータ・ログの分析に由来する。他の人たちによる疑いは、その攻撃はMITにあるコンピュータに自動ログインすることから発生したというものである。

(23) Cohen, *A Short Course on Computer Viruses*, p. 49. 六万という数は、スパフォードによって用いられもしている。

彼は、当時のオンライン上のコンピュータの総数についての一九八八年一〇月のＩＥＴＦによる概算にその数の元をみている。See Eugene Spafford, "The Internet Worm Incident," in *Rogue Programs*, ed. Lance Hoffman (New York: Van Nostrand Reinhold, 1990), p. 203. ピーター・デニングの数は異なっている。「八時間以上の間隔で、それは二五〇〇台から三〇〇〇台のＶＡＸとサンのコンピュータに侵入した」。See Denning, ed., *Computers Under Attack: Intruders, Worms, and Viruses* (New York: ACM, 1990), p. 191. このワームは、その作者の名前の頭文字をとってＲＴＭワームと、あるいは簡潔にインターネット・ワームと広く呼ばれている。

(24) From a Cornell University report cited in Ted Eisenberg et al., "The Cornell Commission: On Morris and the Worm," in *Computers Under Attack: Intruders, Worms, and Viruses* (New York: ACM, 1990), p. 253.

(25) *The New York Times*, November 5, 1988, p. A1.

(26) *The New York Times*, November 4, 1988, p. A1.

(27) Bruce Sterling, *The Hacker Crackdown* (New York: Bantam, 1992), pp. 88-89.〔ブルース・スターリング『ハッカーを追え』、今岡清訳、アスキー、二〇〇一年〕

(28) *The New York Times*, January 19, 1990, p. A19.

(29) "Morris's Peers Return Verdicts: A Sampling of Opinion Concerning The Fate of the Internet Worm," in *Rogue Programs*, ed. Lance Hoffman (New York: Van Nostrand Reinhold, 1990), p. 104.

(30) パッカーとジョーダンが二〇〇一年に編んだアンソロジー『マルチメディア　ワーグナーからヴァーチャル・リアリティまで』は極端に悪い例の一つである。彼らのアンソロジーは興味深いものであるが、マルチメディアの歴史から女性をほとんど除外している。初版では三二本のテクストの外でたった一人の女性の作家のみを取り上げ、その後に「増補」版でローリー・アンダーソンの非常に短い結語を加えているのである。

(31) Sadie Plant, *Zeros and Ones* (New York: Doubleday, 1997), p. 37.

(32) Alan Kay, cited in Stewart Brand, "SPACEWAR: Fanatic Life and Symbolic Death Among the Computer Bums," *Rolling Stone*, December 7, 1972, p. 52.

(33) 次のサイトを参照のこと。http://www.kaspersky.com

(34) "Madness," *2600* (Summer 2000), p. 5.

(35) Faith Wilding and Critical Art Ensemble, "Notes on the Political Condition of Cyber- feminism," available online at http://www.obn.org/cfundef/condition.html

(36) エイダ・ラブレスの影響はいまや完全になくなってしまっている。様々なSF小説のなかでの彼女の役割を別として、最新の、名前が由来するウェブサイト äda 'web (http://adaweb.walkerart.org) があり、またリン・ハーシュマン・リーソンの映画作品『クローン・オブ・エイダ』がある。

(37) Sadie Plant, "Feminisations: Reflections on Women and Virtual Reality," in *Clicking In*, ed. Lynn Hershman Leeson (Seattle: Bay Press, 1996), p. 37.

(38) オンライン上で閲覧可能。http://www.t0.or.at/sadie/intervw.htm

(39) Sadie Plant, "The Future Looms: Weaving Women and Cybernetics," in *Clicking In*, ed. Lynn Hershman Leeson (Seattle: Bay Press, 1996), p. 132.

(40) オンライン上で閲覧可能。http://www.t0.or.at/sadie/binary.htm

(41) オンライン上で閲覧可能。http://206.251.6.116/geekgirl/001stick/sadie/sadie.html

(42) A good place to start with Stone is her homestead at http://sandystone.com/. Although her published material is readily available, online users may access digitized versions of articles including "The Empire Strikes Back," "Violation & Virtuality," and "What Vampires Know" at http://eserver.org/gender/

(43) Allucquère Rosanne Stone, "Will the Real Body Please Stand Up?," in *Cyberspace: First Steps*, ed. Michael L. Benedikt (Cambridge: MIT Press, 1992).

(44) Stone, "Will the Real Body Please Stand Up?," p. 102.

(45) Stone, "Will the Real Body Please Stand Up?," p. 105.

(46) Allucquère Rosanne Stone, *The War of Desire and Technology at the Close of the Machine Age* (Cambridge: MIT Press, 1995), p. 89.

(47) Stone, *The War of Desire and Technology at the Close of the Machine Age*, p. 121.

(48) LambdaMOO (telnet://lambda.moo.mud.org:8888).
(49) オンライン上で閲覧可能。http://www.thing.net/~rdom/janrev97.01.html
(50) オンライン上で閲覧可能。http://sysx.apana.org.au/artists/vns/
(51) オンライン上で閲覧可能。http://sysx.apana.org.au/artists/vns/
(52) オンライン上で閲覧可能。http://www.t0.or.at/dolores/manifesto/vnstoc.htm
(53) オンライン上で閲覧可能。http://web.aec.at/www-ars/matrix.html
(54) 「ネットタイム」は電子メールのコミュニティであり、それは「ネット批評や共同的なテキスト・フィルタリング、ネットをめぐる文化的な政治性」を取り扱っているものである。さらなる情報についてはオンライン上で閲覧可能である。http://www.nettime.org
(55) Francesca da Rimini (as Doll Yoko), "bossy cunts online," *Nettime*, June 18, 1997.
(56) Faith Wilding and Critical Art Ensemble, "Notes on the Political Condition of Cyberfeminism."
(57) Lynn Hershman Leeson, "Romancing the Anti-Body: Lust and Longing in (Cyber)space," in *Clicking In*. ed. Lynn Hershman Leeson (Seattle: Bay Press, 1996), p. 328.
(58) オンライン上で閲覧可能。http://www.altx.com/interviews/sadie.plant.html
(59) ベン・ブラドック(ダスティン・ホフマン)が『卒業』の冒頭で自らの未来について、「私は違う存在でありたい」と語るように。
(60) Arquilla and Ronfeldt, *Networks and Netwars*, p. 6. 一九九六年から類似した連禱が唱えられている。「ネット戦争はPLO以上にハマスについてのものである。またそれは、キューバのフィデリスタ以上にメキシコのサパティスタについてのものであり、クー・クラックス・クラン以上にキリスト教信仰覚醒運動についてのものであり、シチリアのマフィア以上にアジアの三合会についてのものであり、アル・カポネのギャング以上にシカゴのギャングスタ・ディシプリンについてのものである」。
(61) もちろんこれは、一枚岩になった制御メカニズムであるわけではない。「インターネットは大規模な機械である」とアンドレアス・ブロックマンは記す。「この機械はそれ独自の、異質なものからなる地政学をもつ。それはフラクタルなものでかつ反復されるものであり、また不完全で、さらに拡張し収縮するものなのである」（「ネットワーク化されたエージェンシー（Networked Agencies）」、オンライン上で閲覧可能）。http://www.v2.nl/~andreas/texts/1998/networkedagency-en.htm

（62）このことは、ドゥルーズとガタリが『千のプラトー』のなかで現実化したことである。

（63）トヨティズムにかんする興味深い記述として、以下を参照のこと。Manuel Castells, *The Rise of the Network Society* (Oxford: Blackwell, 1996), pp. 157-160.

（64）Peter Galison, "War against the Center," *Grey Room* 4, Summer 2001, p. 20.

（65）バランは以下のように記す。「第二の攻撃力を確証する際に最も弱い点となるのは、信頼できるコミュニケーションが欠如しているところである。敵の武器によってなされる随意的な被害でさえ乗りこえていく通信してシステムを構築する仕方を、当時の私たちは知らなかった。ランド研究所がコンピュータ・シミュレーションを用いて究明したのは、国家の軍事コミュニケーションの全てを本質的に実行するA&T長距離電話システムは、相対的にいって小さな物理的損傷であっても分断されてしまうであろうということである。電話システムのリンクやノードの全ては基本的には存続するであろうが、とてつもなく高度に中心化されたこのアナログ電話システムの決定的に重要な二、三の地点は、空軍基地に向けて発射されたミサイルによって付随的に起こる損害だけで破壊され、もろくもつぶれてしまうであろう」。Cf. Paul Baran, Electrical Engineer, an oral history conducted in 1999 by David Hochfelder, IEEE History Center, Rutgers University, New Brunswick, NJ, USA.

（66）Galison, "War against the Center," p. 25.

（67）『ニューヨーカー』誌の記者ピーター・ボイヤーの報告では、DARRAは事実、分散型の戦車を設計することでこの対立を再考している。「銃やセンサーといった主たる構成要素が別々の乗り物に据え付けられた戦車である。それらの乗り物はまた、さらにもうひとつの指令車両にいる兵士によって遠隔から制御されるのである」。Cf. "A Different War," *The New Yorker*, July 1, 2002, p. 61. これは軍が未来戦闘システム（FCS）と呼ぶものであり、合衆国陸軍にたいしてDARPAが主導権を握り展開している。それは「柔軟性があり」また「ネットワークを軸にした」ものとして描き出されている。FCSに注意を向けさせてくれたジェイソン・スピンガーン＝コフに感謝する。

(68) Cited in Gene Kan, "Gnutella," in *Peer-to-Peer: Harnessing the Power of Disruptive Technologies*, ed. Andy Oram (Sebastopol: O'Reilly, 2001), p. 99.

(69) See *The al-Qaeda Documents: Vol. 1* (Alexandria, VA: Tempest, 2002), pp. 50, 62.

(70) Jon Ippolito, "Don't Blame the Internet," *Washington Post*, September 29, 2001, p. A27.

(71) 代わりに、ソビエト連邦の核の力にアメリカが耐えられることを欲して、ポール・バランは一九六四年に以下のように記す。「私たちは次のようなシステムをなお設計することができるだろう。そのシステムとは、それが破壊されるには敵がn個の〔コミュニケーション〕基地局の内のn個を破壊するという対価を払う必要があるというものだ。もしnの数が十分に大きいものであれば、高度に存続可能なシステムを構築することができる――たとえ熱核反応の時代であったとしても――ということを示すことができる」。Cf. See Paul Baran, *On Distributed Communications: 1. Introduction to Distributed Communications Networks* (Santa Monica, CA: Rand, 1964), p. 16. ここでのバランの論点は次のようなものだ。すなわちひとつのネットワークの破壊というものは全か無かのゲームであるというものであった。破壊するためにはすべてのノードを破壊しなければならない。いくつかのキーとなるハブを取り除くだけではなく。だが、その逆は真ではない。ひとつのネットワークにおいては、劇的な勝利を獲得するためには秩序的権力のなかではひとつのハブを破壊するだけで良い。がゆえに、アメリカ軍に対するバランのアドバイスはネットワークのようなものになれというものであった。いったんネットワーク型のものになれば、核の脅威というものはもはや、通信と可動性に対しては破滅的な脅威とはならないである（とはいえ、もちろんのことだが、人類の生命や物質的な資源には破滅的な脅威のままであるのだが）。

(72) Arquilla and Ronfeldt, *Networks and Netwars*, p. 15. 強調は取り除いている。こうした考え方は一九六〇年代において国防長官であったロバート・マクナマラのものと対比することができる。上院議員ゲイリー・ハートによればマクナマラは次のように主唱したと伝えられている。「ペンタゴンにおける運営形態はもっと中心化せねばならない。」Cf. Gary Hart and William Lind, *America Can Win* (Bethesda, MD: Adler & Adler, 1986), p. 14. あるいはそれは、現在の状況（milieu）においては四つ星の勲章をもつ指揮官であり国務長官であるコリン・パウエルにちなんだパウエル・ドクトリンと対比することができる。パウエル・ドクトリンではアメリカ軍のいかなる行動も以下のものになるべきと主張されている。それは、明確に言明された目標、撤退に関わる戦略、敵を圧倒する軍事力を用いる能力、そして危険にさらされる生命にかかわる戦略的な利害などである。このタイプの思考は、モダニストであるクラウゼヴィッツによる軍事戦略の理論とうまく一致している。〔そこで主張されるのは〕武力はより大きな武力によって制覇されるであろう、衝突とは継続するものというよりも目標に向かった行為であるべきだ、衝突とは国家のアクターたちなどによって従事される、ということである。

(73) Hart and Lind, *America Can Win*, pp. 240, 249.

第七章　インターネットアート

「ネット・アート」——この言葉の起源に光を当てるときが来たのだと感じる。実のところ、この言葉は既製のもの（readymade）である。一九九五年一二月、（スロヴェニアのアーティストの）ヴゥク・コシックは一通のメッセージを受け取ったのだが、それは匿名のメーラーを介して送信されていた。ソフトウェアの互換性がなかったために、開いたテクストは実際には読むことのできないアスキー文字で書かれたアブラカタブラのようになっていた。そのなかの断片だけが、次のように何かしらの意味をなすものとなっていたのだ。〔…〕

J8~g#|\;Net.Art{-^s1〔…〕

——アレクセイ・シュルギン『ネットタイム』一九九七年三月一八日（以下による引用。*Net_condition: Art and Global Media*, ed. Peter Weibel and Timothy Druckrey (Cambridge: MIT Press, 2001), p. 25. ヴゥク・コシックの言葉は、以下に引用されている。Tilman Baumgärtel, "The Materiality of Test," Dec. 22, 1997, http://www.rewired.com/97/1922.html)

本書の第三部で、わたしはプロトコルが拓く未来を検討してきた。その未来は、諸々の成功と失策の双方を介して、まさに成功でもある失策と失策でもある成功を介して到来するであろうものだ。[1] ハッキングと戦術的メディアにかんする前章までの議論が示していたのは、以下のことである。すなわち、いくつかのテクノ＝サブカルチャーの到来とその前提となるものは、プロトコルの論理にもとづく新しい時代を開始するということ、と同時に、その時代に泥水をかけ、その時代の垣根を飛び越え、よりひろくいえば、管理＝制御というプロトコルの論理にもとづく新しいシステムでもって妨害工作をすることで、その新しい時代と「衝突」しようと振る舞うであろうということだ。

前章までのわたしの分析は、その多くが形式に焦点を当てるものであったし、そこで前提となっていたのは、プロトコルの論理にもとづくメディアについての革命的批評のひとつが、もっぱらそれらの形式の質的特性についてのものであるということであった。圧政／抑圧的ではない形式を明確にしよう、そうすれば解放的なメディアがそれに続くだろう、というものだ。これはまさしく、エンツェンスベルガーのようなメディア解放論者たちの主たる目標なのである。

形式批評にかんする哲学は、のちに一九六〇年代から一九七〇年代のヴィデオ［アート］の動きのなかで、多くの人々にとって中心となる問題系のひとつとなっていた。ヴィデオをめぐる問いに賭けられていたのは、固有性という考え方そのものなのである。というのも、そうした議論が主張するには、ヴィデオがみずからの諸実践と形式上の特性をもつ固有のメディウムであるとすれば、それは、テレビのような、あまり望ましくはないと思われているメディアからは距離を取ることになるだろうからである。

美術館ディレクターのデヴィッド・ロスは、次のように述べる。「ヴィデオアートは、そこに内在する急進的（radical）な特徴から絶えず恩恵を受けてきた……ヴィデオアートはいつも、商業的なテレビがもつヘゲモニーとはまったくもって独立した代替物であるという概念と結びつけられていたのである」[2]。キュレーターのジョン・ハンハートもこれに同意すると、ヴィデオは「商業的なテレビという、ほかを圧倒するような制度と対立するもの」[3]として形成されたのだと記している。

［ヴィデオが］テレビと対置させられるのは、いくつかの理由による。たとえば、テレビが備えている

中心化した放送の構造、その法外な費用、そして商業的な利害によってのほぼ全体にわたる管理＝制御といったものがその理由である。それゆえ、ヴィデオは批評的な方法というよりも批評的な実践なのであり、ただ現存しているだけでその批評のための試みとなっているのである。

ヴィデオアーティストにとっての難題は、映画作品よりもテレビから自身の距離をとることであった。というのも、一方では、映画とヴィデオのあいだの形式上の差異は明白であるが（磁気テープとセルロイド、モニターでの鑑賞とスクリーンでの鑑賞、低解像度と高解像度など）、対して他方では、ヴィデオとテレビのあいだの差異はほとんどが構造にかかわるからである（個人と商業、ローカルな制作／鑑賞と広範囲に及ぶ製作と放送など）。

ヴィデオとそのメディウムとしての固有性にかんして、デリダは興味を駆り立てる注釈をしている。そうした注釈をおこなう際、デリダはそれまでの政治的な内容物をヴィデオから取り出して空にし、同時に、ユートピア的な新しい感受性をそこに注入するのである。デリダはヴィデオを本質的な統一性や固有性をなんら持たないものとして攻撃した後に、いつものことながら省略的な仕方で次のように記す。「新しいアートを決して見たことがないにもかかわらず、ひとはそれを見たのだと信じている。〝新しいアート〟というものは、漠然としたままに言われているが、しかしながら、それが認識されていないという事実によって認識されているのかもしれない」[4]。もし真に転覆的なアートの形式なのであれば、それは見ることなどできないものになるはずだろう。ヴィデオはアートとしてみられるやいなや、その「新しさ」からは切り離されることになるのである。

そうして、デリダはめずらしく肯定的な弾みをつけて、根源的に新しいタイプであるヴィデオの領野について、すなわち「ヴィデオと呼ばれる……可能性」[5]と彼が記すものの領野についてマッピングを始めている。ヴィデオというものは『つねに用心深く』、「予測不可能な」動きをする。また、それとあわせて「異なる社会空間、異なる生産様式や「表象」様式、さらにはアーカイヴ化や複製可能性の異なる様式……、（そして）新しいアウラのための機会」[6]をもちこんでくる、といった具合にだ。
わたしが示唆したいのは、デリダの求めていた「新しいアート」は実のところはヴィデオではなく、デジタルコンピュータの到来とともに過去数十年のうちに登場した新しいメディアアートであるということである。[7]新しいメディアアート――わたしはこの言葉のことを、どんなコンテンポラリーアートであれ、ニューメディアの技術をもちいるものと定義しよう――は、インターネットアートやCD‐ROM、特定の類のインスタレーションアート、デジタルヴィデオ、電子ゲーム、ネットラジオなどといった領域を網羅している。インターネットアートは、より具体的にいえばワールドワイドウェブや電子メール、テルネットやほかのプロトコルの論理に則ったテクノロジーも含めて、グローバルなインターネットのうちでなされるあらゆるタイプのアートの実践のことを指す。さらに本章でわたしが主張するように、インターネットアートのうちの下位ジャンルのひとつは、いわゆる「ネット．アート（net.art）」として一九九五年には登場していたのである。このサブジャンルが指しているのは、「*7-11*」と呼ばれた電子メールリストとジョディ（Jodi）〔オランダを中心とした二人組アーティスト〕のようなアーティストによって人口に膾炙されたローテクの美学＝感性論のことである。[8]
メディア批評家のティモシー・ドラックリーが記すには、この用語が初めて利用された記録は「ネットタイム」と呼ばれた電子メールリスト上に残されている。ロシアのアーティスト、アレクセイ・シュルギンが記したメッセージには、スロヴェニアのアーティストであるヴゥク・コシックからの引用があるのだが、それによると「ネット．アート」という表現は、壊れて読解不能な電子メールのメッセージから連続する二つの言葉を拾い上げることで偶然に創られたものであったというのだ。[9]ネット．アートにかんして初の批評的な議論が現れたのは、ドラックリーが記すように、一九九七年頃のことであった。

彼によると、「ネット.アートについて最初に広範囲にわたる議論が現れたのは、『ZKP4』でのことであった」[10]。この『ZKP4』とは、「ネットタイム」の電子メールコミュニティがリュブリャナで発表した刊行物のことである。『ZKP4』(「ネットタイム」がいうところの中央委員会による一連の刊行物「ZKP」のうち、第四号のこと)は一万もの部数にまで到達して、オンラインでも入手することができた[11]。「ネット.アート」という用語は、一九九六年から一九九七年の冬までに、一般に利用されるようになっていたのである。

わたしが本章で主張するのは、次のようなことである。すなわち、インターネットアートが意味するのは、単にブラウザやHTMLを使うことではなく、むしろ文化生産にかかわる従来の、ときに不十分であった諸形式に対して、対立的な立ち位置をとることで定義される美学=感性論のひとつであるということである。映画やヴィデオの実践についての歴史は重要なものであるのだが、その一方でインターネットアートにかんする最大の闘争は、それがアートの実践として自律性をもつのかを証明しようとすることをめぐるものであった——ヴィデオがテレビとは異なるものであることを切望してきたのとおなじやり方で、である。マーシャル・マクルーハンは、この文脈において有益な洞察を提示していた。彼が記したところによると、あらゆる新しいメディウムの内容は一般にそれ以前のメディウムである。それは言い換えると、ニューメディアのフォーマットが歴史上に現れるにつれて、そのほとんどはより古いフォーマットの単なる包み紙として現れるということである——それは、プロトコルの論理にかなった完璧な事例のひとつである。

過去との決然たる断絶をとおしてはじめて、ひとつのメディウムはみずからの固有性を得るようになるだろう。たとえば、一九世紀からの転換期における映画制作の原初的な段階の諸々の技法は、ヴォードヴィルのような、それ以前の娯楽のフォーマットの名残となるものをまずもって上演していた。ショットのおおくは劇場のパフォーマンスのやり方で演出されていたし、カメラは俳優たちによる二次元のタブロー編成と対面して、その静止したままの位置（劇場の観客による想像上の視点を模したもの）に配置されていた。その後になってはじめて、映画の制作者たちはカメラを動かすようになり、やがて再現＝表象のための映画に固有の手法を実験し始めるようになる。

インターネットの場合であれば、多くの者たちが絵画やヴィデオ、ハイパーテクストまでをも、インターネットアートの内容から作りだそうと試みてきた。だが、彼らは、このメディウムに独自のいくつかの要素、すなわちインターネットというメディウムがもうウェブサイトという名の固有性とでも呼ぶべきものによって阻まれてしまうのである。マリナ・グリジニッチは論文「露光時間、アウラ、そして遠隔操作のロボット（Exposure Time, the Aura, and Telerobotics）」でこの事実に興味深い注釈をしている。そのなかで彼女が主張するのは、新しいメディアテクノロジーにとってまさしく制限となるもの、すなわち「伝達‐時間における遅延、サービスプロバイダからのビジー信号、ウェブブラウザのクラッシュ」[12]と彼女が呼ぶものは、アートのためのメディウムにその固有性をもたらすということである。つねにアートワールドの周辺にあって、インターネットアートはみずからの場所を見つけるために、主流となる諸々の実践からなんとしても自らを隔てよう（disengage）としてきた。グリジニッチに従ってわたしはここで、コンピュータのクラッシュや技法上のグリッチ、壊れたコード、あるいは別の仕方で劣化に関わる美学＝感性的な仕掛けが、こうした隔たりのためには鍵となるのだと提案しておきたい。それらのクラッシュやグリッチは、みずからのメディウムにとって固有のものになるという、インターネットアートの奥深くに潜む欲望の「戦術的な」特質なのである。というのも、クラッシュやグリッチといったものは、そうしたメディウムそのものが透けて見えるようになり、重要なものとなる瞬間であるからだ。

インターネットアートは、ある具体的な政治的文脈において登場した。近代の計算処理に真正面から向き合っているふたつの支配的な力には、次のふたつのものがあった。ひとつはハッキングであり、これはインターネットアートよりも何年も前に先駆けて存在していた。そしてもうひとつは、より最近の発明である戦術的メディアというもので（少なくとも現行の具現化において）、これらのふたつの力についてわたしはこれまでの章で論じてきた。すでに述べたように、コンピュータのハッキングは、コンピュータとのあいだでなされる実効性のある（affected）相互作用を実現するための最初の文化的な実践であったのだ。その表面的な美徳は、許可を受けてもいないのに探求するというもの、そして情報が純粋に自由＝無料であるというものだ。脱政治化されたその形式においては、ハッキングというのは単に好奇心による探求にほかならない。しかしながら、政治化された形式となると、ハッキングは一般的にいえば、自由尊重主義の哲学に従うものとなる。すなわち、あらゆる情報を自由＝無料にせよ、官僚制の管理＝制御をぶっ潰せ、警官／教師／両親は失せてしまえ、というわけだ。

あらためてメンターによる「ハッカーマニフェスト」をみてみよう。


わたしたちは探求する……すると、ひとはわたしたちのことを犯罪者と呼ぶ。わたしたちは知識に従って追求する……そうすると犯罪者と呼ばれる。わたしたちは肌の色や国籍や宗教的な偏りもなく存在している……ひとはわたしたちを犯罪者と呼ぶ……そう、わたしは犯罪者である。わたしの犯罪は好奇心にかかわる罪である。わたしの罪は、ひとがどのように見えるかではなく、彼ら自身が述べたこと、考えたことによってひとを判断する類のものである。わたしの罪はひとの裏をかく罪であり、ひとが決して許すことのない罪である。わたしはハッカーである。そしてこれがわたしのマニフェストである。[13]

こうしたタイプのレトリック――「わたしたちは探求する……すると、ひとはわたしたちのことを犯罪者と呼ぶ。わたしたちは知識に従って追求する……そうすると犯罪者と呼ばれる」――は、ハッカーのマニフェストになじみのものである。左翼側の人々のおおくは、情報の自由＝無料化を求める自由尊重主義的で熱烈な欲望のせいで、ハッキングがもつ潜在的な政治性に落胆させられてきたのであった。その一方で、戦術的メディアがつねに左翼陣営と同義のものであるのは、それがほとんど例外なく、進歩主義的な政治に突き動かされているからである。

これらふたつの世界が衝突したのは、オーストリアのリンツで一九九八年の九月に開催されたアルスエレクトロニカ・フェスティバルで、エレクトロニック・ディスターバンス・シアター〔電子妨害劇場（Electronic Disturbance Theater: EDT）〕は、グローバリズムに反対してハッキングを利用するパフォーマンス集団〕が、ＨＥＡＲＴグループ（Hackers for Electronic Arts）に批判されたときのことである。その論争の引き金となったのは、ＥＤＴが利用したソフトウェアのひとつであった。それは、《フラッドネット（floodnet）》と呼ばれるソフトウェアであるが、インターネットという舞台の上に政治的抵抗をのせるために、分散型のサービス妨害（ＤＤｏＳ攻撃）の技法を用いたのである（ＥＤＴはメキシコのザパティスタ民族解放運動との連帯のために、これらヴァーチャルでの座り込みともいうべきものの数々を実行しようとして《フラッドネット》を利用してきている）。現実世界での抵抗運動が、特定の政治的信条を衆目に知らしめるためのものであるのとおなじやり方で、《フラッドネット》はおもに可視化をおこなうための道具ではあるのだが、それは現実世界の状況ではなく、抽象的なネットワークのためのものなのである。《フラッドネット》はそのネットワーク上で、インターネットとそこにいる人々――そして自分たちの政治的信条――をより可視的なものにするために、EDTの創設者リカルド・ドミンゲスがプロトコル内側に「妨害」と呼ぶものを創り出すのである。戦術的メディアにかかわるほかの事例の多くと同様に、《フラッドネット》は単なるアートプロジェクトなのか、あるいは単なる政治的道具なのかといった分類をすることはできないものであり、むしろ同時にその両方であるにちがいない。プロトコルの論理に則ったネットワークという抽象空間を目に見える「妨害」へと美学＝感性的なかたちで変換する能力は、まさに政治的なツールとアート作品という双方の価値を備え持つのである。

しかしながら、HEARTのハッカーたちは、《フラッドネット》を配置すべきではないと主張した。なぜなら、インターネット上での妨害を創り出すためにDDoS攻撃を利用することで、それは本質においては情報へのアクセスを制限してしまうからである。望まれない情報であるかもしれないが、それでもおそらく情報は情報である。情報の完全な自由化は、HEARTのハッカーたちにとってみれば、政治的な妨害よりもいっそう重要である。さらにハッカーたちが示唆したのは、《フラッドネット》が比較的打ち破られやすいものである以上、技法として欠点をもつものであるということであった。

第一部で示唆したように、インターネットの基層にある諸々のプロトコルは、政治的に中立のものではない。それらのプロトコルは物理的なメディアを統制し、文化的な形成物を彫琢すると、政治的な管理＝制御を行使する。この事実の手助けによって、ハッカーたちとアーティスト／活動家たちとのあいだの意見の相違をひとは理解することができるだろう。ネットワークそのものが最初から政治的であるとすれば、そのネットワーク内部でのアートの実践はいずれも、政治に関与しているか、無知を装っているかにちがいないのである。

この議論は、ブレイク・スティムソンによるコンセプチュアルアートの諸起源についての説明ととてもよく似ている。彼が論じるには、一九六〇年代に高まっていた政治的風潮は、アート運動としてのコ

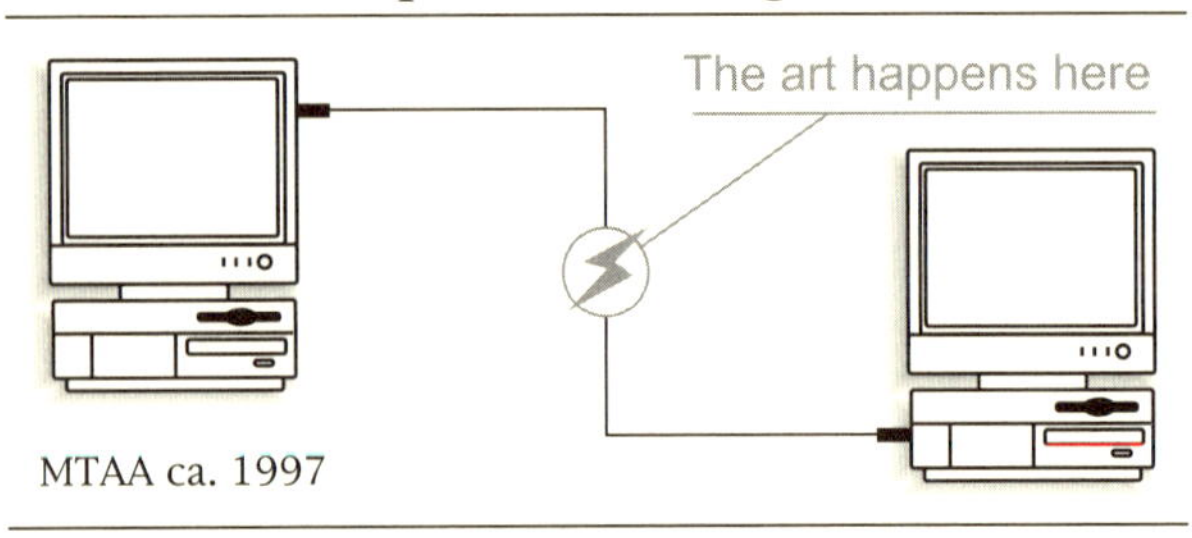

図 7-1　ネットアートの単純なダイアグラム

ンセプチュアリズムを創り出す大きな起因となっていた。「コンセプチュアリズムは、社会にみずからの居場所を形成しようとする制度的な装置の権威性に挑み、アートが世界で機能するための異なる手段を探し出そうとしたのである」[14]。ひとは次のように考えるにちがいない。ネットワークそのものが、今日のインターネットアーティストの誕生の起因となる「制度的な装置」になるのだ、と（図７－１を参照）。

インターネットアートに固有の美学＝感性論上の諸々の質的特性を検証することによって、このアートをより詳しく検討してみよう。インターネット初期の自律したコミュニティは、純然たるネットワークの美学＝感性論（ウェブサイトの固有性）が初めて現れた空間であった——『*7-11*』や『ネットタイム』、『リコード』、『リゾーム』、そして『シンディケート』といった電子メールリストのことである。

その原初の兆候となるものが見られたのは、初期のネット・アートのプロジェクトであり、たとえば、アレクセイ・シュルギンによる《リフレッシュ》のように、ウェブページ間のリンクでしかないものからなるアートプロジェクトであった[15]。《リフレッシュ》は共同して作動する多種多様な組織を含みもち、世界中のさまざまな多くのコンピュータを利用する。《リフレッシュ》では、ウェブページのあいだにひとつの結びつきが創り出される。それぞれのページは、連鎖状になって次のウェブページと（一〇秒の時差で）自動的にリンクされるようにプログラムされている。シュルギンはこのプロジェクトを、「不特定多数のプレーヤーのためのマルチノード型のウェブ‐サーフ‐創出‐セッション」と言い表している。(16) このプロジェクトでは誰もが、彼ないし彼女のページを更新されたリンクへと横滑りさせることで協働することができるのである。ユーザーは連鎖上のウェブページのうちのいずれかを読み込むだろうし、やがてスライドショーのように数秒ごとに現れる新しいウェブサイトとしてそれに見入るかもしれない。

このような具合に、《リフレッシュ》は、ネットワークを芸術的な仕方で変換する最初の作品のひとつであった——画家が風景を、彫刻家が物理的な形態を変換するのとおなじように。そのアートはネットワーク世界の側の「どこか」に存在するのであって、連鎖上になった個々のウェブページのいずれかにあるわけではない。《リフレッシュ》は、個々の内容物にもとづかない協働作業にかかわるヴァーチャルなネットワークを可視化したのである。シュルギンによる作品はウェブというものを空間化するのだ。それはインターネットと、それにともなうプロトコルをひとつの彫刻へと変えるのである。

ジャーナリストであり、また文化批評家であるティルマン・バウムガルテルが次のように記すとき、インターネットアートがもつこの自己言及的な質的特性を、彼は実に明確に言い表している。

ネットアートにかんする初めてのテーマであり、きわめて重要なものが、インターネットそのものであったことはつねづね強調されてきた。ネットアートはみずからのメディウムに話しかける。つまり、インターネットが提示する固有の条件を取り扱うのである。ネットアートは、この電子ネットワーク内部でみずからが発生したことによって生じる諸々の可能性を探求する、がゆえに、「ネットに固有な」ものであるのだ。ネットアートは、その技法上のさまざまな特有性によって、インターネットのプロトコルと戯れるのである。ネットアートが差し出すのは、みずからが利用するシステムの内部にある既知ないしは未発見のエラーである。それが創造性をもって扱っているのは、ソフトウェアとソフトウェアが動作するために従う諸々のルールである。それがなんらかの意義を有するのはそのメディウム、つまりはインターネットの内部以外にはありえないのだ[17]。

シュルギンの仕事は高度にコンセプチュアルなものであるが、他方でより形式的な作品もまたこの時期に生み出されていた。形式的な作品のなかでも、おそらくは最たる例になるのが、ジョディという名のヨーロッパの二人組である[18]。何年ものあいだ、ジョディは、コンピュータのことを主題にしつつ、それを自分たちのアート制作の内容物にもすることによって形式的なスタイルを洗練させてきた。コンピュータが壊れる場に個別具体的に焦点を当てながら、ジョディはコンピュータのネガティヴなところ、それが崩壊する地点を検証することによって、ポジティヴなコンピュータ美学＝感性論を引き出すのである。

たとえば、ジョディによる作品《404》[19]は、ウェブ上に偏在している「ファイルがみつかりません」という意味のエラーコード404をほのめかすものであり（バーナーズ＝リーによるHTTPのプロトコルに組み込まれていたもの）、アーティストたちはこの作品で、旧式のウェブブラウザで入手可能なデフォルトのフォントとシンプルな色彩を利用している。《404》という作品は、ユーザーがテキストメッセージを投稿することができ、ほかのユーザーが以前に書いたものを見ることのできるページのコレクションなのである。だが、この単純な掲示板のシステムは、入力されたテクストを一般に閲覧されるウェブページにくわえる以前に多様なフィルターが歪めてしまうせいで混乱を呈するものとなってしまう。その結果、バスルームの壁の殴り書きの実に奇妙なコレクションのようになり、それが快適なグラフィックや意図されたデザインによってテクノロジーを覆うのではなく、ウェブページそのもののプロトコルを前面に押し出すものとなっている。

エラーコードの404は、ほかのアーティストたちにも利用されてきた。リサ・ジェヴブラットによる「非サイトギャラリー（Non-Site gallery）」は、404エラーページという袋小路を開きあけるのだ。彼女は404のメッセージを生成のための入り口へと変容させるのである。そこではリクエストされたページがその場に応じて生み出され、そのページがユーザー側からみれば、あたかもつねに存在していたものであって、誤りによる結果ではないかのようになっている。

EDTによって、エラーコード404はよりコンセプチュアルな意味で利用されることにもなった。彼らによるヴァーチャルな座り込みの一部として、EDTは存在していないウェブページのリクエストを、特別なメッセージを組み込むかたちで離れたところにあるサーバ上に送信した——そのメッセージとは、www.server.com/__special_message__といった形式のアドレスである。離れたところにあるそうしたサーバには、そのウェブページが存在していないので（そして、それが存在するつもりもなかったため）、エラーメッセージがサーバによってすぐさま生成され、EDTのソフトウェアへと返信されるのでる。

しかしながら——そして、これがトリックなのであるが——、ウェブサーバはそれらのウェブサイトに対するトラフィックのすべてをエラーも含めて記録しているため、そのエラーがトロイの木馬のように振る舞うようになり、「特別なメッセージ」がリモートサーバのログの記録に、残りのウェブトラフィックと一緒になって記録されるのである。このことによって、ひとりの人間が選択したサーバ（かなりぼんやりとして、脅威とはなはならないような場所ではあるのだが）に何らかの特定化されたひとかたまりの情報を実際上アップロードするという、むずかしい仕事がなし遂げられてしまうのである。抗議されたサイトへと抗議者たちからのメッセージが届くようにして、ローカルユーザーとリモートサーバとのあいだにひとつの関係性が作り出されるのであり、それはまるである種のヴァーチャルな彫刻のようなものである。

このアート作品は、美学＝感性論的な充足感（gratification）をほとんどもたらさないかもしれないが、コンセプチュアルアートの作品としては重要性をもっているといえるだろう。この作品は、芸術制作の契機を美学＝感性論の領野の外側へ、そしてプロトコルという不可視の空間、つまりはウェブアドレスとサーバのエラーメッセージへと移動させるのである。

EDT以来の作品が示していように、インターネットをもちいたコンセプチュアリズムは、ウェブというものを空間化することで実現されることが多い。それはプロトコルをひとつの彫刻に変えるのだ。インターネットが変化し、その複雑なデジタルの集塊が拡張するにつれて、ウェブそのものがあるタイプのアートオブジェクト——無数のアートプロジェクトにとっての基盤——であるということが理解される。それはアートとアートでないものの区別が、ますます見分けることができなくなってきているような空間なのである。アートとしてみずからのことを捧げ与える空間なのである。

この種のインターネットコンセプチュアリズムにとって完璧な事例となるのが、《ネーム．スペース》を代替的なネットワークに作り上げる複数のサーバのクラスターである——それはつまり、通常とは異なり、より柔軟な（安価であること、また非独占的であることは言うまでもない）アドレス指定の図式を利用するウェブ内部のウェブのことである。[20] インターネットの名前付けに対する管理＝制御（DNS）は、《ネーム．スペース》の創立者ポール・ギャリンにとって核心となるものであった。というのも、彼はDNSのことをあるタイプの詩的な転覆として考えており、それによって最上位レヴェルのドメインネームのための com／edu／net といったアドレス指定の図式の諸制限を打ち破ろうとするのである。ネーム．スペースとは、ウェブの構造内部への戦略的な介入である——アートと政治学は、この事例においては不可分のものとなる。ギャリンはこのアートプロジェクトを「独立系戦術的ネットワークのひとつ」と呼び、その目的を「絶えず変化しているインターネット上での自由なメディアそして代替となる声やヴィジョンのための住処」がつねに存在するように保証することだとしている。

《ウェブストーカー》[21]もまた、インターネットアートのコンセプチュアルな側面にかかわる好例のひとつである。これはブラウザの代替物であって、ウェブの上でページ間を移動するためのまったく異なるインターフェイスを提供する。《ウェブストーカー》は、視覚的なブラウザ（たとえば、ネットスケープナビゲーターやインターネットエクスプローラー）といった考えを取り上げ、そしてそれを逆立ちさせるのだ。HTMLを解釈し、埋め込み型のイメージを表示するなどしてウェブ上のアートを提示するというのではなく、この作品はウェブに潜在している構造を可視化することで、ウェブそのものをアートとして展示するのである。ユーザーはひとつのウェブアドレスを開き、次に《ストーカー》がそのアドレスのHTMLのソースとなるものを吐き出していくのを見守る。併置されたウィンドウでは、《ウェブストーカー》がそのURLからリンクが貼られたページのそれぞれを余すところなくマッピングし、スキャンされたページの集団を指数関数的に開いていくと、最終的にはユーザーにとって相互リンクが貼られたページの全体となるものを差し出す。それらのページは、ハイパーテクストの深淵かつ複雑な関係性のなかでマッピングされるのである。

《ウェブストーカー》はアートを制作するのではないが、マシュー・フラーの言葉でいえば、「アートに対するひとつの関係性を作り出している」[22]。《ストーカー》は新たなカテゴリーへと滑り込むのであり、そのカテゴリーとはつまり、革命的な思考が美学＝感性論的な制作物によって補完されるときに存在する「ただのアートではないもの」になるのである。

一九九五年から現在〔本書の出版年である二〇〇四年〕までのインターネットアートの実践を読者が理解しやすくなるように、ここで分かりやすい時期区分を提示することにしたい。初期のインターネットアート――「ネット・アート」として知られる、高度にコンセプチュアルな段階――は、まずもってネットワークに関与するものである。その一方で、後期のインターネットアートは――企業的ないし商業的段階と呼べるようなもの――、まずもってソフトウェアに関与するようになっている。これは本書をつうじて論じられる管理＝制御社会やプロトコルの論理にもとづくメディアとあわせて、アートの制作の本性が極めて劇的に変化した帰結なのである。

ひとつめのフェーズ、つまりはネット・アートのフェーズは、ネットワークによって徹底的に制限されると同時に促されてもいる、汚れた（dirty）美学＝感性論にかかわるものである。ネットワークにとってなによりもの制限は、帯域幅（データが移動することのできる速度）の制限であるが、HTMLなどの単純なネットワークプロトコルの本性にかかわる原始的な部分のように、ほかにも諸々の制限となるものが存在している。これがためにひとは、ネットワークの技術的な制限や失策をマッピングするタイプのアート制作をみることもできる――ドゥルーズとガタリの表現をもちいるなら、スズメ蜂はそれらが舞い降りる蘭の地図となっているように〔ドゥルーズ、ガタリ『アンチ・オイディプス』宇野邦一ほか訳、河出文庫、下巻一三〇頁からの節「分子的無意識」に該当か〕。ジョディやオリア・リアリナ、ヒース・バンティング、アレクセイ・シュルギン、ヴゥク・コシック、ほかにも多くのアーティストがその事例となる。ネット・アートは、実に刺激的な美学＝感性論にかかわるものであって、創造性と興味深いコンセプチュアルな動きに溢れかえっている。

だが、このひとつめのフェーズは、すでに終焉を迎えようとしているのかもしれない。バウムガルテルが近年になって観察しているのは、「ひとつの時代の終わりである。ネットカルチャーの最初の形成期は終わろうとしているように思われる」[23]。彼が指しているのは、一九九五年から一九九九年まで続いた年月のことであり、ネット・アートというジャンルが最初に展開したときのことである。この時期には、帯域幅やコンピュータの速度といった技術上の顕著な制約（constraints）が原因となって、アーティストたちのおおくは、これらの技術的制約に妨げられることのない、インターネットのコンセプチュアルな利用へと向かうことを余儀なくされていた。いや、実際のところは、これらの制約を作品の主題へと転換させていたのだ。アートにかかわるメディアはすべて制限を含み持っており、そしてこれらの制限をつうじて創造性が生まれる。ネット・アートの帯域幅は徹頭徹尾、低いものであった。これはアスキーアートやフォームアート、ＨＴＭＬのコンセプチュアリズムなどにも――モデムによって迅速かつ容易に適合することのできるものであればいずれも――可視化されている。

だが、第一のものとされていたこの制限は、もはや消え去りつつあった。インターネットアートは今日、いくつかの商業的なコンテクストからなる制限によって、はるかに多くの影響を受けるようになってきている。これらの文脈は多様な形態をとることもあり、Flashのような商業的なアニメーションソフト一式からヴィデオゲームのジャンル（根本的には商業的なジャンル）、さらにはアートマーク（RTMark）やイートーイ（Etoy）、ほかの仕事にみられる企業的な美学にまでおよぶ。わたしの論点は、美学＝感性論にかんするものであって経済学にかかわるものではない。それゆえ、「売り尽くすこと」が問題なのではなく、アートのための新しいプレイグラウンドに向かうことが問題となる。コンピュータとネットワークの帯域幅が一九九〇年代後半に改善するにつれて、ネット・アートの美学＝感性論的な空間を支配していた、最重要視されていた物理的現実は崩れ去り始めた。その代わりとなったのは、ソフトウェアについてのより商業的な文脈であり、インターネットアートの新たなフェーズとして理解されるようなものである。次にこれらの二つのフェーズについて考えてみよう。

ネットワークのアートとしてのインターネットアート

現在までのアートはすべて、インターネットの代わりでしかなかった。
——ヴゥク・コシック

一九九五年から一九九九年に現れたハイテクなグラフィックデザイン、ブラウザのプラグイン、そして特別なメディアアプリケーションが増殖していたなかでも、多くのアート系ウェブサイトはそうした技術的改善を無視して、その代わりにインターネットそのものをアートのオブジェクトやその容器になるものとして焦点を合わせる、ウェブに固有のアートという新たな類のものを制作することに注力していた。オフラインのアートをスキャンしたり、それをインターネットに移し替えたりするのではなく、また映画作品をデジタル化して、ウェブサーバにアップロードしたりする（ショベルウェア〔ソフトウェアなどを丸ごと移し替えてしまう方法〕として知られる嘆かわしい実践のこと）のでもなく、ジョディのようなアーティストたちは、ウェブに対してその固有性にかかわり、そしてウェブのうちから生まれるアートを制作したのである。

ジョディはコンピュータコードそのままの外見を好み、それをしばしば自分たちの作品に利用している。この二人組が愛着を持つのは、コンピュータのデスクトップのスナップショットであり、コンピュータのクラッシュにかかわる美学＝感性論でもある。かなり劣化した、そして単純化している美学＝感性論のひとつをもってして、ジョディによる《day66》[24]というタイトルのプロジェクトは、ネット・アートの典型となっているものである。読解することのできないイメージを背景に積み重ね、Java スクリプトの「スクロール」という機能をこれみよがしにもちいることをもってして、その作品は視界のなかに勢い良く滑り込んでくる。頁を読み込むのとおなじ具合に、それは逆上したかのように動き、画面を横切って斜め方向に、あたかもユーザーのOSが巨大なコンベヤーベルトに乗っ取られたかのようにスクロールしていくのである。

ある種のひとびとは、ジョディの試みをとんでもなく悪意がありナンセンスだとして、容易に切り落としてしまうことができるかもしれない。だが、彼らの作品に現前している、あるタイプの技術的な美学＝感性論については再考する価値があるものだ。全画面に広がるちらつくタグや、粗野なGIFイメージのアニメーションを差し引きするとき、アートの制作にとっての中心となるものとして、そしてその構造化を促すフレームワークとして、コンピュータプロトコルそのものへの鋭い関心がそこに存在しているからである。ネット・アートにかかわるほかのどんなスタイルも、これほど直接的にひとつのメディウムとしてのウェブの本性について省みたものはない。

だが、ここで二人組は外縁部分へと拡張し始め、彼らのいつもの創造的な範囲を超え出るようになった。《OSS》[25]によってジョディは引き続き、コンピュータのプログラミングの周辺領域を探求していた。CD－ROMと独立型のアプリケーションの双方として発行された《OSS》は、コンピュータのオペレーティング・システムを模倣する能力を備えている（厳密に言えば、《OSS》はインターネットの技術と非インターネットの技術の双方をもちいるハイブリッドな作品である。しかしながら、それは興味深いやり方でネットワークを組み込んでおり、芸術家の美学＝感性論の戦略すべてと非常に密接に結び付けられているため、ここで詳細に検証するに値するものである）。ひとたびアプリケーションを起動すると、《OSS》はコンピュータを乗っ取り、通常状態で機能することを禁じてしまう。それは「デジタルでできた動脈瘤に相当するものだ[26]」と、スティーブン・ジョンソンはこの作品について記している。オペレーティング・システムのように、《ＯＳＳ》は、デスクトップとプルダウンメニューを含む視覚的環境すべてにわたってその外見と機能性を制御してしまう。（恐れを抱かせるほどではないにせよ）直感的に抵抗感を引き起こすこのインターフェイス内部で、《ＯＳＳ》は一連の抽象的でいて、コンピュータにもとづいた美学＝感性論的経験をユーザーに対して提示するのである。その多くはジョディのウェブサイトに見られる、カオスのような「コンピュータウィルス」風のスタイルを持続させるのである。しかしながら、ＣＤ－ＲＯＭをもちいると、ジョディはるかに没入感を引き起こす効果を得ることができている。それらのイメージとかたちとが、単一のブラウザウィンドウのなかでだけでなく、画面全体を覆ってしまうからである。

ＣＤ－ＲＯＭの《ＯＳＳ》には四つの領域があり、それぞれに「#Reset」や「%20」といった謎めいた名前がついている。これら四つの領域は、さまざまな視覚的環境にユーザーを押し込む。五番目に現れる領域のひとつは、「****」との名前が付けられたフォルダであり、容量の小さい（六キロバイト）のシンプルテキストによる画像とフォルダが二五五個含まれている。これらのそれぞれがアイコンによって表される。さらに何ダースものアイコンがデスクトップに散りばめられる。それらはアイコンとして、《ＯＳＳ》のもつオリジナルの四つの領域のための視覚的な生の素材を提供している。

そのうちのひとつである「%20」は、デスクトップをその額面どおりのものとして取り扱い、やがてデスクトップを感電死させる。デスクトップは制御不能になって揺れ始めると、垂直軸にすべてを押さえておくことができなくなり、画面外へと無様にスライドしてしまう。色彩は変調をきたし、スクリーンは明滅する。マウスを動かすか、キーボードの指令によって、デスクトップの劣化はいくらか停止させることもできるのではあるが。

「#Reset」と呼ばれる、この作品の別の部分はオプアートに類似している。諸々のイメージがスクリーン上を上へ下へとスクロールしていくのだが、動く速さは諸々のかたちが互いに干渉するパターンから新しいかたちが現れ出るほどの速さなのである――あたかも、錯視によってタイヤのスポークが反対回りに見えるほど高速で回転しているようである。

「**** ***」と呼ばれる領域は、コンピュータのデスクトップ環境を模するのであるが、それをひどく乱雑なかたちで複製する。ウィンドウが無限に増殖し、マウスはそれが動くにつれて線を引くのであり、ポインタとクリックの忠実なツールとして通常どおりの機能を果たすのではない。プルダウンメニューのなかにあるオプションは暗号のようで、無益な装飾へと変身させられている。出口などないかのようである。プルダウンメニューのなかにスモールハイフォンがあり、それによってユーザーはデスクトップの背景や、マウスが描き出す線の色を変えることはできるのであるが。

「000,0」という環境は、まったく興味をそそらないものである。結局のところ、ロバの絵に尻尾をつけるという、もどかしいゲームに帰着するようなゲームと戯れながら、ユーザーは的となる「+」を、マウスのポインタを見ることなしにクリックしなければならないのである。いわばマウスに目隠しがされるという状態は困難極まりない。ユーザーはすぐに終了するために「コントロール+Q」をタイプするかもしれない。いくつものURLがスクリーンの上部に現れる。七三八の尻尾つけのゲームのそれぞれが、http://www.jodi.org/usemap/coords/ にあるフォルダのなかで、別個のウェブページとして律儀に組織されている。正確なところ、その理由は明らかではない。

《OSS》はコンピュータのための抽象芸術といってよい。そのなかではコンテンツ自体が、コンピュータのオペレーションシステムにかんして、ときに神経にさわることもあるピクセル化されたトポグラフィへと完全に従属させられることになっているのである。コンピュータが壊れるという（クラッシュやバグ、グリッチなど）これらの瞬間に具体的に焦点を当てて、ジョディは新しい、自律した美学＝感

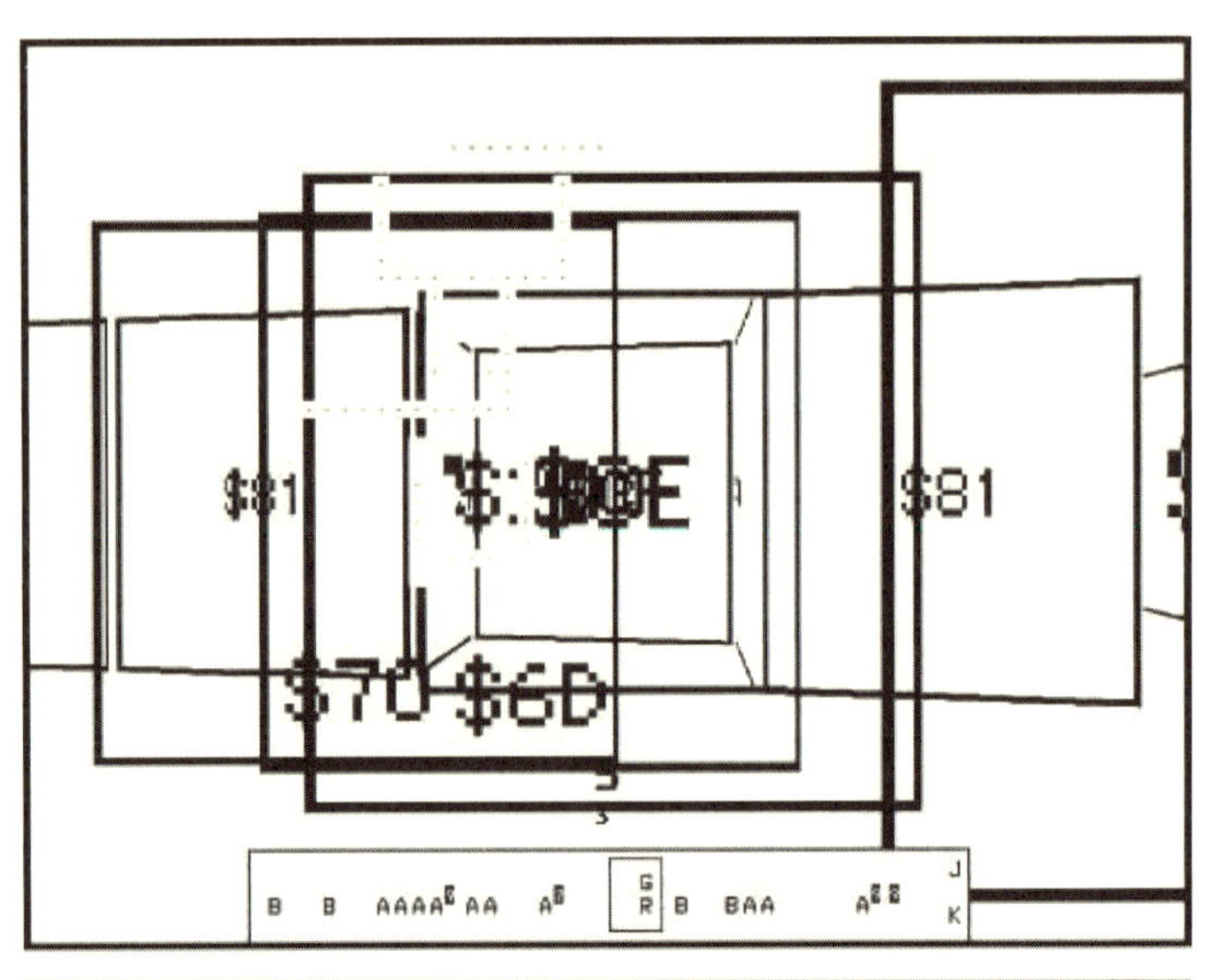

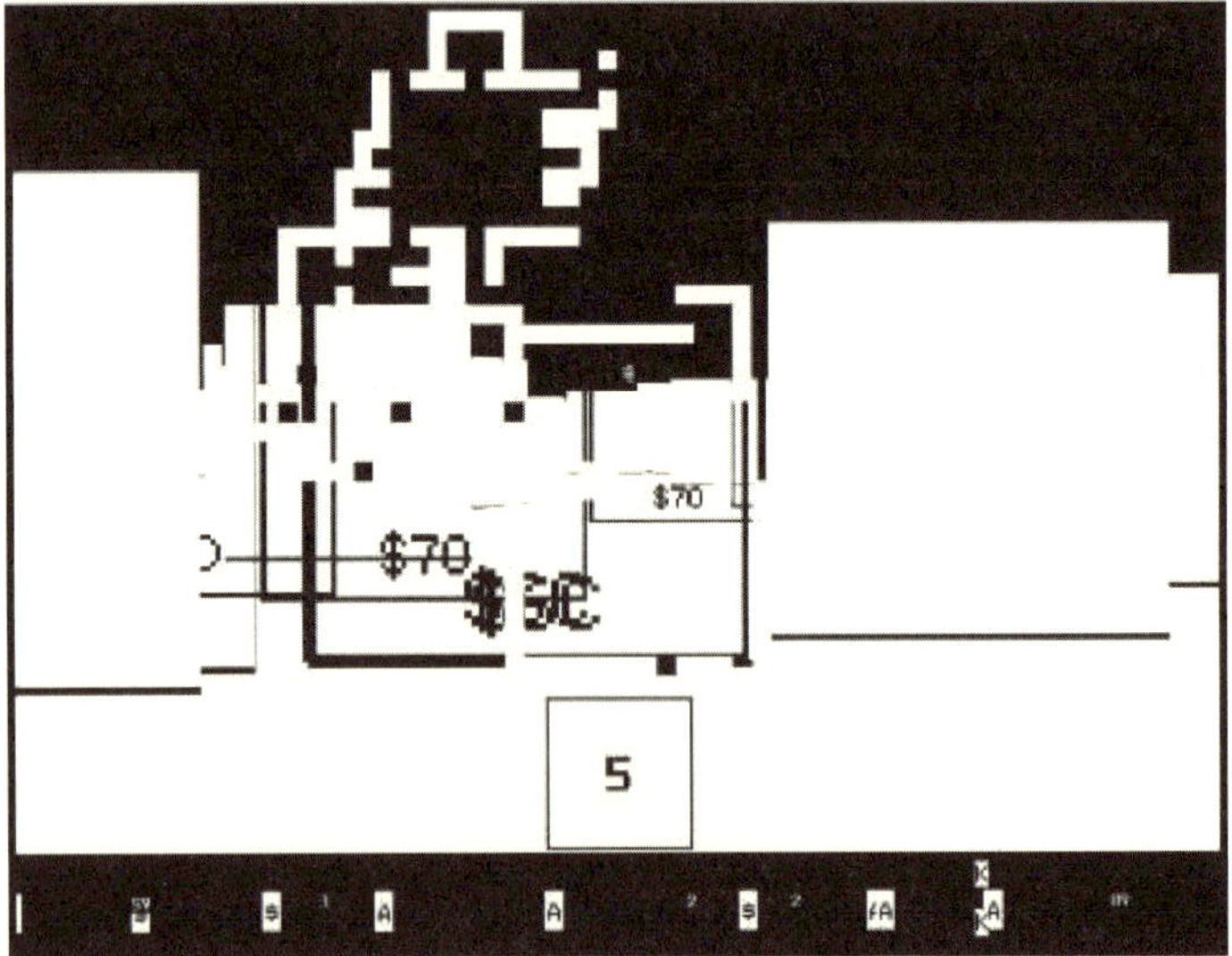

ジョディ，*sod-b. gif 2*（2003）

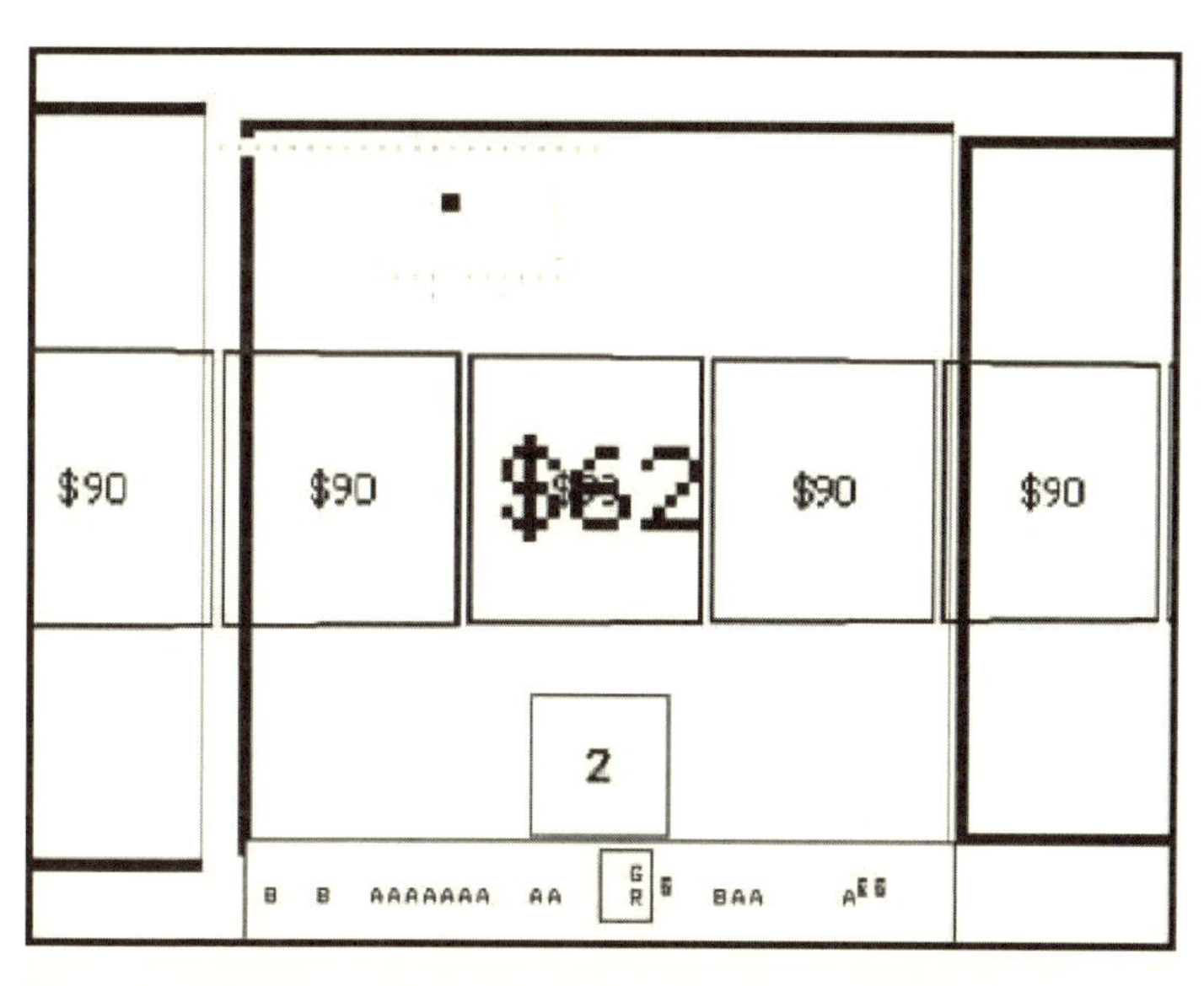

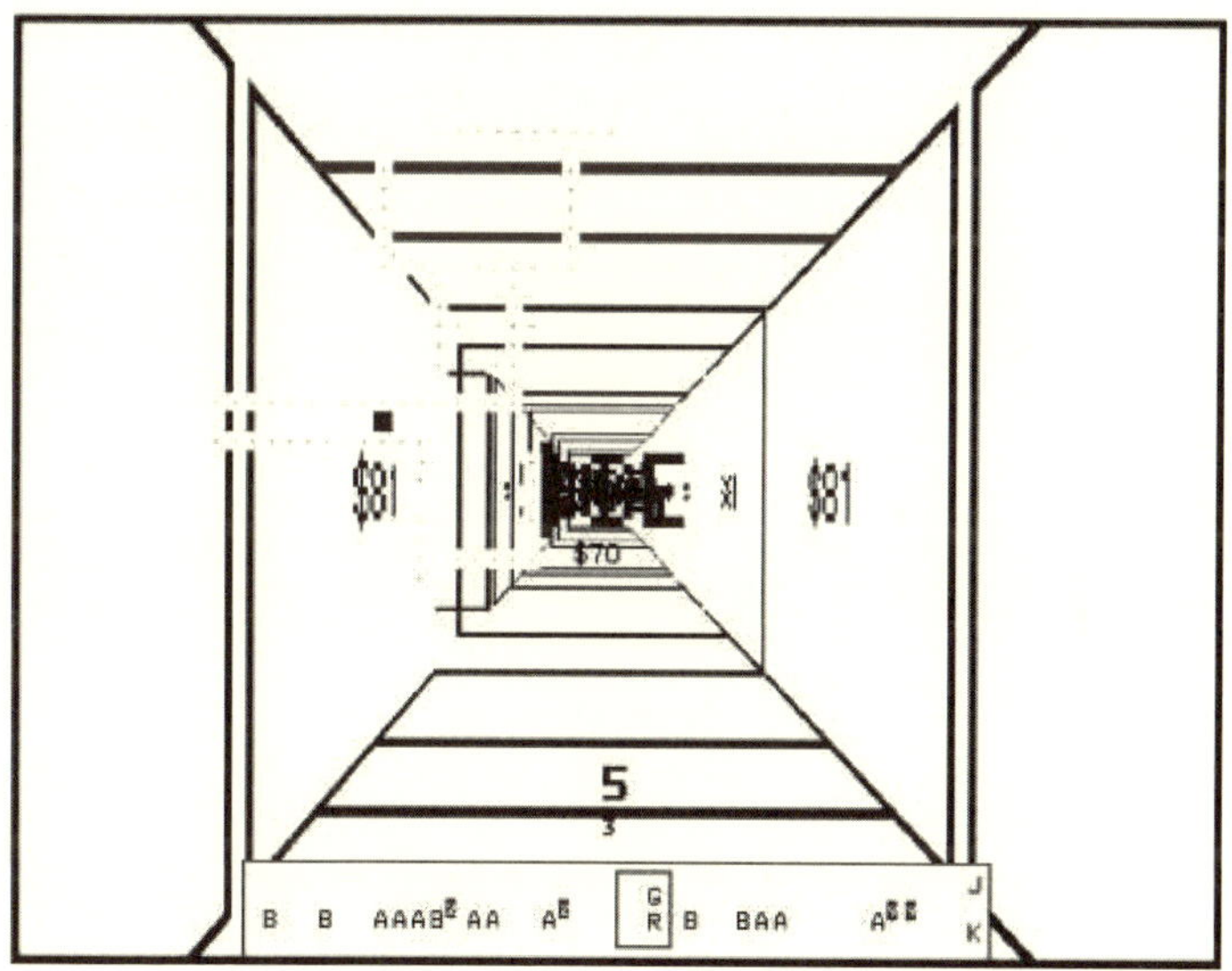

ジョディ，*sod-b. gif*（2003）

性論のひとつを見つけ出したのだ。《OSS》が厳密にはインターネットにもとづいていないからといって、ネット.アートのジャンルに含まれないということにはならない。というのも、ネット.アートを明確にする特徴とは、プロトコルに対する戦術的な関係性なのであって、かれこれの技術に取り組むということだけではないからだ。

ロシアのアーティストであるオリア・リアリナもまた、ネット.アートのジャンルで制作をおこなってきた。リアリナの遺言を含み持つウェブ・プロジェクトである《遺言書(Will-n-Testament)》[27]のなかでは、アーティストがデジタル上の所有物の多様な物品——彼女のインターネットアートのプロジェクト、イメージ、著述物など——をリスト化しており、それぞれが友人や親戚に譲渡されている。それぞれの恩人の名前が挙げられており、それぞれのオブジェクトは、公共の掲示のためにリンクが張られているのである。リアリナによる遺言の訂正は、青いインクで可視化されている。それは極めて個人的なドラマであり、彼女自身の死にかんするドラマである。

しかしながら、ネット.アートに向き合うときの興味深い要素は、こうした語りの構造の外側にある。遺言のテクストにあるそれぞれの文字は、実際にはイメージファイルである。「a」という文字の代わりに、「a」のイメージが置かれており、アルファベットのそれぞれの文字がそのようになっている。インターネット上では、イメージの読み込みがテクストよりもゆっくりと行われるため、遺言書のすべてをコンピュータのスクリーン上で完全に読み込むには数秒間がかかる。そのアートプロジェクトは、それ自身がもつ膨らんだサイズとそれがかかわる制限された帯域幅によって故意に遅らされ、遂行できないように仕組まれるようになっている。それぞれの文字は異なる速度で読み込まれるし、それが原因となって遺言書は、文字がランダムに並んだかたちでユーザーの前にはゆっくりと現れることになる。ダウンロードの時間を鑑賞経験の一部にすることによって、リアリナはプロトコルそのものを直接アートオブジェクトに変えるのである。

ネット・アートがもつ、プロトコルの論理にかかわる独自の特徴は、シュルギンによる「フォームアート」の競争と展示にも見られる。[28] フォームアート〔ここでのフォームとは、入力のための手続きの意味合いが強い〕は、HTMLのフォームにみられるラジオボタン〔複数回答のできない選択式ボタン〕とプルダウンメニュー、そしてテキストボックスだけを利用する何らかのインターネットアートの作品を指している。自覚的に単純であろうとし、また技術的には抑制の利いたものであるフォームアートは、HTMLをもちいて新しい美学＝感性論の可能性を探求し、利用しようとする。シュルギンの美学＝感性論は、個別のプロトコル（HTML）上で突如とした弾みに動かされ、つかの間のもので、完全に偶発的なものである。この作品にはなんの深みもなく、それよりもむしろ関係性の美学＝感性論、つまり、機械に話しかける機械の美学＝感性論があるということだ。

ヒース・バンティングは、《_readme》などの諸々のプロジェクトで、アートオブジェクトが完全にネットワーク内部に溶解するということに焦点を当ててきた。《_readme》は、リアリナによる《遺言書》にも似ているが、デジタル化されたテクストを少し異なるやり方で変容させるのである。ランダムに選ばれた雑誌記事を自分のウェブページにコピーしたあとで、バンティングが記事を修正すると、書かれたテクストの文字のそれぞれがみずからへのハイパーリンクとなるのである。たとえば、「is」という言葉は、www.is.com へのリンクになり、「on」は www.on.com へのリンクに、「together」は www.together.com のリンクになるといった具合に続くのである。諸々のリンクを選び取ったとしても、そこには特段の意味付けがなされているわけではない――いくつかの言葉は、インターネットアドレスとして買収されていたり、ほかのものはアクセス不可能であったりする。ウェブページの《_readme》がほかの場所へのリンクでしかない以上、それはプロトコルをそれ自体として美学＝感性論化した試みのひとつなのである。

一九九八年一一月、ベルリンのクンストラーハウス・ベタニエンでバンティングは、ネット・アートについての会議「ネット‐アート‐世界 受容にかかわる戦略と課題」のために非常にユニークな作品を創り出した。バンティングはネット・アートの界隈ではすでに、いくらか超然としているデジタル世界のノマドのような存在としての名声を得ていたし、洋服一式と首回りのチェーンにぶら下げたCD‐ROM以外には何も持っていないと噂されていた。噂が噂を呼んで、バンティングはヨーロッパとアメリカのアート集団からの嫌がらせに嫌気がさし、もっぱらならず者国家からの財政援助でサイバーテロリズムの作品制作に転向したとも噂されていた。

ベルリンでの発表のあいだ、バンティングは舞台上に上がると、キューバのドメインである www.castro.cu をホストとするウェブアートのプロジェクトを提示しようと試みた。観衆たちがそのアートプロジェクトがダウンロードされ、頭上のスクリーンに現れるのを待っているあいだに、バンティングは彼のほかの作品について語り続けていた。一分か二分ほどして、ウェブサイトのリクエストはタイムアウトとなり、エラーメッセージを返してきた。まごついたバンティングはすぐさま、www.castro.cu のドメインに続いてほかのアドレスを打って、待っている観衆の前で面目を保とうとした。バンティングはキューバ政府と共同活動をしているにちがいないという期待が、観客たちの好奇心につけくわえられた。しかし、二回目の試みも行き詰ってしまい、数分後にはスクリーンにおなじエラーメッセージが帰ってきた。混乱したふりをしながら、バンティングは彼の発表を終わらせると、舞台から去ってしまった。

観客たちがすぐに気づくことができなかったかもしれないのは、バンティングの発表が実際には、パフォーマンスのひとつであったということだ。彼はネットワークそのものとの連帯を急進的なかたちで表現するなかで、わざと存在していないウェブページ——まったく存在していなかったアート作品——をロードしようとしていたのである。バンティングにとっては、どんなアートのオブジェクトも、どんなウェブページも、その他にも何も必要ない。アート作品を消滅させるというやり方は、オーディエンスがネットワークのプロトコルそれ自体を経験することができるようにする、まさに手段にほかならなかった。

バンティングが記すには、彼は「ネット.アートの終焉」を主張しようとしていたのであり、それゆえ、存在しないウェブアドレスの提示は「存在しない作品」についての提示を制作することに近しいものであった[29]。そしてバンティングによる予見が正しいものであったのは、オンラインアートの制作が一九九〇年代後半から徐々にその焦点をネットワーク(ネット.アート)から、ソフトウェア産業のような多様な商業の文脈へと移行するようになったからである。

ソフトウェアのアートとしてのインターネットアート

ネット.アートの誕生が、一九九五年の一二月にヴゥク・コシックが受け取った電子メールと結びつけられるとするなら、次にインターネットアートの第二のフェーズ——これはわたしが考えたいところでは、ネットワークについての利害関心ではなく、ソフトウェア産業という、より商業的な利害関心によって強化されたフェーズのことである——の象徴的な開始点となるのは、二〇〇〇年の一月二五日、スイスのアーティストであるイートーイ(Etoy)に対する訴訟が取り下げられたときのことである。それはおもちゃ戦争(*Toywar*)の終焉[30]、つまりはイートーイが「四五億ドルの損害(!)という、たった一度の催し事で美術史上もっとも高くついたもの[31]」と記述する、二ヶ月にわたるグローバルなアートイベントの終焉を知らせるものであった。おもちゃ戦争は、世界中の複数のユーザーが同時にプレイすることのできるオンラインゲームのプラットフォームであった。そのゲームの目的は、ナスダックの株式市場でネガティヴな実効性をもつ作用を個別の資本査定に及ぼすことにあった。おもちゃ戦争は、リンツのアルス・エレクトロニカのフェスティバルで年度別に送られるアルス・エレクトロニカ賞特別賞を受け取るほどになったのである。

企業組織が、文化の領域で収益のための実践を長いあいだ美学＝感性論化してきた——ナイキの広告からグッゲンハイム美術館で二〇〇〇年に催されたジョルジョ・アルマーニの展覧会にいたるすべて——一方で、アーティストたちがこのプロセスを逆転させて、企業の領域で収益のための実践を美学＝感性論化するようになったのは最近のことでしかない[32]。一九八〇年代のアートの工場生産モデルという企業的な感受性や、九〇年代後半のソフトウェア産業の嗜好からヒントを得つつ、イートーイとアートマーク（RTMark）のようなアーティスト集団は企業のようにして考え、振る舞うことを開始したのであり、投資信託[33]や株式発行をアートのオブジェクトとして創り出すほどになったのである。

アートマークは、反企業のサボタージュ活動にもっぱらかかわる企業である。アートマークが有効なものとして利用されたのは、たとえば一九八〇年代の「バービー解放組織」や、一九九〇年代後半のCD『ベックを脱構築する』、さらには一九九九年一二月のおもちゃ戦争の活動など、いまではよく知られているいくつかの行動においてのことであった。それらは、二〇〇〇年ニューヨークでのホイットニービエンナーレ展覧会でも特集された。

アートマークが企業であると言えるのには、実践的な理由がある。企業であるということは、文化的に転覆するような仕事や、ときに不法な仕事のための責任をすり抜けることができるのである。アーティストたちはしばしば、企業としての衣服を着用し、美術館のギャラリーというよりも役員室のほうがしっくりくるようなプレゼンテーションをおこなうのだが、アートマークが企業に似ているように見えるのは、単に画一的なふるまいをするという点だけにあるのではない。それにくわえて、アートマークは金融サービスをおこなう機関のように運営されるのであり、その上、さまざまな投資商品を消費者に提供するのである。商業銀行であれば、ハイテク基金から退職年金（IRAs）にいたるまで一連の資本の受け皿を提供するのであるが、アートマークは一連の資金を供給し、それらが転覆的な文化生産にかかわるさまざまな分野を演出し提供するのである。たとえば、作家のアンドレイ・コドレスクが運営している「メディア資金」は、メディアスケープ内での企業のサボタージュ活動に焦点を当てている。アートマークが述べるには、文化に投資しているのであって、資本に投資しているわけではないのだ。

　アートマークとおなじく、インバーステクノロジー事務局（Bureau of Inverse Technology: BIT）もまた、アート製作をおこなう企業体である。ＢＩＴはみずからのことを誇らしげに、生産とマーケティング、そして註釈（コメンタリー）のための包括的なサービスをおこなう代理店とみなしており、技術製品にかかわる政治的な基礎構造について、さらにこれらの製品に欠けたままでいる「超越的な詩学（transcendent poetics）」についての批判的シニシズムを体現している。この代理店は次のように記すのだ。「製品が胚胎する文化的な力は、われわれがどのように労働するのかということを枠づける。いいかえれば、人間の慣習をかたちづくっている平凡で日常的な相互作用に、人間ならざるエージェンシーをわれわれがいかに取り込んでいるのかということを枠づけるのである。ちなみに、そうした意味合いでの人間的慣習こそが、人間的な自然、すなわち人間の本性と呼ばれることになっているのである」。さらに続けて、「事務局が作り出すのは、ナイキやディズニーともそう違わない野望をもった、ブランドという伝説、ブランドというストーリーである。ブランドというものが洗練された消費者に対して忠実であるかどうかは、製品が組み込まれている物質的であると同時に束の間で過ぎ去ってしまう文化にかかわる異なるネットワークをつうじて生み出される。知ってか知らずか、テクノアートというものはこのことに深く関与するのである」。

それと同様に、ヴィクトリア・ヴェスナは、彼女の初期のインターネットアートのプロジェクト《法人化された身体（*Bodies INCorporated*）》[34]において、「法人格（incorporate）」という意味について言葉遊びをしつつ、企業ビジネスの実践と物質的な身体（corporeal body）との双方を検証している。《法人化された身体》のヴァーチャルな世界では、ユーザーたちはどれほど多様な活動に取り組んだのかにもとづいて株式を稼ぎ、その売買の権利が彼らには与えられる。結果として株式を取得するほどに、「ヴァーチャルな」身体所有者たちのコミュニティにますます参加することができるようになるのである。

まちがいなくもっとも成功した企業的アーティストは、スイスのアート集団イートーイである。[35] 一九九五年以来、この集団はいくつもの賞を受賞し、国際的なメディアの注意をひろく集めてきた。企業でもあるアーティスト集団として、彼らは「イートーイ株式（etoy.SHARES）」と呼ばれるものを発行する。それらの株式は企業の所有権を代理＝表象しており、株式市場のシステムでの資本の所有とおなじように作用する。イートーイ株式は貨幣価値を備え、企業から直接購入することができる。「顧客」（アートの収集家）から投資を受け取ったうえで、イートーイはアルミ板に印刷された独自の株券を発行し、埋め込み式の「スマートチップ」によってそれを唯一無二のものに変える。[36] イートーイ株式の価値は、この組織によって維持されている株価チャート上に記録される。株価の上下は、アート集団の文化の領域での相対的な成功と失敗に直接結びついている。イートーイ株式は、ある任意の瞬間でのアート集団と結びつけられた文化資本を代理＝表象しているのである。アーティストから返還される文化的な配当金は、株価と連動して上昇したり、落ち込んだりする。

一九九九年、イートーイはインターネット上の玩具小売店イートイズ（eToys）から訴えられた。もし玩具を購入しようとする者が自分たちのインターネットのブラウザにE-T-O-Y-SではなくE-T-O-Yとタイプしてしまった場合に、このアーティストのウェブサイトによって混乱させられ、もしかすると攻撃されたと感じるかもしれないと、その訴訟において訴えられたのである。このアーティストたちは玩具の小売店よりもかなり以前からその名前を使っていたため、アートワールドにいる多くの者たちがその訴訟には戸惑いを覚えた。イートーイに賛同する立場は、幅広い草の根的な支持を無数のインターネットユーザーから受け取ったし、そこには市民権擁護のジョン・ペリー・バーロウや小説家のダグラス・ラッシコフも含まれていた。報道機関もまた、反イートイズ側のキャンペーンを支持する側にまわった。

しかしながら、これは、企業に対する抵抗運動として従来よくあるものではなかったのだ。イートーイは、まさに画期的なことをおこなったのである。彼らは《おもちゃ戦争》と呼ばれる一本のソフトウエアを創り出したのであり、それは複数のユーザーが同時に参加できるオンラインゲームのプラットフォームだったのである。「わたしたちはある種の娯楽型アクションゲームを公開しようとしている」と、一九九九年一二月にイートーイの広報は発表した。「ひとびとは広大な戦場の一部に属しており、そこでは企業体であるイートイズと戦うことができる。それぞれが自身のキャラクターを備え、収入を得るようになる――一生懸命働けば、イートーイの自社株を得ることができる。ひとびとはまた、生じつつあるものについて決定をくだすことにもなる――次のステップを決定できるというのは、株主がイートーイを売るのかどうかを決めるようになるからである」[37]。《おもちゃ戦争》の戦場は、複雑でいて自己完結したシステムであり、それ自体に内在するメールサービスもあれば、みずからの貨幣システム、さらにはみずからの社会的アクターの群れとして地理関係や災害、ヒーローや殉死者もいる。《おもちゃ戦争》の目的は、法人のイートイズに対する「アート戦争」を仕掛けることであったし、その株価をでき

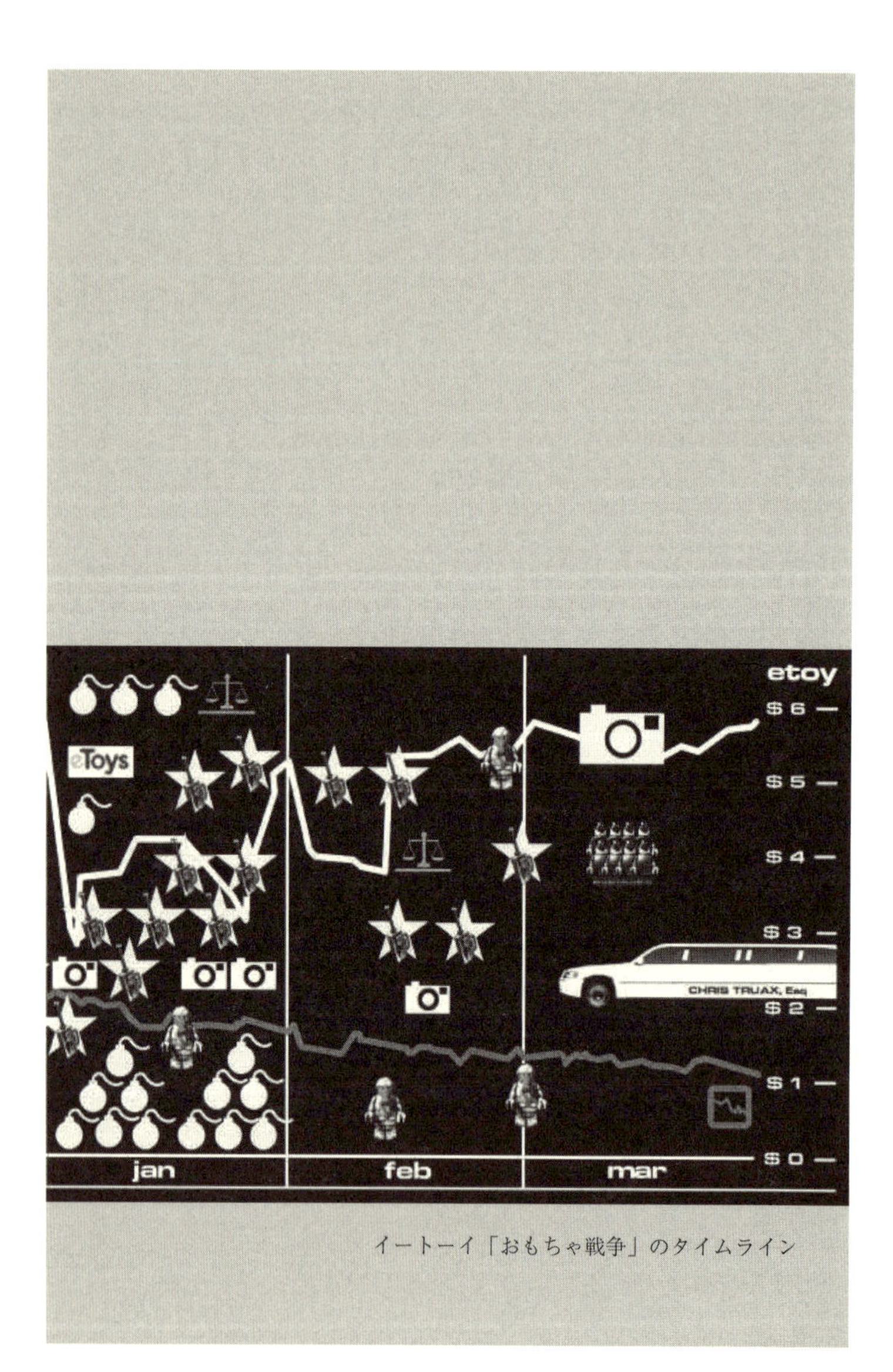

イートーイ「おもちゃ戦争」のタイムライン

戦争

ネット.アートの誕生が、一九九五年の一二月にヴゥク・コシックが受け取った電子メールと結びつけられるとするなら、次にインターネットアートの第二のフェーズ――これはわたしが考えたいところでは、ネットワークについての利害関心ではなく、ソフトウェア産業という、より商業的な利害関心によって強化されたフェーズのことである――の象徴的な開始点となるのは、二〇〇〇年の一月二五日、スイスのアーティストであるイートーイに対する訴訟が取り下げられたときのことである。それはおもちゃ戦争（*Toywar*）の終焉、つまりはイートーイが「四五億ドルの損害（！）という、たった一度の催し事で美術史上もっとも高くついたもの」と記述する、二ヶ月にわたるグローバルなアートイベントの終焉を知らせるものであった。

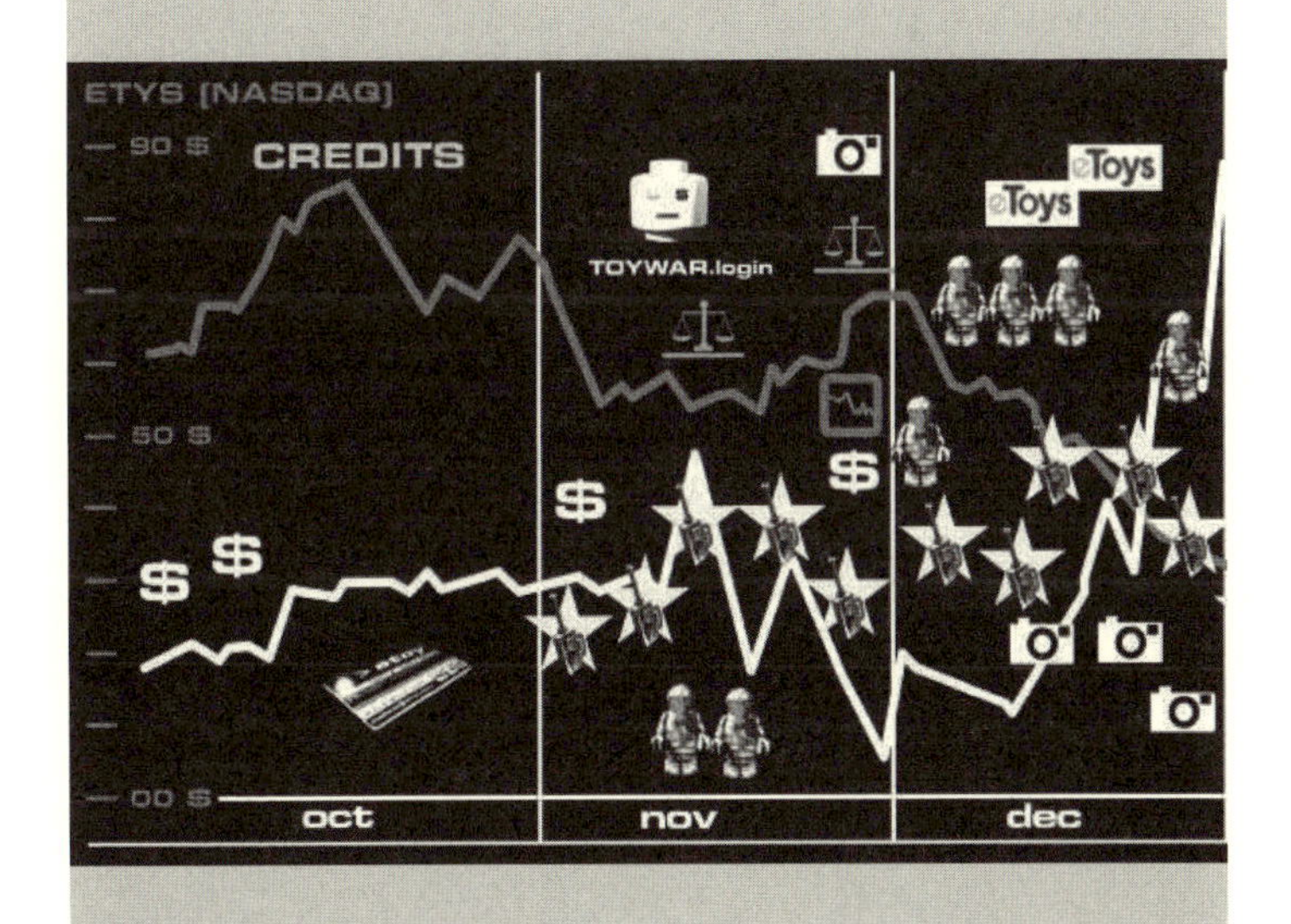

るかぎり低下させようとすることであった——そして《おもちゃ戦争》の最初の二週間のうちに、ナスダック上でのイートイズの株価は五〇パーセント以上も急降下し、暴落を続けたのである。イートーイがもつ企業としての効率性と活力とは、自身においてドットコムのドメインネームを手放すのではなく解体しようとしていたのであり（これはまさしく企業としての芸術的なアイデンティティであるのだから）、いまやそれが反転してほかの商業的実体へと向けられると、まさしく美術史においてもっとも高くつくであろうパフォーマンスを創り出したのである。その戦略は功を奏した。企業体のイートイズはアーティストに対する訴訟を取り下げ、二〇〇一年には破産を宣告したのである。

《おもちゃ戦争》のあいだに、アート作品の制作のあり方がおおきく変わった。新しい美学＝感性論的な諸部門の全体が、アート作品の制作に対して開かれていくことになったのである（とりわけ、国際的な株式市場で資本を破壊するという、それまでに前例のないアートの実践など）。それればかりか、インターネットアートの本性そのものが、（初期のネット・アート運動にみられたように）ネットワークの諸制限によって規定されるものから、ソフトウェア産業という商業的な利害関心によってより規定されるものへと移行したのである。これは信じがたいほどに豊かな瞬間であった。アヴァンギャルドの欲望という広い歴史のうちに申し分なく収まる瞬間であるし、それでいてニューメディアのプロトコルに固有の新たな美学＝感性論的な可能性を発見した瞬間でもあったのだ。

専有型のテクノロジーと公開型のプロトコルの論理にもとづくテクノロジーとのあいだでなされたソフトウェア産業での闘争と同様に、インターネットアートは、初期の作品にみられるネットワークのプロトコルに焦点を当てた美学＝感性論と、後に続く作品にみられるさらに商業的なソフトウェアに焦点を当てた美学＝感性論とのあいだで闘争をおこなってきたのである。

オークショニズム

インターネットアートのうち、美学＝感性論的な区分（ネットワークとしてのアートとソフトウェアとしてのアート）という両面を混ぜ合わせる特定のサブジャンルのひとつが、オークションアートである。オークションアートは、インターネットの主流となるオークション用ウェブサイトであるイーベイのようなオンライン型オークションウェブサイトを利用するアートのことであり、そこでは一日の毎分ごとに多数の商品がウェブ上でオークションにかけられている。この主題についてロバート・アトキンスが記すように、「ヤフー！以降、オンライン型オークションサイトであるイーベイは、ウェブ上でもっとも有名になった法人企業かもしれない（四年半が経過した「オンライン取引のコミュニティ」が、現在ではそのサイト上で四三二〇ものカテゴリーで四四〇万もの商品を取り扱っているのである）[38]。このことからイーベイを用いたアートは、ウェブを介した売買という文脈に取り組むという点において、第一義的には商業的なアートジャンルである。それゆえ、イーベイアートは、ヴィデオゲームアートやソフトウェアアート、ほかにも商業的なジャンルに関連するものとおなじカテゴリーにおいて考えられるべきである。だが、イーベイアートはネットワークそのもの、そしてネットワークの関係性を美学＝感性論的なものにする方法のひとつでもある。イーベイ上の実際のウェブページも重要であるが、そのほかの関連する場所や出来事もまた重要なものであり、それらはたとえば、アーティストが彼ないし彼女のオークションの告知を投稿する電子メールリストや、激戦となる入札によって引き起こされる利害関心といったものである。オークションアートの作品によって創出される、共同体的なネットワークや社会的な空間は、アーティストによるイーベイのウェブページを補完するものなのである。

アートワールドが初めてイーベイを利用したのは、アート作品やほかの制作物を販売するという、極めて実践的な課題のためであった。たとえば、ニューヨークのザ・シング（The Thing）[39]に属するヴォルフガング・シュテーレは、二〇〇〇年四月にザ・シングのウェブサイトから取られたウェブのインターフェイスをオークションにかけようとした[40]。バウムガルテルとのインタビューで、シュテーレは次のように記している。「買い手は古いシングのインターフェイスとドメインを独占的に手に入れる。（ザ・シングがホストとなる）アートプロジェクトは独占的なものではない。このプロジェクト全体が、元来の文脈において保存されるようになり、将来の学者や歴史家たちによってアクセス可能になることが重要だと私は思っている。ここでひとが購入しているのは、――ある意味で――歴史のひとつの断片なのである[41]」（オークションのあいだに最低競売価格に達することはなかったし、インターフェイスが売れることはなかった）。

そのほかの事例には、電子妨害劇場（ＥＤＴ）にかかわるものがある。ＥＤＴもまた実践的な方法、またはアートでない方法でオークションの文脈を利用しようとしたのであり、一九九七年から一九九九年の時期の彼らの作品アーカイヴをオークションにかけたのである[42]。アーティストたちは、八〇〇〇ドルという最低競売価格を設定した。その入札を勝ち得た者は誰でも、ＥＤＴの作品のウェブアーカイヴをＣＤ-ＲＯＭないしはデータファイルとして受け取ることになる。ほかの事例でも、シュテーレは一九九九年の一二月、イートーイの法的防御基金のための寄付を募るためにイーベイを利用したのである[43]。

これらはすべて、アートの共同体メンバーが、イーベイをアートとしてではなく利用した事例である。だが、オークションのウェブサイトがアートの制作や、それ以外にもアートによる介入のための実際のメディウムとして利用されることもあった。このメディウムの利用として最初に記録されているのは、ワシントンＤ．Ｃ．を拠点とするアーティストのジェフ・ゲイツがイーベイのウェブサイトを利用して彼の個人的な人口統計データ（demographics）を販売したというものである。彼の告知は次のようなものである。「情報。二〇〇〇年代の流通貨幣！　もう持っていますか？　欲しいですか？　そのためにお金を払うつもりがありますか？　最高額をつけた人に、わたしの個人的な人口統計データを販売します！　これを売るために、世界最大のフリーマーケットであるイーベイ以上の場所があるでしょうか[44]」。ローラ・マクガフとのインタビューで、このアーティストは認めている。「わたしが誰であるのか、誰しもが知りたいのです！　情報は新しい時代の商品です。わたしやわたしの家族、わたしの好き嫌い、そしてわたしが何を飲み、何を食べたのか、さらにはわたしが何を買ったのかについての事実情報があっという間に売買されるのです[45]」。

おなじような作品で、若きアーティストのマイケル・デインズは二〇〇〇年五月、イーベイのオークションのあいだに最高入札者に彼の身体を販売した[46]。オークションを告知するために、アーティストは次のように記しただけであった。「イーベイで公開中。一六歳男性の身体。小さなキズはあるものの、全体として状態は良好[47]」。

二〇〇〇年の春、ニューヨークのホイットニー美術館で開催されたその年のビエンナーレ展覧会の参加アーティスト、アートマークは、ビエンナーレのパーティのチケットをオークションにかけた（アートワールドの「一流A」リストにだけ入手可能な大人気の商品である[48]）。このようなやり方で、入札を勝ち得た者は、もともと招待されていないにもかかわらずビエンナーレに参加することができ、元来のアーティストに代わってVIPパーティに出席もできるのである。アートによる介入のために、電子メールでの告知でアートマークは次のように記していた。「売ります。ホイットニービエンナーレで開催されるパトロンやキュレーター、ビエンナーレのアーティスト専用のVIPパーティ、アーティストチケット四枚（二人用）。購入者は、ホイットニービエンナーレの公式アーティストになるでしょう[49]」。このビエ

Bidding

The Body Of Michael Daines
Item #317865927

Opening bid: $5.00

Your maximum bid:

(Minimum bid: $5.00)

Review bid

eBay will bid incrementally on your behalf **up to your maximum bid**, which is kept secret from other eBay users. The eBay term for this is proxy bidding.

Your bid is a contract - Place a bid only if you're serious about buying the item. If you are the winning bidder, you will enter into a legally binding contract to purchase the item from the seller.

How to Bid

1. Register to bid - if you haven't already. It's free!
2. Learn about this seller - read feedback comments left by others.
3. Know the details - read the item description and payment & shipping terms closely.
4. If you have questions - contact the seller emdehns *before* you bid.
5. Place your bid!

eBay purchases are insured.

Top Questions From This Page

- How do I place a proxy bid? It looks like I can only place a maximum bid.
- Why doesn't my bid show up?
- What does "reserve not yet met" mean?
- How can I change something or cancel my listing completely?
- Why isn't my picture showing up?
- As a seller, how can I cancel an unwanted bid?
- Why does my email address appear when I have a User ID?
- How do I register?

Announcements | Register | SafeHarbor (Rules & Safety) | Feedback Forum | About eBay

Copyright © 1995-2000 eBay Inc. All Rights Reserved.
Designated trademarks and brands are the property of their respective owners.
Use of this Web site constitutes acceptance of the eBay User Agreement and Privacy Policy.

マイケル・デインズ「マイケル・デインズの身体」(2000)

home | my eBay | site map | sign in

Browse | Sell | Services | Search | Help | Community

item view

The Body Of Michael Daines

Item #317865927

Antiques & Art:Art:Fine:Sculptures

Currently	**$5.00**	First bid	**$5.00**
Quantity	**1**	# of bids	**0** (bid history) (with emails)
Time left	**9 days, 0 hours +**	Location	**Calgary, AB**
		Country	**Canada**
Started	Apr-25-00 16:08:53 PDT		(mail this auction to a friend)
Ends	May-05-00 16:08:53 PDT		(request a gift alert)
Seller (Rating)	**emdehns (1)**		

(view comments in seller's Feedback Profile) (view seller's other auctions)
(ask seller a question)

Watch this item

High bid	--
Payment	Money Order/Cashiers Checks, COD (collect on delivery), Personal Checks
Shipping	Buyer pays actual shipping charges, Will ship to United States and the following regions: Canada
Update item	**Seller:** If this item has received no bids, you may revise it. Seller revised this item before first bid.

Seller assumes all responsibility for listing this item. You should contact the seller to resolve any questions before bidding. Auction currency is U.S. dollars ($) unless otherwise noted.

Description

The body of a 16 year old male.

Overall good condition with minor imperfections.

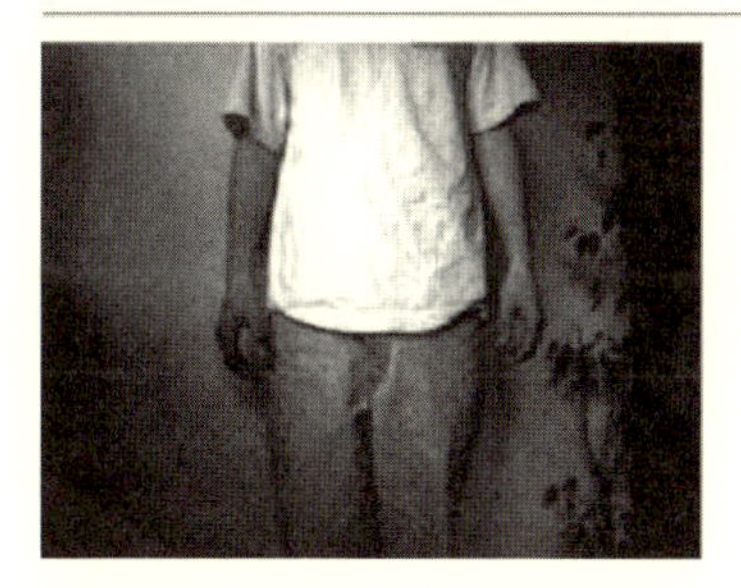

ンナーレに展示されたアートマークによる作品も、同様の精神によるものであった。その作品は、ビエンナーレのウェブサイト上のもともとのアートマークのウェブサイトと取り替えられてしまうなんらかのURLを打ち込ませることによって、誰であれそれを展覧会会期中にハイジャックするというものだったのである。そうしてウェブアーティストは誰であっても、アートマークのウェブサイトにある枠内に彼ないしは彼女のURLを入れることで、数分から数日のあいだビエンナーレに参加することができたのである。

おなじような介入では、バレンシアにあるカリフォルニア芸術大学の集団アクシュン（AKSHUN）が、大学のメインギャラリーのスペースでの一定の時間をオークションで最高入札者に販売した。「初期入札額――五ドル。一九九九年一二月一一日から一六日まで、一流の芸術大学での展覧会のために三〇〇フィート以上の壁面空間が入手可能。白壁、レール式照明、二四時間アクセス可能でセキュリティ整備、その他優れた条件。この大学のメインビルディングに位置し、中央通用門近く。少なくとも一二〇〇人以上の美術批評家、キュレーター、アーティストといった観客保証[50]」。彼らは世界中からの入札と問い合わせを受けた。入札を勝ち取ったのは、アレン・ブコフが組織し、「クロンダイク：国際フルクサスグループ展」とのタイトルが付けられたフルクサスの展覧会であり、一九九八年の一二月一二日から一八日まで、カリフォルニア芸術大学のメインギャラリーに展示されたのである。

ほかのアーティストたちもこのジャンルで活動している。ニューヨークのアーティストであるケアリー・ペパーミントはイーベイを何度も利用してきたし、そのひとつが「わたしをメディウムとして利用してください」というプロジェクトである[51]。ペパーミントが次のように記したものが引用されている。「最高入札者は、アーティストのケアリー・ペパーミントを利用して、アート制作に取り組む貴重な機会を得ることになります……最高入札者はパフォーマンスのための具体的な指示書／説明書をケアリーに電子メールで送ります。すると、最高入札者はその指示書に従ったペパーミントによる五分から一五分ほどのＶＨＳテープを受け取ることになります」[52]。最高入札を勝ち得た者はそれゆえ、遠距離で限られた時間内ではあるが、アーティストの身体を完全に制御することができるようになるのである。

それゆえ、オークションアート、または単に「オークショニズム」は、インターネットアートにかんしてわたしが先に記述した双方の特徴を示している。オークショニズムは、アートオブジェクトの位置をウェブサイトの外側に連れ出し、とりわけ『リゾーム』や『ネットタイム』、そのほかの電子メールリストといったネットの社会空間へと移動させることによって、ネットワークにかんする諸々の制限を解体し内情を暴くのだ。それはイーベイ上に存在すると同時に、作品の広告が出される電子メールリスト上にも存在するパフォーマンスなのである。電子メールリストの購読者たちによる共同体は、アート作品についてコメントをつけ、入札をおこない、それをあるタイプの社会的な交換に変える。だが、それと同時にオークショニズムのアートは、オンラインオークションという商業ジャンルの制限内部で作用し、それによってわたしがインターネットアートの第二のフェーズや第二の主題として記述するものを示している。結論として、一九九五年から現在までのインターネットアートの実践の理解を助けるものとして、わたしが提案した時期区分を再度述べることにしたい。「ネット.アート」として知られるインターネットアートのうち、初期のコンセプチュアルなフェーズはおもにネットワークに関与するものである一方、その後の企業にかかわるフェーズはおもにソフトウェアに関与するものなのである。

注

(1) ウィリアム・モリスによる見事なアフォリズムが、ハートとネグリによる『〈帝国〉』のエピグラフとして登場するのだが、それは以下のようなものである。「人が戦をして負ける。だが敗北しても、彼らが何のために戦ったのかは残る。それは結局、彼らがめざしていたものとは異なってしまうのだが、今度はほかの者たちが、彼らがめざしていたものを、それとは異なる建て前のもとに戦いとらなくてはならなくなるのだ」ウィリアム・モリス。以下を参照のこと。Michael Hardt and Antonio Negri, *Empire* (Cambridge: Harvard University Press, 2000).〔アントニオ・ネグリ、マイケル・ハート『〈帝国〉グローバル化の世界秩序とマルチチュードの可能性』、水嶋一憲、酒井隆史、浜邦彦、吉田俊美訳、以文社、二〇〇三年〕

（2）David Ross, "Forward," in *Illuminating Video*, ed. Doug Hall and Sally Jo Fifer (New York: Aperture, 1990), p. 10.

（3）John Hanhardt, "Dé-collage/Collage: Notes Toward a Reexamination of the Origins of Video Art," in *Illuminating Video*, ed. Doug Hall and Sally Jo Fifer (New York: Aperture, 1990), p. 71.

（4）Jacques Derrida, "Videor," in *Resolutions*, ed. Michael Renov and Erika Suderburg (Minneapolis: Minnesota University Press, 1996), p. 75.

（5）Derrida, "Videor," p. 73. 強調は筆者による。

（6）Derrida, "Videor," p. 77. 強調は筆者による。

（7）一九六〇年代の終わりにコンピュータは、二〇年以上にわたって公衆に利用されるようになっていたという事実にもかかわらず、アートワールドに入ろうとしていたところであった。一九六六年に創設された組織「芸術と技術の実験（Experiments in Art and Technology）」は、この領域における先駆者であり、同年に「九つの夕べ（Nine Evenings）」と呼ばれる一連のパフォーマンスを制作している。一九七〇年以降、ジェーン・ヤングブラッドによる『エクスパンデッドシネマ』は、どのような長さであれアートとニューテクノロジーを論じた最初の著作として頻繁に引用されている。この時期のほかのテクストは、機械テクノロジーの問題について論じており、電子工学やコンピュータの問題にも触れるようになる。以下を参照のこと。Jack Burnham's "Systems Esthetics," *Artforum*, September 1968; Grace Marmor Spruch's interesting "Report on a Symposium on Art and Science Held at the Massachusetts Institute of Technology, March 20-22, 1968," *Artforum*, January 1969; Robert Mallary's "Computer Sculpture: Six Levels of Cybernetics," *Artforum*, May 1969; Thelma R. Newman's interview with Les Levine, "The

"Artist Speaks: Les Levine," *Art in America*, November 1969; J. W. Burnham's "The Aesthetics of Intelligent Systems," in the Guggenheim Museum's *On the Future of Art* (New York: Viking, 1970). 一九六九年にロンドンのＩＣＡで開催された展覧会、いわゆる「サイバネティック・セレンディピティ」と、さらに一九七〇年のふたつの展覧会、ニューヨークの近代美術館における「情報」そしてユダヤ博物館における「ソフトウェア」は、コンピュータアートを直接あつかった美術館での最初の展覧会とみなされる。「ソフトウェア」展は、『アート・インターナショナル』や『アートニュース』、『アートフォーラム』といった刊行物で広くレビューされた。雑誌『オクトーバー』は、芸術的かつ知的トレンドのバロメーターとされることも少なくないが、一九八五年の秋号にレイモン・ベルールによる「ビル・ヴィオラへのインタビュー」が掲載されるまで、メディアアートを取り扱っていなかった。

(8) 以下を参照のこと。http://www.7-11.org, http://www.jodi.org ジョディはダーク・パエスマンスとジョアン・ヘームスパークによる共同作業である。

(9) 「{…}J8~.g#|/;NET.ART{-s1}…{|{」と題された、ティモシー・ドラックリーによる以下の論文を参照のこと。*Net_condition: Art and Global Media*, ed. Peter Weibel and Timothy Druckrey (Cambridge: MIT Press, 2001), p. 25.「net.art」という語の起源にかんするヴゥク・コシックによる記述が脚色されたものであるか、偽りである可能性があると考えるものもいる。この用語が一九九七年三月一八日の『ネットタイム』のリストへのアレクセイ・シュルギンによる電子メールと実際には一致していなかったことを指摘することも重要であるだろう。この用語は一九九七年の三月に先立ち、『ネットタイム』や『リゾーム』といった、いくつもの電子メールリスト上を流通していた。例えば、『リゾーム』の電子メールリスト上で「ネット・アート (net.art)」という表現が利用された最初の記録は、ヴゥク・コシックによる五月のものであるし、これは「ネット・アートそれ自体」というタイトルの会合を告知するものである。

(10) Druckrey, "{…}J8~g#|/;NET. ART{-^s1}…{," p. 25.

(11) 以下を参照。http://www.nettime.org

(12) Marina Gržinić, "Exposure Time, the Aura, and Telerobotics," in *The Robot in the Garden*, ed. Ken Goldberg (Cambridge: MIT Press, 2000).

(13) 以下を参照のこと。 http://www.iit.edu/~beberg/manifesto.html
(14) Blake Stimson, "The Promise of Conceptual Art," in *Conceptual Art: A Critical Anthology*, ed. Alexander Alberro and Blake Stimson (Cambridge: MIT Press, 1999), p. xxxix.
(15) 以下を参照のこと。 http://sunsite.cs.msu.su/wwwart/refresh.htm
(16) 以下を参照のこと。 http://sunsite.cs.msu.su/wwwart/refresh.htm
(17) Tilman Baumgärtel, *net.art 2.0: New Materials towards Net art* (Nürnberg: Verlag für modern Kunst Nürnberg, 2001), p. 24. 強調は筆者による。
(18) 以下を参照のこと。 http://www.jodi.org
(19) 以下を参照のこと。 http://404.jodi.org
(20) 以下を参照のこと。 http://name.space.xs2.net.21
(21) 以下を参照のこと。 http://www.backspace.org/iod
(22) Matthew Fuller, "A Means of Mutation," 以下のオンラインで入手可能。 http://bak.spc.org/iod/mutation.html
(23) Tilman Baumgärtel, "Art on the Internet: The Rough Remix," in *README!* ed. Josephine Bosma et al. (New York: Autonomedia, 1999), p. 229.
(24) 以下を参照。 http://www.jodi.org/day66/
(25) 以下を参照。 http://oss.jodi.org《ＯＳＳ》という名前は、「オペレーションシステム」と並んでドイツの「ＳＳ」や救難信号の「Ｓ．Ｏ．Ｓ」など、一群の含意との言葉遊びである。個人的なやりとりのなかで、しかしながら、アーティストたちはＯＳＳが戦略事務局と呼ばれるアメリカ合衆国の組織、つまりは中央情報局ＣＩＡの前身の名前を指してもいることは偶然の一致だと主張している。
(26) Steven Johnson, *Emergence* (New York: Scribner, 2001), p. 175.
(27) 以下を参照のこと。 http://will.teleportacia.org
(28) 以下を参照のこと。 http://www.c3.hu/hyper3/form
(29) ヒース・バンティングとの個人的なやりとり、二〇〇〇年九月二〇日。

(30) 二〇〇〇年の一月二五日に、非公式の合意がeToysとEtoyによって調印された。訴訟は公式には二〇〇〇年の二月一六日に片付けられた。以下を参照のこと。http://www.toywar.com

(31) オーディオCD「*TOYWAR.lullaƨies*」(Etoy 2000) のライナーノーツからの引用。

(32) 明白な流れは最近にしか登場してこなかったと論じたいところではあるのだが、その規則の例外としていくつかの歴史的な参照物が存在している。ごく最近の例では、スイスのアーティストであるレス・インゴルドが作り出した架空の航空会社インゴルド・エアラインや、パスポートを発行して別の擬似商業的な国家活動に取り組むスロヴェニアのアーティストの一団NSK (Neuw Slowenische Kunst) もある。それよりも前の段階で、イヴ・クラインが不遜な反商業的姿勢をもったときに、金粉をセーヌ川に放棄することで「取引材料となる」アート作品を完了しようとしていた。ほかのアーティストたちも、自身の作品の内容物として金銭を利用してきた。たとえば、コンセプチュアリズムのクリス・バーデンは、一九七〇年代の初めにロサンゼルスの州立美術館からアーティストの賞を受け取った。彼はその賞金の小切手を二〇〇枚の一〇ドル札に変え、それらの紙幣をアートワールドのトップにいる関係者たちのリストに(クリスマスカード入りの)手紙で個別に送りつけたのである。アメリカ合衆国のアーティストJ・S・G・ボッグスは、貨幣をあつかった精密なドローイングによって悪名高いものとなった。カリフォルニア州サンディエゴのデイヴィッド・アヴァロスとエリザベス・シスコ、そしてルイス・ホックによるパブリックアートのプロジェクト「アルテ・レンボルソ〔Arte-Яeembolso〕」〔払い戻しのアート〕もまた、貨幣をアートパフォーマンスの内容として利用したものである。この作品では、一〇ドル紙幣がアメリカ合衆国とメキシコとの国境線上にいる四五〇人の不法入国者たちに配られた。その作品はサンディエゴの現代美術館から助成を受けていた。最後に、トイ戦争に先立つもっとも極端な事例として、Kファウンデーション(それ以前はポップミュージックのグループKLF)のジミー・コーティーとビル・ドラモンドは、一九九四年の八月二三日にスコットランドで一〇〇万ポンドを燃やした。この行為は、映画『KLFが百万枚の一ポンド紙幣を燃やすのみよ(*Watch the KLF Burn A Million Quid*)』に記録されている。これらのアート作品のいくつかに注意を惹きつけてくれたベンジャミン・ウェイル、デイヴィッド・ロス、ケリー・トライブ、ジェニファー・クロウに謝意を示しておきたい。

(33) 以下を参照のこと。http://www.rtmark.com その名称は(アートマークと発音する)、商標記号(®)とトレードマークの記号（TM）の両方をもちいた言葉遊びである。

（34）以下を参照のこと。http://www.arts.ucsb.edu/bodiesinc

（35）以下を参照のこと。http://www.etoy.com

（36）イートイの株券のコレクションは、二〇〇〇年の春にニューヨークのポストマスターズギャラリーで初めて展示された。

（37）一九九九年一二月のイートーイとの個人的なやり取りによる。「イートーイの販売」は、イートイズがその名称を購入するためにイートーイに提供した五〇万ドルという額面を参照している。イートーイは次に続く訴訟を促しつつ、その価格で販売することに傾いていた。

（38）Robert Atkins, "Art as Auction," 以下のサイトで入手可能。http://www.mediachannel.org/arts/perspectives/auction

（39）以下を参照のこと。http://www.thing.net

（40）以下を参照のこと。Wolfgang Staehle, "THE THING 4 SALE", *Rhizome*, April 23, 2000.

（41）Wolfgang Staehle, "W. Staehle on The thing Sale", *Nettime*, May 12, 1999.

（42）オークションにかけられた品目は、もともとは以下に所蔵されていた。http://www.thing.net/~rdom　以下のわたしの論文を参照のこと。"Auction Art Resource List," *Rhizome*, July 19, 2000.

（43）オリジナルのイーベイのＵＲＬは以下の通り。http://cgi.ebay.com/aw-cgi/eBayISAPI.dll?ViewItem&item-219249164　以下も参照のこと。Wolfgang Staehle, "contribute to the etoy defense fund," November 13, 1999.

（44）Jeff Gates, "Artist Sells Himself on Ebay!," *Rhizome*, June 1, 1999.

（45）Laura McGough, "ebay.art," 以下で入手可能。http://www.nomadnet.org/massage6/ebayart

（46）以下を参照のこと。Michael Daines, "The Body of Michael Daines," *Rhizome*, April 25, 2000. もともとのイーベイのウェブページは、いまではオフラインだが、アーティスのウェブサイトにアーカイヴされている。以下を参照のこと。http://mdaines.com/body

（47）Daines, "The Body of Michael Daines,"

(48) この作品の一部は、以下にアーカイヴされている。http://rtmark.com/more/whitneyebay.html

(49) RTMark, "Whitney Biennial Artist Tickets and Status for Sale on eBay," *Rhizome*, March 9, 2000.

(50) AKSHUN, "73,440 Minutes of Fame!," *Nettime*, October 15, 2000.

(51) この作品は以下にアーカイヴされている。http://www.restlessculture.net/peppermint/exposures/images/me.gif

(52) 以下による引用。Robert Atkins, "Art as Auction," 以下のオンラインで入手可能。http://www.mediachannel.org/arts/perspectives/auction

結論

ひとつの仮説上の事例に言及し締めくくることにしたい。車のドライバーがついついスピードを上げたくなる街のなかのからっぽの道路では、その土地の住民たちはスピード抑止体を設置したいという方向に投票するだろう。スピード抑止体が自分たちのコミュニティを通る際の速度量を減らしていくだろうとそこに住む者たちは仮定しているのだ。

街の別の場所には車のスピードのために同じように悩まされている類似した道路がある。だがこちらの方では地区に住む者たちはスピード抑止体に反対する決議をした。法的な速度制限を下げるという法律を住民たちは通したのである。彼らは速度制限の標識を設置し、また警察によるレーダー監視を増やした。ふたつの解決策は共にスピードを出す車の数を減らすことに成功するだろう。とはいえどちらの解決策がプロトコル・・・・・の論理に従ったものだと言えるだろうか。

二番目の解決策がプロトコルの論理に従った解決策であると推察するものが多いのではないだろうか。二つ目のものがより最新のやり方で、最も技術的なもので、ある意味では最も警察力を行使したもので、いわば策に長けたものであるように見えるからだ。

しかしプロトコルの論理に従っているのは一番目のものだ。標識類や警察権力をもってドライバーに速度を落とさせることができているとはいえ二番目のものが行っていることは、礼儀ある要求以上のものではない。たしかに暴力の脅威が常にそこにはあるだろう。けれども本質的なところでは速度を落とすという負荷は、速度を上げようとするドライバーの意思決定のプロセスへと据え置かれているのである。そこではドライバーは規則に従うことに同意するか同意しないか（そしてその諸帰結を引き受けるか引き受けないか）という意思決定を行うのである。

　他方で、スピード抑止体は組織体がかかわる物理的なシステムを創出するのだ。それらはその物理的な力をもってドライバーたちに従わせるのだ。速度を落として運転することが有利なものとなっていくのである。スピード抑止体のためにドライバーはよりゆっくりと運転することを欲するようになるのである。スピード抑止体のためにゆっくりと運転することがひとつの美徳となるのだ。しかし、警察がそこにいて速度を落とし運転するとしたなら、それは権力によって強要された行動以上のものにはなり得ない。こういうことだ、標識類は心に訴えかけるのだがプロトコルがいつも訴えかけようとするのは身体なのである。プロトコルは超自我なのではない（警察がそうであるように）、そうではなくプロトコルは常に欲望のレヴェルに、すなわち、「私たちが欲しているもの」のレヴェルに動作を及ぼすのである。

　本書は三つの部分にわけられていた。第一部ではプロトコルについてその正の表象において考察した。もう少し具体的にいえばいかなる仕方でプロトコルが物理的な技術として現実的に存在しているのか、形式に関わる技術として現実的に存在しているのか、また政治的な技術として現実的に存在しているのか、について考察したのである。第二部と第三部においてはプロトコルをその負の表象において考察した。すなわち、アルマン・マトラールがグローバリゼーションに関わるより大きなコンテクストにおいて記述したような輪郭において考察したのである。

「グローバルレヴェルでの無秩序に関わる新しい前線」、すなわち「闇世界の諸領域」、もしくは「反社会的な世界」について話をする政治学者がいるが、彼らが語っているのはファンダメンタリズムであり、セクトであり、地下経済の水路や活動場所であったりマフィアのネットワークであったり、（麻薬から子供そして電子製品の密売に至るまでの）違法な取引であったり亡命者や移民労働者――双方共に定常的で非合法な――の豊かな国々や地域への国境をこえた流れであったり、である。これらの不協和な前線あるいは一種の平行世界は、絶え間なく変化するわれわれの社会に作用を及ぼす危機や対立や崩れたバランスを露呈させており、また、崩壊や破滅にかかわる恒常的なリスクにわれわれの社会を向き合わせる[1]。

崩壊や破滅に関わるこうした恒常的なリスクとは、この書で議論された下位文化――ハッキングやサイバーフェミニズムやネットアート――を作りあげているものであり、プロトコルを引き受けて継続して成熟させていくために必要なものでもある。

プロトコルとは一種の運営実務上（マネジメント）の様式（スタイル）であり、「無秩序の前線」、「反社会的な世界」（それらがなんであるにせよ）、「マフィアのネットワーク」、また「危機や対立や崩れたバランス」へと管理＝制御（コントロール）を注入するものである。今日にあってはプロトコルはわれわれにとって重力でもあり酸素でもあり脈拍ですらある。

歴史的にいえば、社会そして政治的なシステムにおいて秩序性を緩めていくことは運営実務上の問題を投げかけるものであった。すなわち管理＝制御に関わるすべての伝統的なシステム（秩序、中心化など）がどこかへ消え去ってしまう時にどのようにして完全なカオス状態を回避することができるのか、という問題である。プロトコルというのは秩序性をめぐる問題に対するひとつの解決法なのだ。それは、多くの脈絡から歴史的な進行のなかで立ち現われたものなのである。

木々のように「多くのシステムは秩序立って組織化されている」とバーナーズ＝リーは述べている。

「木というものはすべての節に名前がついているという利点を持っている。しかしながらそのシステムでもって現実の世界をモデル化することはできない」[2]。秩序というものはより高い効率性や手段としてのより高い有効性を生み出すかもしれないが、しかし、バーナーズ＝リーが指摘しているように今日の現実世界を構成している実際上の物質的な存在の仕方に対してはそれほどうまく適合するものではない。ドゥルーズとガタリが単純明快に言っているとおり「私たちは木に疲れ飽きている」[3]。

　とはいえ運営実務上の様式として今日プロトコルが隆盛を極めているのは、支配的なエリートもまた木に飽き疲れているということを証立ててもいる。秩序型権力の消滅についてクリティカル・アート・アンサンブルはこう述べている。「後期資本主義をその他の政治経済システムから分け隔てている本質的な特徴のひとつとは、権力に関わる表象作用のモードである。定住的であった具体的な大衆としてかつて考えられていた人々は今やノマド状の電子的な流れ（フロー）の中にいるのだ」[4]。つまるところ富裕層でもあり権力をもつ者たちもまたプロトコルの論理に沿う管理＝制御への移行から利益を得ているのである。

　けれども権力の敵対者たちも同じ流れ（フロー）の中で泳いでいる。メディア史研究者であるレンデル・パッカーとケン・ジョルダンは喜々として次のような言を発している。「マルチメディア、それはその本性において開放的で、民主的で、秩序的ではなく、流動的で、変化に富み、包摂的である」[5]。彼らの言はまったくもって正しい。そうではあるのだが、彼らがのぞんでいるのとはまったくもって反対の理由からである。この点で次のような問いに答えることを目指したいと思う。つまり、テクノロジーというものは、それが秩序や中心化さらには暴力といったような何らかの根源的なツールを宿していない場合、現実的な世界に対する管理＝制御をどのように打ち立てていくことができるのだろうか。ケヴィン・ケリーが好んで用いる言い方を借りれば、なぜテクノロジーというものは「管理＝制御の埒外」にあるように見えながら、しかしそれでもまったく欠点がないかのように機能してしまうのだろうか。毎日の終わりにおいてうまくいかなかったことをすべて洗い流してしまう何らかのマシーンがあるに違いない。

プロトコルとはまさしくそうしたマシーンなのである。それは巨大な管理＝制御の装置なのであり、分散型ネットワークをガイドし、文化的なオブジェクトを創出し、さらには生命体をも生み出すのである。

本書はプロトコルないし一群のプロトコルに関わる歴史を書こうとしたものではない。プロトコルなるものは広範囲におよぶ歴史を抱え持っており、それは外交、軍事、統治、さらにはプライベートセクターにわたるものである。代わりに私が提供しようとしたものは、デジタルコンピュータと分散型ネットワークという歴史的に特定化されるふたつの具体的な技術と、プロトコルなるものが交差する際に立ち現われた、その新しい歴史の物語なのである。歴史の中で生じたこうした三方向からの交差は新世紀の幕開けと一致していたのであり、それがためにまた続く年月において文化に作用を及ぼすことになるだろう。

この本を閉じるにあたって、これまでの章からまとめとなるようないくつかのポイントを繰り返しておくことにしよう。

・プロトコルとは運営実務上の分散システムであり、それをもって自律的な実体の間での Peer to Peer の関係性を容易ならしめるものである
・インターネットに関わるプロトコルはコンピュータ間にまたがる横断的な操作を可能ならしめる
・頑強性、偶発性、横断的操作性、柔軟性、異種混淆性、汎神性といったものがプロトコルがもつ美徳に含まれる
・プロトコルが持つ目標のひとつは全体性である。ソースが何であれ送り手が誰であれ宛先がどこで

あれ、プロトコルはすべてのものを受け入れる。プロトコルは多様性を飲み尽くすのであり、さらには普遍性を目指すのである。

・プロトコルは他との交渉を通じて達成されていくひとつの普遍主義なのであり、その帰結として、未来においては異なったものになり得るだろうしなっていくだろうと思われる。

・プロトコルに手助けされインターネットなるものは、これまで知られてきたなかで最も高度に管理＝制御されたマスメディアとなったのである。

・プロトコルは、物質的にいって内在的なものである。ではあるのだがプロトコルの論理に沿ったオブジェクトというものは決して自分自身のプロトコルを含むことはない。一般的にいってプロトコルは解釈を拒むものである。

・プロトコルは、流れ（フロー）を調整し、ネット上の空間に方向を与え諸関係をコード化しそして生命体同士をつなげ合わせるそうした言語のひとつである。プロトコルは、自律的な行為主のための作法なのである。

・物質的なシステムがもつ自己決定主義がプロトコルの前提条件である。

・プロトコルは、制度的権力、統治的権力さらには企業体の権力の外側で多くの場合動作する管理＝制御に関わる一種の論理である。

・プロトコルは、政治的に進歩的であろうとするために、はじめの内は場合によっては反動的になるであろう。

・プロトコルに対する最も良い戦術的な応答はそれへの抵抗ではなく、むしろそれを肥大化させるというものである。

・現在進行中のグローバルレヴェルでの危機（クライシス）は、中心化された秩序の中の権力と分散化された水平的なネットワークとの間に生じているものである。けれども将来的には横断方向にあるふたつの組織体の間の衝突を人は見ることになるであろう。すなわちネットワークと争うネットワークという衝突である。

・コードというのが、実行可能な唯一の言語であるが、それはコードが物質的に有効性をもつ最初の言説であるということを意味している。

・プロトコルは可能性と同義である。

・戦術的メディアは、プロトコルの論理に沿った諸技術の中にある欠点を活用することで効果的なものとなる。

終盤のいくつかの章で示したように、今日にあって優勢を誇る運営実務（マネジメント）上の様式としてのプロトコルという位置づけは今なお完成というには程遠いものであり、実情としてはかなり脆弱なものである。インターネットプロトコルの核心部分は、商業上の権力や国家権力から今なお大半の部分で免れているのであるが、やがて何らかのタイプの専有システムにとって代わられてしまうことは、避けがたいとまでも言えないまでも十分に起こりそうなことだ（マイクロソフト社がＴＣＰ／ＩＰを自身の商業製品でもって取りかえてしまうということが起きていないという事実は、コンピュータの歴史におけるひとつの奇跡である。そうしたことはすぐにでも起きてしまうという見込みだってあるだろう）。

プロトコルの論理に従った管理＝制御を担うネットワークについて知れば知るほど、すべての物理的なシステムに対してプロトコルというものが投射されるということがほとんど第二の自然となりつつあることがわかる。交通信号はプロトコルとなって移動する乗り物の運営実務を成功裏に進めている。雑貨店で列をつくることもプロトコルとなって精算処理をうまく進めることに成功している。空港にある荷物チェックのラインは武器を取り締まるプロトコルとなっている。こうしたことはまだまだ続くのであり、プロトコルなるものがあらゆる所に浸透しつつあるのだ。

しかしプロトコルには単なる「ルール」の同義語以上のものがある。規則というのではなくプロトコルは雪の中に残された足跡や何年もの間かかって踏み固められた道筋をもつ登山経路といったものに似ている。というのも人は常に、異なる別のルートを選びとったとしてもまったく問題がないからである。とはいえプロトコルによって人は最善の道筋にすぐさま気づくことができる――だとすればそれに従わない手はない。

だとすればプロトコルに対するより良い同義語は「実用的である（the practical）」あるいは「分別をわきまえた（the sensible）」というものでさえあるかもしれない。それは、平行関係にあるふたつの事柄を届ける物理的な論理なのである。すなわちひとつの問題に対する解決策であると同時にその解決策がなぜ最善のものとして選択されたのかということに対して背景となる根拠を届けるのだ。リベラリズムのようにあるいは民主主義あるいは資本主義のように、プロトコルはひとつの成功を収めた技術といえるのだが、それは正確に、そこへの参加者が伝道者であって従者ではないからである。リベラリズムのように、あるいは民主主義あるいは資本主義のように、プロトコルは組織体のシステムを永続させる役者たちからなるコミュニティを創り出すのである。これら役者たちは、このシステムと直接的に対立する時であってさえそれを永続させていくのである。

そうしたとき、プロトコルは人間が関わる生産諸力の範囲とますます軌を一にするものになる。究極的には人間というものの最奥にある欲望に対しての青写真、さらには人間なるものがどのように生を受けていくのかということに対する青写真となっていくのである。

これがためにプロトコルは危険に満ちたものでもある――とはいえ、二重の意味での危険というフーコー的な意味合いにおいてだ。第一にプロトコルが危険であるのは、それがわれわれがもつ根源的には偶発的で非物質的なはずの欲望を具体的なものにしてしまうよう振る舞うからだ（物象化と呼ばれるプロセスのことである）。二番目の意味においてはプロトコルは権威主義的な調子を帯びることになることから危険なものとなる。同僚の一人パトリック・フェンが最近述べたところでは、「中心となるプロトコルを創ることは、憲法を作ることに似た何かである」。というのもプロトコルは、その他すべての決定が導き出されてくるような中心となる規則群を創りだすことにもなるからである。合衆国憲法の解釈に関わって管理＝制御の力をもつ合衆国最高裁の判事たちのように、プロトコルの創出に関わって管理＝制御の力をもつ者であれば誰であれ実に広大な領域に対して権力を行使することになる、ということだ。この意味においてプロトコルは危険なのである。

だがプロトコルは、武器というものが危険であるのと同じ仕方で危険でもある。プロトコルは潜在的に、人が自分にとっての政治的な敵対者を倒すために用いることができる効力のあるツールでもある。このことは技術の領域においてすでに証明されている。マイクロソフト社の独占に対して一体何が脅威となったのであろう。マッキントッシュではない（つまり市場ではない）。司法省ではない（つまり国家ではない）。そうではなく、レドモンドにある本拠地がすすめる専有権に関わる規格に対抗し、しかも様々な成功を収めた広範囲にわたる一群のプロトコルの使用こそが脅威だったのである。アメリカ文化の世界規模にまたがる優勢に対して一体何が脅威であるのか。フランスの文化省ではない。ボリウッドでもない。そうではなく脅威となったのは経過的措置としてつくられたネットワークであり一時的自律ゾーン――それぞれがプロトコルの論理に従った空間である――であり、それらが以前であれば存在するとは考えなかった場所に脆弱性をもたらしたのである。

人々がしばしば尋ねるのは、私がプロトコルを良いものだと思っているのか悪いものだと思っているのかという質問である。だけれども、これが問うべき最善の問いなのかどうか、私にはわからない。技術的であることは常に政治的であること、そしてネットワークに関わるアーキテクチャは政治なのだということ、そのことをまずもって覚えておくことが重要であろう。したがってプロトコルというものは、いくつもの政治的な問いに対して複雑な相関関係を必然的に導くものとなる。その中には進歩的な問いもあれば反動的な問いもあるだろう。多くの点でプロトコルは前を向いたひとつのドラマティックな推進力であるが、他方でそれは批判的な分析に値する社会上そして技術上の管理＝制御に関わる諸システムを繰り返し活用するものでもある。おそらくはバーナーズ＝リーが引いたひとつのアナロジーがこうしたことをより明解にしてくれるかもしれない。ウェブというものは市場経済に似たものだと彼は記している。

市場経済では誰であれどんな人とでも商売をすることができる。しかもそのために物理的な市場に出かける必要はない。彼女ら彼らがしなければならないのはそうしたことではなく、参加する者誰もが同意しているいくつかの実践なのである。つまり商売のためには通貨を使うということであったり公正な取引のための諸規則を守るということであったりだ。公正な取引のための諸規則に対するウェブ上での等価物は、ひとつのURIがひとつのアドレスを意味するということに関わる規則でありまたコンピュータが用いる言語――HTTP――である。それらの規則は誰が最初に話をし、そしてその後どのように人々が話をするのかといった事柄を定めるものとなっているのだ。(6)

このアナロジーを適切に踏まえればプロトコルへの批判の仕方がより見通しの良いものになるだろう。多くの点で市場経済は人類史においてひとつの劇的な跳躍を表したものだといえる。というのもそれは、それ以前に存在した社会形式（例えば封建制）に対するより高い度合いの個人の自由を表しているからである。しかし同時に市場経済はより高いレヴェルでの社会的不平等を現実にもたらすものとなった。バーナーズ＝リーが言うところの「取引のために用いられる通貨」は明らかに、関係当事者すべてに平等な仕方でアクセス可能であったわけではないし、また彼が言う「公正な取引のための諸規則」は歴史的に言って公平さに欠けるものであり続けてきたし、いくつかの名称を挙げるとすればワーキングプアや移民、女性や発展途上国の労働者といった膨大な数の人々を隷属せしめてきたのである。

以上を踏まえた場合、市場経済（あるいはリベラリズム、あるいは市民社会、あるいはブルジョワ階級それ自体）といった成功を収めてきたいわゆる社会的現実に対して課すことができる批判と同じタイプのものがプロトコルに対しても課されうるだろう。批評家であるのならわれわれはまず自分自身に対して次のように問わなければならない。私たちはウェブがひとつの市場経済のように機能することを望んでいるのか。私たちは、プロトコルが可能とするよりも、私たちの社会的な欲望をより十全に満たすであろう未来の技術的な解決策を思い浮かべることができるのだろうか。未来においては、プロトコルがもつ開放性への強い意志は、これらの社会的欲望を履行していく際に妨げになるというよりはむしろ助けとなるものであろうということに期待したい。本書での私の目標はこうした意味合いで、プロトコルが良いものか悪いものかについて何ほどかのことをきっぱりと言うということではない——明らかにプロトコルは良いものでもあるし悪いものでもある、しかも様々な度合いにおいてまた様々な脈絡において。そうではなく、プロトコルがもつ際立った特徴のいくつかに見取り図を与えることであり、そうすることで、関心のある者であれば誰であれ個別具体的な歴史的脈絡において与えられたプロトコルの論理に沿う技術をどのように評価し批判するのかについて、よりうまく決定できるようにすることである。

注

(1) Armand Mattelart, *Networking the World, 1794-2000* (Minneapolis: University of Minnesota Press, 2000), p. 101.

(2) Tim Berners-Lee, *Weaving the Web* (New York: HaperCollins, 1999), p. 215.〔ティム・バーナーズ＝リー『Web の創成　World Wide Web はいかにして生まれどこに向かうのか』、高橋徹訳、毎日コミュニケーションズ、二〇〇一年〕

(3) Gilles Deleuze and Félix Guattari, *A Thousand Plateaus* (Minneapolis: University of Minnesota Press, 1987), p. 15.〔ジル・ドゥルーズ、フェリックス・ガタリ『千のプラトー（上中下）』宇野邦一ほか訳、河出文庫、二〇一〇年、上四〇頁〕

(4) Critical Art Ensemble, *Electronic Civil Disobedience and Other Unpopular Ideas* (New York: Autonomedia, 1996), p. 7.

(5) Randall Packer and Ken Jordan, eds., *Multimedia: From Wagner to Virtual Reality* (New York: Norton, 2001), p. xxx.

(6) Berners-Lee, *Weaving the Web*, p. 36.〔バーナーズ＝リー『Web の創成』〕

訳者あとがき

本書は、Alexander R. Galloway, *Protocol: How Control Exists after Decentrilization* (Massachusetts: The MIT Press, 2004) の全訳である。（副題の日本語訳については、後述する理由もあり、「control」を「コントロール」、また「exists」を「作動する」と訳している。）

本書は刊行以来、デジタルメディア研究の最先端として、またデジタル世界をテーマとした哲学の最先端として、はたまた二一世紀の資本主義批判の最先端として、文字通り国境を越え分野を越えて熱狂的に読まれつづけている書物である。現代という同時代状況を剔抉した代表的な論考と言って間違いない。本書の訳業に携われたことは、訳者にとって大きな歓びであった。まずはそのことを記しておきたい。

まったくもって新しいタイプの異才が現れたという驚きが、訳者の本書を手にした最初の印象である。いま現在ニューヨーク大学で准教授として教鞭をとるアレクサンダー・ギャロウェイは、デューク大学大学院でマルクス主義批評の碩学フレドリック・ジェイムソンやマイケル・ハートの薫陶をうけている。とともに、彼は、Rhizome.org というデジタル技術開発の団体にも参加しており、デジタルアートの祭典として知られる、オーストリアはリンツのアルスエレクトロニカでゴールデン・ニカ賞も受賞している（日本からもこれまで、藤幡正樹、坂本龍一、池田亮司が受賞していることでも知られている）。本書は、そうした背景をもつギャロウェイの博士学位論文がもとになった著作である。

デジタル世界を駆動させるエンジンとなっている論理、すなわち、プロトコルの論理を解き明かすこと、それが本書の目論見である。

そうした観点からの論述の眼目のひとつは、序章で開陳されているように、大枠でいえば、ミシェル・フーコーとジル・ドゥルーズという稀代の哲学者ふたりが記した、ポスト近代に関わる時期区分をヴァージョンアップすること、である。なかでも、ドゥルーズは、それを「コントロール社会」と名付けたわけだが、そのフレーズの意味するところをデジタル技術論の実際に即してつまびらかにすること、といってもいいだろう。すなわち、諸力のフローに関わって分散型と集中型の二つのベクトルを併せもつ「コントロール社会」を、「プロトコル」なるものの作動を丹念に考察することで解き明かそうとするのである。（これを受け、「control」の訳出にあたって、集中型という意味合いの強い「管理」という日本語だけでは、本書の意図するところが十分に伝わらないと考え、分散型といわれる意味合いを持つ、デジタル技術についての論考で一般的に用いられている「制御」という語もまたあてることとした。本文各所でのこの語の用い方に応じて意味合いがより明瞭になるように、適宜それらの訳語を使い分けていることをご了解いただきたい。また、両方の意味が同時に折り込まれていると判断されるときは、「管理＝制御社会」と訳している。）

とはいえ、下手をすると滑り込みかねない安易な読解にはブレーキをかけておこう。たとえば、本書でも幾度も言及されているティム・バーナーズ＝リーの自伝的著作『Web の創成』（毎日コミュニケーションズ、二〇〇一年）を紐解くと、そこにはすでに、単一の権力による中心化に抗しようとした「分散型」への志向がふんだんに語られている。なによりも、「プロトコル」という語がその著作を貫くキーワードのひとつとなっている。そうであるので、ウェブ創設の次第を具体的な事象の水準でたどるかぎり、分散型やプロトコルという発想はすでに自明な事象であり、ことさらに新しい論立てがあるわけではないようにも受けとめられるかもしれない。しかしながら、そのことと次のことは別種の事柄である。すなわち、分散型やプロトコルという発想がどのようなコンテクストでどのような企図をもって発生し、着地し、そしていま現在作動しつづけているのかという問いである。ギャロウェイが斬り込もうとしているのは、そこなのだ。

少し踏み込んでいえば、こういうことだ。バーナーズ＝リー自身が語っているように、ウェブとは、ややもすると誤解しかねないことではあるが、数学的にせよ技術的にせよ、一元的にフラットなグラウンドのもとに整備され、世に登場した、世界参与の新しい標準フォーマット、ではない。むしろ数多くの、しかも多様な人の仕事（手仕事も含めて）が絡み合って成立したもの、いわば数々の大工仕事（ブリコラージュ）が積み重なるなかで生成してきた新しいタイプのツールではないか。インターネットとワールドワイドウェブも、振り返ってみれば当たり前のことではあるが、その生成の経緯は別物である。それは、たとえば、これもまた本書で言及されているケイティ・ハフナー、マシュー・ライアン『インターネットの起源』（アスキー、二〇〇〇年）と見比べてみればいい。通信技術としてノードを非線形につなげるインターネットと、関係するデータそのものの貯蔵がインターネットの裡で確保され、しかも誰しもから接続可能なものとなる（一言でいえば端末を越えて実現する大域的なハイパーテキスト）というウェブは相異なる技術である。しかも、両者ともに、それぞれの経緯のなかで段階を踏んで成立していったものだ。ウェブ創成のプロセスでは、接続される電圧の調節からクライアントがもつパソコンの性能の向上、ユーザーのインターフェイスのグラフィック化（マークアップ言語の確立）から開発者に共有されるべき言語の共有、などなどがどれもが重要度をもって関与していただろう。バーナーズ＝リー自身、自らが実現できなかったオブジェクト指向言語の実装が、Java の導入によってなされウェブの進化に大きく貢献したと語っているエピソードなどは、共同作業としての大工仕事として出来上がっていった次第を如実に物語っている。

日本的な言い回しをつかえば、こういうことだ。ギャロウェイの仕事は、これらの具体的な大工仕事群の経緯を理系目線でできるだけ拾い上げ、それらに、多種多様な理論的ツール、記述分析ツールといった文系目線の道具立てを適用し、そのメディア（コミュニケーション）史的意義、人間やその知のあり方に与えたその作用の効果を、測定しようとした。とりあえず、そういっておいてよいだろう。

すでに触れたように分野を越えてさまざまな読者を魅了してやまない本書は、じつに多彩な思考の線が折り重なってできあがっている。カール・レーヴィットからヒューバート・ドレイファスまでの哲学諸派、アンドレ・バザンからジョナサン・クレーリーまでの視覚表現研究の様々な流れ、ヴィレム・フルッサーからブルーノ・ラトゥールまでのポスト現代思想の諸潮流、チャールズ・バレッジからハンス・レオポルト・フェスターまでの種々の情報科学、はたまたドラッカーから『〈帝国〉』までの社会科学、などなど実に幅広い専門分野、多種多様な固有名が縦横無尽に渉猟されていく。扱われる事象も、DNSからRFCs、パレスチナ解放戦線からおもちゃ戦争、ハッカーからネットアートまで多彩をきわめるだろう。一読しただけでは、その凝縮度に目がくらむかもしれない。

できるだけ読みやすい訳文を心がけたので一気によみすすめることができるのではないかと自負したい気持ちはあるのだが、本文とじっくり向き合うことをおすすめする。そうしなければ、本書の内容そしてその醍醐味は伝わらないからである。（同一の原語について、情報系の定訳と人文系の定訳が異なる場合は、基本、前者を優先した。また、ひっかかることのないように、よく知られていない用語やフレーズについては、適宜、訳注を――慣例にしたがい〔 〕で――挿入した。）

そうした事情もあるので、この解題では、本文への三つのアクセスポイントを示し、読みすすめる際のとりあえずのガイドラインとしていただければと思う。

情報メディア論を更新する情報メディア論

本書が、デジタルメディア研究として位置付けられるものであることは論をまたない。とはいえ、デジタルメディアとはどのようなものであり、それがわたしたちにそして世界に何をもたらしているのかについて、根本まで下りたアプローチが今日にあっては是が非でも必要なはずだ。デジタルメディアは現段階においては、日々のコミュニケーションから労働、教育や医療の現場、趣味や余暇の過ごし方にいたるまで浸透しており、わたしたちの生はほぼ全方位でデジタル技術にとりかこまれている。オックスフォード大学で情報哲学を講じるルチアーノ・フロリディは、情報はすでに環境となったとさえ主張している。もっというならば、取り組まれなければならないのは、世界のなかでメディアはどのように機能しているのか、といった問いではないのかもしれない。そうではなく、全面的にメディア化した世界とはどのような世界であり、どのような作動においてわたしたちはそれと共存しているのか、といった問いなのかもしれないということだ。

前世紀より立ち現れいまや一定程度確立された感のあるメディア研究の方策のふたつが、にもかかわらず、こうした状況に有効な仕方で対応できないのは、これがためである。前世紀のメディア研究は、新聞やテレビなどを考察のモデルに無自覚に置きすぎているからだ。他面、構造主義やポスト構造主義に影響を受けた記号論の分析モデルではもはや間に合わないのも、これがためである。視覚や聴覚にアクセスする、かくも多様なインターフェイスが出現しているのに、それらが全て記号に還元できるかのような学術的姿勢は単に素朴である。

ギャロウェイが際立っているのは、デジタル技術がこの世界に生み出してしまったものを根本的に異なるレンズで浮かび上がらせようとするその思い切りの良さである。そのレンズこそが、プロトコルという、インターネットをはじめとするデジタル世界において必ずや作動している、具体的でもありまた超越論的でもあるオペレーションに関わっている事象である。そうした企みの大きさは、時代精神（エピステーメといってもいい）の基盤的な変容を剔抉しようという、序章でなされた手際の良いマッピングにも見通しよく示されているだろう

とはいえ、いかにも「現代思想」的なそのような論立てに、表面的なところで流されてしまわないようにもしなくてはならない。本書のラディカルさはある意味、具体的な論点におけるダイナミックな論展開にこそあるからだ。たとえば、プログラミング言語が、従来の記号論ではおよそ扱えない問題、すなわち、人類史上はじめて「実行可能（executable）」であるという特性をもつ新しい言語にほかならないことに注意を促していることなどもその一例だろう（二七五頁）――ちなみに、これと呼応して、情報技術論などで云われる「実装（implementation）」が、人文系の書物では、それがデジタル技術関係の論述であれば不用意に「実行」などと訳されていることもしばしばあり、人文系自体の概念規定に対する気の緩みが散見されることも蛇足ながら付け加えておこう。ともあれ、通常の言語は、それが実効的行為に移行するかどうかの以前の段階で省察が可能である。批判的読解を主たるツールにするマスメディア研究にせよ、ソシュール言語学を基礎に組み立てられた構造主義的記号論にせよ、機械に実装するならば実在世界で動いてしまう事態について分析的に接近する術を持たないのである。

哲学理論を更新する哲学理論

そうした「実行可能性」が浸透した世界の変容は、一見するよりもはるかに深い問題系を出来させることになるだろう。デジタル技術がもたらしたものは仮想の世界であるという薄っぺらい認識――

「virtual」を間違って訳してしまったがゆえに、単なる「人工世界」とも同値される——が、まるごと今日的状況の実情を捉え損なっていることはいうまでもない。デジタル技術がその精度、その力能、その浸透力をもってもたらしつつあるのは、世界の存在の仕方そのものの再編であり、いわば、実在しているものの仕切り直しという事態であるからだ。そのことは、医療の場での画像データの活用、日常へのIoTやAIの導入の拡大、ざっくりいってしまえば、認知科学とその応用技術の生活世界への氾濫に目をやれば、すぐさまみてとれることでもある。理論化作業の核となっている第二章において「オブジェクト」が主題となってかなり込み入った論述が展開しているのは、そのためだろう。「オブジェクトは使用状態のなかでのみ存在する」（一三九頁）と言い切るギャロウェイには、素朴な唯物論も、素朴な仮想論もない。そこには、二一世紀の物質論がある。現代とは「物質そのものが、情報ないしコードという観点から理解されるようになった歴史上の瞬間」（一八八頁）といって臆するところのないギャロウェイは、フルッサーやキットラーを引用しつつ情報の物質性という論点を掘り下げてもいる（一三六頁以降）。さらには、本書の後半、デカルトによる心身二元論を軽やかに乗り越えるフットワークでメディアアートを論じるのも、そうした問題意識の中でのことであろう（三一六頁）。このラインは現在、哲学では、新しい唯物論（new materialism）、オブジェクト指向存在論（object-oriented ontology）、さらには、思弁的実在論（speculative realism）と呼ばれる思想界の最前線にまでつながっていくものでもある。（この近辺でもまた訳語の選択については逡巡した。存在に関わる語については、原則、哲学研究の慣例にしたがったつもりではあるが、論述の文脈上、意味の通りやすい訳出にした箇所も多い。）

そうした問題系もまた強く意識されているがゆえに、『プロトコル』においては、世界を成り立たしめている物質の有り様、オブジェクトの有り様、つまりは、存在や実在するものの有り様についてのかなり踏み込んだ探求となっているだろう。その意味で、現代世界に斬り込む果敢な哲学的な論考ともなっているのである。

序言においてユージン・サッカーが、プロトコルをめぐるギャロウェイの論述が、観念の水準に焦点をあてたものではなく、むしろ、物質の水準に関わっているものだと繰り返し指摘しているが、それは本著作が上記のような向きの存在論的判断をしていることを見逃していないからである。遺伝子操作はもとより、情報概念が生命概念にまで拡張している今日、プロトコルをめぐる考察が及ぶ範囲はかなり広い。その点でいえば、単に抽象度が高い話を展開するという素朴なレヴェルでの哲学的思惟ではなく、個別具体的なものへの思考を活性化させてくれる仕事、しかもすぐれて今日的なテーマ——インターネットのみならず、人工知能から、生命操作にいたるまで——をめぐる思考を弾力化させる仕事であるだろう。

後期フーコーの哲学が随所で取り上げられていることは、がゆえに、看過されてはならない。フーコーのいう生政治と生権力が、言語をモデルとした記号の表象作用を超えて、言語の向こう側にある身体——さしあたり「情動（affect）」と呼んでおくことができるかもしれない——の操縦可能性を指す知の戦略であると見切っているからである（一五二頁）。「生権力とは物質的な対象を情報として解釈する権力」なのである（一三二頁）。すでに触れたように、本書が一種の「コントロール社会」論であるものの、ギャロウェイがあえてフーコーに立ち返る身振りを見過してはならない。ドゥルーズのやや前のめりの情報世界を軸にした論立てにブレーキをかけ、生政治論の地層にこそ、プロトコル論の理論的萌芽が胚胎されていたとする運びは鮮やかでさえある。

資本論を更新する資本論

ジェイムソンやハートといった現代マルクス主義哲学を先導する理論家の直系として、資本主義批判の思考の系列に連なるギャロウェイは、単なるメディア論者あるいは単なる哲学論者の枠を超え出ていくが、それはそうした新しい物質論の地平を切り開く視座を同時代批判に重ね合わせていく、ダイナミックな論の運びにこそみてとっておくべきものである。価値形態論の『資本論』を乗り越え、オブジェクト論の地平でこそ『資本論』は読むべきであると啖呵を切ってみせることができるのは、デジタル技術が世界の存立様態の把握の仕方を一八〇度転回させた、二一世紀だからこそであろう。「ネットはその主要なメタファーとなるテキストに依拠しておらず、価値交換にもとづいているのでもない」のだ（一三三頁）。

だとするならば、資本主義批判の営為は、資本が身体や物質にまで到達しはじめたことも資本論の射程内の問題として対象化する枠組みを探りあてなければならないわけだが、ギャロウェイが挑んでいるのも、そうした課題であるといえる。おそらくは、今日欧米で勃興しつつある、アクセレーショニズム（加速主義）などの新しい資本主義論と応接していく可能性を持つ論点かと思われる。（ここでも生命にかかわる語については慣例を基本としつつも、文脈上の分かりやすさを重視したものも多い。）

そのような論運びのなか、本書において冴えわたっているのは、マルクスの『資本論』を、狭い意味での理論書としてではなく、むしろ、文字メディア上に浮かび上がっている言葉のマトリックスとして読み開いていくその手さばきである。物質や生命に関わる修辞がいかに『資本論』において重要な働きを作動させているのかについて、見事な計測をおこないえているだろう。さらにいえば、エイゼンシュテインによる『資本論』の映画化のプロジェクト――ジャーナル「オクトーバー」の編集委員アネット・マイケルソンによるその分析――を頼りに、方法としての弁証法がいかに身体的な経験、映像化のなかでこそ浮かび上がる物質的な経験なのかについて検証しようとしてさえいる。

手前勝手な想い出を少し許してもらえるなら、訳者自身の仕事にも大きな影響を直球で与えた書物でもある。『映像論序説』を書くきっかけのひとつは、レフ・マノヴィッチの『ニューメディアの言語』（友人堀潤之氏のすばらしい訳がある）であるが、それは当時、北アメリカのみならずヨーロッパさらには中東における学会・芸術祭で席を同じくした研究者やアーチストらの口からマノヴィッチの本のタイトルが発され、賛同するにせよ批判するにせよあたかもそれを読んでいることがそもそもの出発点となっていたからである。

それとまったく同じように、『プロトコル』は『制御と社会』の準備そして執筆に携わる際に世界中でその題名を見聞きし（その最初の一人は、じつは『〈帝国〉』の訳者の一人でもあり、これまた友人の水嶋一憲氏であるのだが）、畢竟、論を練り上げる途上においてつねに手元に置かれた論考であった。論立ての違いについて、一点だけ触れておこう。「制御」ないし「コントロール」という語は、情報論、政治経済学、哲学、生物学・医学の言説における振る舞いをつぶさにみるとき、それらは、ギャロウェイが論及したような、つまり、プロトコルと言った論理概念で測定可能な一様な仕方では必ずしも作動してはいないのではないか。ボトムアップで、分散型のシステムを志向しつつも、各分野でのその語の振る舞いは、微細ではあるものの決定的なゆらぎを互いに示しあっており、そこにこそ注目すべきではないか、というのが『制御と社会』の論点のひとつであった。

諸事情から当初予定していたよりも大幅に刊行が遅れ、友人知人の多くにはさまざまに叱咤を受けた。関係各位にはお詫びとともにようやく刊行できた歓びも届けておきたい。

訳出の作業は、若い三人の研究者、松谷容作氏、増田展大氏、大崎智史氏との研究会でこの著作をとりあげたことに端を発する。彼らが毎回数頁の素訳を提示し、それを丹念に検証しながら読解を深めていくといった仕方でなされた研究会は二年を超えるものになったが、そこで得られたものが今回の訳出に陰に陽に大きく貢献していることは間違いない。関連する文献の洗い出しやチェックなども三氏に負うところが大きい。改めて感謝の意を表したい。とはいえ、訳文自体は全面的に北野が手を加え改稿しており、訳出の責任はすべて北野にある。訂正すべき点や修正すべき点など、諸賢の批判を仰ぎたい。

本書の日本語での出版が、この国でのメディアをめぐる探究の一与とならんことを願って。

京都にて

北野　圭介

ワ　行

マ　行

ヤ　行

ラ　行

タ　行

ナ　行

ハ　行

人名索引

ア 行

カ 行

サ 行

著者略歴

アレクサンダー・R・ギャロウェイ (Alexander R. Galloway)
1974年生まれ。ニューヨーク大学メディア・文化・コミュニケーション学部准教授。哲学者、プログラマー、アーティスト。主な著作に以下がある。*Gaming: Essays on Algorithmic Culture* (University of Minnesota Press, 2006)、*The Interface Effect* (Polity, 2012)、*Laruelle: Against the Digital* (University of Minnesota Press, 2014)。日本語で読めるものとして、「権威（オーソリティ）の問題　思弁的実在論から出発して」（千葉雅也との対談、小倉拓也、千葉雅也訳、『現代思想』2016年１月）がある。本書は著者の第一作にして初めての邦訳である。

訳者略歴

北野圭介（きたの　けいすけ）
1963年生まれ。立命館大学映像学部教授。映画・映像理論、メディア論。著書に以下がある。『ハリウッド100年史講義　夢の工場から夢の王国へ』（平凡社新書、2001年／新版2017年）、『映像論序説　〈デジタル／アナログ〉を越えて』（人文書院、2009年）、『制御と社会　欲望と権力のテクノロジー』（人文書院、2014年）。

Printed in Japan
ISBN 978-4-409-03095-0 C1010

プロトコル
——脱中心化以後のコントロールはいかに作動するのか

二〇一七年　八月　一日　初版第一刷印刷
二〇一七年　八月一〇日　初版第一刷発行

著者　アレクサンダー・R・ギャロウェイ
訳者　北野圭介
発行者　渡辺博史
発行所　人文書院
〒六一二-八四四七
京都市伏見区竹田西内畑町九
電話〇七五(六〇三)一三四四
振替〇一〇〇〇-八-一一〇三

印刷　創栄図書印刷株式会社
装丁　上野かおる

北野圭介著

映像論序説

〈デジタル／アナログ〉を越えて

二六〇〇円

いま、「映像論的転回」が始動する

現在、「映像」はあらゆる場所に溢れ、私たちの生活において不可欠のものとなっている。アナログからデジタル映像への変化、インターネットなど画面を通した双方向コミュニケーション技術の進歩とその爆発的拡大などにより、もはや「映像」はただ眺めるだけのものではなくなった。変貌した「映像」が持つ意味と、それが与える衝撃とは何か。北米のニューメディア研究、欧州のイメージの科学をはじめ、情報理論、認知科学、脳科学、分析哲学、映画、ゲーム、メディアアート、フィクション論など、多岐にわたる分野を大胆に横断し、来るべき「映像の理論」を構築する、挑発的な一書。